edition suhrkamp 2722

Die Globalisierung war eine wunderbare Idee. Nachdem die politische Spaltung in Ost und West überwunden war, schien der friedlichen Kooperation aller Menschen nichts mehr im Wege zu stehen. Würde man nur alle Hürden aus dem Weg räumen, so die liberale Vorstellung, bildete sich eine spontane Ordnung, die den Traum vom freien und wohlhabenden Erdenbürger wahr werden ließe. Doch nach der großen Krise, nach Trump und Brexit ist das Projekt gescheitert. Die liberale Wirtschaftstheorie ist prinzipiell ungeeignet, die Dynamik einer Marktwirtschaft zu verstehen und valide politische Empfehlungen zu geben. Weder für die globale Kooperation der Nationen noch für die angemessene nationale Politik gibt es heute ein tragfähiges Konzept. Die Autoren zeigen, wie man das auf der Basis einer modernen Wirtschaftstheorie schafft.

Heiner Flassbeck ist ein deutscher Ökonom. Er war 1998/1999 Staatssekretär im Bundesministerium der Finanzen und von 2003 bis 2012 Chefvolkswirt der Welthandels- und Entwicklungskonferenz der Vereinten Nationen (UNCTAD).

Paul Steinhardt war in Führungspositionen für deutsche Banken und deren Tochtergesellschaften im In- und Ausland tätig. Gemeinsam geben sie das wirtschaftspolitische Magazin *Makroskop* heraus.

Heiner Flassbeck/Paul Steinhardt

Gescheiterte Globalisierung

Ungleichheit, Geld und die Renaissance des Staates

Suhrkamp

3. Auflage 2018

Erste Auflage 2018
edition suhrkamp 2722
Originalausgabe

Satz: Satz-Offizin Hümmer GmbH, Waldbüttelbrunn
Druck: Druckhaus Nomos, Sinzheim
Umschlag gestaltet nach einem Konzept
von Willy Fleckhaus: Rolf Staudt
Printed in Germany
ISBN 978-3-518-12722-3

Inhalt

Vorwort

Die Globalisierung war eine wunderbare Idee. Nachdem die große politische Spaltung in Ost und West, in Plan und Markt nach dem Fall der Berliner Mauer überwunden war, schien der friedlichen Kooperation aller Menschen nichts mehr im Wege zu stehen. Warum sollten die Menschen nicht in Freiheit miteinander kommunizieren und arbeiten und damit gemeinsam ihre persönliche Wohlfahrt mehren können?

Die hinter diesem Konzept der Globalisierung stehende Philosophie war denkbar einfach: Würde man nur die nationalen institutionellen Hürden aus dem Weg räumen, bildete sich auf globaler Ebene eine spontane gesellschaftliche Ordnung, in die sich jeder Einzelne nach seinen individuellen Fähigkeiten zum Nutzen aller einbringen könnte. Die globale Arbeitsteilung freier Menschen wäre die Krönung der uralten Idee des Liberalismus gewesen. Sie hätte die Freiheit des Individuums und gleichzeitig seine Effizienz maximiert. Der Traum vom freien und zugleich wohlhabenden Erdenbürger schien zum Greifen nah.

Alexis de Tocqueville, der Autor des großen Buches über (die Demokratie in) Amerika, hatte bereits im Jahr 1840 erwartet, die Demokratie werde eine solche offene und global vernetzte Gesellschaft hervorbringen:

In demokratischen Zeitaltern bewirkt die gesteigerte Beweglichkeit der Menschen und die Ungeduld ihrer Wünsche, dass sie unaufhörlich ihren Standort wechseln und dass die Bewohner der verschiedenen Länder sich vermischen, sich sehen, sich angehören und nachahmen. Nicht nur die Angehörigen eines gleichen Volkes werden

> sich so ähnlich; die Völker selber gleichen sich wechselseitig an, und alle zusammen bilden für das Auge des Betrachters nur mehr eine umfassende Demokratie, in der jeder Bürger ein Volk ist. Das rückt zum ersten Male die Gestalt des Menschengeschlechts ins helle Licht. (Zitiert nach Heidenreich 2002, S. 269)

Doch die Hoffnungen Tocquevilles auf die segensreichen Folgen des »demokratisches Zeitalters« wurden vom realen Verlauf der Geschichte bitter enttäuscht. Es hätte nicht der Wahl eines Präsidenten Trump bedurft, um zu sehen, dass der ökonomische und politische Liberalismus, der die gesamte Welt in den vergangenen vierzig Jahren mehr als jede andere Idee geprägt hat, kläglich gescheitert ist.

Die Unzufriedenheit vieler Menschen, die in der Wahl eines offen reaktionären Präsidenten zum Ausdruck kam, belegt nicht nur die politische Unfähigkeit des Liberalismus, die nötige Balance zwischen Freiheit und Gleichheit zu wahren, sondern viel mehr noch seine Unfähigkeit, die sozialen und wirtschaftlichen Zusammenhänge in komplexen modernen Gesellschaften in ihrer Interaktion angemessen zu deuten und darauf basierend tragfähige politische Konzepte zu entwickeln.

Während die philosophischen und politischen Probleme des Liberalismus intensiv diskutiert worden sind, ist immer noch unverstanden, warum er auf seinem ureigenen Gebiet – der Gestaltung der wirtschaftlichen Kooperation – so eklatant versagt hat. Bis heute hält die große Mehrheit der Ökonomen an dem Dogma fest, »der Markt« solle bei fast allen wichtigen gesellschaftlichen Entscheidungen die Führungsrolle übernehmen, und dem Staat stehe lediglich die Rolle eines Rahmensetzers und Lückenfüllers zu.

Das war schon immer eine unangemessene Vorstellung

von den Aufgaben eines Staates. Inzwischen ist sie jedoch schlicht durch die Realität widerlegt. Ja, es ist keine Übertreibung zu sagen, dass der Untergang des Liberalismus von vorneherein unvermeidlich war, da er weder für die unabdingbare globale Kooperation der Nationalstaaten noch für die daraus sich ergebenden Folgen auf der nationalen Ebene ein zufriedenstellendes intellektuelles Konzept entwickelt hatte.

Was bis heute nicht verstanden wird: Die wirtschaftliche Theorie hinter dem Liberalismus ist nicht nur an manchen Stellen unzureichend und verbesserungsbedürftig. Nein, diese »Theorie«, der man eigentlich schon das Signum einer Theorie nicht zugestehen sollte, ist prinzipiell nicht in der Lage, die Dynamik eines marktwirtschaftlichen Systems zu verstehen, und daher ungeeignet, um aus ihr valide politische Handlungsempfehlungen abzuleiten.

Wer auf dem theoretischen Fundament des Wirtschaftsliberalismus eine historische oder politische Analyse vornimmt, liegt zwingend falsch. Denn wirtschaftsliberale Theorien, insbesondere die sogenannte Neoklassik, interpretieren gesellschaftliche Systeme, die dynamisch und jeweils historisch einmalig sind, als ein wiederkehrendes Spiel von Zuständen (Gleichgewichtszuständen), dessen Grundcharakteristik vollkommen statisch und ahistorisch ist.

Aus einem dynamischen Ablauf, der essenziell aus sequenziellen Zusammenhängen besteht – also einer Abfolge von Ereignissen, die sich nur im Ablauf der realen Zeit begreifen lassen –, hat die liberale Ökonomik eine Kunstlehre entwickelt, bei der sich zeit- und geschichtslos Angebots- und Nachfragekurven schneiden. Liberale Ökonomik ist im Kern der gescheiterte Versuch, fast alle relevanten wirtschaftlichen Phänomene als die Lösung des Problems der Verteilung knapper Güter über einen perfekten Markt zu erklären.

Offensichtlich geworden ist die Konzeptionslosigkeit des Wirtschaftsliberalismus in der großen globalen Krise an den Finanzmärkten, die 2007 begann und in den beiden Jahren danach die Weltwirtschaft erschütterte. Höchst ineffiziente Kapitalmärkte haben damals gezeigt, dass das Dogma der Überlegenheit der marktwirtschaftlichen Steuerung aller Wirtschaftsbeziehungen nicht richtig sein kann. Aber auch die nicht enden wollende Arbeitslosigkeit, die obszöne, weil dysfunktionale Ungleichheit, die Hilflosigkeit bei der Integration der Entwicklungsländer in die Weltwirtschaft und der in vielen Ländern der Welt immer stärker zunehmende Druck, der Armut durch Abwanderung zu entkommen, zeigen, wie fundamental falsch die liberale Weltdeutung ist.

Dennoch kam der Wirtschaftsliberalismus – nach einem kurzen Intermezzo der Staatsintervention und einer aufkeimenden Einsicht in das fundamentale Versagen von Märkten – fulminant zurück. Es war schiere wirtschaftliche Macht, die den politischen Entscheidungsträgern unmittelbar nach der Krise klargemacht hat, dass der Staat zwar den Retter in der Not spielen darf, dass daraus aber keineswegs der Schluss gezogen werden könne, dass über die Aufgaben- und Machtverteilung zwischen Markt und Staat neu nachgedacht werden müsse.

Die Systemkrise, die sich damals offenbarte, ist inzwischen als Thema aus dem öffentlichen Diskurs weitgehend verschwunden. Überwunden aber ist sie keineswegs. Deflationäre Tendenzen, Nullzinsen, die anhaltend hohe

Arbeitslosigkeit, die Krise des Freihandels und die Unfähigkeit, die Investitionsdynamik früherer Zeiten wiederzubeleben, belegen zehn Jahre später, dass von einer Rückkehr zur Normalität nicht die Rede sein kann.

Dieses Buch zeigt an den Brennpunkten der Globalisierung detailliert auf, warum die (neo)liberale Hoffnung, den Staat auf die Rolle eines Rahmensetzers und Lückenfüllers reduzieren zu können, getrogen hat. Die Kapitalmärkte beispielsweise brauchen tagtäglich Hilfestellung vom Staat, um überhaupt funktionieren zu können; die sogenannten Arbeitsmärkte brauchen die Stabilisierung durch den Staat ganz unmittelbar, und das Geldwesen ist – anders als es der Liberalismus glauben macht – eine Domäne des Staates.

Die überragende Bedeutung der staatlichen Steuerung der Marktprozesse führt die Nationalstaaten jedoch in ein Dilemma. Denn es gibt keinen Mechanismus, der dafür sorgen könnte, dass die auf nationaler Ebene gefundenen Preise, Löhne und Zinsen sich so ergänzen, dass schwere Konflikte zwischen den Staaten verhindert werden können. Daher ist die internationale Koordination der Politik unumgänglich, wenn eine Weltordnung angestrebt wird, die den intellektuellen und kulturellen Austausch zwischen Menschen aus unterschiedlichen Ländern, den Handel mit Gütern und Dienstleistungen zum Vorteil aller daran Beteiligten und die Bewegungsfreiheit des Einzelnen über die nationalen Grenzen hinweg ermöglicht.

Kurz gesagt: Der demokratische Nationalstaat braucht eine globale Ordnung, und die globale Ordnung braucht handlungsfähige Nationalstaaten. Denn nur in einem demokratischen Nationalstaat können die Preise gefunden werden, die zugleich effizient und demokratisch legitimiert sind, und nur mithilfe eines globalen Ordnungsrahmens ist ein fairer Interessenausgleich zwischen den Staaten möglich.

Die Bewältigung dieser Aufgabe ist allerdings viel anspruchsvoller, als es uns der liberale Mythos von der spontanen Selbstregulierung gesellschaftlicher Systeme vierzig Jahre lang vorgegaukelt hat. Zentrale Voraussetzung für eine harmonische und friedfertige Koordination der Zusammenarbeit der Nationalstaaten ist nämlich ein übereinstimmendes Verständnis der zentralen ökonomischen Zusammenhänge.

Ein solches Verständnis hat es in den vergangenen dreihundert Jahren nur ein einziges Mal gegeben: Unter den Delegierten aus fast fünfzig Ländern, die sich am Ende des Zweiten Weltkrieges in dem kleinen Ort Bretton Woods im US-Bundesstaat New Hampshire trafen. Dort hat man sich in der Tat (allerdings ohne deutsche Beteiligung) erfolgreich auf die Grundzüge der Ausgestaltung eines globalen Geldsystems verständigt, das für mehr als zwanzig Jahre ein globales Wirtschaftswunder ermöglichte.

Heute sind die Aufgaben, die es auf der globalen Ebene zu bewältigen gilt, viel umfassender und komplexer. Insbesondere muss die ökologische Dimension der globalen Zusammenarbeit mit der ökonomischen Dimension in Einklang gebracht werden. Es ist keine Übertreibung, wenn man konstatiert: Die Staatengemeinschaft steht heute vor der größten Herausforderung der Menschheitsgeschichte.

I. Globalisierung und Digitalisierung – die Herausforderungen unserer Zeit

Fragte man die Menschen überall auf der Welt nach den größten Herausforderungen ihrer Zeit, die Antworten wären ziemlich ähnlich. Die meisten würden die Globalisierung und die Digitalisierung als die Phänomene identifizieren, die das Potenzial haben, ihr Leben entscheidend zum Guten wie zum Schlechten zu verändern.

Das ist mehr als erstaunlich. Die Digitalisierung ist zwar ein neues Phänomen, aber die Rationalisierung von Arbeit prägt die Menschheitsgeschichte schon seit Jahrhunderten, so dass man meinen würde, wir hätten inzwischen gelernt, damit umzugehen. Verwunderlich ist auch, dass es weder den internationalen Organisationen noch der internationalen Politik gelungen ist, für die sogenannte Globalisierung auch nur das Gerippe einer »Global Governance« vorzulegen, ja, dass noch nicht einmal begonnen wurde, die damit aufgeworfenen Fragen ernsthaft zu diskutieren.

Woran liegt es, dass die Welt unfähig ist, die Folgen eines uralten Phänomens wie der Verdrängung menschlicher Arbeit durch technischen Fortschritt zu verstehen oder sich auch nur auf Grundzüge einer internationalen Wirtschaftsordnung zu einigen? Lässt sich das mit widerstreitenden Interessen der gesellschaftlichen Akteure erklären? Doch wer verhindert, dass etwa die Arbeitnehmer und ihre Interessenvertreter wenigstens Lösungsansätze benennen? Und warum sollten die Interessen von Regierungen, die doch immerhin durch den Glauben an die wohltätige Wirkung des freien Handels, freier Märkte und des freien Unternehmertums geeint sind, so unterschiedlich sein?

Es muss tiefer liegende Gründe dafür geben, warum die Politik nicht verstanden hat oder nicht verstehen will, wie eine funktionsfähige Wirtschaftsordnung auf nationaler und internationaler Ebene auszugestalten wäre. Offenkundig ist jedenfalls, dass eine solche Wirtschaftsordnung nur auf der Basis einer empirisch abgesicherten ökonomischen Theorie entworfen werden kann.

Doch eine solche umfassende ökonomische Theorie gibt es allerdings noch nicht. Entscheidend für jede neue Theorie muss aber sein, dass, wie wir das in diesem Buch versuchen, eine Neubestimmung des Verhältnisses von »Arbeit« und »Kapital« vorgenommen wird und »Geld« seinen Platz als zentrales Steuerungsinstrument der Wirtschaft einnimmt.

Warum ist die liberale Globalisierung gescheitert?

In den letzten Jahren hat sich eine Flut von Äußerungen über uns ergossen, die alle einen Tenor haben: Globalisierung und Digitalisierung überfordern die Masse der Menschen. Sie verunsichern die Bürger und Wähler, die sich daher vermehrt dem »Populismus« verschreiben. Sie liefen also denen hinterher, die versprechen, sie seien in der Lage, die unumgänglichen Anpassungsschmerzen, die von der Globalisierung und der Digitalisierung hervorgerufen werden, zu lindern oder gar zu verhindern.

Die Wahl Donald Trumps in den USA und die Stimmengewinne »extremistischer« Parteien in ganz Europa, wie zuletzt die der deutschen AfD, werden von den Leitmedien und den Parteien »der Mitte« fast unisono diesem Globalisierungs-/Digitalisierungskomplex zugeschrieben. Ob zunehmende materielle Ungleichheit oder Unzufriedenheit mit der eigenen wirtschaftlichen Situation, alles ist am Ende aus der konventionellen Sichtweise das Ergebnis der mangelnden Bereitschaft der Menschen, sich den Anpassungserfordernissen der neuen Welt zu stellen, die dem Einzelnen zwar wehtun mögen, im Großen und Ganzen aber unseren Wohlstand erhöhen. Wollt ihr, so die unterschwellige Botschaft der Populismuswarner, die bittere Medizin von »Flexibilität« und »Anpassungsbereitschaft« nicht schlucken, wird euch am Ende der Populismus mit seiner unerträglichen Leichtigkeit des Seins zur Hölle schicken.

Die Kritik an der Globalisierung ist scheinbar umfassend, aber sie ist zugleich unkonkret und unstrukturiert, weil bei allen unterschiedlichen Blickrichtungen und ganz unterschiedlicher Kritik praktisch nie infrage gestellt wird, dass der freie Handel Gutes tut. Die Globalisierung, sagt etwa Peter Bofinger, schade zwar dem Einzelnen, nütze aber den Nationen (Kaufmann 2016). Die Manager in Deutschland und anderswo seien in Alarmstimmung, schreibt beispielsweise das *Handelsblatt* (Reuters 2016), weil es immer mehr Menschen schwierig finden, mit der sich schnell verändernden Welt klarzukommen. Man fürchtet neue Handelskriege, weil die Populisten nicht bereit sind, die notwendigen Härten des globalen Strukturwandels gegen den Widerstand ihrer Bevölkerung durchzusetzen. Thomas Fricke sieht die »entgleiste Globalisierung« als das entscheidende Problem unserer Zeit an (Fricke 2016) und findet gar einen engen Zusammenhang zwischen der Globalisierung und den Suizidraten in bestimmten Regionen der USA (ebd.), kommt aber nicht auf die Idee, zu fragen, an welcher Stelle und warum die Globalisierung entgleist ist.

Mark Schieritz fürchtet in der *Zeit*, dass Deutschland für sein »Bemühen«, als Vorsitz der G20 die »Wunden der Globalisierung zu heilen«, kaum internationale Partner findet (Schieritz 2016), vergisst aber geflissentlich, dass Deutschland selbst mit seinen Handelsbilanzüberschüssen jeden Tag neue Wunden schafft. Seine Kollegen in der gleichen Gazette sehen einen Aufstand gegen den Freihandel, obwohl es doch, so ihre feste Überzeugung, in Deutschland mehr Gewinner als Verlierer des Freihandels gibt (Nienhaus & Tönnesmann 2016). Ob Deutschland vielleicht ein besonderer Gewinner ist, vergessen auch sie zu fragen. Dazu gesellt sich Pascal Lamy (ein früherer Generaldirektor der Welthandelsorganisation), der zum Besten geben darf, dass »Populisten« sagen, Importe seien schlecht und Exporte gut, obwohl jeder drittklassige Ökonom (Lamy ist kein Ökonom) wisse, dass das Unsinn sei. Woher aber Lamy weiß, dass Importe gut sind, erfährt man nicht.

Das ARD-Magazin *Plusminus* schafft es (Krull 2016), mithilfe der Bertelsmann-Stiftung und des Instituts der deutschen Wirtschaft in Köln zu »erklären«, dass Freihandel auf jeden Fall gut ist. Julian Nida-Rümelin glaubt (Nida-Rümelin 2016), dass Phasen der Entglobalisierung sehr gefährlich seien, was man daran erkennen könne, dass eine solche Phase Mitte des vergangenen Jahrhunderts im »Nationalsozialismus und im Zweiten Weltkrieg« geendet habe. In der FAZ, wie könnte es anders sein, wird ausführlich beschrieben (Armbruster 2017), wie sehr der freie Handel von der Gegenseitigkeit lebt und daher keineswegs einseitig zu Lasten bestimmter Länder gehen könne – wenn auch Härten für Einzelne freilich leider nicht zu vermeiden seien. Auch hier kommt der deutsche Fall nicht vor.

Richard David Precht, Philosoph, Weltversteher, Autor und Entertainer, wiederum hat die Digitalisierung entdeckt, die den Menschen die Arbeit nimmt (vgl. z.B. Phoenix 2017). Er wird nicht müde, davor zu warnen, dass uns ungefähr übermorgen die Arbeit ausgehen wird. Die dritte, die digitale industrielle Revolution droht, Chaos und Umsturz erschienen am Horizont, Gewerkschaften würden obsolet, die SPD verliere ihre Arbeiterklientel, und die Parteien hätten insgesamt keine Antworten auf die enormen neuen gesellschaftlichen Herausforderungen. Die CDU habe gar nichts verstanden, die Linke wolle zurück in die siebziger und die AfD sogar zurück in die fünfziger Jahre.

Wie weit neben der Sache die aktuelle Diskussion zur sogenannten Digitalisierung liegt, hat Philip Plickert in der FAZ (Plickert 2015) eindrucksvoll demonstriert. Die dort zitierten »Experten« begreifen offenbar nicht, dass sie einem uralten Vorurteil aufsitzen. So sagt der Arbeitsmarktforscher Richard Freeman von der Universität Harvard: »Sobald Roboter und Computer etwas billiger erledigen können, nehmen sie den Menschen die Jobs ab – außer, diese sind bereit, weniger Lohn zu akzeptieren.«

Das ist falsch. Natürlich werden durch den technischen Fortschritt immer wieder bestimmte Jobs (nicht aber »Jobs schlechthin«) vernichtet, weil Maschinen etwas besser, zuverlässiger und schneller können. Das hat sich seit Beginn der Menschheitsgeschichte nicht geändert. Und wenn die Menschen von Beginn der Rationalisierung (die weit vor der Industrialisierung begann) an erfolgreich versucht hätten, den Verlust eines bestimmten Arbeitsplatzes (ihres Arbeitsplatzes) durch Lohnsenkung zu verhindern, hätte es den steigenden materiellen Wohlstand schlicht nicht gegeben.

Das erkennt sogar der Autor der FAZ, wenn er richtigerweise feststellt:

> Auf die Dauer hat sich nicht bewahrheitet, dass die neue Industriewelt keine Arbeitsplätze mehr bietet – im Gegenteil. Durch steigende Produktivität nahm mit der Zeit der Wohlstand auch in der Breite der Bevölkerung zu. Der Einsatz moderner Maschinen verbilligte die Produktion, die Preise fielen, und damit konnte auch die Nachfrage zunehmen. Statt der alten Berufe in Landwirtschaft und Handwerk, die überflüssig geworden waren, bildeten sich neue Industrieberufe heraus.

Er kann aber keine vernünftige Schlussfolgerung daraus ziehen, weil er nicht zugeben kann, dass es steigende Löhne sind, die man braucht, um die Rationalisierung abzufedern. Daher schreibt er schwammig über »steigenden Wohlstand und steigende Produktivität«, kann aber nicht erklären, warum die Preise fallen müssen, damit der Wohlstand steigen kann.

Das vergiftete Angebot des Neoliberalismus

Der neue Wirtschaftsliberalismus trat in den siebziger Jahren des vergangenen Jahrhunderts mit dem Versprechen an, mithilfe einer einzigen zentralen Stellschraube alle wirtschaftlichen Probleme zu lösen. Das Stichwort dazu heißt »Flexibilisierung«. Gemeint war zwar die Flexibilisierung aller Lebensbereiche, aber vorneweg und in der Hauptsache ging es um den sogenannten Arbeitsmarkt. Inflexible Löhne waren aus der großen Kontroverse zwischen dem Keynesianismus (entstanden in den dreißiger Jahren des 20. Jahrhunderts) und der alten klassischen Gedankenwelt vom Beginn des 19. Jahrhunderts (begründet von Adam Smith und David Ricardo, aber entscheidend modifiziert und zu einer allgemeinen Theorie der Märkte umgebaut von Léon Walras) als das entscheidende Merkmal des neuen gesamtwirtschaftlichen Denkens hervorgegangen.

Inflexible Löhne wurden jedoch auch in der neuen, keynesianischen Gedankenwelt, die sich erstmals in der Geschichte der Ökonomik (auch Karl Marx blieb einzelwirtschaftlichem Denken verhaftet) auf die Analyse gesamtwirtschaftlicher Zusammenhänge konzentrierte, als hinzunehmendes Übel angesehen oder gar als soziale Errungenschaft, die man aus politischen Gründen nicht infrage stellen sollte. Auch im Zuge der keynesianischen Revolution wurden inflexible Löhne nur selten explizit als eine entscheidende Voraussetzung für erfolgreiche wirtschaftliche Entwicklung angesehen. Deswegen stellte man sich in den siebziger Jahren des vergangenen Jahrhunderts nur halbherzig gegen den Versuch der Vertreter des alten liberalen Paradigmas, erneut die Flexibilität aller Preise einschließlich der Löhne als den wichtigsten Faktor einer erfolgreichen Entwicklung der Wirtschaft hervorzuheben.

Als im Gefolge der Ölpreisexplosionen in den siebziger Jahren hohe Inflation und hohe Arbeitslosigkeit zugleich auftraten (die berühmte Stagflation), war die Stunde der Liberalen gekommen. Nun konnten sie scheinbar überzeugend belegen, dass Systeme, in denen der wichtigste Preis einer Marktwirtschaft, der Preis für Arbeit nämlich, inflexibel ist, unlösbare Konflikte schaffen, die mit den Rezepten des Keynesianismus nicht zu bekämpfen sind. Nur flexible Preise und unabhängige Notenbanken, so die Botschaft des »neuen Wirtschaftsliberalismus«, würden die Bedingungen schaffen, die es erlaubten, diese Probleme in den Griff zu bekommen. Der Neoliberalismus verband sich mit dem Monetarismus und schuf auf diese Weise ein nur schwer zu überwindendes theoretisches Bollwerk. Monetarismus ist die uralte Lehre, die darauf setzt, es könne gelingen, eine Geldmenge zu definieren und technokratisch so zu steuern, dass die Inflation für immer zu einer Randerscheinung des Wirtschaftsgeschehens degradiert würde.

Doch was dieser »Neoliberalismus« an konstruktiven Lösungen zur Überwindung der Probleme der wirtschaftlichen Entwicklung anbot, war extrem dürftig und gar nicht so neu. Neben der Flexibilisierung aller Preise kannte und kennt er nur den freien Handel als notwendige und hinreichende Bedingungen für Wohlstand und wirtschaftliche Entwicklung. Folglich wurde die Globalisierung als das Mittel schlechthin erachtet, um dafür zu sorgen, dass überall auf der Welt freie Unternehmer auf freien Märkten das tun, was sie nach Meinung der Wirtschaftsliberalen besser können als jeder Staat: die Chancen des technischen Fortschritts über unternehmerische Investitionen konsequent nutzen und dadurch die optimale Versorgung aller Menschen mit Wirtschaftsgütern aller Art sicherstellen.

Betrachten wir also die Lösungsvorschläge des Neoliberalismus genauer und beginnen mit der Frage, ob es überhaupt den Freihandel gibt, den die Liberalen beschwören. Braucht man tatsächlich flexible Löhne und Preise, um den Herausforderungen der Globalisierung wirksam begegnen zu können? Und inwieweit überfordern uns heute tatsächlich die Sachverhalte, die unter dem Stichwort der »Digitalisierung« diskutiert werden?

Freihandel als Lösung?

Kaum ein Thema brachte in den letzten Jahren mehr Menschen auf die Straße als TTIP, das geplante Freihandelsabkommen zwischen den USA und der EU. Viele Menschen haben offenbar ein gutes Gespür dafür, dass bei solchen Abkommen wichtige Werte einer Ideologie geopfert werden. Auf der anderen Seite steht die große Mehrheit der Ökonomen, die »den Freihandel« mit Klauen und Zähnen verteidigt. Für sie ist der Freihandel absolut notwendig, damit die Wirtschaft effizient arbeitet. Wenn sich jedes Land, so die dahinterstehende Idee, auf die Herstellung der Güter spezialisiert, die es am günstigsten produzieren kann, gewinnt die Welt insgesamt.

Nichts ist den liberalen Ökonomen und Politikern so heilig wie der freie Handel. Er ist schließlich das Einzige, was die liberalen Ökonomen zur Erklärung des »Wohlstands der Nationen« anzubieten haben. Diese »Theorie« basiert im Kern immer noch auf einer Doktrin, die der englische Ökonom David Ricardo vor 200 Jahren postuliert hat. Damals befürchtete man, dass der freie Handel sogar schaden könnte, weil einige Länder in der Lage seien, alle handelbaren Produkte effizienter herzustellen. Um solche absoluten Vorteile auszugleichen, müssten unterlegene Länder durch Protektionismus dafür sorgen, dass auch ihre Produzenten eine Überlebenschance hätten.

Dagegen stellte David Ricardo sein berühmtes Prinzip, wonach es im internationalen Handel nicht auf die absoluten, sondern auf die komparativen Vorteile ankomme. Wenn also, das ist ein Beispiel von Ricardo, in einem Land ein Produzent besonders gut Schuhe herstellt, ein Produzent in einem anderen Land aber besonders effizient ist bei der Herstellung von Tuch, dann können die beiden selbst dann miteinander Handel treiben, wenn der Hersteller von Schuhen auch Tuch günstiger herstellen könnte. Die Spezialisierung, also die Konzentration des Schuhherstellers auf die Produktion von Schuhen und die des Tuchherstellers auf Tuch, würde für beide nach dem Austausch ein insgesamt besseres Ergebnis erbringen.

Schon dieses Beispiel zeigt, wie realitätsfern Ricardos Idee ist. Denn offenbar nimmt er an, dass der Schuster mit der Herstellung von Schuhen vollständig ausgelastet ist, so dass er gar nicht auf die Idee kommt, gleichzeitig Schuhe und Tuch zu produzieren. Es gibt aber in der wirklichen Welt keine voll ausgelastete Volkswirtschaft. Jeder wird, wenn er absolute Vorteile hat, alle Vorteile nutzen und sich nicht auf die Herstellung eines Produkts beschränken.

Zudem unterstellt Ricardo, dass – bei Vollbeschäftigung – die Entlohnung der Arbeitskräfte jederzeit und in allen beteiligten Ländern exakt die jeweilige Knappheit von Arbeit und Kapital widerspiegelt. Das ist eine weitere heroische Annahme. Für den internationalen Handel sind nämlich nominale Größen entscheidend, weil sie – zusammen mit den Währungsrelationen – die für den Handel entscheidenden Preise bestimmen.

Was passiert zum Beispiel, wenn, wie das sehr oft zu beobachten ist, die Inflationsraten zwischen den Ländern weit auseinanderlaufen? Nehmen wir beispielsweise an, die Zuwächse der ausbezahlten Löhne in einem Land überschritten den Produktivitätsfortschritt weit stärker als in einem anderen. Dann verteuern sich die Produkte des ersten Landes systematisch, und die Nachfrage nach diesen Produkten geht zurück, obwohl sich an den Knappheiten von Arbeit und Kapital nichts geändert hat bzw. beide vollkommen gleich sind.

Es müsste dann zumindest einen funktionierenden Mechanismus geben, der dafür sorgt, dass die weit auseinanderlaufenden Preise und Löhne – in internationaler Währung gerechnet – ausgeglichen werden. Nun könnte man vermuten, dieser Mechanismus sei der Devisenmarkt. Diese Vermutung ist jedoch falsch. Währungen sind heute zum Spielball von Spekulanten geworden und werden von ihnen oft über Jahre in die vollkommen falsche Richtung getrieben, da sie Inflations- und Zinsdifferenzen in unterschiedlichen Währungsräumen ausnutzen, um kurzfristige Gewinne zu machen. Auf diese Weise werten die Währungen von Ländern mit hoher Inflation auf und die von Ländern mit niedriger Inflation ab, was genau das Gegenteil dessen ist, was zum Handelsausgleich beitragen könnte. Ricardos Verteidigung des Freihandels läuft also auch an dieser Stelle ins Leere.

Damit aber nicht genug. Die neoklassische Theorie des internationalen Handels unterstellt zudem, dass Direktinvestitionen (also die Verlagerung von Sachanlagen), die von Produzenten aus Ländern mit hoher Produktivität in Ländern mit niedriger Produktivität und niedrigen Löhnen getätigt werden, jederzeit von den relativen Preisen von Arbeit und Kapital gelenkt werden. Man nimmt folglich an, dass der westliche Produzent eines mobilen Telefons, der seine Produktion nach China verlagert, für die Produktion in China eine völlig neue Technologie erfindet, die wesentlich arbeitsintensiver als die zu Hause verwendete ist, um dem niedrigeren Preis von Arbeit in China Genüge zu tun. Diese Annahme ist nicht mehr fragwürdig, sie ist lächerlich.

Die neoklassische Gleichgewichtstheorie unterstellt, dass Unternehmen keinen Gewinn machen. Vor allem dürfen die Unternehmen in der neoklassischen Logik keinen Gewinn machen, der sich aus einem monopolistischen Vorsprung ergibt. Wenn also mobile Telefone in China produziert werden, dann wird nach dieser Vorstellung die erfolgreiche westliche Technologie weggeworfen, und man erfindet für China eine neue arbeitsintensivere Technologie. Mit der stellt man dann das gleiche Produkt in gleicher Qualität her und bietet es auf dem Weltmarkt genau zum gleichen Preis an.

Damit verzichtet der Produzent – wiederum laut neoklassischer Theorie – auf den Gewinn, den er gemacht hätte, wenn er die höhere westliche Produktivität mit den niedrigeren chinesischen Löhnen kombiniert hätte. Dann hätte er nämlich seine Lohnstückkosten, also den Lohn pro Stunde, dividiert durch den (realen) Produktionswert pro Stunde, deutlich senken können. Diese Chance nimmt der Unternehmer jedoch nicht wahr, da er ja keinen »Extra-Gewinn« machen darf.

Direktinvestitionen haben heute so gewaltige Effekte, dass man zum Beispiel den chinesischen Handel in keiner Weise mehr mit dem Handel eines westlichen Industrielandes vergleichen kann. Der chinesische Handel besteht nämlich zum großen Teil aus dem Handel mit Produkten westlicher Unternehmen, die ihren Standort in China haben. Man schätzt, dass es sich bei sechzig bis siebzig Prozent der gesamten Exporte Chinas nicht um Exporte von chinesischen Unternehmen handelt, sondern um Exporte ausgelagerter westlicher Unternehmen. Dies zeigt, dass die klassische Begründung für den Freihandel nicht auf tönernen, sondern auf gar keinen Füßen steht.

Daraus folgt, dass die gesamte Freihandelsideologie dieser Welt auf einer Theorie beruht, die nicht nur unrealistisch, sondern eindeutig falsch ist. Der internationale Handel mag folglich frei sein, wir wissen jedoch nichts darüber, ob er auch effizient ist. Die Gleichsetzung von Effizienz und Freiheit ist es aber, die als Grund und Rechtfertigung für den Abschluss von TTIP und anderen Freihandelsvereinbarungen vorgetragen wird.

Wir wissen folglich auch nicht, ob die Liberalisierung des Handels effizient ist. Die Idee, dass jeder Eingriff in den freien Handel schädlich und ineffizient ist, ist einfach falsch. Ein Land beispielsweise, das sich gegen massive Importe aus einem anderen Land wehrt, in dem Unternehmen mit extrem hohen Monopolgewinnen hohe Produktivität mit niedrigen Löhnen kombinieren, ist nicht zu verurteilen. Eine dagegen gerichtete protektionistische Maßnahme kann insgesamt die Wohlfahrt auf der Welt verbessern, weil sie verhindert, dass im Prinzip gesunde Unternehmen im Inland durch solche Monopolgewinne geschädigt werden.

Noch schlimmer als all diese Effekte ist, dass einige Länder versuchen, in merkantilistischer Manier viel mehr zu exportieren, als sie importieren. »Globale Ungleichgewichte« heißt dieses Phänomen, das in krassem Gegensatz zur

Freihandelsdoktrin steht. Deutschland ist hier als sogenannter Exportweltmeister der größte Sünder weltweit. Für den wirtschaftlichen Erfolg oder Misserfolg, den der internationale Handel für die beteiligten Länder hat, sind Überschüsse oder Defizite im Handel viel wichtiger als potenzielle »Produktivitätseffekte«. In Wirklichkeit gibt es, sobald nennenswerte und dauerhafte Außenhandelssalden auftreten, für die Handelspartner überhaupt keinen Anreiz mehr, mit einem Land Abkommen abzuschließen, das seine Überschüsse verteidigt.

Weder gewaltige Wechselkursänderungen noch Direktinvestitionen noch Lohndumping sind Gegenstand der Freihandelsideologie. Das heißt, Verteidiger des Freihandels fällen ihre Urteile auf Basis einer Doktrin, die mit der realen Welt nichts zu tun hat. Was die globalisierte Wirtschaft viel dringender braucht als eine doktrinäre Auseinandersetzung über Handelspolitik, ist ein Währungssystem, das verhindert, dass sich einzelne Länder über Lohndumping oder ähnliche Maßnahmen über lange Zeit ungerechtfertigte absolute Vorteile verschaffen können.

Rigide Löhne und die Drohung mit der Globalisierung

Die Liberalen haben in der Diskussion um die Folgen der Globalisierung schon früh die Agenda vorgegeben, mit einem gewaltigen politischen Paukenschlag und mit einer massiven Drohung zugleich. Weil, so ihre mit Aplomb vorgetragene These, nach dem Fall der Berliner Mauer viele Länder in Osteuropa und in Asien (mit China als einer neuen wirtschaftlichen Supermacht) ihre Grenzen für den

Warenaustausch öffneten, könne der Westen nicht so weitermachen wie bisher. Angesichts des Auftauchens neuer Teilnehmer an der internationalen Arbeitsteilung hätten sich die Knappheitsverhältnisse zwischen Kapital und Arbeit in der gesamten Welt fundamental verändert.

Weil in den Entwicklungs- und Transformationsländern Arbeit reichlich vorhanden, Kapital aber knapp sei, müssten sich die Preise für Kapital und Arbeit auf der globalen Ebene an diese neuen Knappheitsrelationen anpassen. Arbeit müsse billiger und Kapital teurer werden. Inflexible Löhne in den Industrieländern würden unweigerlich Arbeitslosigkeit nach sich ziehen. Verteilungskämpfe in den reichen alten Ländern würden das Kapital außer Landes treiben, weil es immer die Alternative gebe, sein Kapital in einem aufstrebenden Staat anzulegen.

Vermutlich hat keine These die internationale Diskussion um die Folgen der Globalisierung so stark dominiert wie diese einfache, ja primitive Ableitung, die sich direkt aus der neoklassischen »Theorie« eines »Arbeitsmarktes« ergab. Diese Theorie ist zwar nicht zu halten, aber die gegen sie vorgebrachten Argumente waren ebenfalls äußerst dürftig. Der entscheidende Grund: Die »progressiven Ökonomen« weigerten sich, die neoklassische Arbeitsmarkttheorie vollständig zu verwerfen. Hätten sie sich von Anfang an nicht auf die Knappheitsverhältnis-These eingelassen, sondern die Rolle der Löhne als Stabilisator der inländischen Nachfrage hervorgehoben, hätten sie zeigen können, dass es keineswegs so ist, dass die chinesischen Arbeiter die Löhne in Deutschland mitbestimmen. In Wirklichkeit geht es bei der Öffnung der Märkte und damit bei der Globalisierung nur um Strukturwandel und um wirtschaftliche Dynamik. Beides kennt der Neoliberalismus nicht und für beides hat er folglich keine Antwort.

Die große Angst

Die größte wirtschaftliche und politische Bedrohung unserer modernen Gesellschaften geht ohne Zweifel von der Arbeitslosigkeit aus. Arbeitslosigkeit ist zu Recht für viele Beobachter wie für die Betroffenen selbst der entscheidende Hinweis darauf, dass wir nicht so weitermachen können wie bisher. Doch die Folgerungen, die daraus gezogen werden, führen zumeist in die Irre. Ökonomen wie Nicht-Ökonomen, Arbeitgebervertreter wie Gewerkschafter, besonders aber wohlmeinende Philosophen und kritische Intellektuelle sehen unsere Welt in einem Gegenstrom der Globalisierung und Digitalisierung, der die liebgewordenen Annehmlichkeiten des Wohlfahrtsstaates unweigerlich hinwegspülen wird.

Aus ihrer Sicht verweigern sich nur noch Ewiggestrige und blinde Isolationisten der Einsicht in die historische Notwendigkeit, unseren Lebensstandard radikal infrage zu stellen und individuelle Lebensrisiken wie Arbeitslosigkeit, Alter und Krankheit statt durch den Staat in Zukunft privat abzusichern. Ist der Wohlfahrtsstaat also am Ende, weil mehr arme Länder dieser Erde aktiv am Welthandel teilnehmen wollen? Überrennen Millionen Chinesen die Grenzen der reichen Länder und erzwingen mit Gewalt ihre Teilhabe am allgemeinen Wohlstand auf unsere Kosten? Wenn ja, wieso haben dann alle reichen Länder den Absatz ihrer Güter nach China dramatisch erhöht?

Solche Fragen muss man nicht beantworten, wenn man den Doomsday-Propheten der Globalisierung oder der Digitalisierung geben möchte. Es genügt dafür offenbar, die entscheidenden Stichworte in den Raum zu werfen, und schon ist der verhängnisvolle Kreislauf von Gürtel-enger-Schnallen und Über-die-Verhältnisse-Leben in Gang gesetzt, der immer mit dem Schleifen des Wohlfahrtsstaates endet.

Was verlangt die Globalisierung?

Jenseits des öffentlich zelebrierten Erschauerns im Angesicht der Globalisierung kann man ganz einfache Regeln für das friedvolle Zusammenleben der Nationen auf wirtschaftlichem Gebiet aufstellen. Alle Regeln, von wem auch immer sie aufgestellt werden, können nur darauf hinauslaufen, zu fordern, dass jedes Land sich an seine eigenen Verhältnisse anzupassen hat, also nicht über seinen Verhältnissen leben darf. Mehr kann einfach kein Staat von einem anderen verlangen und mehr kann keine globale Regelung von einzelnen Ländern und ihren Bürgern erzwingen. Mehr zu fordern, würde ja bedeuten, dass man von dem einen fordert, bewusst unter seinen Verhältnissen zu leben, was logischerweise bedeutet, dass man einen anderen zwingt, über seinen Verhältnissen zu leben, denn alle zusammen können weder unter noch über ihren Verhältnissen wirtschaften (Flassbeck & Spiecker 2016).

Übersetzt in ökonomische Terminologie bedeutet das: Jedes Land muss seine Ansprüche genau an seine eigene Produktivität anpassen. Auf einzelwirtschaftlicher Ebene ist diese Regel unmittelbar einleuchtend: Auf Dauer kann ein Wirtschaftssubjekt nicht mehr ausgeben, als es einnimmt, das heißt, jeder muss das, was er beansprucht, auch erarbeiten. Gibt er mehr aus, lebt er über seinen Verhältnissen, er verschuldet sich und muss einen Gläubiger finden. Der Gläubiger ist derjenige, der ihm glaubt, dass er seine Schulden eines Tages zurückzahlen kann, seine Produktivität also ausreicht, um das in Anspruch Genommene zu begleichen.

In der anderen Richtung gilt das Gleiche: Auf Dauer kann man nicht weniger ausgeben, als man verdient. Denn wer unter seinen Verhältnissen leben will, muss einen Schuldner finden, also jemanden, der bereit ist, über seinen Verhältnissen zu leben. Wer Gläubiger (oder Netto-Sparer) werden will, muss andere finden, die sich verschulden wollen. Wenn niemand bereit ist, sich in der Höhe zu verschulden, in der ein anderer sparen möchte, gibt es keinen Abnehmer für das, was dieser andere quasi über seine eigenen gegenwärtigen Wünsche hinaus produzieren will. Dann fehlt ihm die Nachfrage, die er für seine Einkommenserzielung benötigt, und der Sparplan scheitert.

Was bedeutet die Regel, sich an seine Produktivität, sich an seine eigenen Verhältnisse anzupassen, für den internationalen Handel? Von der internationalen Arbeitsteilung können auf Dauer alle nur dann profitieren, wenn kein Land seine Wettbewerbsfähigkeit durch Protektionismus oder ähnliche Maßnahmen auf Kosten anderer Länder steigert. Gleichberechtigt miteinander Handel treiben können alle nur dann, wenn kein Land auf Dauer über seine Verhältnisse lebt und keines darunter.

Geschieht dies dennoch, werden also durch massive

Verstöße gegen die allgemeine Regel langfristig Gläubiger- und Schuldnerpositionen aufgebaut, kommt es zwischen Staaten mit einer je eigenen Währung über kurz oder lang zu Anpassungen der Wechselkurse. Verliert ein Land durch eine ständig anwachsende Schuldnerposition an Kreditwürdigkeit, wird seine Währung abgewertet. Umgekehrt muss ein Land mit einer immensen Gläubigerposition früher oder später seine Währung aufwerten, das heißt, seine Guthaben im Ausland entwerten. Das Wechselkursventil, obwohl in vieler Hinsicht problematisch, ist quasi der Beweis dafür, dass probatere Mittel zum Ausgleich der unterschiedlichen wirtschaftlichen Leistungsfähigkeit von Nationen versagt haben.

Länder selbst sind allerdings keine Wirtschaftssubjekte, sondern bestehen vielmehr ihrerseits aus einer Vielzahl von Wirtschaftssubjekten. Wie kann ohne das Notventil des Wechselkurses dafür gesorgt werden, dass die einzelwirtschaftliche Regel, jeder habe sich langfristig an seine Produktivität anzupassen, auch auf nationaler Ebene durchgesetzt wird? Ein Land passt sich langfristig automatisch an seine Produktivität an, wenn das durchschnittliche reale Pro-Kopf-Einkommen (pro Stunde zum Beispiel) im gleichen Tempo wächst wie die durchschnittliche Produktivität (also der Zuwachs des Realeinkommens pro Stunde). Dies wird logischerweise – und das ist durch vielfältige empirische Erfahrung bestätigt – am besten dadurch erreicht, dass die Nominallöhne im Durchschnitt der Volkswirtschaft um die Summe aus erwarteter durchschnittlicher Produktivitätssteigerung und der Zielinflationsrate wachsen.

Diese einfache Lohnregel impliziert zum einen, dass nicht nur die Beschäftigten, der »Faktor Arbeit«, sondern auch die Kapitalseite angemessen an der wirtschaftlichen Entwicklung beteiligt wird. Zum anderen erlaubt sie eine stabile Inflationsrate, weil der Abstand zwischen Nominallohnsteigerungen und Produktivitätssteigerung (die Entwicklung der sogenannten Lohnstückkosten) die entscheidende Determinante der gesamten Kostenentwicklung ist, die wiederum die Preisentwicklung weitgehend bestimmt (wie später gezeigt wird).

Es ist also gerade die Teilhabe der breiten Masse der Bevölkerung an der Produktivitätsentwicklung via Lohnkostensteigerung, die mit der Regel für die internationale Arbeitsteilung harmoniert. Dagegen führt eine Strategie des Unter-den-eigenen-Verhältnissen-Lebens, also der Versuch, die breite Masse über Jahre hinweg nicht an Produktivitätssteigerungen teilhaben zu lassen, mit Sicherheit in eine nationale und in eine internationale Sackgasse. Deutschland steckt seit Jahren in beiden, weil es den Herausforderungen der Globalisierung begegnen wollte, indem es selbst den Gürtel enger schnallte, und damit auf die Bereitschaft anderer setzte, eine immer höhere internationale Verschuldung zu akzeptieren.

Handel zwischen Hoch- und Niedriglohnland

In Deutschland verdiente ein Arbeiter im Jahr 2000 etwa 25 000 Euro brutto, ein chinesischer Arbeiter verdiente umgerechnet etwa 1150 Euro. Wie können zwei Länder miteinander Handel treiben, deren Lohnniveaus so weit auseinanderliegen? Müssten nicht sämtliche Produkte in China hergestellt worden sein, und müsste nicht Deutschland alle Güter von dort importiert haben?

Nein, denn entscheidend für die Wettbewerbsfähigkeit eines Produktes am Weltmarkt ist – bei gegebener Qualität – sein Preis, und dieser wird nicht vom absoluten Niveau der Löhne bestimmt, zu denen es produziert wird, sondern von den Löhnen im Verhältnis zur Produktivität, also den Lohnstückkosten. Wie viel Lohn in einem Produkt, einem »Stück«, steckt, hängt von der Höhe des Kapitalstocks ab, mit dessen Hilfe es hergestellt wird. Besteht das Gut zum Beispiel nur aus Handarbeit und wird es an einem Tag von einem Handwerker produziert, so betragen die Lohnstückkosten genau den Tageslohn des entsprechenden Handwerkers. Wird das Gut jedoch mit einer Maschine produziert, die ein Arbeiter bedient, und kann der mittels dieser Maschine zehn Stück am Tag herstellen, dann betragen die Lohnstückkosten genau ein Zehntel seines Tageslohns. Verdient dieser Arbeiter beispielsweise das Fünffache des Handwerkers, kann er ein einzelnes Stück immer noch preiswerter anbieten als sein Konkurrent.

Daraus folgt, dass die gegenwärtigen hohen Lohnkosten in Deutschland so wenig vom Himmel gefallen sind wie die niedrigen chinesischen. Beide haben sich in kleinen Schritten aus der Vergangenheit heraus entwickelt. Sie sind der Spiegel der Produktivität, die wiederum auf dem erwirtschafteten Kapitalstock eines Landes beruht. Wer den aktuellen Stand der Lohnstückkosten hierzulande für generell zu hoch erklärt, ignoriert die historische Entwicklung von Produktivität und Kapitalstock, oder er behauptet, der (west)deutsche Kapitalstock sei wegen der allmählich stärkeren Öffnung der Märkte seit dem Ende des Ost-West-Konflikts schlagartig obsolet geworden, entwertet durch die zunehmende Globalisierung. Diese Vorstellung ist angesichts der Spitzenstellung vieler deutscher Exporteure auf den Weltmärkten (und insbesondere in den Niedriglohnländern) offensichtlich absurd.

Der Preis eines Gutes hängt allerdings nicht nur von den Lohnstückkosten, sondern auch von den Kapitalkosten ab, also den Kosten, die der in der Produktion eingesetzte Kapitalstock verursacht. Um in unserem Beispiel zu bleiben: Der Arbeiter muss die Maschine erst einmal haben, bevor er mit ihr produzieren kann. Würden die Lohn- und Kapitalkosten der kapitalintensiven Produktionsweise zusammen den Produktivitätsvorteil gegenüber der arbeitsintensiven Herstellung überwiegen, wäre das kapitalintensiv produzierte Gut nicht konkurrenzfähig. Die kapitalintensive Produktionsweise wäre dann entweder gar nicht entstanden oder sie würde von einer arbeitsintensiveren Produktionsweise verdrängt.

Doch wer hat jemals beobachtet, dass maschinelle Webstühle Handwebern weichen mussten? Im Gegenteil: Stets war und ist die Menschheit bemüht, einen möglichst großen Kapitalstock aufzubauen, weil der technische Fortschritt vergleichsweise wenig produktive Tätigkeiten überflüssig macht und man sich produktiveren Beschäftigungen zuwenden kann, mit denen sich höhere Einkommen und damit ein größerer Wohlstand erzielen lassen.

Das heißt nichts anderes, als dass mittel- bis langfristig die Entwicklung hin zu einem ständig steigenden Kapitaleinsatz eine Art Naturgesetz in der Welt der Ökonomie ist. Könnten die Weber langfristig so schlecht bezahlt werden, dass sich der Bau eines maschinellen Webstuhls niemals rentiert? Nein, das ist nicht vorstellbar. Das aber bedeutet zwingend, dass weder die historische Entwicklung unseres Kapitalstocks noch die unserer Löhne ein Irrtum war.

Ist nun die Produktivität in Deutschland aufgrund des vorhandenen Kapitalstocks um so viel höher als in China, dass die Lohnstückkosten trotz der unterschiedlichen Lohnniveaus gleich sind, findet keine Verdrängung am Weltmarkt statt, importiert also das Hochlohnland nicht automatisch alles aus dem Niedriglohnland. In den Bereichen, in denen die deutschen Lohnstückkosten über den chinesischen liegen, findet Handel statt, bei dem die billigeren Anbieter die teureren auf dem Weltmarkt verdrängen. Das ist der internationale Strukturwandel, bei dem Deutschland bisher hervorragend abgeschnitten hat.

Hochlohnländer spezialisieren sich auf Güter, die allein mit einer besonderen Technologie hergestellt werden können. Nur wer über einen entsprechend großen und hoch spezialisierten Kapitalstock und das entsprechende Fachwissen verfügt, kann auf dem Weltmarkt hoch spezialisierte Güter anbieten. Das sind in der Regel nicht die Anbieter aus Niedriglohnländern, da diese Länder sich ja gerade dadurch auszeichnen, dass sie (noch) nicht so stark industrialisiert und spezialisiert sind.

Sobald man also, anders als die meisten ökonomischen Lehrbücher, nicht nur von zwei Handelsgütern auf dem Weltmarkt ausgeht, sondern realistischerweise eine riesige Produktpalette in Betracht zieht, verliert die Vorstellung vom knallharten internationalen Verdrängungswettbewerb, in dem die reichen Nationen unweigerlich verlieren, jede Plausibilität. Das übliche theoretische Modell, in dem Hersteller beliebig zwischen verschiedenen Produktionstechniken wählen können, um sich optimal an das Faktorpreisverhältnis für die Produktionsfaktoren Arbeit und Kapital, also das Lohn-Zins-Verhältnis, anzupassen, ist unrealistisch und irreführend.

Dabei sind es nicht nur Anpassungsfriktionen oder die zeitlich begrenzte Immobilität von Produktionsfaktoren, die dafür verantwortlich sind, dass es keine beliebige Anpassung an das Faktorpreisverhältnis gibt. Es geht um etwas viel Grundsätzlicheres. Man kann schlicht ein Handy oder einen Mercedes nicht beliebig arbeitsintensiv produzieren. Wollte man das, müsste man erst eine völlig neue, auf höhere Arbeitsintensität zielende Produktionsweise erfinden. Das wäre nicht nur teuer, sondern auch sinnlos. Die kapitalintensive Produktionsweise ist langfristig immer die überlegene, weil sie mehr Wohlstandspotenzial und damit die Voraussetzung für auf der ganzen Welt steigende Löhne schafft. Daher führte eine durch niedrigere Arbeitskosten getriebene hypothetische Parallelentwicklung arbeitsintensiverer Produktionsverfahren auf lange Sicht immer ins Aus. Wer das nicht glaubt, suche einen Unternehmer, der in China oder Indien mit der Technologie der siebziger Jahre moderne weltmarktgängige Rechner herstellt.

Doch selbst wenn das Vorhalten einer arbeitsintensiveren Produktionsweise technisch möglich wäre, fände es nicht statt. Und zwar aus dem einfachen Grund, dass es viel rentabler ist, die heute üblichen kapitalintensiven Produktionstechniken mit den Billiglöhnen der aufholenden Länder zu kombinieren. Die dadurch möglichen temporären Monopolgewinne machen jede andere Lösung von vornherein unwirtschaftlich. Nur weil die ökonomischen Standardmodelle unterstellen, Monopolgewinne spielten in den Kalkülen der Unternehmen keine Rolle, hat die herrschende Lehre keinerlei Zugang zu einer realistischen Analyse des internationalen Handels und der Faktorwanderung. Tragisch ist dabei, dass sich fachfremde Intellektuelle – freilich ohne zu wissen, was sie tun – die Annahmen der Standardmodelle zu eigen machen und auf dieser Basis die Globalisierung zu analysieren versuchen.

Handel bei Kapitalwanderung

Befürworter von Lohnkostensenkungen in den reichen Ländern führen als Argument dafür regelmäßig die Möglichkeit des Kapitals an, in Niedriglohnländer abzuwandern. Die hiesige Arbeitslosigkeit zeige, dass zu wenig im Inland investiert werde. Das läge daran, dass aufgrund der vergleichsweise zu hohen Löhne die Rentabilität des Kapitals zu gering sei. Böten sich außerhalb Deutschlands gewinnträchtigere Anlagemöglichkeiten, würden diese auch genutzt und das Kapital fließe ab.

Dieser Mechanismus habe seit Ende des Ost-West-Konflikts und der damit einhergehenden intensiveren Teilnahme ärmerer Volkswirtschaften am Welthandel eine neue Dynamik erreicht, an die man sich hierzulande anzupassen habe. Die Knappheitsverhältnisse der Produktionsfaktoren hätten sich grundlegend gewandelt: Es stünden eben sehr viel mehr Arbeitskräfte zur Verfügung, zugleich brächten diese aber keinen auch nur annähernd so hohen Kapitalstock mit in die Weltwirtschaft ein wie ihre Kollegen aus den Industrienationen, so dass der Faktor Kapital im Vergleich zu Arbeit viel knapper geworden sei. Diese gestiegene Knappheit mache es notwendig, das Kapital durch niedrigere Löhne zum Bleiben zu bewegen, da die niedrigen Löhne in den aufholenden Volkswirtschaften eine enorme Sogwirkung auf das hiesige Kapital ausübten (vgl. Sinn 2003, S. 91 ff.).

Richtig ist an dieser Sichtweise, dass es für hiesige Unternehmer tatsächlich lohnend sein kann, ihre kapitalintensiven Produktionstechnologien mit den in den aufholenden Volkswirtschaften herrschenden Billiglöhnen zu kombinieren. Das war schon immer eine Möglichkeit, vorübergehende Monopolgewinne zu erzielen, und mag seit 1989 einfacher zu realisieren sein. Auch für Unternehmer in den Billiglohnländern selbst besteht ein großer Anreiz, die westlichen Technologien zu kopieren, das heißt, diese zu importieren, um dann in Kombination mit den niedrigen heimischen Löhnen überdurchschnittliche Gewinne zu erwirtschaften. Denn sofern die Lohnentwicklung im Niedriglohnland der durchschnittlichen Produktivitätsentwicklung in der dortigen Gesamtwirtschaft folgt, können über Jahre und sogar Jahrzehnte hinweg beachtliche Monopolgewinne erzielt werden, da das Produktivitätsniveau dort aufgrund des niedrigen Ausgangswertes des Kapitalstocks noch lange unterhalb dessen liegen wird, was in den reichen Ländern erreicht ist.

Abwegig ist es jedoch, die Kapitalwanderung in Niedriglohnländer für die hiesige Arbeitslosigkeit verantwortlich zu machen. Denn wer die wirtschaftliche Entwicklung der Bundesrepublik nach dem Zweiten Weltkrieg oder etwa die Polens seit dem Fall der Mauer betrachtet, stellt fest, dass Kapitalwanderungen nicht schlagartig und in großem Maßstab, sondern allmählich erfolgen. Sonst hätte der Aufbau des westdeutschen Kapitalstocks nach dem Krieg viel schneller geschehen müssen. Auch Polen müsste mit seinen Billiglöhnen nach dreißig Jahren längst hoch industrialisiert sein, wenn die Nettokapitalbewegung von Hoch- zu Niedriglohnländern so gewaltig wäre, wie dies die Globalisierungspessimisten behaupten.

Das überschaubare Ausmaß von Kapitalverlagerungen erklärt sich einerseits dadurch, dass sie nicht risikolos zu bewerkstelligen sind. So muss etwa das erforderliche »Humankapital« im Niedriglohnland vorhanden sein, also das Know-how auf allen Ebenen des Produktionsprozesses. Die wirtschaftlichen und politischen Rahmenbedingungen der aufholenden Volkswirtschaft müssen stabil genug sein, um Unternehmen dazu zu bringen, langfristig in diesem Land zu investieren. Häufig wechselnde Regierungen mit unterschiedlichen wirtschaftspolitischen Konzepten können auf in- wie ausländische Investoren ebenso abschreckend wirken wie mangelnde innere Sicherheit.

Gegen die Angst vor massiver Kapitalabwanderung in Niedriglohnländer und drohender Kapitalknappheit in Hochlohnländern spricht jedoch noch ein viel grundlegenderes Argument. Fasst man die wirtschaftliche Entwicklung als einen Prozess auf, in dessen Verlauf Gewinne und damit Kapital entstehen, geht es gar nicht in erster Linie um das gegenseitige Ausstechen der Unternehmer, Arbeitnehmer oder Länder beim angeblich nur sehr langsam (via Sparen) vermehrbaren Produktionsfaktor Kapital. Wenn tatsächlich Gewinnchancen in Niedriglohnländern genutzt werden können, vermehrt sich das im Entwicklungsprozess der aufholenden Länder so dringend benötigte Kapital durch den Prozess selbst. Also auf eine Weise, welche die Kapitalbilanz des Niedriglohnlandes nicht belastet und es ihm erlaubt, mehr Güter als sonst möglich aus den Hochlohnländern zu importieren.

Der Import von Kapital und Know-how ist aus der Perspektive des Entwicklungslandes und aus der Sicht der reichen Länder also langfristig vorteilhaft. Aus Sicht des Niedriglohnlandes ist zunächst entscheidend, dass das

Land wegen seines geringen Kapitalstocks nur mit einer sehr kleinen Palette von Gütern am Weltmarkt konkurrenzfähig sein wird. Jeder ausländische Investor trägt zum Aufbau des Kapitalstocks und damit der Basis für mehr Einkommen und Wohlstand bei. Selbstverständlich findet auch hier ein Strukturwandel statt, und in der Regel ein viel gewaltigerer als in den Hochlohnländern. Denn das Nachahmen von Produktionsprozessen für weltmarktgängige Produkte funktioniert schneller als das Erfinden und Umsetzen neuer Technologien. Entwicklungsländer können beim Aufbau ihres Kapitalstocks Sprünge im technologischen Wandel realisieren, die den hoch entwickelten Volkswirtschaften nicht möglich sind. In China müssen nicht erst die während der sechziger Jahre in den westlichen Industrieländern vorherrschenden Technologien angewendet werden, sondern Investoren können sofort die aktuelle Technik einsetzen.

Dass mit dem internationalen Strukturwandel immense Veränderungen für die Bevölkerung des Niedriglohnlandes verbunden sind, denen meist kein mit unserem vergleichbares soziales Sicherungsnetz an die Seite gestellt wird, wird hierzulande oft übersehen. Dennoch stellt die Kombination der niedrigen Löhne mit der Technologie aus den Industrieländern die große Chance dar, wirtschaftlich aufzuholen und das Wohlstandsgefälle zu den reichen Ländern zu verringern. Der Standortvorteil in Form von Niedriglöhnen ermöglicht es, technologisches Wissen zu importieren, die Palette weltmarktfähiger Produkte nach und nach auszuweiten und so vom Welthandel zu profitieren.

Durch die Forderung nach Lohnsenkungen in Hochlohnländern wird folglich implizit versucht, die Chancen der Entwicklungsländer zum Aufholen zu schmälern oder sie ihnen gar gänzlich vorzuenthalten. Diese Position wird üblicherweise von Leuten vertreten, die strikt gegen Protektionismus sind und den ärmeren Ländern alle Chancen dieser Welt versprechen, wenn sie nur ihre Märkte vollständig öffnen. Wenn aber zugleich die Wettbewerbsfähigkeit der Industrieländer auf den Weltmärkten durch lohninduzierte Preissenkungen steigt, nimmt man den sich entwickelnden Volkswirtschaften zugleich die Märkte weg, da sie ihre wenigen Produkte noch schlechter international verkaufen können.

Ginge man in die Richtung einer absoluten Angleichung der deutschen Löhne an die chinesischen oder indischen, wäre zudem eindeutig das Wechselkursventil gefordert, weil dann Deutschland gegen die zentrale Regel des internationalen Handels- und Kapitalverkehrs verstieße. Bei Lohnkostensenkungen in Deutschland wäre eine weitere drastische Aufwertung des Euro unvermeidlich. Wechselkurse können und müssen systematisch Lohnstückkostendifferenzen ausgleichen, aber niemals die absoluten Lohnniveaus. Anders als viele Ökonomieprofessoren wissen Devisenhändler nämlich, worauf es im internationalen Vergleich ankommt.

Mindestens ebenso gravierend sind jedoch die Folgen der Lohnsenkungsstrategie im Hochlohnland Deutschland für all die Länder, die auf der Industrialisierungsleiter zwischen den Weltmarktführern und den gering entwickelten Ländern stehen, noch dazu, wenn sie dieselbe Währung haben wie etwa Italien, Spanien, Portugal oder Griechenland. Versuchen deutsche Unternehmen durch Lohnsenkungen auf den Weltmärkten wettbewerbsfähiger zu werden, trifft das all diejenigen, die nur etwas niedrigere Löhne haben als wir und den bisherigen Abstand bei der Ausstattung mit Kapital durch ebendiese Lohndifferenz wettgemacht haben. Diese Länder müssen dann unserem Lohnsenkungspfad folgen, wenn sie nicht sämtliche Marktanteile verlieren wollen. Dass dies auf mittlere Sicht unweigerlich zu einer Aufwertung des Euro führt und insofern die Bemühungen der Deutschen, sich dem chinesischen Lohnniveau anzunähern, zunichtemacht, ist ein Glück für die Entwicklungsländer, aber eine Katastrophe für die ärmeren Mitglieder der Währungsunion. Das scheint der für die Währungsunion zuständigen Europäischen Zentralbank erst allmählich zu schwanen – von der auf diesem Wege heraufbeschworenen Deflationsgefahr ganz zu schweigen (vgl. Europäische Zentralbank[1] 2005).

Diese Argumente mögen jene Arbeitnehmer in einem Hochlohnland, die ihren Arbeitsplatz wegen der Verlagerung eines Produktionsstandortes ihres bisherigen Arbeitgebers in ein Niedriglohnland verloren haben, nicht wirklich überzeugen, und das ist zweifellos eine schwierige Situation für die Betroffenen. Die Gesellschaft muss für diese Fälle über ein funktionsfähiges soziales Sicherungsnetz verfügen und Möglichkeiten schaffen, damit die Betroffenen in anderen Wirtschaftszweigen wieder Fuß fassen können.

Trotz dieser sicherlich nicht zu vernachlässigenden Einzelschicksale sieht die Situation jedoch aus einer gesamt-

1 Dort zwar wurden die relevanten Daten sorgfältig zusammengestellt (z.B. Table 2, S. 64), die naheliegende Schlussfolgerung wird aber nicht gezogen. Die einmalige Chance, die Eurokrise in einem frühen Stadium zu vermeiden, wurde hier vertan.

wirtschaftlichen Perspektive für Deutschland ganz anders aus: Deutschland exportiert wesentlich mehr Güter, als es importiert. Das bedeutet, dass der damit einhergehende Mehr-Absatz von Waren im Ausland die deutsche Wirtschaft stützt und per Saldo Arbeitsplätze schafft. Das dürfte in der Regel zwar in anderen Branchen der Fall sein als in denen, die Arbeitsplätze ins Ausland verlagern. Aber in der Summe stellt sich Deutschland durch den internationalen Handel in Sachen Arbeitsplätze besser und nicht schlechter.

Der notwendige Anpassungsprozess an den internationalen Strukturwandel muss zweifellos sozial abgefedert werden. Jedoch so zu tun, als ob eine Wirtschaft wie die deutsche insgesamt in Hinblick auf die Arbeitsplätze der Verlierer bei der Globalisierung sei, ist schlicht falsch. Wer bei der Analyse der Ursachen der gravierenden Arbeitsmarktprobleme in Europa auf die Globalisierung verweist, hat nicht gründlich nachgedacht oder verfolgt mit dem Schüren von Angst eine verborgene politische Agenda.

Handel bei Wanderung von Arbeit

Was geschieht, wenn einzelne oder auch ganze Gruppen von Arbeitnehmern aus den Niedriglohnländern nicht warten wollen, bis ihnen Kapital zur Verfügung steht, sondern sich selbst auf den Weg zum Kapital machen, sprich, in die Hochlohnländer einwandern? Ob das wirklich ein Massenphänomen werden könnte oder aus demografischen Gründen gar sollte und welche rechtlichen Grenzen eine solche Wanderungsbewegung einschränken, soll hier nicht diskutiert werden. Doch welche ökonomischen Mechanismen laufen zwischen den betroffenen Ländern ab, und welche ökonomischen Spielregeln sollten gelten, um die Wanderung des Produktionsfaktors Arbeit für Herkunfts- (also Niedriglohn-) wie Einwanderungsland (also Hochlohnland) sinnvoll zu gestalten?

Arbeitskräfte aus Niedriglohnländern wandern in Hochlohnländer, weil sie dort mehr Jobs oder einen höheren Lohn oder beides erwarten. Bei normaler Arbeitsmarktsituation im Hochlohnland gilt de facto ein sogenanntes Bestimmungslandprinzip, das heißt, die Zuwanderer verdienen im Hochlohnland bei gleicher Qualifikation den gleichen Lohn wie die einheimischen Arbeitskräfte. Welche wirtschaftlichen Folgen hat das im Hochlohnland? Wenn die zuwandernden Arbeitskräfte reibungslos Jobs finden, ist die Zuwanderung kein Problem für das Hochlohnland, sie erhöht sogar das Wachstumspotenzial.

Herrscht im Hochlohnland jedoch Arbeitslosigkeit, ist die Wahrscheinlichkeit gering, dass Zuwanderer zum herrschenden Lohn Arbeit finden. Denn warum sollte ein Zuwanderer unter sonst gleichen Bedingungen der inländischen Arbeitskraft, die in der Regel keine Sprachschwierigkeiten oder sonstige Anpassungsprobleme hat, vorgezogen werden? Finden die Zuwanderer keine Arbeit, beanspruchen sie Leistungen der sozialen Sicherungssysteme. Das aber wird keine Gesellschaft in größerem Umfang tolerieren. Denn den Mindestlebensstandard, den eine reiche Gesellschaft durch soziale Sicherungssysteme für ihre Mitglieder zu garantieren versucht, um den sozialen Frieden und den Zusammenhalt zu sichern, kann sie nicht für den Rest der Welt oder auch nur einen spürbaren Teil davon zur Verfügung stellen. Wäre sie bereit dazu, könnte sie jedenfalls ihre Solidarität viel effektiver über eine massive Erhöhung der Entwicklungshilfe unter Beweis stellen.

Was aber geschieht, wenn die Zuwanderer bei Arbeitslosigkeit im Hochlohnland bereit sind, dort zu einem wesentlich geringeren Lohn als die heimischen Arbeitskräfte zu arbeiten, und das Gastland bereit ist, das zu tolerieren? Die Zuwanderer erhöhen ja durch diese Bereitschaft die Wahrscheinlichkeit, im Gastland Arbeit zu erhalten. Dass sie sich trotz des niedrigeren Lohnes oft besserstellen als in ihrem Herkunftsland, ist sicher ein zentrales Motiv für die Wanderung.[1] Und welcher inländische Unternehmer wollte diese Gewinnchance (bei gleicher Qualifikation der Arbeitskräfte und unter Vernachlässigung sonstiger Anpassungsschwierigkeiten) nicht nutzen, um seinen hoch effizienten Kapitalstock mit nicht der Arbeitsproduktivität entsprechenden niedrigen Löhnen (diesmal im Inland statt im Niedriglohnland) zu kombinieren?

Durch die Außerkraftsetzung des Bestimmungslandprinzips und die Einführung eines Herkunftslandprinzips verdrängen die Zuwanderer einheimische Arbeitskräfte. Diese werden entweder arbeitslos und müssen über die sozialen Sicherungssysteme finanziert werden – ein für die Gesellschaft kaum akzeptabler und auf Dauer nicht finanzierbarer Zustand –, oder sie passen ihre Löhne nach unten an. Gerät auf diesem Weg das Lohnniveau des Hochlohnlandes insgesamt ins Rutschen, treten alle oben

1 Dass diese Rechnung nicht immer aufgehen muss, weil etwa die Lebenshaltungskosten unterschätzt werden, der Wohnraum knapp und entsprechend teuer ist oder die soziale Integration nicht funktioniert, steht auf einem anderen Blatt.

bereits beschriebenen negativen Folgen ein: Nachfrageausfall im Inland sowie sinkende Gewinne der Unternehmen und verschenkte Wachstums- und Wohlstandsmöglichkeiten, verstärkter Verdrängungswettbewerb auf den Weltmärkten und/oder Aufwertung der heimischen Währung.

Das heißt, dass auch die Herkunftsländer der Zuwanderer durch die von ihnen ausgelöste Lohnsenkung geschädigt werden. Zwar wird ihr Arbeitsmarkt möglicherweise unmittelbar entlastet,[1] aber durch die Wanderung wird kein zusätzlicher Kapitalstock im Niedriglohnland aufgebaut, wie das im Fall der Kapitalwanderung geschieht. Die zurückbleibende Bevölkerung profitiert nicht von den Abwandernden, das durchschnittliche Produktivitätsniveau steigt nicht und damit auch nicht das durchschnittliche Lohnniveau: Es findet kein Aufholprozess statt.

Vielmehr sehen sich die Anbieter aus dem Niedriglohnland noch wettbewerbsfähigeren Anbietern auf dem Weltmarkt gegenüber; denn die Lohnsenkung im Hochlohnland schafft Raum für Weltmarktanteilsgewinne der dortigen Unternehmer mittels Preissenkung. Zwar wird eine Aufwertung der Währung des Hochlohnlandes am Ende diesen Gewinn wieder zunichtemachen, aber die Folgeschäden sind in der Regel enorm. Zudem reißt das Lohndumping all die Länder mit in die Abwärtsspirale, die mit dem Hochlohnland zusammen Mitglied einer

1 Wenn jedoch gerade die fähigsten und flexibelsten Arbeitskräfte die Wanderungswilligen sind, ist die Abwanderung eher als ein »brain drain« für das Niedriglohnland anzusehen und insofern ebenfalls ein Schaden.

Währungsunion sind oder aus sonstigen Gründen ihren Wechselkurs fixieren.

Nur die konsequente Anwendung des Bestimmungslandprinzips auch bei hoher Arbeitslosigkeit im Hochlohnland kann diesen alle Handelsteilnehmer schädigenden Teufelskreis verhindern. Das bedeutet, dass in Deutschland kein ungebremster Strom von Zuwanderern verkraftet werden kann und – im ureigenen Interesse der uns umgebenden Niedriglohnländer – auch nicht verkraftet werden darf. Für jede einzelne Nation, jede sich kulturell zusammengehörig fühlende Gesellschaft oder jeden geografischen Raum der gleichen Entwicklungsstufe, das heißt ähnlicher Kapitalausstattung, muss ganz strikt das »law of one price« gelten, der Grundsatz des gleichen Lohns für gleiche Arbeit also.

Wird dieser Grundsatz durchlöchert, werden Mittel zur Behebung der Krise empfohlen, die eine Abwärtsspirale in Gang setzen: Lohnsenkungen schwächen die Binnennachfrage, lassen dadurch die Gewinne und mit ihnen die Investitionsbereitschaft im Inland sinken. Das stärkt zwar vorübergehend die Exporte, aber nie in dem Maße, wie es zur Kompensation des inländischen Nachfrageausfalls notwendig wäre. Zugleich ist der Staat überfordert, die Funktion der Sicherungssysteme zu gewährleisten, die ja in der Tat nicht für dauerhaftes Versagen der Wirtschaftspolitik geschaffen wurden, sondern zur temporären Abfederung des intertemporalen wie des internationalen Strukturwandels.

Die falsche Analyse findet hier sofort den nächsten Schuldigen für die Misere: Der Staat insgesamt, sagt der Neoliberalismus, müsse radikal in seine Schranken gewiesen werden, wolle man die Herausforderung der globalisierten Märkte meistern. Wen wundert es da noch, dass die Bevölkerung sich zunehmend vor der Globalisierung fürchtet und Fremdenfeindlichkeit auf dem Vormarsch ist? Wer die gesamte Gesellschaft in ihren Grundfesten infrage stellt, sollte sich nicht nur über die wirtschaftlichen, sondern auch über die politischen Folgen seiner Ratschläge im Klaren sein.

Digitalisierung als Bedrohung?

Der Roboter als Jobkiller?

Ein neues altes Thema macht rasend schnell die Runde. Automation, die Verdrängung des Menschen durch Roboter, wird als große Gefahr an die Wand gemalt und die uralte Konfusion »on machinery«, wie der englische Ökonom David Ricardo es vor 200 Jahren genannt hatte, feiert fröhliche Urstände.

Der Punkt, um den es geht, ist allerdings so einfach, dass man sich fragt, wie es sein kann, dass die Menschheit ihn nicht begreift. In dem Buch *Das Ende der Massenarbeitslosigkeit* haben Friederike Spiecker und Heiner Flassbeck den Zusammenhang so beschrieben:

> Ist es nicht eindeutig? Arbeitslosigkeit ist ein unabwendbares Schicksal: Was gestern noch mehrere Arbeiter am Fließband bewerkstelligten, erledigt heute ein Roboter. Wo gestern Arbeiterinnen die fertig produzierte Ware wenigstens noch verpacken und beschriften mussten, packt und adressiert heute eine von Computern gesteuerte Verpackungsmaschine. Immer mehr Menschen verlieren ihren Arbeitsplatz und finden – möglicherweise trotz mehrfacher Umschulung – keine neue Verdienstmöglichkeit und werden zu (Langzeit-) Arbeitslosen. Machen wir uns nicht durch den zunehmenden Ein-

> satz von Maschinen systematisch arbeitslos? Wer einmal einen Blick in die fast menschenleere Werkshalle eines Automobilherstellers geworfen hat, ist nachhaltig beeindruckt und ertappt sich dabei, wie er Sympathie aufbringt für diejenigen, die vor einem Jahrhundert die Maschinen stürmten, um ihrer Arbeitsplatz vernichtenden Wirkung zu entgehen.
>
> Doch manchmal täuschen die Eindrücke. Dass wir alle auf einer großen Kugel sitzen und uns, gehalten von der geheimnisvollen Kraft der Gravitation, um die Sonne drehen, hat bis vor 400 Jahren fast niemand glauben können, weil der Eindruck der auf- und untergehenden Sonne so unglaublich prägend für unser normales Vorstellungsvermögen ist. Der Mechanismus, wie aus Kapital, aus Maschinen, die Menschen verdrängen, Wohlstand entsteht, scheint fast so geheimnisvoll wie die Gravitationskraft und ist so zentral für unsere komplexe Wirtschaft wie die Gravitationskraft für die komplexen natürlichen Vorgänge auf der Erde.
>
> Weil die Sache komplex ist, müssen wir sie einfach machen, um sie zu verstehen. Stellen wir uns einmal Robinson Crusoe auf seiner einsamen Insel vor. Er ernährt sich mühsam vom Fischfang. Um aber die Fische nicht für alle Zeit mit der Hand fangen zu müssen, baut er sich eine Angel. Das bedeutet nichts anderes, als dass er investiert. Warum tut er das? Damit er sich ein paar Stunden mehr am Tag auf die faule Haut legen kann, falls die Sache mit der Angel funktioniert. Oder damit er Zeit hat, sich eine Hütte zu bauen, ohne verhungern zu müssen. Oder beides. Sein Ziel ist eine Verbesserung seiner Lebenslage, ein Wohlstandsgewinn. Ob er die beim Fischfang durch die Investition eingesparte Zeit für mehr Freizeit nutzt oder zur Herstellung anderer Güter einsetzt, bleibt ihm überlassen. Auf jeden Fall wird sich Robinson nicht als arbeitslos betrachten, denn er gewinnt durch das schnellere Fangen der Fische (die Steigerung seiner Arbeitsproduktivität) entweder neue Güter (z.B. die Hütte) und/oder Freizeit hinzu. (Flassbeck & Spiecker 2016, S. 27f.)

Mit anderen Worten: Dadurch, dass Menschen etwas klüger machen als vorher, dass sie sich also das Leben mithilfe von Maschinen (Kapital) erleichtern, wird niemand arbeitslos. Weil durch die Zunahme der Produktivität das reale Einkommen der Gesellschaft insgesamt steigen kann, ist es für alle möglich, sich mehr Güter oder mehr Freizeit zu leisten. Im Fall der zusätzlichen Güternachfrage muss folglich dafür gesorgt werden, dass diejenigen, die vorwiegend Nachfrage in einer Wirtschaft entfalten werden und den entsprechenden Bedarf haben, die Einkommen in die Hand bekommen, die sie brauchen, um die zusätzliche Produktion zu kaufen.

Der Fall der Zunahme an Freizeit ist etwas komplizierter, weil es zunächst nicht einfach ist herauszufinden, ob die Option der Verkürzung der Arbeitszeit wirklich von der großen Mehrheit der Arbeitnehmer gewollt wird. Ist das jedoch der Fall, muss man dafür sorgen, dass diese Möglichkeit dann allen gleichermaßen zugutekommt, und man muss verhindern, dass die Nachfrage einbricht und ungenutzte Kapazitäten bei den Unternehmen entstehen (vgl. Spiecker 2014).

Nun ist noch die Frage zu beantworten, auf welche Weise es zu den steigenden Einkommen und zu der steigenden Nachfrage kommt, die man unbedingt braucht, um rationalisierungsbedingte Arbeitslosigkeit zu vermeiden. Bei der oben referierten FAZ-Position gibt es nur einen Weg, nämlich den der fallenden Preise aufgrund der steigenden Produktivität. Dieser Weg ist in der Tat prinzipiell gangbar. Ist der Wettbewerbsdruck im Unternehmenssektor groß genug, führt die Rationalisierung bei den Firmen, die sie erfolgreich durchführen, zu dem Zwang, die Preise zu senken oder zumindest weniger als die Konkurrenten zu erhöhen. Sinkt dadurch das Preisniveau generell, kommt es bei konstanten Nominallöhnen zu steigenden Reallöhnen. Steigende Reallöhne werden in der Regel (bei unveränderter Sparneigung) zu steigender Nachfrage nach Gütern und Dienstleistungen führen, die (für sich genommen) zu positiven Arbeitsplatzeffekten führen und damit den (für sich genommen) negativen Effekt der Rationalisierung ausgleichen.

Warum aber müssen – wie die FAZ es in ihrem oben erwähnten Artikel unterstellt – die Preise (bzw. das Preisniveau) bei einer Steigerung der Produktivität absolut sinken, um den Zuwachs der Reallöhne zu erzeugen, der notwendig ist, um genau die Nachfrageausweitung zu erlauben, die es wiederum möglich macht, bei unveränderter Zahl der Beschäftigten die vergrößerte Produktionsmenge auch abzusetzen?

Die Antwort ist einfach: Es muss nicht sinken, es hängt von der Entwicklung der Nominallöhne ab, ob das Preisniveau sinkt, konstant bleibt oder leicht steigt, was den positiven Inflationszielen entsprechen würde, die sich die westlichen Gesellschaften gegeben haben.

Der entscheidende empirische Zusammenhang, um den es hier geht, ist leicht zu verstehen (Abbildung 1). Die Reallöhne steigen dann genau so stark wie die Produktivität, wenn die Nominallöhne Jahr für Jahr so zulegen wie die Produktivität plus die jeweilige Inflationsrate bzw. das Inflationsziel (hier gemessen am BIP-Deflator). Gelingt es, eine solche Zuwachsrate der Nominallöhne zu installieren bzw. durchzusetzen, kann die Gesellschaft auch dauerhaft und stabil eine leicht positive Inflationsrate realisieren.

Deutschland etwa lag zwischen 1970 und 1991, also bis zur deutschen Vereinigung, bei etwa 3,5 Prozent, hat aber in der Phase des großen Lohndrucks (seit Mitte der neunziger Jahre) die Nominallohnzuwächse so stark reduziert, dass aus dem Zusammenspiel von Nominallöhnen und Produktivität nur noch ein Prozent Inflation resultierte,

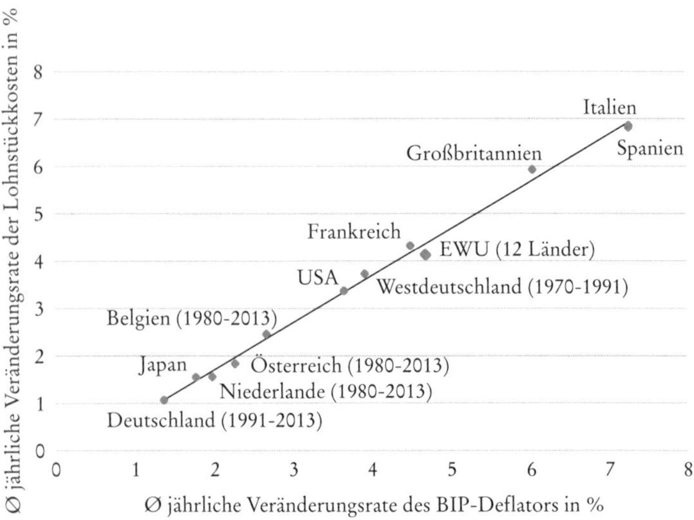

Quelle: Ameco, OECD

Abb. 1: Inflation und Lohnstückkostenwachstum 1970-2013 in verschiedenen Ländern

was nichts anderes heißt, als dass die deflationäre Tendenz der letzten Jahre in Europa ihren Ursprung in Deutschland hat.

Über so lange Zeiträume, wie sie hier betrachtet werden, sorgt der Wettbewerbsdruck auf den Gütermärkten in der Regel offensichtlich dafür, dass die Inflationsrate zurückgeht, wenn die Löhne nicht entsprechend der Regel erhöht werden, die wir seit langer Zeit die »goldene Regel« nennen, nämlich Produktivitätstrend plus Inflationsziel.

Das Ergebnis des Drucks auf die Nominallöhne ist folglich über sehr lange Zeit eine niedrige Inflationsrate oder sogar Deflation (wie in Japan seit Beginn der neunziger

Jahre), viel weniger (oder sogar gar nicht) aber ein Zurückbleiben der Reallöhne hinter dem Produktivitätszuwachs. Folglich ist es absolut rational, auf Umverteilungsversuche via Druck auf die Nominallöhne zu verzichten und von vorneherein die Nominallöhne so stark zu erhöhen, wie es dem Produktivitätstrend und der Zielinflationsrate entspricht.

Das ist natürlich eine Botschaft, die bei einer Zeitung wie der FAZ nicht gerne gehört wird. Man setzt doch auf die Flexibilität der Löhne, die natürlich eine Flexibilität der Reallöhne bedeutet und im Zweifel immer auf ein Zurückbleiben der Reallöhne hinter dem Produktivitätszuwachs hinausläuft. Bleiben aber die Reallöhne hinter der Produktivität zurück, wie das in Deutschland in den letzten fünfzehn Jahren der Fall war, dann kann der Zuwachs der Gütermenge, der potenziell möglich ist, von der eigenen Bevölkerung nicht mehr gekauft werden, und Arbeitslosigkeit ist dann die unvermeidliche Folge, wenn das Ausland den Nachfrageausfall nicht kompensiert.

Lässt ein Land das Zurückbleiben der Löhne zu, muss es darauf setzen, dass das Ausland über seine Verhältnisse lebt, also einen Leistungsbilanzüberschuss des lohndrückenden Landes durch eigene Leistungsbilanzdefizite ermöglicht. Das war die Variante, die Deutschland im Rahmen der Europäischen Währungsunion so »erfolgreich« gemacht hat, weil die anderen Länder sich nicht mehr mit einer Abwertung ihrer Währung wehren konnten.

Für die gesamte Welt oder eine relativ geschlossene Volkswirtschaft wie die USA oder die EU ist das Ergebnis einer solchen Politik leicht vorhersehbar: Sinkende oder hinter der Produktivität zurückbleibende Reallöhne erhöhen die Arbeitslosigkeit. Wenn die von den Robotern geschaffenen Produktionsmöglichkeiten (das ist der mögliche Zuwachs der Produktivität) nicht durch zusätzliche Nachfrage genutzt werden, entlassen die Unternehmen Arbeitskräfte.

Weil das vollkommen klar ist, braucht man nicht auf den sehr unvollkommenen und mit großen negativen Nebenwirkungen behafteten Marktprozess zu warten, bei dem am Ende die Reallöhne durch Preissenkung steigen, sondern kann (von Seiten der Tarifpartner oder, falls nötig, des Staates) von vorneherein dafür sorgen, dass die Nominallöhne so stark steigen, wie es der trendmäßigen Zunahme der Arbeitsproduktivität plus dem Inflationsziel entspricht. Wer ein von der Zentralbank gesetztes Inflationsziel für vernünftig hält, muss auch dafür sein, die Nominallöhne auf diese Weise zu steuern.

Warum ist die Produktivität so schwach?

Zu der Vorstellung vom Roboter als Jobkiller passt unzweifelhaft ein Bild, bei dem die Produktivität der Arbeit durch die Decke geht. Denn wenn Roboter tatsächlich in ungekanntem Ausmaß Menschen in der Produktion ersetzen, dann muss die Arbeitsproduktivität weit stärker als in der Vergangenheit zunehmen.

Die empirischen Ergebnisse sprechen allerdings eine ganz andere Sprache. Wir betrachten in Abbildung 2 die Entwicklung der Arbeitsproduktivität (hier zunächst als Index auf der Basis 1991) pro Stunde in den fünf größten Industrieländern. Dabei kommt ans Licht, dass sich das Wachstum der Produktivität in unglaublicher Weise abgeschwächt hat. Insbesondere seit dem Ende der großen Kri-

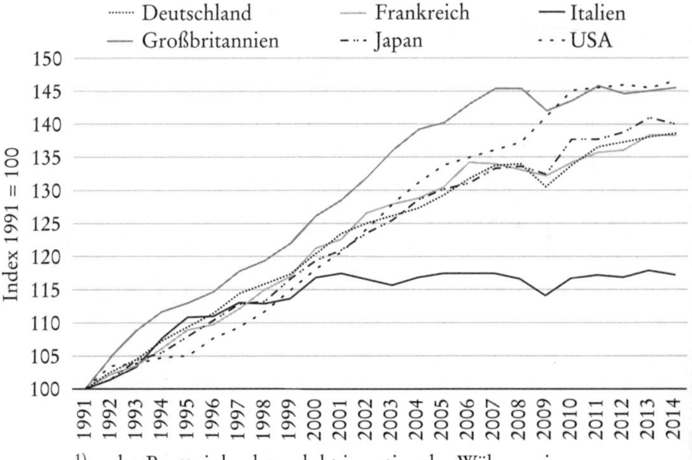

1) reales Bruttoinlandsprodukt in nationaler Währung je Erwärbstätigenstunde; Index 1991 = 100

Quelle: Ameco

Abb. 2: Produktivität1) in verschiedenen Ländern

se von 2008/09 stagniert die Produktivität nahezu in allen jenen Ländern, die doch, so glaubt es jedenfalls eine große Zahl von Beobachtern, an der Spitze des technischen Fortschritts stehen.

Selbst in den USA, wo die wirtschaftliche Entwicklung noch am besten läuft, ist der Produktivitätszuwachs zum Erliegen gekommen.[1] Besonders eklatant ist die Entwick-

1 Die USA weisen allerdings einen seltsamen Sprung von 2008 auf 2009 auf, der schwer erklärlich ist, weil in der Rezession, wie in den anderen Ländern zu sehen, die Produktivität normalerweise sinkt, aber nicht steigt, da kurzfristig mehr Arbeitskräfte von den Unternehmen gehalten werden als benötigt.

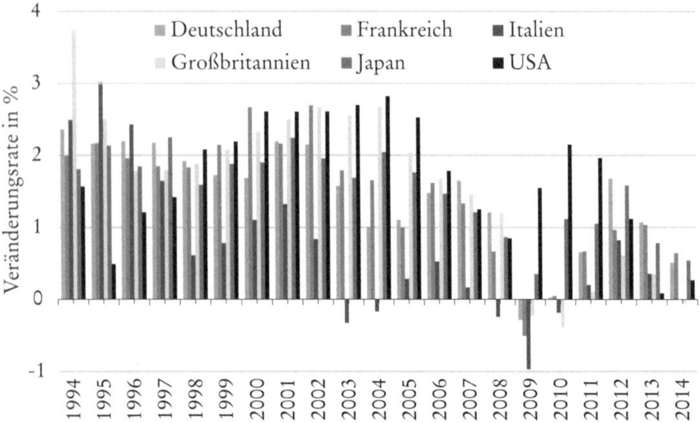

[1] reales Bruttoinlandsprodukt in nationaler Währung je Erwärbstätigenstunde; gleitender 3-Jahres-Durchschnitt der jährlichen Wachstumsraten

Quelle: Ameco

Abb. 3: Produktivität[1] in verschiedenen Ländern

lung in Italien, wo mit dem Beginn des neuen Jahrhunderts (und der Europäischen Währungsunion) ein dramatischer Bruch in der Entwicklung aufgetreten ist.

In Abbildung 3 sind dieselben Daten als Zuwachsrate zum Vorjahr dargestellt, was die Abschwächung noch besser zum Ausdruck bringt. Von etwa zwei Prozent Zuwachs in den neunziger Jahren geht die Rate seit Beginn des neuen Jahrhunderts zurück und lag in allen Ländern zuletzt deutlich unter einem Prozent.

Das ist sicher nicht allein mit einer grandiosen Überschätzung der Auswirkungen der informationstechnologischen Revolution zu erklären. Dass es diese Revolution gibt, daran besteht kein Zweifel. Und es besteht auch kein

Zweifel daran, dass die Auswirkungen dieser Revolution für den einzelnen Arbeitsplatz genauso gravierend sein werden wie die der früheren technischen Revolutionen.

Was heute jedoch fehlt, ist offenbar die Umsetzung der technischen Möglichkeiten in einem Tempo, das mit früheren von der Umstellung der Technik getriebenen Investitionszyklen vergleichbar wäre. Die Aussage vom Roboter als »Jobkiller« gilt in der Gesamtwirtschaft sowieso nicht, weil es die oben beschriebenen Gegenkräfte bei der Nachfrage gibt. Sie gilt aber auch im Sinne der direkten Umsetzung der Technik in höhere Produktivität in viel geringerem Maße, als die meisten glauben.

Warum steigen die Investitionen nicht?

Abbildung 4 zeigt die Entwicklung aller Investitionen (also der Investitionen in Maschinen und Ausrüstungen sowie der Bauinvestitionen). Seit Beginn der neunziger Jahre ist die Investitionstätigkeit sehr moderat, mit Ausnahme der USA, weil dort in den nuller Jahren die Bauinvestitionen im Zuge der »housing bubble« sehr stark expandierten. Besonders Deutschland und Japan haben sich weitgehend von einer positiven Entwicklung, wie sie etwa für Frankreich noch zu verzeichnen ist, abgekoppelt. Seit der großen Krise ist es aber nur in den USA (und ein wenig in Großbritannien) zu einer Belebung der Investitionstätigkeit gekommen. Italien stürzt dagegen seit Mitte der nuller Jahre regelrecht ab.

Das zeigt sich auch bei den Investitionsquoten (Abbildung 5). Japan erlebt den ganz großen Abstieg, die USA holen in den neunziger Jahren von einem ganz niedrigen

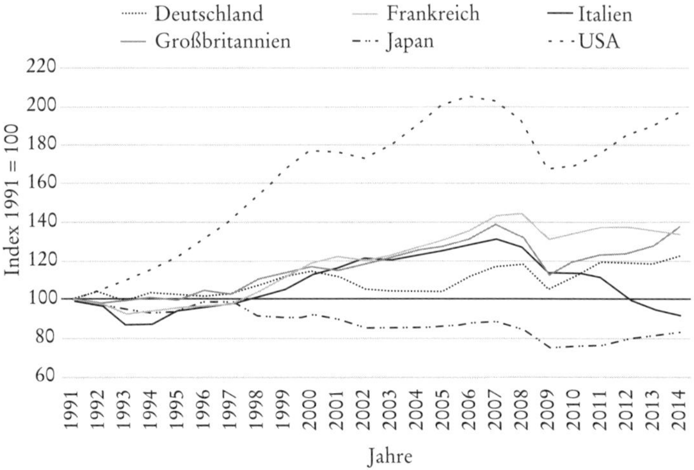

1) in Preisen von 2010; Index 1991 = 100

Quelle: Ameco

Abb. 4: reale Bruttoanlageinvestitionen[1)]

Niveau aus auf, Großbritannien ist historisch schwach, und auch Deutschland verzeichnet seit über zwanzig Jahren einen langsamen, aber stetigen Abstieg. Frankreich steht im längerfristigen Vergleich im Prinzip gut da, kommt aktuell jedoch nicht aus der Krise heraus. Italien ist auch bei dieser Betrachtung das schwächste der großen Länder, und es verwundert nicht, dass mehr und mehr italienische Ökonomen diesen Absturz unmittelbar mit der Mitgliedschaft in der EWU in Zusammenhang bringen.

Dass Deutschland hier so schwach abschneidet, muss man – das wurde an vielen Stellen immer wieder betont (vgl. Flassbeck & Spiecker 2013) – angesichts der massi-

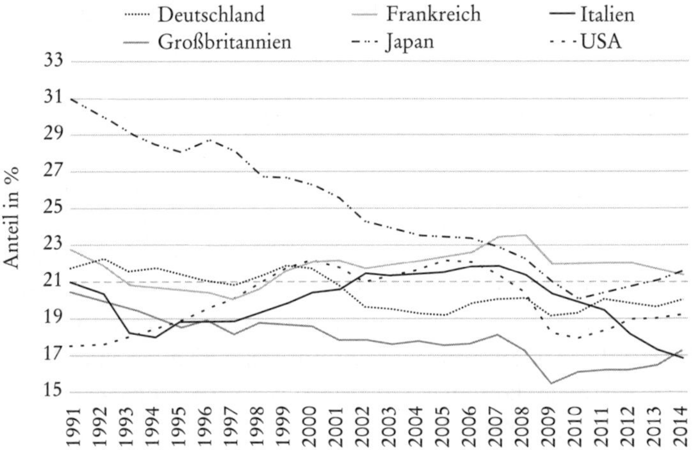

[1] Anteil der Bruttoanlageinvestitionen am Bruttoinlandsprodukt in v. H.

Quelle: Ameco

Abb. 5: Investitionsquote[1]

ven »Investitionsförderung« durch Steuersenkungen als politischen Skandal erster Güte bezeichnen. Darüber wird aber kaum geredet. Und wenn einmal darüber geschrieben wird (vgl. Fratzscher 2016, Flassbeck 2014), dann wird der entscheidende Zusammenhang nicht genannt.

Dass die Nachfrage im Inland seit Jahren extrem schwach ist, darf offensichtlich weder das DIW sagen noch das ifo-Institut, dessen Ökonomen gar von einem »Rätsel« sprechen. Klaus Wohlrabe von ifo sagte laut FAZ: »Die Rahmenbedingungen sind ja seit Jahren sehr gut.« (Zitiert nach Reuters 2015) Der Forscher verweist dabei auf den niedrigen Ölpreis, die niedrigen Zinsen sowie die guten Finanzierungsbedingungen für die Firmen und kommt zu dem Fazit: »Jedes Jahr denkt man, jetzt geht es los, aber dann doch nicht so recht.«

So ist das, wenn man sich Denkverbote auferlegt: Es klappt dann nicht mehr mit den »wissenschaftlichen Erklärungen«. Bei den »guten Rahmenbedingungen« werden üblicherweise sogar die niedrigen Steuern für Unternehmen und die niedrigen Löhne »vergessen«, die Anfang der nuller Jahre dafür sorgen sollten, dass die Investitionstätigkeit verstetigt wird. Dass gerade die niedrigen Lohnzuwächse verantwortlich dafür sein könnten, dass die Investitionen so schwach sind, ist natürlich für einen Mainstreamökonomen vollkommen absurd. Doch genau darum geht es.

Insgesamt gesehen, ist die Produktivitätsschwäche also die Folge einer Investitionsschwäche, und das Gerede vom Roboter, der die Menschen verdrängt, erweist sich als eine gewaltige Schimäre. Damit erübrigen sich auch alle Vorschläge, die als Reaktion auf die Roboterisierung vorgetragen wurden. Besonders absurd ist es, jetzt wieder nach einer Maschinensteuer zu rufen, wie das manche auf der Linken für opportun halten (vgl. Seidl 2016). Maschinensteuer ohne Maschinen sozusagen.

Die einzige »Maschinensteuer«, die überall auf der Welt dringend gebraucht wird, sind steigende Reallöhne. Ist Sorge dafür getragen, dass die Reallöhne, wie oben beschrieben, steigen und die Arbeitnehmer davon ausgehen können, dass sie voll an dem von ihnen mit erwirtschafteten Fortschritt beteiligt werden, dann ist die zentrale Voraussetzung für eine erfolgreiche Rationalisierung durch Automatisierung erfüllt. Diejenigen, die die Produkte kaufen sollen, die in einem effizienter werdenden Produktionsprozess entstehen, müssen auch die Mittel haben, um sie zu erwerben. Und das muss in einem Prozess geschehen, der nicht von fallenden Preisen abhängig ist.

Die Scheinantworten des Liberalismus

Die Probleme der Globalisierung und Digitalisierung werden also von der Mehrheit der Ökonomen vollkommen unangemessen beschrieben und erklärt. Dennoch sind diese Erklärungen zweifelsohne in vielen Ländern der Welt Grundlage der Wirtschaftspolitik.

Warum hält sich der liberale Irrglaube so hartnäckig? Das liegt daran, dass der Liberalismus mit einem äußerst verführerischen Versprechen aufwartet. Dem Versprechen nämlich, die »freie« Marktwirtschaft erlaube es, maximale individuelle Freiheit mit einem Maximum an wirtschaftlicher Effizienz zu verbinden. Ja, es wird sogar versprochen, wie Bernard Mandeville das bereits 1714 in seiner »Bienenfabel« (Mandeville 1714) ausführte, dass in einer Marktwirtschaft selbst »private Laster« in »öffentliche Vorteile« transformiert werden.

Wenn das Wirken der »unsichtbaren Hand« es tatsächlich ermöglichte, selbst moralisch äußerst fragwürdige Handlungen in Bahnen zu lenken, die sicherstellen, dass sie zum Nutzen aller sind, dann wäre eine Marktgesellschaft ohne Zweifel ein unschlagbar attraktives Gesellschaftsmodell. Das große Problem der Moralphilosophie, wie man Menschen dazu bringen kann, zu tun, was der Verfolgung ihrer eigenen egoistischen Interessen widerspricht, hätte sich dann erledigt. Moral würde im Rahmen einer Marktgesellschaft schlicht, wie Andreas Suchanek schreibt, zu einem »Investment« zum »eigenen Vorteil«.

Die Marktwirtschaft wäre also eine moralische Ordnung, die der Moral auf der Ebene des Individuums nicht bedarf:

> Anders gesagt: Die moralische Vorzugswürdigkeit der Marktwirtschaft besteht darin, dass sie Menschen dazu anhält, in die (Bedingungen der) Zusammenarbeit zum gegenseitigen Vorteil zu investieren und sich damit gemäß der Goldenen Regel zu verhalten. (Suchanek 2012)

Das Problem ist nur, dass es eine solche Gesellschaftsordnung mit wirklichen Menschen in gesamtwirtschaftlichen Zusammenhängen, die sich dem Einzelnen nicht erschließen, gar nicht geben kann. Anders ausgedrückt: Der Liberalismus als eine umfassende Gesellschaftsphilosophie, die sowohl den Wirtschaftsliberalismus als auch die verschiedenen Varianten des politischen Liberalismus umfasst, macht Versprechungen, die nicht einzulösen sind.

Die Ordnungsprinzipien des Wirtschaftsliberalismus

Wie absurd der Versuch ist, die Welt dem Ideal einer normativen Theorie der Marktwirtschaft anzugleichen, hat Hans-Werner Sinn vor einiger Zeit in der *Süddeutschen Zeitung* demonstriert. Er beschreibt dort zunächst die Aufgabe von Volkswirten folgendermaßen: »Wie Spürhunde suchen Volkswirte die Wirtschaft nach Marktfehlern ab und überlegen, wie man diese Fehler durch kluge Staatseingriffe korrigieren kann.« (Sinn 2014)

Moderne Wirtschaftsliberale sehen offenbar zwischen Staat und Markt keinen prinzipiellen Widerspruch. Sie befürworten durchaus, dass der Staat seine Macht genau dann einsetzt, wenn es darum geht, »Marktfehler« zu korrigieren. Um Marktfehler zu identifizieren, braucht es allerdings Volkswirte, die sich als Spürhunde eignen. Ein Volkswirt, der sich dadurch auszeichnet, hat die »neoklassische Wirtschaftstheorie« durchdrungen und erkannt, dass diese Theorie die notwendigen und hinreichenden Bedingungen identifiziert hat, die erfüllt sein müssen, damit eine Wirtschaftsordnung »effizient« ist.

Sie ist effizient, erklärt zum Beispiel Ludwig von Mises, »weil sie dem Handeln der Einzelnen die Wege weist und es dorthin lenkt, wo es den Zwecken seiner Mitbürger am nützlichsten werden kann« (vgl. Mises 1940, S. 250f.). Diese Überzeugung ist allen liberalen Wirtschaftstheorien gemeinsam. Effizient ist die Marktwirtschaft prinzipiell, weil sie eine Güterverteilung gewährleistet, bei der niemand schlechter gestellt wird, damit ein anderer bessergestellt werden kann. Die Marktwirtschaft wird daher von vorneherein als eine gerechte Gesellschaftsordnung angesehen.

»Marktfehler« sind aus dieser Perspektive eigentlich nicht Fehler des Marktes, sondern es sind alle Tatsachen, die mit den Annahmen und logischen Ableitungen der neoklassischen Wirtschaftstheorie nicht vereinbar sind. Marktfehler zu beseitigen, ist daher auch ein Gebot der Gerechtigkeit.

Hat der Volkswirt nun in der Realität Abweichungen vom neoklassischen Masterplan identifiziert, dann obliegt ihm die Aufgabe, vorzuschlagen, wie man sie beseitigt. Der Spürhund wird nun zum Arzt:

> Auch ein Arzt muss wissen, wie ein gesunder Körper aussieht, denn sonst kann er Krankheiten nicht diagnostizieren und heilen. Ein guter Arzt greift nicht willkürlich in die Prozesse des Körpers ein, sondern nur, wenn er eine Krankheit im Sinne einer Abweichung von

der Norm objektiv nachweisen kann und über eine wirksame Therapie verfügt. (Sinn 2014)

Tatsachen, die mit den Vorgaben der neoklassischen Theorie in Widerspruch stehen, sind also Krankheiten, die der neoklassisch ausgebildete Ökonom erkennen und therapieren kann.

So hat etwa der französische Ökonom Gérard Debreu in seiner 1983 mit dem sogenannten Wirtschaftsnobelpreis bedachten Arbeit mit den unbestechlichen Mitteln der Mathematik bewiesen, dass es in einer Marktwirtschaft keine Arbeitslosigkeit geben kann. Wer nicht arbeitet, ist im Rahmen einer Marktwirtschaftsordnung nicht etwa unfreiwillig arbeitslos, sondern hat sich dagegen entschieden, für den Marktlohn, der immer genau dem Grenznutzen des Produktionsfaktors Arbeit entspricht, zu arbeiten, und es stattdessen vorgezogen, auf bessere Gelegenheiten zu warten oder seine Freizeit zu genießen. Wer arbeitslos ist, der hat sich also auf Basis von individuellen Nutzenerwägungen dazu entschieden, keiner Erwerbstätigkeit nachzugehen.

In der wirklichen Welt aber gibt es Menschen, die nicht auf bessere Gelegenheiten warten und sich auch nicht für mehr Freizeit entschieden haben, sondern tatsächlich keine bezahlte Arbeit finden können. Ihr individuelles Verhalten wird jedoch von der liberalen Ökonomik einfach umgedeutet. Nicht das reale Verhalten des Einzelnen ist entscheidend, sondern sein imaginiertes Verhalten innerhalb des Kunstproduktes Markt.

Da die Marktwirtschaft Vollbeschäftigung garantiert, so die »Marktlogik«, kann es unfreiwillige Arbeitslosigkeit nur dann geben, wenn die Menschen sich nicht angemessen verhalten oder der Staat es unterlassen hat, die Bedingungen zu schaffen, die für ein Funktionieren der Marktmechanismen unabdingbar sind. Dass es, wie wir weiter unten zeigen werden, Bedingungen in der Realität einer (jeder) real existierenden Marktwirtschaft gibt, die es dem Einzelnen nicht erlauben, durch sein eigenes Verhalten seine Situation zu verbessern, wird dabei schlicht ignoriert.

Die Marktwirtschaft ist für liberale Wirtschaftstheoretiker ganz offensichtlich ein normatives Ideal, dem die Realität anzugleichen ist. Sie fordern daher die Privatisierung öffentlicher Leistungen, die Liberalisierung des Handels, den Abbau aller die Marktprozesse behindernden staatlichen Regeln, die Reduktion von Steuern, den Abbau des Sozialstaates und die Intensivierung des Wettbewerbs auf allen Ebenen.

Betrachtet man die im Folgenden kurz skizzierten dürftigen Grundlagen[1] dieser Theorie, dann ist es wahrlich erstaunlich, wie willfährig die Politik während der letzten vierzig Jahre den Vorschlägen neoliberaler Vordenker nachgekommen ist.

Tauschhandlungen

Adam Smith war der Meinung, dass es anthropologische Merkmale des Menschen sind, die den Tausch erklären. Während sich heute vermutlich nicht mehr viele liberale Ökonomen zu einer solchen Aussage hinreißen lassen wür-

1 Ausführlich dazu Steinhardt 2015 (S. 97-169); darauf beziehen sich auch die folgenden Ausführungen.

den, betrachten sie gleichwohl den Tausch von Gütern als das herausragende und die Wohlfahrt der Einzelnen optimierende Merkmal einer Marktwirtschaft (Smith 1979 [1776], S. 13 f.).

Wenn Menschen aber nicht einfach nur deshalb, weil sie schlicht nicht anders können, Wirtschaftsgüter miteinander tauschen, was ist dann der Grund dafür? Ganz offensichtlich muss der eine über etwas verfügen, was der andere gerne hätte, und umgekehrt. Wie aber lässt es sich erklären, dass unterschiedliche Menschen über unterschiedliche Güter verfügen und daher überhaupt einen Grund haben, miteinander zu tauschen?

Ludwig von Mises, der zweifelsohne als einer der Vordenker des Neoliberalismus gelten kann, gibt die folgende Antwort:

> Wäre die Erdoberflache so beschaffen, dass die Produktionsbedingungen an allen ihren Punkten gleich wären, und würde ein Mensch den übrigen Menschen so gleichen, wie ein Kreis jedem andern Kreis mit demselben Durchmesser in der euklidischen Geometrie gleicht, dann würde Arbeitsteilung den Handelnden keine Vorteile bieten. (Mises 1940, S. 125)

Der Tausch ermöglicht es offenbar, über Güter zu verfügen, die man selbst nicht in der Lage ist herzustellen. Wer tauscht, der schätzt den Nutzen des Guts, über das er selbst verfügt, niedriger ein als den des Gutes, das er durch den Tausch zu erwerben beabsichtigt. Der Tausch ermöglicht es ferner, dass jeder daran Beteiligte sein individuelles Nutzenniveau erhöhen kann. Wert entsteht nach dieser Geschichte in einer Marktwirtschaft also nicht nur durch die Produktion von Gütern, sondern auch durch ihren Handel.

Preise sind für Wirtschaftsliberale der numerische

Ausdruck für subjektive Nutzenerwartungen, und daher müssen Nutzenempfindungen für Konsumgüter letztendlich auf die Preise für Produktionsfaktoren »durchschlagen«. In einer Marktwirtschaft werden nach dieser Vorstellung immer Güter mit Gütern getauscht. Die Verwendung von Geld verschleiert diese Tatsache nur. Gerade die anspruchsvollsten ökonomischen Modelle sehen keinerlei Problem darin, die Funktionsweise der Marktwirtschaft auf der Basis des Warentausches zu erklären. Sie nehmen implizit an, dass Wirtschaftssubjekte alle nur erdenklichen Güter in eine »Lieber-als-Ordnung« bringen können und auf dieser Basis entscheiden, welche Güter sie unter welchen Umständen gegeneinander austauschen wollen. Menschen haben, so wird das ausgedrückt, Präferenzen.

Der Franzose Léon Walras war im 19. Jahrhundert der Erste, der mit den Mitteln der Mathematik gezeigt hat, wie ein vollkommen statisches Wirtschaftssystem aussehen könnte, wenn man bestimmte Annahmen über die Menschen und ihre Wünsche sowie hinsichtlich der gesamtwirtschaftlichen Rahmenbedingungen macht. Von besonderer Relevanz ist die Annahme, dass vollkommene Information herrscht, was heißt, dass alle Wirtschaftssubjekte um alle ihnen selbst sowie die allen anderen Wirtschaftssubjekten zur Verfügung stehenden Handlungsalternativen wissen. Anders und zugespitzt ausgedrückt: Die Marktwirtschaft könnte in dem Modell genau dann Vollbeschäftigung garantieren, wenn alle Marktteilnehmer allwissend wären.

Die Marktwirtschaft ist aber nicht nur effizient, sondern auch als eine freiwillige Assoziation freier Menschen anzusehen, wie uns Milton Friedman versichert:

> Das dem Marktmechanismus zugrundeliegende politische Prinzip lautet Einstimmigkeit. In einer idealen freien Marktwirtschaft, aufbauend auf Privatbesitz, wird niemand gezwungen, alle Kooperation ist freiwillig, alle kooperierenden Parteien profitieren, andernfalls brauchen sie nicht teilzunehmen. (Friedman 1970, Übersetzung erfolgte durch Dr. Bernhard Pieper für das Ludwig von Mises Institut.)

Doch wie ist es möglich, dass Menschen, die sich in ihrem Handeln ausschließlich am eigenen Interesse orientieren, das Gemeinwohl maximieren? Es ist, so die Antwort der Wirtschaftsliberalen, der Wettbewerb, der ihre Handlungen in die richtigen Bahnen lenkt.

Der Wettbewerb und seine Feinde

Für die Marktwirtschaft ist es typisch, so die Wirtschaftsliberalen, dass mehrere Anbieter um die Gunst von Nachfragern buhlen müssen. Gerade weil jeder seinen Gewinn maximieren will, andererseits aber die Gefahr besteht, Kunden an einen Wettbewerber zu verlieren, wird durch den Wettbewerb sichergestellt, dass Güter in der gewünschten Menge und Qualität mit dem geringstmöglichen Aufwand produziert werden.

Überraschenderweise sehen das viele, die sich politisch links verorten, genauso. Sahra Wagenknecht zum Beispiel hält die gegenwärtige Wirtschaftsordnung, die sie »Kapitalismus« nennt und von der Marktwirtschaft unterschieden sehen möchte, zwar für problematisch. Sie ist jedoch überzeugt, dass diese Probleme ganz überwiegend auf dem mangelnden Wettbewerb zwischen Unternehmen beruhen (Wagenknecht 2011, S. 20).

Wettbewerb ist für Wagenknecht gut, denn wo er herrscht, gibt es »keinen Grund, weshalb ein Unternehmer mehr als seine eigene unternehmerische Leistung bezahlt bekommen sollte«. »Wettbewerb« ist für Wagenknecht aus ethischer Sicht deshalb als uneingeschränkt positiv zu bewerten, weil er sogenannte »leistungslose Erträge aus Kapitaleigentum«, die auf der Ausbeutung der Arbeiter beruhen, ausschließt.

Wenn es richtig ist, dass leistungslose Erträge auf der ethisch nicht rechtfertigbaren »Ausbeutung« der abhängig Beschäftigten beruhen, fragt man sich natürlich, warum man dann den »Renditejägern« nicht einfach das Handwerk legen sollte. Weil, so Wagenknecht, das »Renditekalkül ein starker Anreiz ist, arbeitssparende Technologien einzusetzen und neue Produkte und Dienstleistungen auf den Markt zu werfen«. Gier auf der einen und Angst auf der anderen Seite verbinden sich hier offenbar zur Herstellung des Guten. Die Gier nach möglichst hohen (nicht marktmäßigen) Renditen und die Angst, ansonsten Kunden an die Wettbewerber zu verlieren, sind also der Anreiz für den Produzenten, potenziellen Kunden die besten Produkte zum niedrigsten Preis anzubieten.

Bei ihrem Hohelied auf den Wettbewerb bezieht sich Wagenknecht auf Vertreter des deutschen Ordoliberalismus wie zum Beispiel Walter Eucken, Wilhelm Röpke und Alexander Rüstow. Selbst Röpke aber hat gesehen, dass der Wettbewerb ein zweischneidiges Schwert ist. Das »fortgesetzte Ringen um Selbstbehauptung« habe »die beunruhigende Tendenz, Wirkungen hervorzurufen, die uns unter moralischen Gesichtspunkten nicht gleichgültig lassen können«. Er befürchtet, dass »Höflichkeit, Freundlichkeit und Kameradschaft« ihres moralischen

Gehalts beraubt werden, da Verhaltensweisen, denen man dieses Attribut zuschreiben kann, unter Wettbewerbsbedingungen »zum Mittel der Umsatzsteigerung« verkommen. Während für Wagenknecht der Wettbewerb nicht »intensiv« genug sein kann, fordert Röpke aufgrund solcher Überlegungen, den »Wettbewerb zu dämpfen« (zitiert nach Thielemann 2010, S. 18).

Wettbewerb zwischen wem und um was?

Sowohl das Hohelied auf den Wettbewerb als auch die Sorgen um seine negativen Folgen beruhen allerdings auf einem falschen Verständnis davon, was den unternehmerischen Wettbewerb auszeichnet. Wettbewerb wird häufig als ein Zustand angesehen, bei dem die Unternehmen machen können, was immer sie wollen. Oder man meint sogar, Wettbewerb herrsche dann, wenn nicht nur die Unternehmen untereinander im Wettbewerb stehen, sondern auch die Nationalstaaten um die besten sogenannten Rahmenbedingungen für Unternehmen untereinander wie Unternehmen konkurrieren. Dass es sich bei solchen Vorstellungen um die Pervertierung der Idee des unternehmerischen Wettbewerbs handelt, weiß heute offensichtlich kaum noch jemand.

Solche falschen Vorstellungen von »Wettbewerb« sollten jedoch nicht dazu führen, den für Marktwirtschaften charakteristischen Wettbewerb vollständig infrage zu stellen. Denn dieser Wettbewerb hat zweifelsohne das Wohlstandsniveau der Menschen ganz enorm gehoben. Bei diesem »guten« Wettbewerb aber geht es um die technologische und organisatorische Marktführerschaft von einzelnen

Unternehmen. Er hat daher gerade nichts mit dem Wettbewerbsbegriff der Ordoliberalen zu tun. Denn Wettbewerb ist für die Ordoliberalen ein Zustand, bei dem es ausgeschlossen ist, dass einzelne Unternehmen sogenannte Monopolgewinne machen können. Oder anders ausgedrückt, sie unterstellen, dass Unternehmen nur Gewinnmargen in derselben Höhe erzielen können. Ein solcher Wettbewerb existiert in der Realität allerdings nicht.

Unternehmerischen Wettbewerb um die Marktführerschaft, Wettbewerb im Sinne von Joseph Schumpeter, gibt es jedoch in der wirklichen Welt, und er ist für die Funktionsfähigkeit einer Marktwirtschaft auch unabdingbar. Bei dieser Art des Wettbewerbs versuchen die Unternehmen, durch technologische Neuerungen Kostenvorteile zu erzielen, ohne ihre Marktmacht beispielsweise für Lohndruck zu missbrauchen. Die Investitionsdynamik, die dadurch erzeugt werden kann, bedarf allerdings zwingend der staatlichen Steuerung. Das gilt für die Bereitstellung eines funktionierenden Geldsystems wie für die Steuerung der Einkommensrelationen zwischen den Wirtschaftssubjekten. Denn der Markt ist, wie wir später zeigen werden, nicht imstande, von sich aus für eine für Vollbeschäftigung angemessene Einkommensverteilung zu sorgen, von sozialer Gerechtigkeit ganz zu schweigen.

Der Innovationswettbewerb braucht, wie zuerst Schumpeter herausgearbeitet hat, in vieler Hinsicht geeignete gesamtwirtschaftliche Rahmen- und Prozessbedingungen. Daher ist beispielsweise die unkritische Übertragung des Wettbewerbsgedankens auf den Kostensenkungswettbewerb von Unternehmen (im Sinne des inzwischen allgemein verbreiteten Lohndrucks) oder den Standortwettbewerb zwischen Staaten nicht gerechtfertigt. Das kann man leicht mit einem berühmten Beispiel aus der Geschichte der Ökonomik verdeutlichen, das von Joan Robinson stammt: Wenn in einem vollbesetzten Kino ein einziger Zuschauer aufsteht, kann er seine Situation verbessern, weil er dann mehr sieht. Wenn daraufhin aber alle aufstehen, verbessern sie sich offensichtlich nicht, sondern verschlechtern ihre Lage sogar, weil ihnen bald die Füße wehtun werden. Es stellt sich also die einfache Frage, ob das Aufstehen des einen schon eine Innovation im schumpeterschen Sinne ist oder lediglich der kümmerliche – weil letztlich zum Scheitern verurteilte – Versuch, durch die massive Verletzung einer ungeschriebenen Regel einen kurzfristigen Vorteil für sich herauszuschlagen.

Diese Frage kann man leicht beantworten, wenn man das zentrale Kriterium für den unternehmerischen Wettbewerb herausarbeitet. Wettbewerb im schumpeterschen Sinne ist nämlich innovativ und daher nur dann erfolgreich, wenn er das Potenzial hat, zu allgemein steigenden Einkommen zu führen. Man kann das auch so ausdrücken, dass es bei diesem Innovationswettbewerb am Ende immer einen lachenden Dritten gibt. In der Regel ist der lachende Dritte der Konsument, weil der Unternehmer im Wettbewerb seinen Vorteil zu guter Letzt in Form sinkender Preise an die Konsumenten weitergeben muss. Wer aber lacht im Kino, wenn einer aufsteht und die anderen zwingt, ebenfalls aufzustehen?

Betrachten wir zur Illustration dieses Arguments ein Beispiel aus der unternehmerischen Praxis der letzten Jahre. Wenn ein Unternehmen seine Kosten senkt, indem es die Löhne drückt, mag es kurzfristig seine eigene Situation verbessern. Die Lage der Unternehmen insgesamt aber verbessert sich nicht, weil die Arbeitnehmer dann weniger Güter nachfragen, die andere Unternehmen herstellen. Wo ist der lachende Dritte? Das erste Unternehmen kann seine Preise senken, was ihm zusätzliche Aufträge bringt. Dafür haben andere weniger Aufträge. Die Situation der Unternehmen insgesamt verbessert sich nicht. Immer gibt es zumindest ein lachendes und ein weinendes Auge.

Anders ist es, wenn ein Unternehmen nicht mithilfe von Lohndrückerei versucht, seine Kosten zu senken, sondern das durch organisatorische und technische Innovationen bewerkstelligt. Nun ist die Produktivität gestiegen, und die Einkommen der Gesamtwirtschaft können ebenfalls steigen. Da lacht in der Tat ein Dritter, nämlich der Konsument und der Arbeitnehmer als Konsument, weil er mehr Güter kaufen kann als vorher. Denn entweder sind die Preise der Produkte des innovierenden Unternehmens gefallen, oder die Löhne konnten stärker erhöht werden, ohne die Kostensituation der Unternehmen zu verschlechtern.

Kostensenkung ist folglich keineswegs immer innovativ. Kostensenkung ohne Innovation bringt für die Gesellschaft nichts, weil die Kosten des einen immer die Einnahmen des anderen sind. Häufig handelt es sich bei solchen Kostensenkungsaktionen nur um den verzweifelten Versuch eines einzelnen Unternehmens, seine Haut zu retten. Das ist aus seiner Sicht keineswegs irrational. Allein, daraus eine wirtschaftspolitische Strategie machen zu wollen, ist ein Zeichen von Irrationalität.

Wie verhält es sich nun mit dem Wettbewerb von Nationen? Trägt der »Wettkampf der Nationen« Züge des schumpeterschen Ideenwettbewerbs, oder handelt es sich hier um eine gesamtwirtschaftlich negativ zu beurteilende reine Kostensenkung? Ist es innovativ, wenn Staaten sich in einen Steuersenkungswettlauf begeben und dafür jenen Mitgliedern der Gesellschaft, die sich am wenigsten wehren können, die Lebensgrundlage entziehen? Ist es innovativ, wenn man Unternehmenssteuern senkt und Investitionen in Infrastruktur und in die Bildung zurückfährt?

Dass der Steuersenkungswettbewerb im Kern ideologisch begründet ist, zeigt sich an der Ungleichbehandlung von Steuersenkungen und Subventionierungen durch den Staat, wobei die Grenzen zwischen diesen Maßnahmen in Wirklichkeit fließend sind. Während Steuersenkungswettbewerb nach der Meinung vieler Marktgläubiger keinesfalls zur Überprüfung auf Dumping-Praktiken vor die Welthandelsorganisation oder vor die entsprechenden Gremien der EU gehört, ist das beim Subventionswettbewerb selbstverständlich geboten. Bei letzterem geht es ja auch um die »Gefahr« einer Ausweitung der Staatstätigkeit, bei ersterem nur um die aus der Sicht der Standorttheoretiker »immer notwendige« Einschränkung derselben.

Dafür zu sorgen, dass die Bedingungen für einen Produktivitätswettbewerb gegeben sind, kann man nicht dem Markt überlassen. Denn Konstellationen zu verhindern, die dazu führen, dass am Arbeitsmarkt der Produktivitätswettbewerb unterminiert wird, ist etwas, das der Markt gerade nicht leisten kann. Das einzelwirtschaftliche Interesse jedes Unternehmers sorgt nämlich dafür, dass genau das Gegenteil des gesamtwirtschaftlich Sinnvollen geschieht.

Die Behauptung, dass eine auf Arbeitsteilung und Tausch beruhende Gesellschaft anderen möglichen Gesellschaftsformen vorzuziehen ist, steht bislang also auf wackeligen Beinen. Liberale wie der ebenfalls mit dem Nobelpreis ausgezeichnete Friedrich August von Hayek würden gegen diese Schlussfolgerung einwenden, dass sich dieser Eindruck nur deshalb ergibt, weil man real existierende mit möglichen Gesellschaftsformen vergleicht. Man müsse sich jedoch vielmehr fragen, warum sich denn die Marktwirtschaft als ein Modus der Vergesellschaftung von Menschen weltweit ganz offensichtlich durchgesetzt hat (Hayek 1988, S. 38ff.). Das ist der Marktwirtschaft nach Hayeks Überzeugung nur deshalb gelungen, weil allein sie es erlaubt, das sogenannte Wissensproblem einer befriedigenden Lösung zuzuführen.

Hayek lässt seine evolutionäre Erzählung mit einer von ihm behaupteten naturgegebenen Ungleichverteilung des Wissens unter den Menschen beginnen. Diese Ungleichverteilung ist seiner Meinung nach unaufhebbar, da es ein sogenanntes »taktisches Wissen«, »ein Wissen wie« gibt, das er prinzipiell nicht für kommunizierbar hält. Hayek geht also davon aus, dass Entscheidungen, wie man heute sagen würde, im Normalfall unter Unsicherheit zu treffen sind und die Abstimmung von Wirtschaftsplänen unterschiedlicher Marktteilnehmer daher unmöglich auf Basis von deren subjektivem Wissen über den Bedarf anderer an ihren Gütern zustande kommen kann.

Hayek unterstellt darüber hinaus, genau wie die Neoklassiker, dass Menschen versuchen, mit ihren Handlungen ihren Nutzen zu maximieren. Anders als die Neoklassiker aber sieht er Menschen als soziale Wesen an, die auch voneinander lernen können. Menschen haben nach seiner Meinung einfach erkannt, dass es denjenigen, die sich auf die Herstellung bestimmter Güter spezialisiert und ihren Bedarf an anderen Gütern durch Tausch gedeckt haben, besser ging, und daher deren Verhalten imitiert.

In diesem Prozess hat sich aufgrund des Problems, unmittelbar Nutzen miteinander zu vergleichen und Tauschpartner zu finden, deren Güter man benötigt, ein allgemein akzeptiertes Tauschmittel, Geld genannt, etabliert. Daher hat in einer Marktwirtschaft jedes Gut einen Geldpreis. Der für Märkte charakteristische Preismechanismus erlaubt es nun, die Pläne der Wirtschaftssubjekte so aufeinander abzustimmen, als ob sie über das dafür notwendige Wissen verfügten.

Doch genau hier tritt ein entscheidendes Problem auf, über dessen Lösung Wirtschaftsliberale wie Hayek und seine Nachfolger sich weigern nachzudenken, weil sie ahnen, dass es ihrer schönen neoliberal/neoklassischen Welt den Garaus macht. Es gibt nämlich Situationen, wo der Preismechanismus vollkommen in die Irre führt. Wenn zum Beispiel die Nachfrage nach Rohstoffen, Grundstücken und anderen »Assets« nur deswegen steigt, weil die Preise dieser Assets steigen und nicht, weil Menschen diese Güter besitzen wollen, um ihre »Präferenzen« zu befriedigen, dann hat die Marktwirtschaft ein fundamentales Problem, weil es genau dann keine Stabilisierung der Preise über den Markt gibt, sondern zu einer Destabilisierung durch den Markt kommt.

Wenn beispielsweise auf dem Arbeitsmarkt Druck auf die Löhne zu beobachten ist, obwohl die entstandene Arbeitslosigkeit nichts mit »zu hohen Löhnen« zu tun hat, dann versagt der Markt fundamental, und der Staat muss eingreifen. Wenn die Unternehmen ihre wichtigste Aufgabe, den Ersparnissen der privaten Haushalte entsprechende Investitionen zu tätigen, nicht erfüllen, weil es keinen Preismechanismus gibt, der sie dazu anreizen würde, dann liegt ein Informationsproblem vor, das nur der lösen kann, der Einsicht in gesamtwirtschaftliche Zusammenhänge besitzt, die vollständig unabhängig von irgendeinem individuellen Nutzenmaximierungskalkül sind. Das ist unzweifelhaft der Staat, und zwar nur der Staat.

Der politische Liberalismus

Der politische Liberalismus stellt die Freiheit der Menschen, die in der individuellen Selbstbestimmung ihren Ausdruck findet, in den Mittelpunkt. Jeder darf denken und tun, was immer er für richtig hält. Jeder darf, nein soll nach seiner Façon glücklich werden, und jedem ist es daher untersagt, die anderen Individuen in ihrem Streben nach ihrem persönlichen Glück zu behindern.

Insbesondere der Staat hat sich gegenüber den vielen Konzeptionen des Guten und Richtigen neutral zu verhalten. Die Aktivitäten des Staates sind nur dann legitimiert, wenn es darum geht, Einzelne daran zu hindern, die Freiheit anderer Bürger zu beschränken.

Freiheit kann nach Meinung von Liberalen nur als die Abwesenheit von personalem Zwang und in diesem Sinn als negative Freiheit verstanden werden. Einer der bedeutendsten Vertreter des klassischen Liberalismus, John Stuart Mill, hat dieses Credo auf den Punkt gebracht:

> Die sozialen Einrichtungen sowie die praktische Moral würden [...] ihre Vollkommenheit erreicht haben, wenn allen Personen völlige Unabhängigkeit und Freiheit des Handelns gesichert wäre, ohne alle Beschränkungen als nur die, andere nicht zu beeinträchtigen. (Mill, zitiert nach Herzog 2014, S. 12)

Der politische Liberalismus ist also eine normative Theorie, die sich mit dem Verhältnis zwischen dem Staat und seinen Bürgern auseinandersetzt. Er versucht, eine Antwort auf die Frage zu geben, inwieweit und unter welchen Bedingungen Menschen bzw. Gruppen, die als Repräsentanten des Staates gelten können, über andere Menschen Herrschaft ausüben dürfen. Die Antwort der Liberalen lautet, dass nur solche Herrschaft legitimiert ist, die Zustimmung bei allen Beherrschten findet. Der Liberalismus kann aber gar keine wirklich angemessene Antwort finden, weil er, wie oben gezeigt, eine ganze Dimension – die gesamtwirtschaftliche – der zu lösenden Probleme aus rein ideologischen Gründen ausblendet. Der Liberalismus ist bestenfalls ein zweidimensionaler Versuch in einem mindestens dreidimensionalen Raum.

Freiheit und Zwang

Um den Liberalismus verstehen zu können, muss man sich sein Menschenbild vor Augen halten. Menschen sind für die Liberalen Wesen, die sich insbesondere dadurch auszeichnen, dass sie handeln können. Handeln wiederum wird im Liberalismus als ein Verhalten angesehen, das der Kontrolle und den Entscheidungen von Menschen unterliegt. Wenn Menschen also handeln, dann tun sie, was sie tun, weil sie wollen, dass ein bestimmter Sachverhalt eintritt, und weil sie glauben, dass dieses Tun diesen Sachverhalt bewirken wird. Wer handelt, weiß, was er tut und warum er es tut, und er tut, was er will.

Menschen sind nach Meinung der Liberalen jedoch nicht nur handelnde Wesen, sondern sie haben die Fähigkeit zu selbstbestimmtem Handeln. Darüber hinaus wird postuliert, dass alle Menschen den Wunsch haben, diese Fähigkeit möglichst unbegrenzt auch auszuleben. Menschen haben nach Ansicht der Liberalen sogar die Fähigkeit und den Wunsch, sich zu den Menschen zu machen, die sie sein wollen.

Von einer Handlung kann man zwar nur reden, wenn der Handelnde sich dazu entschieden hat, etwas zu tun, aber nicht alle Handlungen genügen dem Freiheitsideal der Liberalen. Sagt ein Bankräuber zum Beispiel zu einem Bankangestellten »Geld her oder ich schieße«, dann kann der Kassierer sich zwar noch immer entscheiden, das Geld nicht rauszurücken, aber wenn er sich dazu entscheidet, dem Bankräuber das Geld zu geben, dann hat er das bestimmt nicht aus freiem Willen getan. Die Handlung, die er ausführte, wurde von ihm durch die Wahl, vor die ihn der Bankräuber stellte, erzwungen. Freiheit herrscht also dort, wo Menschen nicht durch eine Drohung eines Dritten dazu gezwungen werden, eine Handlung zu vollziehen, die sie lieber nicht vollzogen hätten.

Menschen sollen im Idealfall frei von jedem Zwang das tun können, was sie aufgrund ihrer Konzeption des guten und richtigen Lebens auch tun wollen. Freiheit besteht für sie darin, dass Menschen ihr Wissen und ihre Fertigkeiten nach ihrem Gusto zur Anwendung bringen können, solange sie damit nicht die Freiheit anderer beschränken.

Der Liberalismus ist einerseits eine revolutionäre Doktrin, die zur Beseitigung all der Umstände aufruft, die den Menschen an seiner Selbstbestimmung hindern. Andererseits eignet sich der Liberalismus aber auch hervorragend dazu, Ansprüche anderer abzuwehren, insbesondere dann, wenn der andere durch staatliche Organisationen repräsentiert wird und die Macht besitzt, bestimmte Handlungen zu erzwingen. Es ist daher kein Zufall, dass Liberale schon immer den Schutz von Minderheitenrechten fordern und vor dem Machtmissbrauch durch die Mehrheit warnen. Liberalismus und Demokratie stehen folglich in einem gewissen Spannungsverhältnis. Denn um ein selbstbestimmtes Leben führen zu können, ist »Freiheit« unabdingbar, aber der demokratische Staat setzt der Freiheit der Individuen zweifellos im Gemeinwohlinteresse Grenzen.

Staatliche Handlungen sind für Liberale, wie gesagt, daher nur dann legitim, wenn diese die Zustimmung der von ihnen Betroffenen unter »leicht idealisierten« epistemischen Bedingungen finden würden (Bratu 2014, S. 21). Auf jeden Fall dürfen die Handlungen des Staates nicht zu einer Bevorzugung einer bestimmten Konzeption des guten und richtigen Lebens führen, vielmehr muss der Staat sich hier neutral verhalten. Die Politik muss also allen Bestrebungen abschwören, mit ihren Handlungen auf eine bessere Gesellschaft zu zielen.

Wie aber verträgt sich die Tatsache, dass die Mehrzahl der Menschen in einer Marktwirtschaft ihren Lebensunterhalt mit abhängiger Beschäftigung verdienen muss, mit dem Recht auf Selbstbestimmung? Sind solche Arbeitsverhältnisse nicht durch Weisungs- und Kontrollrechte der Arbeitgeber charakterisiert, und widerspricht das nicht dem Ideal der Selbstbestimmung?

Für die meisten Liberalen stellt sich die Frage nach der Legitimität von Lohnarbeit nicht, weil diese für sie das Ergebnis eines »capitalistic act between consenting adults« ist (Nozick 1974, S. 163). Menschen haben das Recht, über ihre Arbeitskraft frei zu verfügen, und können sie daher Dritten uneingeschränkt zur Verfügung stellen. Konsequenterweise sieht Robert Nozick auch kein Problem darin, dass Menschen ihr Recht auf Selbstbestimmung vollständig und bis an ihr Lebensende aufgeben, sich also praktisch versklaven.

Eine soziale Beziehung ist folglich für ihn dann als gerecht zu bezeichnen, wenn sie auf der Basis eines Vertrages zustande gekommen ist. Daher müssen die Liberalen jede Umverteilung der sich aus Marktbeziehungen ergebenden Einkommens- und Vermögensverteilung strikt ablehnen. Ein Eingriff wäre nach ihrer Meinung im Endeffekt gleichbedeutend mit einem Verbot des Abschlusses von Verträgen.

Sozialliberale dagegen sehen, dass ein selbstbestimmtes Leben auch an materielle Voraussetzungen gebunden ist. Daher könne man es als legitim erachten, dass der Staat zumindest dafür Sorge trägt, dass alle Menschen, die sich moralisch nichts zuschulden kommen lassen, ihre Grundbedürfnisse befriedigen können. Damit aber verlassen Sozialliberale den Boden des Liberalismus, denn sie akzeptieren, dass es Situationen gibt, in denen die Freiheit des Einzelnen durch einen anderen Wert übertrumpft wird.

Dieser Intuition wird John Rawls, der wohl einflussreichste politische Philosoph des 20. Jahrhunderts, mit seinem sogenannten Differenzprinzip gerecht. Eine Gesellschaftsordnung ist diesem Prinzip zufolge institutionell so auszugestalten, dass sichergestellt ist, dass »[s]oziale und wirtschaftliche Ungleichheiten [...] den am wenigsten Begünstigten die bestmöglichen Aussichten bringen« (Rawls 2017 [1971], S. 104). Damit dieses Prinzip den liberalen Lackmustest der Zustimmung bestehen kann, sieht sich Rawls in einem berühmten Gedankenexperiment genötigt, die Bürger, deren Zustimmung es bedarf, hinter einen sogenannten »Schleier des Nichtwissens« treten zu lassen (ebd., S. 159ff.). Hinter diesem Schleier verfügen die Menschen zum Beispiel über keinerlei Informationen über ihre physischen und sozialen Eigenschaften, sie haben keine Konzeption des Guten, wissen nicht einmal, in welcher Zeit und in welcher Art von Gesellschaft sie leben würden. Solche fiktiven Individuen sind aber rationale Herkulesse, die messerscharf schließen, dass sie unter den von Rawls zugrunde gelegten fiktiven Umständen auch zur Gruppe der Schlechtergestellten gehören könnten. Sie werden daher allen Gesetzen zustimmen, die sicherstellen, dass dem Differenzprinzip Genüge getan wird.

Rawls formuliert mit dem Differenzprinzip als Bedingung einer legitimen Herrschaftsordnung genau das, was die Ökonomen als »Pareto-Optimalität« bezeichnen und als charakteristisches Kennzeichen einer Marktwirtschaft ansehen. Bei Rawls wird besonders deutlich, dass sich der politische und der wirtschaftliche Liberalismus wechselseitig stützen. Es ist daher wohl kein Zufall, dass viele Liberale, die sich die Emanzipation der Menschen auf die Fahnen geschrieben haben und daher den Zwang durch Traditionen und den durch den Staat ausgeübten Zwang durch die freie Assoziation freier Menschen ersetzt sehen wollen, in der politischen Praxis zu Wirtschaftsliberalen mutieren.

Geradezu paradigmatisch stehen dafür die Grünen in

Baden-Württemberg. Das grüne Landesoberhaupt Baden-Württembergs, Winfried Kretschmann, spricht offen aus, dass wir in einer Zeit leben, die geprägt ist durch »Unsicherheit und Krisen« (zitiert nach Feldenkirchen 2016). In einer solchen Zeit, so Kretschmann, »kommt es darauf an, den Zusammenhalt der Gesellschaft zu sichern«. Er ist nun aber keineswegs der Meinung, dass an dieser Stelle der Staat gefordert ist, eine Wirtschaftspolitik zu betreiben, die den Menschen die Angst um ihren Arbeitsplatz nimmt und den Zusammenhalt der Gesellschaft durch den Ausbau des Sozialstaats gewährleistet.

In einer solchen Zeit brauche es vielmehr »Freiheit«, »Individualismus« und »Sicherheit«. Da die Grünen nach Meinung Kretschmanns für die beiden ersten Werte stehen und der dritte von der CDU/CSU repräsentiert wird, wird deutlich, dass selbst die »progressiven« Liberalen längst ihren Frieden mit dem neoliberalen Status quo geschlossen haben. In dem auf Landesebene abgeschlossenen Koalitionsvertrag mit der CDU bestätigt sich dieses Verdikt eindrucksvoll:

> Wir richten unser politisches Handeln am Wertekonsens einer sozialen und ökologischen Marktwirtschaft aus [...]. Instrumente des Ordnungsrechts setzen wir nur dort ein, wo sie wirklich notwendig sind. (Bündnis 90/Die Grünen & CDU, S. 13)

Der höchste Wert, zu dessen Realisierung sich diese Koalition aus linken und rechten Liberalen bekennt, ist die Marktwirtschaft. Die Adjektive »sozial« und »ökologisch« sollen vermutlich das entsprechende Gewissen beruhigen, können aber problemlos auch so verstanden werden, dass die Bewältigung der Probleme in diesen gesellschaftlich relevanten Bereichen mithilfe des »Emissionshandels« oder

der »privaten Vorsorge« ebenfalls der Weisheit der Märkte überlassen werden soll. Dem Recht, also *der* Instanz einer demokratisch organisierten Gesellschaft, die von den Vertretern der Bürgerschaft – dem Volk, wie es im Grundgesetz heißt – zu deren Wohl gesetzt werden soll, wird nur noch die Funktion zuerkannt, diese Form des Wirtschaftens zu ordnen.

Der französische Philosoph Jean-Claude Michéa bringt das liberale Menschenbild, das hinter Aussagen wie diesen steht, folgendermaßen auf den Punkt:

> Anders gesagt, versteht sich die konsequente liberale Gesellschaft als eine friedliche Ansammlung abstrakter Individuen, die – sofern sie die Gesetze einhalten – offenbar nichts anderes (weder Sprache, Kultur oder Geschichte) gemeinsam haben als ihren Wunsch, sich als Produzent und/oder Konsument am Wachstum zu beteiligen. (Michéa 2014, S. 102)

Dieses abstrakte Individuum wird in ökonomischen Kontexten als Homo oeconomicus bezeichnet. Und wenn Menschen Homines oeconomici sind, dann entspricht dem die Vorstellung einer Marktwirtschaft als selbst steuerndes gesellschaftliches System, das in der Lage ist, die Handlungen quasi autonomer nutzenmaximierender Subjekte zwanglos zu koordinieren. Dann, aber auch nur dann ist es plausibel, die Legitimation staatlicher Handlungen von der Zustimmung aller seiner Bürger abhängig zu machen.

Der Homo oeconomicus allerdings ist ein Wesen mit ganz erstaunlichen Fähigkeiten. So kann er beispielsweise Präferenzordnungen ausbilden, die seine gesamte Lebensspanne umfassen sowie alle logisch nur möglichen Handlungsalternativen abwägen und ihnen Wahrscheinlichkeiten zuordnen. Schließlich und endlich ist er fähig, seine selbst gewählten Nutzenfunktionen problemlos zu maximieren.

Wer die Neoklassik aber ob ihrer vollkommen unrealistischen Annahmen über die Fähigkeiten von Menschen aus Fleisch und Blut kritisiert, der, so erklärt der Nobelpreisträger Robert Lucas, hat die Methodik der Neoklassik gründlich missverstanden:

> Die Wirtschaftstheorie ist eine Methode, menschliches Verhalten zu verstehen, bei der so verfahren wird, dass man künstliche, fiktive Menschen – Roboter könnte man sagen – konstruiert und das Funktionieren künstlicher Wirtschaftsordnungen, die sich aus solchen Akteuren zusammensetzen, untersucht. (Lucas 1993, S. 75, zitiert nach Brodbeck 2009, S. 2)

Kurz gesagt: Der Liberalismus ist auf einer bloßen Fiktion aufgebaut. Sobald man diese Fiktion hinter sich lässt, muss man erkennen, dass (1) real existierende Marktwirtschaften eines kompetenten Systemoperators mit Namen »Staat« bedürfen und dass (2) die staatlichen Handlungen legitimiert sind, die sich an der Optimierung des Gemeinwohls orientieren.

II. Der demokratische Staat und die Gesamtwirtschaft

Im vorangegangenen Teil haben wir argumentiert, dass der politische und der Wirtschaftsliberalismus sich wechselseitig argumentativ stützen, ihre politischen Empfehlungen jedoch sowohl auf einem falschen Bild des autonomen Individuums als auch auf einem falschen Bild der Marktwirtschaft aufbauen. Deutlich ist geworden, dass das liberale Weltbild es nicht zulässt, die Rolle des Staates für die Funktionsfähigkeit der Gesamtwirtschaft im Interesse des Gemeinwohls in angemessener Weise festzulegen.

Das Ausblenden der gesamtwirtschaftlichen Dimension macht den Liberalismus von vorneherein blind für die absolut unvermeidbare Frage, wer die Rolle des Systemoperators der Marktwirtschaft wahrnehmen soll. Diese Rolle genau zu bestimmen, ist von zentraler Bedeutung in einem System, in dem gesamtwirtschaftliche Zusammenhänge wirksam sind, die von einzelwirtschaftlich ausgerichteten Akteuren noch nicht einmal wahrgenommen werden.

Offensichtlich ist das bei der Zurverfügungstellung von Geld, bei der es sich, wie zu zeigen sein wird, um eine genuin staatliche Aufgabe handelt. Gleichermaßen gilt das für die Regelung der internationalen Währungsbeziehungen und der orientierungslosen Finanzmärkte. Aber es gilt auch für den Arbeitsmarkt, wo einzelwirtschaftlich rationale Handlungen zu gesamtwirtschaftlich negativen Folgen wie Wachstumsschwäche und Arbeitslosigkeit führen können.

Wir benötigen daher eine neue Ökonomik, die dem Staat auf der Basis einer vorurteilsfreien Diagnose die umfassende Rolle zuweist, die der Liberalismus so vehement bekämpft. Moderne Politikkonzepte dürfen nicht auf einer naiven Marktgläubigkeit aufgebaut sein, sondern müssen in den konkreten und empirisch bestätigten Abläufen einer vom Zusammenspiel von Markt und Staat geprägten Weltwirtschaft ihren Ursprung haben.

Mit dem Begriff »Staat« sind dabei natürlich die heutigen Nationalstaaten gemeint. Es gibt einfach keine andere Ebene der Politik, von der man erwarten kann, dass sie die Voraussetzungen schafft für eine erfolgreiche und geordnete internationale Kooperation, die an die Stelle der gescheiterten ungeordneten Globalisierung treten könnte. Und es ist genau diese Stelle, an der die Makroökonomik das Feld betritt und Regeln für das Denken und Handeln vorgibt, die sich fundamental von denen unterscheiden, die auf der Ebene des einzelnen privaten Haushalts, des einzelnen Unternehmens oder einer einzelnen Kommune angemessen sind.

Viele den Doktrinen des politischen Liberalismus zugeneigte Zeitgenossen träumen von einer totalen Dezentralisierung, in der es gerade keine verbindlichen staatlichen Vorschriften mehr gibt. Sie verstehen leider meist nicht, dass komplexe Gesellschaften staatliche Institutionen brauchen, die sicherstellen, dass zumindest minimale Standards ökonomischer Effizienz und einer gerechten Verteilung materieller Güter erfüllt werden. Organisationen, die diese Funktion übernehmen, müssen sich, wie wir an vielen Beispielen zeigen werden, aus logischen Gründen anders verhalten als einzelwirtschaftlich orientierte Akteure, und sie müssen folglich auf einer anderen Entscheidungsebene angesiedelt werden. Das einzige System, das sich Menschen bislang ausgedacht haben, das diesen Anforderungen genügt und das weitgehende Akzeptanz findet, ist die Demokratie in einem abgegrenzten geografischen Raum.

Die Rede ist also vom demokratisch organisierten Nationalstaat. Welchen Namen man einem solchen System gibt, ist prinzipiell nur von geringer Bedeutung. Es ist jedoch leicht nachvollziehbar, dass sich angesichts der schlimmen historischen Erfahrungen mit der »Nation«, mit Xenophobie und Rassenwahn, die fast immer auf der Ebene des Nationalstaats ihren Ursprung hatten, viele Menschen scheuen, die Begriffe »Nationalstaat« oder »Nation« weiterhin zu benutzen. Schnell vermutet man bei denen, die ihn verwenden, sie könnten eine verdeckte, von einer nationalistischen Ideologie geleitete Agenda verfolgen.

Nichts liegt uns ferner. Solange aber kein Weltstaat existiert – und der ist mindestens so weit von seiner Realisierung entfernt wie eine totale dezentralisierte Organisation des Gemeinwesens –, muss es zwischen beiden eine Ebene geben, auf der die Entscheidungen getroffen werden, die nicht einem einzelwirtschaftlichen Interesse entspringen, sondern der Einsicht, dass ein arbeitsteiliges Wirtschaftssystem nur dann funktionieren kann, wenn gesamtwirtschaftliche, also nur für eine regionale Einheit existierende Zusammenhänge bei der Entscheidungsfindung angemessen berücksichtigt werden.

Das ist nach derzeitigem Kenntnisstand die Ebene des Nationalstaates. Und das gilt auch für Europa, weil mit wenigen Ausnahmen (Geld ist mit Abstand die wichtigste, aber die funktioniert leider aus den unten zu erklärenden Gründen nicht gut) selbst in der Europäischen Union die entscheidenden Weichen auf der Ebene des Nationalstaates gestellt werden.

Geld, Kapital und Arbeit

Geld als staatliche Institution

Geld – und damit meinen wir Zeichengeld in Form von Giralguthaben, Banknoten und Münzen – ist unzweifelhaft eine staatliche Institution bzw. das Ergebnis der Entscheidung staatlicher Institutionen, die sich auf einen klar umgrenzten geografischen Raum beziehen.

Das gilt auch für Zusammenschlüsse wie die Europäische Währungsunion. Die Europäische Zentralbank ist die Zentralbank jedes einzelnen Mitgliedsstaates und hat sich, bei angemessener Interpretation ihrer Rolle in der Wirtschaftspolitik, auch genau so zu verhalten, als sei sie eine nationale Zentralbank, wenn eines der Mitglieder in Schwierigkeiten gerät. Dass die EZB in den Anfangsjahren der Eurokrise in eklatanter Weise ihren Verpflichtungen nicht nachgekommen ist, steht dabei auf einem anderen Blatt.

Nationales oder supranationales Zeichengeld, das von einer dafür geschaffenen staatlichen Institution, der Zentralbank, ausgegeben wird, schafft einerseits einzigartig günstige Bedingungen für die wirtschaftliche Entwicklung, andererseits aber auch die Verpflichtung der Zentralbank, die Nutzbarkeit des von ihr geschaffenen Geldes zu verteidigen. Bei der konkreten Ableitung der sich daraus ergebenden Aufgaben der Zentralbank führt die neoklassische Theorie bisher jedoch vollkommen in die Irre. Um das zu verstehen, müssen wir uns zunächst einmal dem Begriff des Geldes zuwenden.

Keynes hat zu Recht darauf hingewiesen, dass der Begriff »Geld« sich einmal auf eine Recheneinheit und einmal auf ein Zahlungsmittel bezieht und dass streng zwischen beidem unterschieden werden muss (Keynes 1930, S. 4f). Er hat sicherlich Recht, dass eine Recheneinheit wie »Euro« oder »Dollar« noch nicht festlegt, was der Käufer eines Wirtschaftsguts, das in einer Währung bewertet und mit einem bestimmten Preis ausgezeichnet wurde, an den Verkäufer transferieren muss, damit das Eigentum an dem Wirtschaftsgut rechtlich wirksam auf ihn übergeht.

Wir müssen also einerseits zwischen »Geld« als einem Mittel der Bewertung von Gütern und »Geld« im Sinne eines Zahlungsmittels unterscheiden. Im ersten Fall wollen wir von einer »Währung« und nur im zweiten Fall von »Geld« sprechen. Was aber genau ist Geld in diesem engeren Sinne?

Wir bezahlen jedenfalls Wirtschaftsgüter mit ganz unterschiedlichen Zahlungsmitteln. Im Supermarkt zum Beispiel entnehmen wir unserem Portemonnaie einen Geldschein und überreichen ihn der Kassiererin. Manchmal aber stecken wir auch eine EC-Karte in eine Maschine und transferieren die Euro an den Supermarkt, und bisweilen bezahlen wir für ein Wirtschaftsgut, indem wir eine Überweisung tätigen. Der Transfer von Euro besteht in den beiden letzten Fällen darin, dass unser Konto bei der Bank mit einem bestimmten Eurobetrag belastet wird und dem Konto des Verkäufers bei seiner Bank derselbe Betrag gutgeschrieben wird.

Was macht all diese unterschiedlichen »Dinge« zu Geld? Um das Wesen von Geld zu verstehen, so lesen wir bei Georg Friedrich Knapp schon zu Beginn des vergangenen Jahrhunderts, muss man Geld als soziales Phänomen betrachten, das Parallelen zu anderen sozialen Phänomenen aufweist:

> Wenn wir unsere Mäntel beim Eintritt ins Theater zur Aufbewahrung abgeben, erhalten wir dafür ein Messingplättchen von bestimmter Gestalt, das ein Zeichen trägt, etwa eine Nummer. Es steht weiter nichts darauf, aber diese »Marke« hat eine rechtliche Bedeutung: sie ist Beweis dafür, daß ich den abgelegten Mantel wieder zu fordern habe. Wenn wir Briefe absenden, bekleben wir sie mit einer »Marke«, welche beweist, daß wir durch Portozahlung das Recht erworben haben, diesen Brief durch die Post befördern zu lassen. (Knapp 1905, S. 26)

Geld ist demnach ein Typus eines dokumentierten Anspruchs eines Subjekts gegenüber einem anderen Subjekt auf ein »Gut«. Messingplättchen im Theater mit einer Zahl darauf dokumentieren einen Anspruch gegenüber dem Garderobier auf das Gut »Mantel«, eine Briefmarke auf das Gut »einen Brief durch die Post zum angegebenen Empfänger befördern« zu lassen. Wie und mit welchen Mitteln solche Ansprüche auf ein Gut dokumentiert werden, ist, wie die Beispiele zeigen, unwichtig. Hauptsache, jemand hat festgelegt, welchen Anspruch eine »Marke« auf was und wem gegenüber unter welchen Umständen dokumentiert.

Alle Marken dokumentieren Ansprüche des Inhabers dieses Dokuments gegenüber einem Dritten auf ein Gut, aber nicht alle auf diese Weise dokumentierten Ansprüche sind Zahlungsmittel. Von Zahlungsmitteln kann man nach Knapp nur dann sprechen, wenn sie einen Anspruch auf ein in einer Währung bewertetes Gut dokumentieren und es rechtlich erlaubt ist, es als Zahlungsmittel zu verwenden.

Zahlungsmittel sind nach dem Gesagten also Dokumente, mit denen ihr Inhaber in Währung denominierte Schulden begleichen darf. Schulden zum Beispiel, die aus dem Abschluss von Kaufverträgen, unterschiedlichen Nutzungsüberlassungsverträgen, Arbeitsverträgen oder Darlehensverträgen hervorgegangen sind. Solche »Geldschulden« können damit getilgt werden, indem ein Geldschuldner ein geeignetes »Dokument« an den »Geldgläubiger« überträgt. So etwa beim Einkauf im Supermarkt einen Zwanzig-Euro-Geldschein, wenn die gekauften Lebensmittel insgesamt sich auf einen Wert von bis zu 20 Euro aufaddieren.

Geld und Steuern

Banknoten werden im Euroraum vom Gesetzgeber als Zahlungsmittel bezeichnet, die deren Inhaber befugen, damit ihre Geldschulden zu begleichen. Ein Zahlungsmittel, das einen Geldschuldner befugt, damit seine in einer Währung denominierten Geldschulden zu begleichen, und einen Geldgläubiger zwingt, dieses Zahlungsmittel zur Begleichung einer Forderung anzunehmen, bezeichnet man als Geld. Es lohnt daher, sich etwas genauer anzusehen, welche weiteren Eigenschaften Banknoten von der Bundesbank im Eurowährungsgebiet zugeschrieben werden.

Banknoten befugen (1) einen Geldschuldner von Gesetzes wegen, alle Geldschulden gegenüber einem Geldgläubiger damit zu begleichen, sie müssen (2) von einem Geldgläubiger zur Begleichung einer Geldschuld gesetzlich verpflichtend angenommen werden und werden (3) von einer staatlichen Organisation emittiert.

Mit Knapp werden wir in diesem Buch argumentieren, dass die Bedingungen (2) und (3) nicht notwendigerweise Geld konstituierende Eigenschaften darstellen. Was Geld von allen anderen Zahlungsmitteln jedoch definitiv unterscheidet, ist die Tatsache, dass es vom Staat als Zahlungsmittel für die Begleichung von Zwangszahlungen – wie beispielsweise von Steuern, Abgaben, Gebühren und Steuerschulden – akzeptiert wird.

Zahlungsmittel sind nach dieser Definition also nur dann Geld, wenn sie dazu dienen können, Steuerschulden gegenüber dem Staat zu begleichen. Es ist schließlich diese Tatsache, die einem Zahlungsmittel ihre allgemeine Akzeptanz zur Begleichung von allen Geldschulden in einem bestimmten Währungsraum sichert. Denn unter der Annahme, dass ein Staat Steuern erheben kann und die Steuersätze ausreichend hoch sind, kann kein Zweifel bestehen, dass dieses Zahlungsmittel dann auch für die Abwicklung kommerzieller Transaktionen verwendet werden wird.

Geld ist damit die Dokumentation eines Versprechens eines Staates gegenüber allen Inhabern dieser Dokumentation, dass sie damit ihre ihnen vom Staat auferlegten und in der entsprechenden Währung denominierten Steuerschulden begleichen können. Geld hat also primär einen Wert, weil damit auf Währung lautende Steuerschulden beglichen werden können.

Auch die für jede Volkswirtschaft entscheidende Größe, die Produktivität der Arbeit (also das gesamtwirtschaftliche Einkommen bezogen auf die insgesamt gearbeiteten Stunden), ist nur in nationalen Grenzen definierbar, weil sie auf der historischen Akkumulation von Kapital beruht. Kapital ist nämlich, wie wir seit Joseph Schumpeters bahnbrechender Arbeit zur wirtschaftlichen Entwicklung wissen (Schumpeter 2006 [1912]), das Ergebnis eines dynamischen wirtschaftlichen Prozesses, der ohne Zweifel eine spezifische nationalstaatliche Tradition hat. Denn in diesem Prozess kommen besonders viele der Einflussfaktoren zum Ausdruck, die das Ergebnis nationaler Anstrengungen, nationaler Präferenzen und nationalstaatlicher Politiken sind.

Auf jeden Fall führt dieser Prozess zu einem zu jedem Zeitpunkt historisch einmaligen Produkt, dem nationalen Kapitalstock. Dieser Kapitalstock ist es, der in Kombination mit dem historisch ebenso einmaligen Potenzial an Erwerbstätigen die Erzielung eines Einkommens ermöglicht, das in Form von Gewinnen und Löhnen alle am Produktionsprozess beteiligt und allen, die sich indirekt darin engagiert haben, zugutekommt.

Damit wirtschaftliche Entwicklung erfolgreich verläuft, braucht man in realistischer Betrachtung eine Kombination sinnvoller Politiken. Das beginnt wiederum mit der Geldpolitik, die dem Prozess das Mittel zur Verfügung stellt, ohne das er nicht auskommt, nämlich Kapital in Form von Zeichengeld, das die Akteure nutzen, um »wirkliches Kapital« in Form von Gebäuden, Maschinen und Ausrüstungen (also Sachvermögen) herzustellen.

Wie intensiv und wie erfolgreich dieser Prozess abläuft, ist eine offene Frage, und es kommt auch innerhalb nationalstaatlicher Gebilde aus den unterschiedlichsten Gründen zu erheblichen Unterschieden zwischen einzelnen Wirtschaftsräumen.

Der Nationalstaat der Vergangenheit hat es sich jedoch zur Aufgabe gemacht, die Lebensverhältnisse der Menschen, die in seinen Grenzen leben, in einem gewissen Rahmen anzugleichen, also durch Ausgleichsmaßnahmen, etwa im Rahmen der Regionalpolitik, eine zu große Diskrepanz zwischen den politisch organisierten räumlichen Einheiten zu vermeiden. Das war in der Vergangenheit ansatzweise erfolgreich, doch der entscheidende Mechanismus, der aus den Anstrengungen vieler an ganz unterschiedlichen Standorten ein für die Nation erfolgreiches Modell machte, war der Ausgleich über die Lohnfindung, der im nächsten Abschnitt beschrieben wird.

Arbeit und Lohn

Weil Kapital eine nationale Geschichte hat, sind auch die Arbeitsbeziehungen einschließlich der Einkommen der abhängig Beschäftigten nur auf nationaler Ebene bestimmbar. Es gibt, wie die Ökonomen sagen, eine Pfadabhängigkeit der wirtschaftlichen Umstände, die für die Arbeitnehmer entscheidend sind. Ob es um die Länge der Arbeitszeit geht, um die Art und Weise, wie sich Arbeitnehmer in den Betrieben einbringen können, um Sicherheitsstandards am Arbeitsplatz oder um das eigentliche, den Lohn, den die abhängig Beschäftigten erhalten, all das ist abhängig von der Geschichte des Kapitalstocks.

Und diese Geschichte ist die Geschichte eines klar umgrenzten geografischen Raumes, in dem die demokratische politische Willensbildung stattfindet.

An dieser Stelle treffen wir auf den entscheidenden Zusammenhang, der es möglich macht, dass auch Länder mit ganz unterschiedlichen Produktivitäts- und Lohnniveaus, also Länder mit sehr unterschiedlichen Kapitalstöcken, miteinander Handel treiben können, ohne dass eines der Länder von vorneherein und systematisch im Nachteil sein müsste. Länder mit einem großen und effizienten Kapitalstock und hoher Produktivität der Arbeit können hohe (reale) Löhne zahlen, und Länder mit einem kleinen Kapitalstock und geringerer Produktivität können nur geringere (reale) Löhne zahlen. Mit anderen Worten: Das Niveau des einmal erreichten Kapitalstocks entscheidet über das Niveau der Entlohnung oder generell das Niveau des allgemeinen Lebensstandards in einem Land.

Da sich die Anpassung der (nominalen) Löhne an die Produktivität (die Veränderung der Lohnstückkosten) in längerfristiger Betrachtung in jedem Land in den nationalen Inflationsraten niederschlägt, ist der entscheidende Unterschied zwischen den Nationen nicht die unterschiedliche Produktivität oder unterschiedliche Löhne, wie zumeist geglaubt wird, sondern eine unterschiedliche Entwicklung der Inflation bzw. der Lohnstückkosten. Dieser Zusammenhang ist zwingend, weil, wie wir oben schon gezeigt haben, kein Land auf Dauer über oder unter seinen Verhältnissen leben kann. Wer versucht, über seinen Verhältnissen zu leben, wird früher oder später in Inflation enden (immer unterstellt, es gebe kein Nachbarland, das bereit ist, die Lücke auf Dauer auszugleichen), wer dauernd unter seinen Verhältnissen lebt, endet in Deflation.

Welches Inflationsziel ein Land auch immer wählt, das heißt, wie es die Anpassung an seine eigene Produktivität bewerkstelligt, Unterschiede in den Inflationsraten zwischen den Nationen sind auf jeden Fall auszugleichen, wenn es Handelsbeziehungen ohne massive Schocks in Form des Verlustes der Wettbewerbsfähigkeit einer Nation als Ganzes geben soll. Das genau und nur das muss ein effizientes Währungssystem leisten. Unterschiedliche Niveaus in der Wettbewerbsfähigkeit von Ländern sind auf keinen Fall auf längere Zeit durchzuhalten.

Aus diesem Grund muss der politische organisierte geografische Raum, in dem man sich auf Lohnzuwächse einigt, genau mit dem Raum übereinstimmen, dessen Produktivität man den Lohnverhandlungen zugrunde legt. Unterschiedliche Produktivitätsniveaus zwischen Nationalstaaten kann man nicht einfach mitteln und mittlere Löhne bezahlen, ohne in beiden Ländern gewaltigen Schaden anzurichten. Auch die noch extremere Idee, die zeitweise in Brüssel verfolgt wurde, nach der die Arbeiter beim Wechsel aus einem Raum mit niedriger Produktivität in einen Raum mit hoher Produktivität ihren Lohn mitnehmen sollten (das, was wir oben als Herkunftslandprinzip bezeichnet haben), ist in hohem Maße absurd. Wanderung von Arbeitskräften kann nur nach dem Bestimmungslandprinzip verlaufen, also so, dass immer der Lohn des Landes gezahlt wird, in dem eine Person arbeitet, ganz gleich, wo sie herkommt (das ist inzwischen auch von Brüssel durch eine Anpassung der sogenannten Entsenderichtlinie akzeptiert worden). Wanderung von Arbeitskräften führt aber auch dann nicht automatisch zu einem Ausgleich in den wirtschaftlichen Verhältnissen der beiden Länder.

Die Gewerkschaftsbewegung ist trotz ihres internationalistischen Anspruchs ein weitgehend auf begrenzte nationale Territorien beschränktes Unternehmen geblieben. Das gilt ohne Zweifel für Europa, wo die Gewerkschaften zwar regelmäßig gemeinsam auftreten und gemeinsame Ziele beschwören, in Wirklichkeit aber, wie das deutsche Beispiel des Lohndumpings in der Währungsunion zeigt, von Solidarität nicht die Rede sein kann, von echter Zusammenarbeit über die nationalen Grenzen hinweg ganz zu schweigen.

Man muss dabei jedoch zugleich sehen, dass gerade in der Arbeit der Gewerkschaften eine große Pfadabhängigkeit herrscht, also eine Abhängigkeit von historischen Entwicklungen, die praktisch alle auf der nationalen Ebene stattgefunden haben. Sehr gut zeigen kann man das an der Institution des Flächentarifvertrages, der über viele Jahrzehnte die deutsche Tariflandschaft geprägt hat und erst unter dem massiven politischen Druck einer rot-grünen Bundesregierung zu Beginn der nuller Jahre weitgehend zerstört wurde. Bis heute ist leider von nur wenigen verstanden worden, wie wichtig diese nationale Institution für Deutschlands Erfolg in der Vergangenheit gewesen ist. (Wir kommen darauf im fünften Teil zurück.)

Viele glauben, die wirtschaftliche Bedeutung nationaler Grenzen, insbesondere in Europa, könne man einfach durch Wanderung der Arbeitskräfte zwischen Hochlohn- und Niedriglohnländern in ihrer Wirkung aushebeln. Doch das ist ein Irrtum, der wiederum auf den Irrtümern der neoklassischen Wirtschaftstheorie beruht. In fast allen realistischen Fällen, das haben wir im ersten Teil dargelegt, ist es unmöglich, einen Ausgleich zwischen unterschiedlichen Lohnniveaus durch den Markt herzustellen, ohne gewaltige Verwerfungen auszulösen.

Demokratie und Nationalstaat

Der Staat wird nicht nur von den Neoliberalen, sondern auch von vielen ihrer Kritiker als obsolet angesehen. Nun ist es eine Sache, von der Überwindung des Nationalstaats zu träumen, aber eine ganz andere Sache, die politische Realität unserer Gesellschaften zur Kenntnis zu nehmen und darauf basierend realistische politische Strategien zu entwickeln. Und sobald man sich der politischen Realität stellt, ist der »Nationalstaat, trotz unbestreitbarer Souveränitätsverluste durch Globalisierung und Souveränitätstransfers durch die EU-Integration, auf absehbare Zeit die dominierende Form der Vergesellschaftung« (Wahl 2016).

Wir verkennen dabei, wie schon oben erwähnt, nicht, dass Staaten vielfach – nicht nur in Deutschland – ihr Gewaltmonopol nach innen im Namen »großer Ideale« missbraucht haben. Und es ist nicht zu bestreiten, dass die Ursache zwischenstaatlicher Konflikte auf einer »Übersteigerung der Unterscheidung zwischen dem ›Wir‹ und ›den Anderen‹« zurückzuführen (ebd.).

Darüber hinaus ist auch zu konzedieren, dass viele der zu beklagenden gesellschaftlichen Zustände – wie etwa die katastrophale wirtschaftliche und soziale Lage in vielen Ländern der Eurozone oder der Niedriglohnsektor und das Hartz-Regime in Deutschland – eindeutig auf nationalstaatliche Maßnahmen, insbesondere auf nationale

Gesetze, zurückzuführen sind. Ebenfalls nicht in Abrede zu stellen ist schließlich, dass die Funktionsfähigkeit einer modernen Wirtschaft, die sich durch vielfältige grenzüberscheitende Verflechtungen auszeichnet, die politische und rechtliche Koordination aller Länder, die daran teilnehmen, erforderlich macht.

Wenn vor diesem Hintergrund Zweifel an der Position angemeldet werden, dass eine Stärkung des Nationalstaats der richtige Weg ist, um sowohl eine sozialere als auch demokratischere Welt zu befördern, ist das mehr als nur verständlich. Diese Zweifel dürfen jedoch nicht dazu führen, dass man über die Frage, ob ein demokratisch organisiertes Gemeinwesen nicht den institutionellen Rahmen eines Nationalstaates benötigt, gar nicht mehr nachdenken darf.

Der Staat

Der Wunsch der Liberalen, sich von staatlicher Bevormundung zu befreien, geht so weit, dass die Existenz von Staaten teilweise schlicht bestritten wird. Zugegeben wird zwar, dass es einzelne staatliche Akteure, wie etwa eine Regierung, gibt, aber die vielen Organisationen, die unter dem Namen »Staat« subsumiert werden, hätten vielfach so unterschiedliche Funktionen und Interessen, dass die Rede vom Staat als einem einheitlichen Handlungsakteuer völlig verfehlt sei. Der Staat ist für sie allenfalls eine durch bestimmte Regeln definierte Handlungsarena, in denen unterschiedliche Akteure ihre Interessen durchzusetzen versuchen (so argumentiert z. B. Claus Offe [Offe 1987]).

Wenn dem so wäre, dann wäre es auch falsch, die Deutsche Bank als einen einheitlichen Akteur anzusehen. Schließlich wird auch die Deutsche Bank durch eine Vielzahl von unterschiedlichen Organisationen konstituiert, die ganz unterschiedliche Funktionen innerhalb der Deutschen Bank übernehmen. Aber die Tatsache, dass die Kreditabteilung einer Filiale eine andere Funktion hat als deren Firmenkundenabteilung und dass es gerade zwischen diesen Abteilungen zu Konflikten kommen kann bzw. sogar kommen soll, spricht keineswegs dagegen, die Deutsche Bank als einen Akteur anzusehen. Es war zum Beispiel zweifellos die Deutsche Bank, die in den USA Kredite vergeben hat, für deren Vergabe sie sich sogar vor Gericht rechtfertigen musste. Die Deutsche Bank ist also sicherlich keine (bzw. nicht nur eine) Handlungsarena, sondern ein Akteur, der sich dadurch auszeichnet, dass die Handlungen einer Vielzahl von Individuen durch eine geeignete Organisationsstruktur auf bestimmte Ziele hin aufeinander abgestimmt werden.

Aus der für liberale Demokratien typischen Gewaltenteilung kann also nicht geschlossen werden, dass ein solcher Staat keine Organisation ist. Ein Staat ist vielmehr dann als eine Organisation anzusehen, wenn die Handlungen unterschiedlicher staatlicher Organe, wie etwa die von Regierungen, Parlamenten, Gerichten, Zentralbanken etc., funktional so aufeinander bezogen sind, dass sie das einen Staat definierende Ziel zu verwirklichen erlauben.

Der renommierte Staatstheoretiker Hermann Heller hat das definierende Ziel bzw. die Funktion eines Staates unserer Meinung nach wie folgt korrekt beschrieben:

> Die Funktion des Staates besteht [...] in der selbständigen Organisation und Aktivierung des gebietsgesellschaftlichen Zusammenwirkens, begründet in der geschichtlichen Notwendigkeit eines gemeinsamen status vivendi für alle Interessengegensätze auf einem sie alle umgreifenden Erdgebiet (Heller 1934, S. 230).

Wenn ein Staat eine Organisation ist, deren Funktion in dieser Weise bestimmt werden kann, dann stellt sich natürlich die Frage, ob politische Maßnahmen nur deswegen aus dem Spektrum aller Möglichkeiten ausgeschlossen werden sollten, weil der Neoliberalismus sie aufgrund seiner naiven Markttheorie systematisch ignoriert.

Im Verlauf dieses Buches werden wir herausarbeiten, welche Rolle ein Staat, der auf einen fairen Ausgleich von Interessengegensätzen zielt, auf der Basis einer realistischen Wirtschaftstheorie zu übernehmen hat. Die von uns geforderte Renaissance des Staates ist folglich nicht einer staatsgläubigen Agenda geschuldet, sondern der Einsicht in gesamtwirtschaftliche und globale Zusammenhänge.

Demokratie

Der Staat ist in einem demokratisch organisierten Gemeinwesen nach dem Willen des Grundgesetzes der Repräsentant des »Volkes«. Die Frage ist nun, welche Bedingungen erfüllt sein müssen, damit ein Staat als Repräsentant seines Volkes legitimiert ist.

Als Repräsentanten bezeichnet man jemanden, der Handlungen im Interesse Dritter vollzieht. Damit der Staat, wie es in Artikel 20 Grundgesetz verlangt wird, die Interessen des Volkes repräsentieren kann, muss man sich nun keineswegs auf die Suche nach einem Volk machen, das man sich ohne die Existenz eines Staates vorzustellen hat. Es existieren schließlich auch keine Kinder, die keine Eltern haben (bzw. zu keinem Zeitpunkt hatten), und dennoch gibt es keinen Grund, daran zu zweifeln, dass die Eltern im Interesse ihrer Kinder handeln können.

Gerade liberalen Staatskritikern wird der Hinweis auf das Verhältnis von Eltern zu ihren Kindern gut gefallen. Er ermöglicht es ihnen, den Staat als potenziell paternalistisch zu kritisieren und seine Einflusssphäre daher so weit wie möglich zu begrenzen. Richtig ist an dieser Kritik, dass Staaten nicht so etwas wie Vereine sind, zu deren Mitgliedschaft man sich entschieden hat und aus denen man jederzeit wieder austreten kann. In einen Staat wird man wie in eine Familie hineingeboren. Und wenn der Vorwurf der paternalistischen Bevormundung der Bürger durch ihren Staat darauf zielt, der Tatsache Ausdruck zu verleihen, dass Staaten oftmals den explizit bekundeten Interessen ihrer Bürger zuwiderhandeln, dann ist diese Beobachtung zweifellos richtig.

Ist es aber zu kritisieren, dass nicht jeder immer das bekommen sollte, was er bekommen will? Ist das, was man will, manchmal sogar im wohlverstandenen Eigeninteresse nicht wünschenswert? Und muss man, wenn man Verantwortung gegenüber einer Gruppe von Menschen hat, manchmal nicht zwischen ihren nicht kompatiblen Interessen abwägen? Es ist auf jeden Fall so, dass nur dann, wenn ein Staat mit seinen Handlungen den bekundeten Interessen seiner Bürger zuwiderhandelt, sich überhaupt die Frage stellt, inwieweit solche Handlungen legitimiert sind.

Wenn dagegen ein Staat nur zu Handlungen legitimiert

ist, denen jeder seiner Bürger auf der Basis seiner ihm bekannten Interessen zustimmen würde, dann hat sich das Herrschaftsproblem, auf das man mit dem Begriff der Demokratie eine Antwort geben möchte, faktisch erledigt. Die Antwort vieler liberaler Demokratietheoretiker ist daher paradox: Sie besagt, dass nur die staatlichen Handlungen legitimiert sind, die gar keiner Legitimation bedürfen.

Wenn es aber richtig ist, dass ein Staat ein Akteur ist, der über Fähigkeiten verfügt, über welche die Bürger nicht verfügen, und wenn er sogar Ziele verfolgen kann, die von den bekundeten Interessen seiner Bürger abweichen, dann ist es absurd zu verlangen, dass der Staat nur Handlungen ausführen sollte, die jeder Bürger auf Basis seines »leicht idealisierten« epistemischen Standpunkts selbst vollziehen würde. Absurd ist dieses Kriterium der Legitimität staatlicher Handlungen, weil sie damit Handlungen auf der Basis der gesamtwirtschaftlichen Zusammenhänge ausschließt, die »das Volk« aus seiner einzelwirtschaftlichen Sichtweise weder durchschaut noch zu durchschauen in der Lage ist.

Nehmen wir das Beispiel der staatlichen Schulden. Befragt man die Bürger zu dieser Thematik, bekommt man regelmäßig Antworten, die aus der einzelwirtschaftlichen Sicht der Bürger verständlich sind, die aber zugleich zeigen, dass die relevanten Zusammenhänge nicht verstanden werden. Man fürchtet die Belastung zukünftiger Generationen durch höhere Schulden, versteht jedoch nicht, dass auch die Forderungen gegenüber dem Staat an zukünftige Generationen vererbt werden, wodurch die Vermögensposition der zukünftigen Generationen bei höheren Schulden absolut unverändert bleibt. Soll sich der

Repräsentant des Volkes, selbst wenn er eine Einsicht besitzt, die bei den Bürgern nicht vorhanden und die überdies schwer vermittelbar ist, daher jeder gesamtwirtschaftlichen Verantwortung entziehen dürfen?

Da es in einem politischen Gemeinwesen nicht nur viele unterschiedliche Interessen, sondern auch viele solche Zusammenhänge gibt, reicht der übliche Mechanismus, durch eine freie Wahl Vertreter des Volkes in ein Parlament zu wählen, keineswegs aus, um sicherzustellen, dass mit Mehrheitsentscheidungen Gesetze erlassen werden, die den Willen des Volkes repräsentieren. Vielmehr braucht eine demokratisch gewählte Regierung ein Mandat, das es ihr erlaubt, auch über solche Fragen zu entscheiden, bei denen es keine »Volksmeinung« gibt oder wo die »Volksmeinung« mit den gesicherten Erkenntnissen der Experten kollidiert.

Diese Kategorie von Fragen wird von vielen Demokratietheoretikern weitgehend ignoriert. In ihren Augen kommt es nur darauf an, dass die Repräsentanten – zumindest mittelbar – durch allgemeine, freie, gleiche und geheime Wahlen vom wahlberechtigten Teil des Volkes bestimmt werden müssen (Müller 2016, S. 19). Wenn die Repräsentanten auf diese Weise als Interessenvertreter des Volkes autorisiert wurden und sich regelmäßig wieder zur Wahl stellen müssen und in diesem Sinne dem Volk gegenüber rechenschaftspflichtig sind, ist es nach Meinung vieler Demokratietheoretiker müßig, die Frage zu stellen, ob ein Staat mit seinem Tun tatsächlich den »Volkswillen« repräsentiert.

Doch zu welchen Handlungen ist ein Staat dann legitimiert und zu welchen nicht?

Der Hinweis auf einen postulierten Volkswillen kann an dieser Stelle keine befriedigende Antwort sein. Denn ohne Zweifel haben die das Staatsvolk konstituierenden Menschen unterschiedliche und sogar einander widerstreitende Interessen. Interessen kann man jedoch nur einzelnen Menschen sinnvoll zuschreiben. Denn Interessen hat, wer bestimmte Sachverhalte als »gut« für sich ansehen kann. Damit haben zwar die jeweiligen Menschen, die zu einem beliebigen Zeitpunkt das Staatsvolk konstituieren, Interessen, aber deswegen gibt es noch kein Interesse eines Volkes. Damit scheint es, als sei die Forderung des Grundgesetzes, dass der Staat die Interessen seines Volkes zu repräsentieren hat, unerfüllbar. Doch dieser Schein trügt.

Nennen wir Sachverhalte, die im Interesse eines Individuums sind, »Güter«. Es ist nun sicherlich für uns alle rational, mit unserem Tun auf den »Erwerb« von so verstandenen Gütern zu zielen. Menschen, so wird heutzutage in sozialwissenschaftlichen Kontexten gerne aus dieser Tatsache geschlossen, handeln also immer auf der Basis ihrer subjektiven Präferenzen oder sollten es doch zumindest. Es ist nun zweifellos auch richtig, dass wir manchmal zwischen unterschiedlichen Handlungsalternativen wählen und uns daher Gedanken darüber machen müssen, welche Güter für uns von größerer oder geringerer Bedeutung sind. Wir sind also manchmal gezwungen, unsere Interessen in eine »Wichtiger-als-Ordnung«, eine sogenannte Präferenzordnung, zu bringen, um rational darüber entscheiden zu können, welche Handlung wir unter bestimmten Umständen realisieren sollten.

Wir handeln aber nicht immer nur für uns selbst, sondern manchmal auch für Dritte oder sogar eine Gruppe von Dritten. Und wenn wir für eine solche Gruppe handeln, sind wir oftmals gezwungen, zwischen den Präferenzen der unterschiedlichen Individuen dieser Gruppe normativ relevante Unterscheidungen zu treffen. So muss man etwa in der Notaufnahme eines Krankenhauses darüber entscheiden, welche Patienten zuerst behandelt werden sollen. Dort wird in der Regel kein Zweifel daran bestehen, dass der Schwerverletzte vor dem Juckreizgeplagten zu versorgen ist, und zwar deshalb, weil das Interesse des Schwerverletzten schwerer wiegt.

Es gibt also unzweifelhaft Situationen, in denen Dritte Handlungen für eine Gruppe von Menschen realisieren und entscheiden müssen, welche Handlungen sie unter bestimmten Umständen vollziehen sollten. Dabei ist nicht auszuschließen, dass egal, welche Wahl sie treffen, zumindest eine Person aus dieser Gruppe davon negativ betroffen sein wird. Dennoch aber kann kein Zweifel daran bestehen, dass manche solcher Entscheidungen moralisch gerechtfertigt sind.

Liberale insistieren in diesem Zusammenhang darauf, dass individuelle Präferenzen von Dritten nicht bewertbar seien und dass bei Interessenkonflikten zwischen Individuen folglich keine rationale Entscheidung darüber getroffen werden kann, welche Handlungsoption eine staatliche Organisation in einem solchen Fall realisieren sollte. Der Staat müsse sich daher gegenüber den vielen, letztlich auf subjektiven Präferenzen beruhenden, unterschiedlichen Konzeptionen des guten Lebens neutral verhalten. Warum aber sollte das Argument, das wir am Beispiel der Notaufnahme erläutert haben, für die Handlungen eines Staates, dessen Aufgabe es nach dem Grundgesetz ist, die Interessen einer Gruppe von Menschen namens »Volk« zu repräsentieren, keine Anwendung finden können?

Wie das Beispiel der Notaufnahme zeigt, ist es im wirklichen Leben unabdingbar, solche Entscheidungen zu treffen, und weshalb gerade der Staat das nicht tun oder dazu nicht in der Lage sein sollte, ist rational schlicht nicht nachzuvollziehen. Was es allerdings für das Beispiel der Notaufnahme ebenso wie im Zusammenhang der Handlungen eines Staates zu fordern gilt, ist, dass es unerheblich sein muss, um wessen Interessen es konkret geht. Anders ausgedrückt: Wer im Interesse einer Gruppe handelt, muss sich bei der Frage, welche legitimen Interessen der Gruppenmitglieder unter welchen Umständen Vorrang genießen, unparteiisch verhalten.

Während sich in gesellschaftlichen Kontexten, in denen im Interesse Dritter gehandelt wird, solche Fragen zwar immer wieder stellen, ist offensichtlich, dass nicht vor jeder Handlung die Präferenzen aller Gruppenmitglieder sowie alle Handlungsalternativen bedacht werden können. Unser gesellschaftliches Leben vollzieht sich, worauf wir schon hingewiesen haben, daher in und durch eine Vielzahl informeller und formeller Institutionen, in die jeder von uns hineingeboren und hineinerzogen wird. Die Vorstellung, das könnte auch anders sein, ist nicht nur utopisch, sondern absurd.

Die Tatsache offen auszusprechen, dass Menschen oftmals auch vom Staat gesetzten Regeln folgen, dass die dafür notwendigen Handlungsdispositionen von Dritten durch unterschiedliche Methoden implementiert wurden und dass eine einigermaßen stabile politische Ordnung ohne ein gewisses Maß von »gewohnheitsmäßigem Gehorsam« (John Austin) nicht zu haben ist, klingt für liberale Ohren ganz furchtbar. Diese Konfrontation mit der Realität aber kann man sich nicht ersparen, wenn man das komplexe Verhältnis zwischen dem Staat und seinen Bürgern analysieren möchte.

Selbstverständlich kann man Normen und Gesetze kritisch reflektieren. Liberale haben sich bei dieser Tätigkeit als äußerst fleißig erwiesen und dabei vollkommen zu Recht betont, dass viele Normen und Gesetze nicht mit dem von ihnen favorisierten aufgeklärten Eigeninteresse in Einklang stehen. Sie haben daher entsprechende Reformen angemahnt, und die Politik hat sich in den letzten vierzig Jahren gegenüber ihren Forderungen als äußerst willfährig gezeigt.

Allerdings kann man die in Normen und Gesetzen implizierten Rangordnungen von Interessen nicht nur aus einer eigeninteressierten, sondern, wie am Beispiel der Notaufnahme gezeigt, auch aus einer unparteiischen Perspektive betrachten. Reflexionen aus dieser Perspektive machen es erforderlich, dass man, wie Walter Pfannkuche schreibt, »die Sache einmal aus der Position des anderen betrachtet« (Pfannkuche, 22. Juli 2016). Eine solche Herangehensweise definiert die Logik moralischen Denkens und verlangt ganz offensichtlich einen gedanklichen Rollentausch, dessen Ziel es ist, nach »Verhaltensregeln zu suchen, die man auch aus der Position eines anderen akzeptieren könnte«.

Aus einer solch moralischen Perspektive kann man zum Beispiel unser gegenwärtiges Rentensystem kritisieren, weil aus einer unparteiischen Perspektive das Interesse von Rentnern an einem materiell gesicherten Lebensabend eindeutig ein gewichtigeres Interesse darstellt als das Interesse von Versicherungen, sich ein weiteres profitables Geschäftsfeld zu erschließen. Wenn ein Parlament also eine Rentenreform beschließt, die allen Rentnern einen akzeptablen Lebensstandard garantiert, und der Staat über die Mittel verfügt, dies auch zu ermöglichen, dann könnte man eine solche Reform mit Bezug auf das Gemeinwohl legitimieren.

Natürlich kann man dieser Begründung entgegenhalten, dass sowohl die Beschreibung des Interessenkonflikts als auch der Glaube, der Staat verfüge über die dafür notwendigen Mittel, falsch ist. Der Interessenkonflikt bestehe, so würden Liberale entgegnen, vielmehr zwischen Alten und Jungen und der Staat könne es sich schlicht nicht leisten, seine älteren Mitbürger aus eigenen Mitteln durchzufüttern. Jeder müsse daher individuell fürs Alter vorsorgen. Doch dieser liberale Standpunkt ist, wie wir später im Detail zeigen werden, vollkommen falsch, weil dabei die relevanten gesamtwirtschaftlichen Zusammenhänge missachtet werden. Für die Gesamtwirtschaft gilt nämlich der einfache Satz, dass die Volkswirtschaft nicht sparen kann, weil jedes erfolgreiche Sparen immer eine entsprechende Neuverschuldung seitens eines anderen Sektors bedeutet.

Folglich müssen in einer Rentendebatte die normativen und faktischen Fragen zur Bestimmung des Gemeinwohls simultan beantwortet werden. Dazu ist es jedoch erforderlich, die relevanten gesamtwirtschaftlichen Tatsachen und ihre Zusammenhänge zu erkennen. Letzteres kann man allerdings nur von Organisationen verlangen, die man gemeinhin als »Staat« bezeichnet. Demokratisch aber ist ein solcher Staat nur dann, wenn er sich am Gemeinwohlinteresse orientiert.

Nicht zu bestreiten ist, dass es oftmals schwierig ist, dieses Gemeinwohlinteresse zu definieren und die dafür geeigneten Handlungen zu identifizieren. Es ist daher unabdingbar, einen wahrhaftigen Diskurs über öffentlich relevante Angelegenheiten zu führen und seine Möglichkeit institutionell weitmöglichst abzusichern. Und unabdingbar ist darüber hinaus, dass dieser Diskurs öffentlich geführt wird. Denn ein Staat, der die Aufgabe hat, die Interessen seiner Bürger zu repräsentieren, ist unzweifelhaft aufgefordert, seinen Bürgern auch zu erklären, warum er bestimmte Maßnahmen vollzieht und den Vollzug anderer unterlässt.

Souveränität

Ein Staat ist nach dem Gesagten dann als demokratisch zu bezeichnen, wenn sich die Handlungen dieses Staates (1) am Gemeinwohl orientieren und (2) die Gesetze, die erlassen bzw. aufgehoben werden, explizit auf Entscheidungen des Volkes bzw. auf denen seiner Repräsentanten beruhen. Einen Staat, der Bedingung (2) uneingeschränkt erfüllt, bezeichnet man als einen souveränen Staat.

Nun besteht kein Zweifel daran, dass in der EU die Souveränität ihrer Mitgliedsländer in diesem Sinne eingeschränkt wird. So weist beispielsweise der ehemalige Richter des Bundesverfassungsgerichts Dieter Grimm darauf hin, dass der Europäische Gerichtshof (EuGH) durch seine Interpretation der Bestimmungen des Lissabon-Vertrags nationales Recht außer Kraft setzen kann, ohne dass die Organe der Mitgliedsstaaten die Möglichkeit hätten, dieser Rechtsprechung mit Aussicht auf Erfolg zu widersprechen (Grimm 2016, S. 51-67). Wenn aber, wie es im Artikel 20 des Grundgesetzes heißt, alle Staatsgewalt vom Volke ausgehen soll, dann wird durch den EuGH das grundgesetzlich verbürgte Recht des deutschen Volkes auf Selbstbestimmung ausgehebelt. Anders ausgedrückt: Ohne Souveränität in diesem Sinne kann es keine Demokratie geben.

Heißt das nun aber, dass die Übertragung von Hoheitsrechten von der nationalstaatlichen auf die europäische Ebene auf jeden Fall abzulehnen ist? Grimm meint, dass ein solcher Transfer so lange als rechtfertigbar anzusehen ist, wie die Verfassungsgerichte der Mitgliedsländer das faktisch von einer supranationalen Organisation gesetzte Recht als nicht verfassungskonform zurückweisen können.

Die Problematik dieses Vorschlags besteht darin, dass es sich bei verfassungsrechtlichen Grundsätzen um sogenannte Generalklauseln handelt. Der Inhalt dieser Grundsätze ist so weit, dass deren sogenannte »Interpretation« faktisch auf eine Rechtssetzung durch Richter hinausläuft. In einem demokratischen Gemeinwesen soll das Recht aber nicht durch Richter, sondern durch das Volk bzw. seine Repräsentanten gesetzt werden.

Da solches Richtergesetz unvermeidlich ist, muss letztlich das Volk bzw. müssen seine Repräsentanten solche Gesetze auch wieder korrigieren können. Dann aber muss man verlangen, dass Rechtssetzungen des EuGH und andere Regelungen supranationaler Organisationen entweder einstimmig durch die Repräsentanten aller Mitgliedsländer anzunehmen sind oder aber den Mitgliedsländern klar definierte Vetorechte eingeräumt werden.

Wer es mit der Demokratie ernst nimmt, sollte daher einsehen, dass die Frage nach der Souveränität nach wie vor zeitgemäß ist. Und selbstverständlich heißt souverän nicht, dass ein solcher Herrschaftsverband omnipotent ist. Wer auf Souveränität pocht, verlangt zudem keineswegs, dass der Staat alle Beziehungen zwischen seinen Bürgern regeln sollte. Er muss aber auf der Basis demokratischer Prozeduren darüber entscheiden können, welche Beziehungen seiner Bürger er regeln will und welche gesamtgesellschaftlichen Ziele verwirklicht werden sollten.

Welche Entscheidungsspielräume ein in diesem Sinne souveräner Staat tatsächlich im Rahmen einer kapitalistisch organisierten Weltwirtschaft überhaupt noch hat, steht dabei auf einem ganz anderen Blatt. Wir werden allerdings auf den folgenden Seiten argumentieren, dass ein adäquates Verständnis der Funktionsweise einer Marktwirtschaft zeigt, dass viel mehr Handlungsalternativen zur Wahl stehen, als uns das neoliberale Narrativ glauben machen will.

Grundzüge einer neuen Ökonomik

Bei der globalen Auseinandersetzung der Ökonomen um die Deutungshoheit in wirtschaftlichen Fragen findet man sehr häufig die Unterscheidung in Angebots- und Nachfrageorientierung. Gleichgesetzt wird das meist mit der Charakterisierung, Angebotstheoretiker neigten dazu, sich zur Lösung wirtschaftlicher Probleme auf den Markt zu verlassen, während Nachfragetheoretiker (»Keynesianer«) stärker auf die Steuerung durch den Staat setzten.

Das suggeriert, die Nachfrageseite einer Volkswirtschaft sei eigentlich kein Marktphänomen, was aber offensichtlich falsch ist. Es ist sogar so, dass es a priori überhaupt keine Anhaltspunkte gibt, anhand derer man entscheiden könnte, was für volkswirtschaftliche Abläufe wichtiger ist: Angebot oder Nachfrage. Neoliberale haben sich einer ernsthaften Auseinandersetzung mit dieser Frage entzogen, indem sie »ein Gesetz« als »wahr« postulierten, das der französische Ökonom Jean Baptiste Say im 18. Jahrhundert verkündet hat: Das Angebot schafft sich seine Nachfrage. Das ist, wie vielfach gezeigt (Flassbeck 1982), nicht in jedem Fall falsch, aber das Gegenteil ist ebenso richtig: Die Nachfrage schafft sich ihr Angebot.

Auf diesem Wege kann man keine Lösung finden, selbst wenn man sie wirklich finden wollte. Ein solcher Versuch ist von vorneherein zum Scheitern verurteilt, da es im Kern nicht um Angebot oder Nachfrage geht, sondern um die Unterscheidung zwischen Systemen, in denen das gesamtwirtschaftliche Einkommen, wie bei der Neoklassik, vorgegeben ist, und solchen, bei denen es nicht vorgegeben ist. Theoretische Systeme, die letztere Position vertreten, werden üblicherweise mit dem Namen Keynesianismus belegt.

Es ist eine Sache, nämlich die Sache der Neoklassik, sich zu fragen, wie man ein vorhandenes Einkommen, einen vorhandenen Kuchen, am besten verteilt. Es ist aber eine vollkommen andere Sache, sich zu fragen, welche Bedingungen erfüllt sein müssen, damit ein hohes Einkommen entsteht (ein großer Kuchen gebacken wird) und wie man es weiter erhöhen kann. Es geht folglich um Statik und

Dynamik. Oder, wie Paul Davidson es ausgedrückt hat (Davidson 2011), es geht darum, ob man ein ergodisches oder ein nonergodisches System zum Forschungsgegenstand der Ökonomik macht, also ein System, dessen Bewegungsgesetze in der Zeit invariant sind, oder eines, das sich jederzeit ändern kann.

In nichtergodischen Systemen handeln die Menschen unter »objektiver Unsicherheit über die Zukunft«, wie es Keynes ausgedrückt hat, in ergodischen Systemen kennen sie die Verlaufseigenschaften, denen ihr eigenes Handeln unterliegt und spulen wie Roboter das einzige Programm ab, das sie zur Verfügung haben. Wer Ökonomik betreibt, muss sich von vorneherein entscheiden, ob er Roboter oder Menschen analysieren will. Sind es Menschen, muss man deren Handeln unter Unsicherheit zu verstehen versuchen und ihre begrenzte Einsicht in die Zusammenhänge, in denen sie agieren, mit in Rechnung stellen.

Nicht übersehen darf man zudem, dass es in der Marktwirtschaft »neben Zusammenhängen, die vom menschlichen Verhalten abhängen«, auch solche gibt, die selbst »dann unverändert bestehen bleiben würden, wenn die Menschen sich noch so ungewöhnlich verhielten« (Stützel 2011, S. 1 ff.). Die Zusammenhänge, die Wolfgang Stützel dabei im Sinn hat, sind der Tatsache geschuldet, dass Marktwirtschaften Geldwirtschaften sind. Für Geldwirtschaften aber gilt, dass es keine Einnahmen ohne Ausgaben geben kann. Aus diesem äußerst trivialen Zusammenhang folgt logisch, dass ein volkswirtschaftlicher Sektor mit Einnahmeüberschüssen zwingend einen anderen mit Einnahmedefiziten mit sich bringt. Wenn der Privatsektor, wie es in Deutschland der Fall ist, »spart«, also Überschüsse erzielt, dann muss der Staat und/oder das Ausland notwendigerweise Defizite »erleiden«. Solche Zusammenhänge werden unter dem Namen »Saldenmechanik« analysiert, und sie werden uns im Folgenden noch weiter beschäftigen.

Keynesianismus und Neoklassik als Antipoden?

Immer wieder begegnet man Menschen, die sich zwar kritisch mit der heute gelehrten Ökonomik auseinandersetzen, aber dennoch bezweifeln, dass es wirkliche Alternativen zur herrschenden Lehre der Neoklassik gibt. Man versteht zwar, dass die herrschende neoklassische Lehre nicht befriedigend erklären kann, was in der Wirtschaft geschieht, und sucht nach besseren Ansätzen. Doch der Keynesianismus, der als Alternative zur herrschenden Theorie naheliegend wäre, wird ebenfalls kritisch beäugt, da man vermutet, dass auch hier zu viele ideologische Elemente vorhanden sind, als dass man sich dieser Theorie anvertrauen könnte.

Es überwiegt folglich ein antipodisches Bild: hier die Neoklassik, bei der die Funktionen des Marktes dominant für die gesellschaftlichen Zusammenhänge sind und die sich in ihrer politischen Ausprägung weitgehend dem Markt anvertraut, dort der Keynesianismus, der Marktversagen in den Mittelpunkt seiner Analyse stellt und wirtschaftspolitisch auf den Staat baut. Was liegt da näher für einen kritischen Menschen, als zu sagen: Ich bin kritisch gegenüber allen überkommenen Positionen und halte folglich die gleiche Distanz zu beiden Schulen; vermutlich liegt die Wahrheit irgendwo in der Mitte.

Positionen, die zu diesem Weltbild der Antipoden scheinbar perfekt passen, gibt es zuhauf. Für die Neoklassiker müssen alle Preise flexibel auf Angebots- und Nachfrageveränderungen reagieren, soll die Marktwirtschaft funktionieren. Keynesianer dagegen neigen dazu, Modelle mit rigiden Löhnen und Preisen zu bauen und gerade bei den Löhnen die Rigidität als normal oder gar als wünschenswert zu verteidigen.

Weil das Bild von den Antipoden so offensichtlich richtig erscheint, sucht auch die Politik häufig die Mitte zwischen beiden oder noch ganz andere Lösungen, die berühmten »dritten Wege«. Doch das ist ein Irrtum. Es gibt weder eine Mitte noch etwas außerhalb dieser beiden »Extreme«, was man anstreben könnte, um mit einer kritischen Position unser Verständnis eines marktwirtschaftlichen Systems voranzubringen.

Das liegt daran, dass die oben genannten Aussagen zwar wie theoretische Antipoden klingen, in Wirklichkeit aber Ergebnisse ganz unterschiedlicher Aussagensysteme sind. Dabei ist aus unserer Sicht die Bereitschaft, makroökonomisch unbestreitbare Zusammenhänge, erkenntnislogische Notwendigkeiten und empirisch gesicherte Informationen in das Theoriesystem einzubauen, das entscheidende Charakteristikum, welches die beiden »Theorien« schon auf einer methodischen Ebene vollkommen unvergleichlich macht.

Sparen und Investieren als Wissenschaftsprogramm

Wir erreichen mit der Diskussion von Sparen und Investieren den zentralen Punkt der wissenschaftlichen und politischen Kontroverse, die seit nunmehr über achtzig Jahren der Wirtschaftslehre ihren Stempel aufdrückt und die Irrungen und Wirrungen der internationalen wie der nationalen Wirtschaftspolitik wie keine andere Frage bestimmt. Exakt an dieser Stelle scheiden sich die Geister. Und sie scheiden sich zu Recht, weil hier, bei der Frage, wie eine Marktwirtschaft gewissermaßen ihre eigene Zukunft bestimmt, die zentrale Schwäche des Wirtschaftsliberalismus zu lokalisieren ist. Genau auf diese Frage haben weder die Neoklassik, der Ordoliberalismus, die Österreichische Schule, der Monetarismus oder andere Spielarten des Wirtschafsliberalismus eine Antwort gefunden.

Es ist nun nicht so, dass wirtschaftsliberal argumentierende Ökonomen generell keine gesamtwirtschaftlichen Zusammenhänge berücksichtigen, also im weitesten Sinne Saldenmechanik verwenden. Erstaunlicherweise wird sie sogar so häufig verwendet, dass man sagen könnte, zu häufig, aber vor allem zu leichtfertig. Man verwendet die Saldenmechanik jedoch nur bei solchen Zusammenhängen, die scheinbar ohne Weiteres in das wirtschaftsliberale Aussagensystem passen. Das beste Beispiel dafür ist die immer wieder von der Neoklassik hervorgehobene Gleichheit von Sparen und Investieren. I = S ist fast zu einem Schlachtruf dafür geworden, dass die Marktkräfte immer das Richtige tun und man sich darauf verlassen kann.

Was aber bedeutet diese »Gleichung« wirklich? Sparen gleich Investieren ist richtig in dem Sinne, dass man im

Nachhinein immer feststellen wird, dass die Teile des Einkommens, die nicht konsumiert wurden, investiert wurden. Das ist so, weil es einfach nur diese beiden Kategorien von Ausgaben für die Welt als Ganzes gibt. Das Entscheidende aber wird dabei ausgeblendet: Auf welche Weise sind die Sparpläne im Ablauf der Zeit mit den Investitionsplänen in Übereinstimmung gelangt und, das Wichtigste, wie hat sich in diesem Prozess das Gesamteinkommen verändert? Darüber sagt der unbestreitbare Zusammenhang absolut nichts aus.

Bei der Suche nach der Lösung für dieses Problem wird sich jedoch ein neoklassischer Ökonom ganz anders verhalten, als das ein empirisch arbeitender Sozialwissenschaftler tun würde. Ein Sozialwissenschaftler, der nicht a priori glaubt, dass Marktprozesse zu einem Gleichgewicht führen (oder Gleichgewichte nicht für relevant hält), wird sich fragen, auf welche Weise, durch welche Abfolgen von Ereignissen also, das Einkommen einer Volkswirtschaft entsteht. Er weiß zwar, dass beide ex post gleich sein müssen, aber das darf ihn nicht daran hindern, sich Gedanken darüber zu machen, welche Prozesse für die Entstehung des Einkommens verantwortlich sind und welche Rolle das Sparen und das Investieren der privaten und der öffentlichen Haushalte sowie der Unternehmen dabei spielen.

Ein neoklassischer Ökonom geht ganz anders vor. Er sucht von vorneherein einen Marktprozess, der das Bedürfnis der privaten Haushalte nach Vorsorge durch Sparen in Übereinstimmung bringt mit den Investitionen der Unternehmen. Folglich sucht er nach einem Preis, der auch bei sich ändernden Wünschen der privaten Haushalte nach individueller Vorsorge die entsprechende Anpassung der Investitionspläne der Unternehmen garantieren kann. Hat er einen solchen Marktprozess und den Preis gefunden, ist für ihn das Problem erledigt, weil der Markt ja für alle Zeiten dafür sorgen wird, dass S und I gleich sind. Als der entscheidende Preis in diesem Markt für Ersparnisse und Kapital wurde der Zins »identifiziert«, der dann sinkt, wenn die Haushalte mehr sparen, und auf diese Weise die Unternehmen zu mehr Investitionen anregt.

Wie sich das Einkommen der Volkswirtschaft, das ist immerhin die Größe, auf die sich alles wirtschaftliche Handeln richtet, dabei entwickelt, ist für die Neoklassik kaum von Belang, denn die Einkommensentwicklung als solche (der Wachstumspfad) ist in dem ergodischen System vorgegeben (vom technischen Fortschritt und anderen Gegebenheiten), und für alle anderen Anpassungen ist der Kapitalmarkt zuständig.

Dass man für eine sinnvolle wirtschaftliche Entwicklung den Staat brauchen könnte, ist für einen neoklassischen Ökonomen ein vollkommen abwegiger Gedanke. Ein Biologe, der im tiefsten Dschungel nach symbiotischen Beziehungen von Ameisen und Laubfröschen sucht, käme ja auch nicht auf die Idee, die Rolle des Menschen dabei zu problematisieren. Die »natürliche Ordnung« ist nun einmal eine, die ganz ohne den Staat auskommt, und deswegen kann es einfach keine Lösung eines Problems geben, die ein Eingreifen des Staates verlangt.

Ist die natürliche Ordnung gefunden, in unserem Fall der alles regelnde Kapitalmarkt, gibt es keine Notwendigkeit, die Bewegungsgesetze des Systems weiter zu erforschen. Was nun noch schieflaufen kann, ist einzig die Beschränkung der Freiheit des Kapitalmarktes durch staatliche Eingriffe, wodurch die Preisflexibilität eingeschränkt und damit der Markt daran gehindert wird, jederzeit eine effiziente Umsetzung der Sparwünsche in Investitionen zu gewährleisten.

Ob es diesen behaupteten Kapitalmarkt-Zins-Mechanismus unter realistischen Bedingungen überhaupt geben kann oder ob er in einer Zeichengeldwirtschaft ohne den Staat möglich ist, das sind Fragen, die sich die Neoklassik niemals stellt. Aber sie stellt solche Fragen auch deswegen nicht, weil sie darauf gar keine Antworten finden will. Alles ist ja nur darauf ausgerichtet, die Möglichkeit einer Lösung über ein Marktsystem zu finden (oder besser gesagt, zu erfinden).

Man kann es heute nur als großen strategischer Fehler des Keynesianismus ansehen, die Neoklassik als satisfaktionsfähigen wissenschaftlichen Counterpart akzeptiert zu haben, statt sie von Anfang an als ein normatives Gebilde zu charakterisieren, das keinem sinnvollen gesellschaftlichen Zweck dient. Eine Wissenschaft kann die Auseinandersetzung mit einer Kunstlehre mit starkem ideologischen Überbau nie gewinnen, weil es der Kunstlehre nicht darauf ankommt, wissenschaftliche Fortschritte zu machen, sondern ihre Position um jeden Preis – auch um den Preis der Inkonsistenz und der Ignoranz gegenüber empirischen Ergebnissen übrigens – zu verteidigen. Die »allgemeine Theorie«, die Keynes versucht hat aufzustellen, war nicht deswegen allgemein, weil die Neoklassik ein Sonderfall der ökonomischen Theorie ist, sondern weil sie a priori als ein normatives Gebilde verstanden werden muss.

Wer entscheidet über das Sparen und das Investieren?

Neoklassiker sehen bei der Umwandlung von Sparen in Investieren ersteres in der Führungsrolle, weil freie Konsumenten jederzeit darüber entscheiden können, ob sie ihr Einkommen heute ausgeben oder lieber zurücklegen, also sparen, um es dann später auszugeben. Das ist für die Neoklassik ein absolut zentraler Zusammenhang, weil sich hier die Freiheit des Individuums, über sein eigenes Schicksal zu entscheiden, wie nirgendwo anders bündelt. Konsumieren oder Investieren (Sparen) ist die wichtigste Entscheidung, die das selbstbestimmte Individuum trifft, und sie determiniert in der Logik der Neoklassik das Schicksal der Nation.

Man hat genau diese Entscheidung daher in den vergangenen vierzig Jahren auch methodisch zum Kern der Ökonomik und zugleich zum Kriterium für Wissenschaftlichkeit gemacht. »Mikrofundierung« hieß das Zauberwort, dem sich weltweit alle Ökonomen beugen mussten, die in wissenschaftlichen Journalen veröffentlichen wollten. Nur wer seinem Modell die Annahme zugrunde legte, dass die privaten Haushalte mit ihrer Sparentscheidung rational und nach ihren Wünschen über die Zukunft der gesamten Volkswirtschaft entscheiden, der konnte für sich beanspruchen, wissenschaftlich zu arbeiten, und darauf hoffen, mit der Aufnahme einer akademischen Karriere seinen Lebensunterhalt bestreiten zu können.

Üblicherweise wird zum Beleg der neoklassischen These ein Zinsmechanismus angeführt, der die vermehrte Ersparnis in Investitionen umsetzen soll. Die Ersparnis stellt in dieser Sicht kein Problem für Wachstum und Vollbeschäftigung dar, weil sie unmittelbar Investitionen induziert. Zwar würden bei einer sparbedingt geringeren Konsumnachfrage Arbeitnehmer in den Konsumgüterindustrien freigesetzt, das vermehrte Angebot an Sparkapital aber drücke den Zins, und das stimuliere Investitionen, die nicht nur die ausgefallene Konsumnachfrage ausglichen, sondern auch das Wachstumspotenzial für die Zukunft erhöhten. Man brauche dafür allerdings flexible Preise und Löhne.

Diese Argumentation ist falsch, weil sie die gesamtwirtschaftlichen Wirkungen des Sparversuchs eines Sektors unvollständig oder gar nicht erfasst. Spart nämlich ein Sektor in der Volkswirtschaft, fällt unmittelbar die Nachfrage für die anderen Sektoren aus. Wenn die privaten Haushalte weniger konsumieren, sinken bei den Unternehmen Umsätze sowie Gewinne, und der Staat verzeichnet geringere Einnahmen. Daraufhin investieren die Unternehmen weniger, was auch beim Investitionsgütersektor negativ zu Buche schlägt und wieder den Staat trifft. Der Staat gibt, will er sich nicht zusätzlich verschulden, ebenfalls weniger aus, was die Nachfrage bei den Unternehmen entweder direkt reduziert, wenn der Staat seine Rolle als Investor zurückfährt, oder indirekt, wenn der Staat Transfereinkommen verringert und die Nachfrage der privaten Haushalte drückt.

Diesem Nachfrageausfall steht aber kein steigendes Kapitalangebot gegenüber, das für sinkende Zinsen sorgen könnte. Warum? Weil die Sparversuche der einen die Einkommen der anderen reduzieren. Versuchen die privaten Haushalte und der Staat zu sparen, dann sinken zunächst die Gewinne, das heißt das Einkommen der Unternehmen. Halten diese (was bei sinkender Auslastung der Kapazitäten allerdings unwahrscheinlich ist) an ihren bisherigen Investitionsplänen fest, können sie das dafür notwendige Kapital jetzt nur noch zu einem Teil aus dem Gewinn aufbringen – das unternehmensinterne Kapitalangebot ist ja gesunken. Sie müssten also für die gleiche Investitionstätigkeit bei den Banken mehr Kapital nachfragen wie in dem Fall ohne zusätzliche Ersparnis. Was die Sparer mehr gespart haben, trifft folglich auf eine höhere Kapitalnachfrage. Der Effekt auf den Zins ist null: Er kann nicht sinken, und deshalb steigen die Investitionen nicht. Folglich gibt es keinen automatischen Nachfrageersatz für die geringere Konsumnachfrage.

Doch die Wirkung der Sparbemühungen ist tatsächlich viel schlimmer. Denn das Szenario gleichbleibender Investitionen im Falle erhöhter Sparanstrengungen ist vollkommen unrealistisch. Warum sollten die Unternehmen bei gesunkener Nachfrage nach ihren Produkten genauso viel investieren wollen wie vorher? Sie werden weniger investieren und weniger Kapital nachfragen, weil ihre Kapazitätsauslastung geringer ist und sie möglicherweise Verluste machen. Das könnte zwar dazu führen, dass die Zinsen doch sinken. Das wäre dann aber die Folge der geringeren Investitionstätigkeit und erzeugte keinen positiven Impuls für mehr Investitionen. Wahrscheinlich käme es daher gleichzeitig zu niedrigeren Zinsen und sinkenden Investitionen.

Das ist der Fall, der die Zentralbank auf den Plan ruft, die mit ihrer Liquidität dafür sorgt, dass die Zinsen noch weiter sinken, also einen echten Impuls darstellen. Manchmal wirkt so ein Impuls, manchmal nicht. Derzeit haben die Zentralbanken in der ganzen Welt die Zinsen auf nahe null geschleust, doch die Investitionstätigkeit springt nicht an. In einer solchen Situation kann der gesamte Mechanismus, den sich der Neoklassiker vorstellt, ohnehin nicht zum Zuge kommen, selbst wenn das Argument eines positiven Impulses sinkender Zinsen durch mehr Sparen richtig wäre.

Auch die Bedeutung flexibler Preise und Löhne wird falsch eingeschätzt. Man sagt zum Beispiel, der Wirtschaftseinbruch in Südeuropa sei nicht Folge der Austeritätspolitik, sondern Ergebnis der Tatsache, dass die positive Wirkung des Zinsmechanismus durch rigide Löhne und immobile Arbeitskräfte konterkariert werde (vgl. Mayer 2013). Das ist – empirisch wie theoretisch – ein erstaunliches Argument. Empirisch, weil es gerade in den Ländern besonders schlecht geht, in denen die Lohnstückkosten seit 2010 absolut sinken. Ausgerechnet die Länder, in denen die Löhne nicht absolut gesunken sind, nämlich Frankreich und Italien, schnitten in Sachen Rezession nicht ganz so schlecht ab wie die anderen. Wie kann man da ausgerechnet starre Löhne und Preise für die Rezessionen verantwortlich machen?

Die naheliegende Erklärung für den Misserfolg der Austeritätspolitik ist, dass die Lohnsenkung unmittelbar die Binnennachfrage einbrechen lässt. Weil es auf der Nachfrageseite der Privaten kein Halten mehr gibt in dem Abwärtsstrudel, greift die Geldpolitik in den Krisenländern mit ihren Zinsanregungen nicht mehr. Die einen investieren mangels Nachfrage nicht, und die anderen bekommen kein Geld von den Banken. Die Sparanstrengungen verschärfen nicht deshalb die Krise, weil sie auf rigide Preise und Löhne treffen, sondern weil ihre ohnehin negative Wirkung auf die Wirtschaft durch die Anpassung von Preisen und Löhnen nach unten ins Desaströse potenziert wird.

Warum fällt es den Anhängern der Neoklassik so schwer anzuerkennen, dass der Zins nicht die ihm von ihnen zugeschriebene Funktion erfüllen kann? Das liegt einfach daran, dass die Neoklassiker sich schlicht geweigert haben, den Prozess zu beschreiben, der nach einer Sparanstrengung einer Rückkehr zum Gleichgewicht zugrunde liegen könnte. Man argumentiert einfach nach dem Motto: Es gibt einen (*ex post*) gegebenen Endpunkt des Prozesses, zu dem Ersparnis und Investition gleich groß sind, und der muss das Gleichgewicht sein. Es gibt einen Preis (den Zins) auf einem hoch effizienten Markt (dem Kapitalmarkt), und wir können beobachten, dass die Unternehmen in der Regel investieren. Folglich gibt es gar keinen Grund, sich Gedanken darüber zu machen, ob und wie der Prozess im Einzelnen abläuft.

Das worauf es ankommt, nämlich ob in diesem Prozess das Gesamtergebnis von S = I zustande kommt, weil der Zins die erwartete Rolle spielt, oder ob etwas ganz anderes passiert, wird einfach ausgeblendet, weil es ja nicht sein kann, dass der Kapitalmarkt seine Aufgabe nicht effizient erfüllt. Die andere Größe aber, die Sparen und Investieren wieder (*ex post*) zusammenbringt, auch wenn der Zinsmechanismus total versagt, ist das gesamtwirtschaftliche Einkommen. Gibt es Sparpläne von Seiten der privaten Haushalte und des Staates, die größer sind als die Investitionspläne der Unternehmen, dann sinkt das Einkommen, weil Ressourcen ungenutzt liegen geblieben sind bzw. Güter auf Halde produziert werden, was den Unternehmen das Signal sendet, ihre Investitionstätigkeit noch weiter zurückzufahren und Arbeitskräfte zu entlassen.

Der Staat beispielsweise hatte vor, seine Verschuldung im Verhältnis zu dem ursprünglich erwarteten Einkommen gering zu halten, doch der unerwartete Rückgang des Einkommens sorgt nun dafür, dass die Verschuldung des Staates höher ist, nämlich in Relation zu dem jetzt tatsächlich realisierten geringeren Einkommen. Auch die Verschuldung der Unternehmen wird vermutlich höher ausfallen, weil sie unerwartete Verluste machen. Die privaten Haushalte werden feststellen, dass ihre Ersparnis höher ist als erwartet, nämlich auch wieder in Relation zu dem geringeren Einkommen. Wieder ist Sparen gleich Investieren, aber alle sind ärmer geworden (und einige arbeitslos), weil der Mechanismus, der den Wunsch, mehr als vorher zu sparen, in höhere Investitionen hätte umwandeln sollen, nicht funktioniert hat.

Blendet man die Veränderung des Einkommens in diesem dynamischen Prozess von vorneherein aus der Betrachtung aus, wie es viele Neoklassiker machen, kann man schlicht nicht verstehen, was in der Realität passiert, und man kann natürlich auch keine vernünftigen wirtschaftspolitischen Ratschläge geben. Sagt man, der Staat dürfe auf keinen Fall zulassen, dass seine Verschuldung in diesem Prozess in Relation zum Einkommen steigt, sagt man nichts anderes, als dass die Sparpläne während der beginnenden Rezession noch einmal nach oben korrigiert werden sollen, ohne dass man sicher ist, dass die Investitionspläne in die gleiche Richtung, nämlich nach oben, gehen. Tun sie es nicht, weil sich für die Unternehmen die Lage ja dauernd verschlechtert, verstärkt der Staat mit seinem Sparversuch die Rezession sowie den Gesamtverlust an Einkommen und an Arbeitsplätzen.

In der derzeitigen globalen Lage ist es so, dass auch eine von den Zentralbanken weltweit initiierte massive Zinssenkung nicht ausreicht, die pessimistischen Erwartungen der Unternehmen hinsichtlich ihrer zukünftigen Geschäftsaussichten auszugleichen. Nicht einmal Nullzinsen veranlassen sie zum Investieren. Selbst wenn es so wäre, wie manche sagen, nämlich dass die Unternehmen vorher viel zu viel investiert haben (was man für die Mehrzahl der Länder sowieso ausschließen kann), müsste man doch zur Kenntnis nehmen, dass selbst ein in extremer Weise von den Zentralbanken forcierter Zinssenkungsprozess über Jahrzehnte (wie in Japan) scheitern kann. Das müsste eigentlich den Glauben, ein allein dem Markt überlassener Zinssenkungsprozess reiche in jedem Fall zur Stabilisierung der Wirtschaft aus, tief erschüttern. Dann aber noch dem Staat zu empfehlen, er könne auch in dieser Situation seine Sparversuche ruhig weiter vorantreiben, ist hanebüchen und unverantwortlich.

Das Ergebnis der großen Kontroverse zwischen der Neoklassik und dem Keynesianismus ist folglich einfach: Ersparnisse erschweren das Geschäft der Unternehmen. Das Sparparadox gilt, und deswegen ist Austerität falsch und gefährlich. Das erkennt man allerdings nur, wenn man die Mikroebene verlässt und makroökonomische Zusammenhänge in die Analyse einbezieht. Wer die Marktwirtschaft zu verstehen versucht, aus ideologischen Gründen jedoch einer echten gesamtwirtschaftlichen Betrachtung fernbleibt, wird die realen Abläufe nie erklären und zum Positiven wenden können. Die Neoklassik ist eine ungeeignete theoretische Basis für die Wirtschaftspolitik, weil bei ihr Gewinne von Unternehmen als Finanzierungsquelle gar nicht vorkommen, sondern nur – im langfristigen Wettbewerbsgleichgewicht – eine Art »Pseudogewinn« in Höhe der Zinsen.

Die Leistungsbilanz und das Sparen der Nationen

Auch bei dem außenwirtschaftlichen Pendant zum binnenwirtschaftlichen Sparen, dem Überschuss eines Landes in seiner Leistungsbilanz, gehen die Positionen scheinbar in exakt die entgegengesetzten Richtungen. Die Neoklassiker betonen die Bedeutung der Kapitalströme für das Entstehen solcher Salden. Auch hier steht die autonome Entscheidung der Konsumenten, mehr oder weniger zu sparen, im Vordergrund. Konsequente Keynesianer sehen es auch hier wieder gerade andersherum: Die Kapitalströme passen sich den Güterströmen an, die unter anderem von der Wettbewerbsfähigkeit eines Landes (im Kern der Unter- oder Überbewertung seiner Währung) determiniert sind.

Betrachten wir das derzeit politisch wichtigste Beispiel, die Leistungsbilanzsalden einiger großer Volkswirtschaften und ihre Ursachen. Man braucht hier ein klares Verständnis der relevanten Zusammenhänge, um zu vernünftigen Schlussfolgerungen zu gelangen. Die sogenannte Saldenmechanik (also ein logisch unbestreitbarer gesamtwirtschaftlicher Zusammenhang) ist dabei unumgänglich, aber sie reicht niemals aus, die wirklich entscheidende Frage zu beantworten, nämlich die nach Ursache und Wirkung.

Selbst Ökonomen, die als relativ aufgeklärt gelten, sind häufig nicht in der Lage, die Erkenntnislogik der Saldenmechanik von der »echter« theoretischer Aussagen abzugrenzen. Jeffrey Sachs, Martin Wolf und Barry Eichengreen beispielsweise unterstützen die These von Hans-Werner Sinn, wonach es für die Entstehung von Leistungsbilanzsalden auf die »Sparneigung« einer Volkswirtschaft ankommt, also hohe Sparneigung gleich Leistungsbilanzüberschuss und umgekehrt (Wolf 2017, Sachs 2017, Eichengreen 2017).

Das heißt offensichtlich, dass Volkswirtschaften mit einer hohen Sparneigung unter ihren Verhältnissen leben, also mehr einnehmen, als sie ausgeben, während Volkswirtschaften mit Leistungsbilanzdefiziten über ihren Verhältnissen leben, weil sie mehr ausgeben, als sie einnehmen. Barry Eichengreen etwa sagt in einem Beitrag zu den deutschen Leistungsbilanzüberschüssen Folgendes:

> In der realen Welt liegt die Erklärung für den deutschen Leistungsbilanzüberschuss nicht darin, dass es seine Währung manipuliert oder Importe benachteiligt, sondern darin, dass es mehr spart, als es investiert. Der Zusammenhang zwischen Sparen minus Investitionen auf der einen Seite und Exporten minus Importen auf der anderen Seite ist keine ökonomische Theorie, es ist eine buchhalterische Identität. Deutschland gibt kollektiv weniger aus, als es produziert, und die Differenz zeigt sich notwendigerweise als Nettoexport. (Eichengreen 2017, Übersetzung der Verfasser)

Das belegt, dass selbst ein weltweit hoch angesehener Wirtschaftshistoriker eine Identität als inhaltliche Aussage interpretiert und offensichtlich nicht versteht, dass es ein flexibles gesamtwirtschaftliches Einkommen gibt, dessen alles entscheidende Bewegung hinter den Identitäten steht. Der gesamte Kern der keynesianischen Revolution in der ökonomischen Theorie ist hier vollkommen missverstanden worden.

Auch die Deutsche Bundesbank läuft in diese Falle. Einerseits kann sie nicht umhin, unbestreitbare gesamtwirtschaftliche Zusammenhänge anzuerkennen, aber gleichzeitig will sie die neoliberale Agenda auf keinen Fall infrage stellen. Offensichtlich ist das bei der Kommentierung der Entwicklung der deutschen Leistungsbilanzüberschüsse und deren Gegenposten in den sogenannten deutschen Ersparnissalden.

In einer Sonderveröffentlichung zu den Finanzierungssalden der Sektoren in Deutschland aus dem vergangenen Jahr heißt es vollkommen richtig:

> Das System der doppelten Buchführung in der Finanzierungsrechnung resultiert aus den Gläubiger-Schuldner-Beziehungen. Allen Forderungen stehen daher gleichermaßen Verbindlichkeiten gegenüber, gegliedert nach Instrumenten und Sektoren und jeweils nach Transaktionen und Beständen unterteilt: Das Geldvermögen des einen sind die Geldschulden des anderen. Hieraus ergibt sich eine notwendige Widerspruchsfreiheit der Daten, die Summen der jeweiligen Bilanzpositionen von Instrumenten und Sektoren müssen in ihren Werten übereinstimmen. Die notwendige Forderung nach Konsistenz gilt für das Ergebnis der Finanzierungsrechnung ebenso wie für die verwendeten Quellen und deren Verfahren, und sie zu gewährleisten ist eine besondere Herausforderung. (Deutsche Bundesbank 2017c)

Daraus folgt jedoch, dass der Inhalt des folgenden Absatzes aus der gleichen Veröffentlichung falsch ist:

> Der Leistungsbilanzüberschuss Deutschlands kann auch aus dem Blickwinkel der Investitions- und Sparentscheidungen der inländischen Wirtschaftssubjekte analysiert werden. Denn der gesamtwirtschaftliche Finanzierungssaldo, der weitgehend dem Leistungsbilanzsaldo entspricht, ergibt sich im Kontenrahmen der Volkswirtschaftlichen Gesamtrechnungen aus der Differenz von Ersparnis und Investitionen. [...] Gemäß dieser Betrachtungsweise ist der Leistungsbilanzüberschuss 2016 nicht weiter gestiegen, weil die gesamtwirtschaftliche Ersparnis, die in den beiden Jahren zuvor stark

zugenommen hatte, relativ zum BIP ein wenig eingeschränkt wurde. Dies glich den Rückgang der Investitionsquote weitgehend aus.

Die Tatsache, dass es eine Identität von inländischem Geldvermögensaufbau auf der einen Seite und einer zunehmenden Schuldnerposition des Auslandes gibt, schafft keine Berechtigung, diese Salden aus dem Blickwinkel der Sparentscheidungen der inländischen Wirtschaftssubjekte zu betrachten.

Da, wie die Bundesbank selbst anerkannt hat, die Entscheidung der Banken, Kredite an in- oder ausländische Kreditnehmer zu vergeben, nicht von dem Vorhandensein von Ersparnissen oder von inländischen Sparentscheidungen abhängt, gibt es auch keine Möglichkeit, via »Sparentscheidungen« die inländische Kreditvergabe zu erklären. Die ausländische Kreditvergabe, um die es bei einem Leistungsbilanzüberschuss eigentlich geht, hat nun überhaupt nichts mit den Sparentscheidungen der Inländer zu tun.

Die Bundesbank macht sich hier in ungerechtfertigter Weise eine Konvention dieser Rechnungen zunutze, in denen üblicherweise der inländische Saldo als »Ersparnis« bezeichnet wird, obwohl, wie die Bundesbank genau weiß, das nichts mit der in die Zukunft gerichteten Entscheidung der privaten Haushalte oder der Unternehmen zu tun hat, von einem »gegebenen« Einkommen mehr oder weniger zurückzulegen. Es gibt nämlich in Wirklichkeit kein »gegebenes« Einkommen, sondern es gibt immer Unsicherheit bezüglich des in einer bestimmten Periode erzielbaren Einkommens, was natürlich in besonderem Maße für die Unternehmen gilt.

Dass die Bundesbank das weiß, zeigt sie an einer anderen Stelle, wo sie, wiederum vollkommen richtig, das Folgende schreibt:

> Damit die Unternehmen die Produktionskapazitäten deutlich ausweiten, sind günstige Zinskonditionen für sich genommen nicht ausreichend. Relevant für Investitionsentscheidungen sind vielmehr Renditeerwartungen auf Basis der konjunkturellen Aussichten sowie der längerfristigen Absatzperspektiven. (Deutsche Bundesbank 2017a)

Entscheidend für die Investitions- und Sparentscheidungen der Unternehmen ist folglich die Nachfrageerwartung, also eine (unsichere) Einschätzung der Einkommensentwicklung der Nachfrager (der privaten Haushalte) und ihrer Sparneigung. Je weniger die Einkommen der privaten Haushalte steigen und je höher ihre Sparneigung, umso geringer die Nachfrage bei den Unternehmen und damit deren Nachfrage nach Investitionsgütern. Wenn das so ist, dann ist aber auch richtig, dass das Sparen an sich, also die Entscheidung der privaten Haushalte (und der Unternehmen), von ihren Einnahmen einen Teil zurückzubehalten, für die Investitionstätigkeit eine Belastung darstellt. Ohne autonome Investitionstätigkeit der Unternehmen, also ohne eine Investitionstätigkeit, die unabhängig ist von der Nachfrage der privaten Haushalte (die also sozusagen vom Himmel fällt), bedeutet jeder Versuch eines Sektors, weniger auszugeben, als er einnimmt, eine Behinderung der Investitionstätigkeit.

Mit ihrem Eingeständnis, dass nicht die Zinsen, sondern die Nachfrage entscheidend für die Investitionstätigkeit ist, widerlegt die Bundesbank unmittelbar ihre eigene Auffassung, wonach es Sparentscheidungen sein könnten, die für die Investitionstätigkeit verantwortlich sind. Denn diese Sparentscheidungen können ja – nach neoklassischer Auffassung – nur über den Zins die Investitionstätigkeit beeinflussen. Sind aber die Zinsen prinzipiell nicht geeignet, das zu bewerkstelligen, und sind selbst von der Notenbank massiv (künstlich!) gedrückte Zinsen nicht hinreichend, um die Investitionstätigkeit zu beleben, sind die Konsequenzen klar. Dann ist es schlicht unmöglich, dass es die Sparentscheidungen sind, die bei der Belebung der Investitionstätigkeit (der Verschuldung im Inland) und bei der Verschuldung des Auslandes, also bei der Entstehung von Leistungsbilanzüberschüssen, eine Rolle spielen.

Gerade wegen der unbestreitbaren Identitäten der Saldenmechanik muss man in einem solchen Fall folgende Frage stellen: Wenn es schon definitionsgemäß richtig ist, dass Volkswirtschaften, die Überschüsse aufweisen, mehr einnehmen, als sie ausgeben, und wenn man dieses Verhalten »Sparen« nennt, dann hat die Aussage, Volkswirtschaften, die sparen, haben Überschüsse, und diejenigen, die nicht sparen, haben Defizite, keinen Inhalt. Denn diese Aussage ist ja nicht mehr als die Wiederholung der saldenmechanischen Logik unter der Verwendung des Wortes »Sparen«. Folglich ist die Aussage (und jede Empirie, die sich darauf stützt) inhaltlich vollkommen leer. Dagegen kann man »als Keynesianer« auf der gleichen logischen Ebene allerdings nur sagen, Volkwirtschaften, die mehr exportieren, als sie importieren, haben Überschüsse und umgekehrt.

Diese Aussage würde freilich als Trivialität abgetan, während die erste, neoklassische Aussage immer wieder als eine inhaltliche Aussage verwendet und anerkannt wird, obwohl sie exakt genau den gleichen Inhalt hat wie die zweite. Nämlich keinen Inhalt außer der Wiedergabe einer

Definition. Offensichtlich wird mit dem Wort »Sparen« die Fiktion eines Verhaltens der privaten und öffentlichen Haushalte geschaffen, das man glaubt, aus der Saldenmechanik ablesen zu können. Das oben genannte Sparen hat aber nichts mit dem konkreten Verhalten von irgendwelchen Akteuren zu tun.

Preisverhältnisse im internationalen Zusammenhang

Das könnte man leicht überprüfen, indem man sich fragt, wie denn, mikroökonomisch fundiert, das Sparverhalten der verschiedenen Länder auf der globalen Ebene in Übereinstimmung gebracht werden kann. Schließlich wissen wir wieder ganz genau aus der Saldenmechanik (und dem gesunden Menschenverstand!), dass es für die Welt insgesamt keine Möglichkeit gibt, in dem oben genannten Sinne zu sparen, also weniger auszugeben, als einzunehmen. Das Sparen der Welt insgesamt ist immer genau gleich null.

Das hat eine eindeutige und fatale Konsequenz für die Mikrofundierung der ökonomischen Aussagensysteme. Denn hätten alle Länder der Welt den Wunsch, Sparer zu sein, um auf diese Weise für die Zukunft vorzusorgen (so wie das in Deutschland ja mit vollem Ernst als Grund für die Überschüsse vorgetragen wird), müssten wir ihnen aufgrund unserer Fähigkeit, logisch zu denken, mitteilen, dass das leider unmöglich ist. Alle Eichhörnchen dieser Welt können zwar Nüsse zurücklegen, alle Länder können auf diese Weise jedoch nicht für die Zukunft vorsorgen. Damit ist die Mikrofundierung an einer entscheidenden Stelle ad absurdum geführt. Wir brauchen für eine korrekte ökonomische Analyse eine Makrofundierung offenbar viel dringender als eine Mikrofundierung. Aber auch die Antipoden fallen in sich zusammen, denn die Neoklassik erweist sich hier als schlicht inkonsistent und dazu kann es, wiederum aus logischen Gründen, von vorneherein keinen Antipoden geben.

Haben alle Länder der Welt gleichartige Sparpläne, also zum Beispiel den Wunsch, mehr zu sparen, um für die Zukunft vorzusorgen, muss es einen oder mehrere Mechanismen geben, die dafür sorgen, dass diese inkonsistenten Sparpläne in Übereinstimmung mit der logischen Notwendigkeit gebracht werden, für die gesamte Welt eine absolut ausgeglichene Leistungsbilanz herzustellen. Hier ist eine entscheidende logische Kategorie zur Kenntnis zu nehmen. Der Kampf um Leistungsbilanzüberschüsse ist (anders als der gesamte Handel) für alle Länder der Welt ein Nullsummenspiel. Einige Länder müssen sich also zwingend von der Vorstellung verabschieden, Leistungsbilanzüberschüsse zu bilden. Doch wie bringt man sie – gegen ihren erklärten Willen – dazu?

Die Neoklassik hat darauf keine Antwort. Sie ignoriert das offensichtliche Problem und scheidet damit schon in diesem frühen Stadium aus dem Rennen der ernst zu nehmenden Wirtschaftstheorien aus, weil die von den Sparplänen gelenkten Kapitalströme keinen Nullsummencharakter haben. Aber auch die Ansätze vieler Keynesianer haben an dieser Stelle statt einer logisch zwingenden Erklärung eine große oder mehrere kleine Lücken. Man erörtert viele verschiedene Faktoren, die zu Leistungsbilanzsalden führen können, wie etwa Änderungen der *Terms of Trade*, Unterschiede in den Wachstumsraten der Länder und eine unterschiedliche Wettbewerbsfähigkeit von

Ländern, die sich in einer Unter- oder Überbewertung von Währungen niederschlägt.

Doch selbst wenn die Wachstumsraten aller Länder gleich wären, müsste es immer noch einen Mechanismus geben, der den Leistungsbilanzsaldo für die Welt auf null bringt. Das kann, und das ist wiederum logisch zwingend, nur ein Mechanismus sein, der selbst Nullsummencharakter besitzt, also immer dem einen nimmt, was er dem anderen gibt. Die beiden wichtigsten Mechanismen dieser Art sind die Veränderungen der *Terms of Trade*, also Veränderungen der Einfuhr- zu den Ausfuhrpreisen und, nah verwandt, aber nicht gleich, Veränderungen der Ausfuhrpreise (ausgedrückt in internationaler Währung) zueinander, also das, was man reale Wechselkursänderungen (also Veränderungen der Wettbewerbsfähigkeit von Ländern) nennt.

Das heißt nichts anderes, als dass bei einer konsequenten Analyse immer nur Preisverhältnisse für Leistungsbilanzsalden verantwortlich sein können. Die Veränderungen dieser Preisverhältnisse können bei Veränderungen der *Terms of Trade* reale Veränderungen der Knappheit (von Rohstoffen vor allem) widerspiegeln, die alle Länder bereit sind hinzunehmen. Bei realen Wechselkursänderungen gibt es solche realen Hintergründe jedoch nicht. Hier spiegeln die Preisänderungen nicht Präferenzen oder Vorlieben von Ländern wider, sondern beschreiben einen Prozess, der den Konflikt zwischen gleichartigen Wünschen der Länder in irgendeiner Weise regelt. Wie das geschieht und ob das rational oder chaotisch geschieht, ist eine vollkommen offene Frage.

Die einzige Antwort, die von der Wirtschaftstheorie für die Festlegung realer Wechselkursänderungen gegeben werden kann, ist denkbar einfach: Da bei den internationalen Beziehungen keine »Wünsche« denkbar sind, die ein Land gegenüber anderen einfach durchsetzt, bzw. keine Forderungen, die ein Land gegenüber anderen mit irgendeiner Legitimation stellen kann, ist die einzige Regel, auf die sich voneinander unabhängige und gleichberechtigte Staaten einigen können, die, dass sich die realen Wechselkurse und die Wettbewerbsverhältnisse zwischen den Ländern überhaupt nicht ändern sollen. Das beinhaltet zugleich eine wunderbare Mikrofundierung, weil sich nur unter diesen Bedingungen der Wettbewerb zwischen den Unternehmen auf der globalen Ebene so abspielt wie innerhalb der Nationalstaaten (Flassbeck 1988).

Konstante reale Wechselkurse

Bei Geltung einer solchen Regel müssen die (nominalen) Wechselkursänderungen die Inflationsdifferenzen zwischen den Ländern genau ausgleichen. Geschieht das, ist von Seiten der internationalen Ordnung all das getan, was man erwarten kann, um den Prozess des Ausgleichs der Leistungsbilanzsalden so konfliktarm wie möglich zu gestalten. Das war und ist der vollkommen richtige und unbestreitbare Kern der Idee, die hinter dem globalen Währungssystem von Bretton Woods stand. Und es war dieser Kern, der jenseits der konkreten Ausgestaltung des damaligen Systems eindeutig von John Maynard Keynes stammte.

Die Akzeptanz dieser Regel hat enorme Konsequenzen für das Zusammenleben der Nationen. Sie unterbindet nämlich von vorneherein jeden Versuch, einen Wettbewerb der Nationalstaaten untereinander in Gang zu setzen. Jedes Land wird sozusagen jederzeit auf seine eigenen Verhältnisse zurückgeworfen. Man kann sich anstrengen, um seine Produktivität zu erhöhen, man muss die Erfolge aber nutzen, um die Einkommen im Inland zu erhöhen, weil eine Unterbewertungsstrategie ausgeschlossen ist. Preissenkungen, die bei höherer Produktivität und konstanten Nominallöhnen ermöglicht würden, könnten infolge einer Aufwertung der Währung nicht auf die internationale Wettbewerbsfähigkeit durchschlagen.

Auf die Verhältnisse einer Währungsunion oder fester Wechselkurse übertragen heißt das, dass kein Land mithilfe geringerer Lohnsteigerungen eine Unterbewertungsstrategie versuchen darf. Folglich müssen die Löhne jederzeit mit der nationalen Produktivität und dem gemeinsamen Inflationsziel steigen. Ohne diese Mindestnorm rationalen Verhaltens der einzelnen Mitgliedsstaaten kann eine Währungsunion oder ein System fester Wechselkurse niemals funktionieren. Dass Deutschland im Rahmen der EWU von Anfang an dagegen verstoßen hat, muss man nicht mehr erwähnen. Diese Überlegungen zeigen aber, wie fragwürdig, ja unsinnig es ist, mit allen möglichen Argumenten ein Verhalten zu rechtfertigen, das jede friedliche Zusammenarbeit zwischen den Nationalstaaten ausschließt.

Aus diesen Überlegungen folgt zudem, dass die monetäre Kooperation zwischen Nationalstaaten, die miteinander Handel treiben wollen, unumgänglich ist. Die einfachste Form der Kooperation wäre es, wenn man den Kurs von Währungen einem Devisenmarkt überlassen könnte, der jederzeit den richtigen Wechselkurs findet, also für eine Konstanz der realen Wechselkurse sorgt. Doch diesen Devisenmarkt gibt es nicht, wie wir im nächsten Teil zeigen werden. Daher geht an einer institutionellen Regelung für die Bestimmung der Wechselkurse, also an zwischenstaatlicher Kooperation, gerade in der globalisierten Wirtschaft kein Weg vorbei, wenn man diese Minimalvoraussetzung für sinnvollen internationalen Handel erfüllen will.

Wie fest die Kurse in einem System prinzipiell fester Wechselkurse sind, entscheidet sich danach, wie sehr die Mitgliedsländer bereit sind, das Prinzip des konstanten realen Wechselkurses auch ohne nominale Wechselkursänderungen anzuerkennen. Wie weit sie also bereit und in der Lage sind, eine Koordination der nationalen Lohnpolitiken zu betreiben. Ist die Fähigkeit oder Neigung dazu wenig ausgeprägt, muss man dafür sorgen, dass sich die Währungsrelationen möglichst frühzeitig und reibungslos an die entstehenden Inflationsdifferenzen anpassen (UNCTAD 2009, Kap. IV).

III. Der Neoliberalismus als Regression

Als Ende der siebziger Jahre des vergangenen Jahrhunderts der Neoliberalismus seinen Siegeszug begann, glaubten viele, nun werde es über viele Jahrzehnte kein anderes Dogma mehr geben als das einer von den staatlichen Fesseln befreiten Wirtschaft, die sich dynamisch und angetrieben von unternehmerischer Investitionstätigkeit keine Chance entgehen lässt, die wirtschaftlichen Potenziale aller Staaten auszunutzen und zu erhöhen. Doch es ist ganz anders gekommen.

Nicht nur, dass unzählige Krisen den befreiten Wirtschaftskörper erschütterten und immer wieder um viele Jahre zurückgeworfen haben, nein, es hat auch langfristige Veränderungen gegeben, die keineswegs unmittelbar ins Paradies der freien Unternehmerschaft führen, sondern das System als solches infrage stellen. Die Wichtigste ist das, was heute üblicherweise unter dem Stichwort Ungleichheit behandelt wird, also die Tatsache, dass viele Menschen systematisch abgehängt werden und das entsteht, was Keynes einst »poverty in the midst of plenty« nannte.

Die Bedeutung dieser Tatsache kann man gar nicht überschätzen. Der Historiker und Publizist Sebastian Haffner schreibt in seinem 1987 erschienenen Buch *Von Bismarck zu Hitler* folgende bemerkenswerte Sätze:

> Zwar hatte man damals [gemeint ist die Kaiserzeit um die Jahrhundertwende] noch nicht die große Entdeckung späterer Zeiten gemacht, daß die Arbeiter nicht nur einen Kostenfaktor darstellen, sondern auch eine Konsumentenmasse, und daß es daher im Interes-

> se der Industrie liegt, nach einigen Scheinkämpfen mit den Gewerkschaften immer wieder höhere Löhne zuzugestehen. Wohl aber war es so, daß Arbeitskräfte knapper wurden, daß die Gewerkschaften anfingen, eine gewisse Rolle zu spielen, und daß die Arbeitgeber von dem alten »ehernen Lohngesetz«, so niedrige Löhne wie möglich zu zahlen, langsam abkamen oder abgebracht wurden. Das bedeutete einen gewissen sozialen Frieden, und dieser soziale Friede wirkte sich eben auch politisch aus, und zwar hauptsächlich in der Entwicklung der deutschen Sozialdemokratie. (Haffner 1987, S. 85)

Und etwas später schreibt er: »Allen Klassen ging es ständig besser.« (Haffner 1987, S. 88; den Hinweis verdanken wir Friederike Spiecker.)

Das heißt, der Historiker versteht zum einen, dass die Teilhabe der Menschen am Fortschritt des Kapitalismus über höhere Löhne eine der Grundvoraussetzungen dafür ist, dass es sozialen Frieden und damit auch eine florierende Sozialdemokratie gibt. Noch wichtiger aber ist seine klare Aussage über die »große Entdeckung« der Arbeiter als »Konsumentenmasse«, der man höhere Löhne genau deswegen zugesteht, weil es im ureigenen Interesse der Industrie liegt. Insofern muss man den Neoliberalismus, der Mitte der siebziger Jahre antrat, um die Arbeitsmärkte zu flexibilisieren und damit den Unternehmern die Möglichkeit zu bieten, genau das nicht zu tun, als wirkliche Regression bezeichnen. Als einen Rückschritt der Erkenntnis ins 19. Jahrhundert, als ein pathologisches Zurückfallen in die eigene Kindheit.

Darunter leidet die Weltwirtschaft mehr als unter jeder anderen Entwicklung. Nur ein radikales Umdenken in Bezug auf die Funktionsweise des »Arbeitsmarktes« sowie die Ursachen und Folgen der »Ungleichheit«, wie wir es in den folgenden Abschnitten vorstellen, kann diese große Regression überwinden.

In der westlichen Welt ist den Unternehmen seit Mitte der siebziger Jahre der Großteil der wirtschaftlichen Macht in die Hände gefallen. Die Regierungen der meisten Staaten haben angesichts der gewaltigen Aufgabe, die Folgen von Ölpreisexplosionen, Inflation und Arbeitslosigkeit zu bewältigen, quasi kapituliert und es den global agierenden Unternehmen überlassen, nach Lösungen zu suchen. Margaret Thatcher, Ronald Reagan und Helmut Kohl, die Anfang der achtziger Jahre in drei wichtigen Ländern das Ruder übernahmen, waren beseelt von den Ideen eines Friedrich August von Hayek, die alle darauf hinauslaufen, den staatlichen Einfluss zurückzudrängen, den »Märkten« das Heft des Handelns in die Hand zu geben und ihnen die Führung der Weltwirtschaft zu überlassen.

Doch warum fiel es den neoliberalen Konterrevolutionären so leicht, die damals noch existierenden keynesianischen Bastionen im Sturm zu erobern? Die Erklärung dafür liegt genau da, wo die Konterrevolution begann, nämlich in den unbewältigten und nicht verstandenen Ereignissen dieser Jahre. Abbildung 6 zeigt, dass in diesem Jahrzehnt zwei Phänomene auftraten, deren Verbindung dem neoklassisch-monetaristischen Paradigma unglaublich viel Wasser auf die Mühlen spülte. Zunächst stieg nämlich in allen wichtigen Industrieländern die Lohnquote, weil die Gewerkschaften angesichts der fast überall erreichten Vollbeschäftigung nach den Ölpreisexplosionen in die Vollen gingen und Lohnzuwachsraten im zweistelligen Bereich durchsetzen konnten.

Mit einiger Verzögerung stieg dann, wie die Abbildung 6 zeigt, die Arbeitslosigkeit in der gesamten westlichen

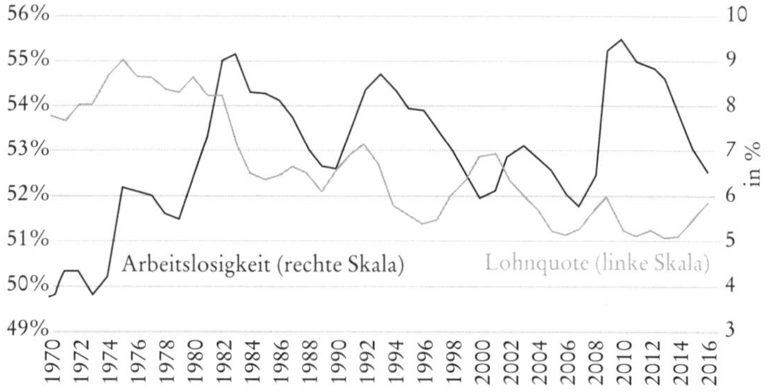

[1] Arbeitslosigkeitsrate in % der erwerbsfähigen Bevölkerung
[2] Arbeitnehmervergütung in % des nominalen BIP
[3] BIP gewichtete Durchschnittszahlen für Deutschland, Frankreich, Italien, Spanien, Großbritannien, Schweden, Dänemark, Finnland, USA und Kanada

Quelle: Ameco

Abb. 6: Arbeitslosigkeit[1] und Lohnentwicklung[2] in den westlichen Industrieländern[3]

Welt. Was lag näher, als den eigentlich schon überwunden geglaubten neoklassischen Glauben über den Zusammenhang zwischen Reallohn und der Arbeitslosigkeit aus den Vitrinen zu holen und mit dieser scheinbar unabweisbaren Evidenz, den Keynesianismus in die Flucht zu schlagen?

Der Zusammenhang zwischen der Lohnhöhe und der Arbeitslosenrate sieht zwar eindeutig aus, ist es allerdings keineswegs. Zusammen mit den hohen Lohnzuwächsen (vgl. Flassbeck, Horn & Zwiener 1989) und den hohen Ölpreisen erreichte auch die Inflation ungeahnte Werte. Darauf reagierte die Geldpolitik weltweit mit Zinserhöhungen, setzte also auf den ursprünglichen negativen Nachfrageschock der Ölpreiserhöhungen einen zweiten, der zu einem Zusammenbruch der Investitionstätigkeit führte. Das spricht dafür, dass es ein ganz anderer Nexus war (ein nachfrageseitig-keynesianischer nämlich), der hier zum Zuge kam und die Arbeitslosigkeit in die Höhe schnellen ließ. Der neoklassische Nexus hatte allerdings eine einfache und scheinbar unschlagbare Evidenz auf seiner Seite.

Daher spielten solche Feinheiten in den sich anbahnenden ideologischen Kämpfen zwischen den Verteidigern auf der Nachfrageseite und den Angreifern auf der Angebotsseite keine Rolle mehr. Zu offensichtlich war das Versagen des »Keynesianismus«, mit dem neuen Phänomen der Stagflation, also der Kombination von Stagnation und Inflation, umzugehen, das große Teile der siebziger und achtziger Jahre prägte. Der Sieg der Angreifer von der Angebotsseite war ein totaler, und die Nachfrageseite blieb extrem geschwächt auf der Strecke.

Zwar waren die folgenden Jahrzehnte beileibe keine Erfolgsgeschichte, aber es gelang dem Mainstream immerhin, die Geschichte der »Great Moderation« zu erfinden, mit der sich die Ökonomen selbst vorgaukelten, dass die zwei Jahrzehnte zwischen dem Beginn der Achtziger und dem Ende des Jahrhunderts sehr erfolgreich gewesen seien, weil es weder große Krisen noch große Spannungen zwischen Inflation und Arbeitslosigkeit gegeben habe.

Als 2008/09 die Totenglocke für diese Verklärungsgeschichten läutete, hätte man erwartet, dass genügend Keynesianer bereitstehen, um die neoklassische Lehre endgültig in den Orkus der Geschichte zu werfen. Doch weit gefehlt. Der Monetarismus, also die Hoffnung auf eine technokratische Steuerung des Geldsystems war zwar mittlerweile untergegangen, aber selbst das offensichtliche Versagen der Orthodoxie, den dramatischen Anstieg der Arbeitslosigkeit und die darauffolgende Deflation zu erklären, hat die Keynesianer nicht aus ihrem Dornröschenschlaf wecken können. Hinzu kam, dass ihnen das politische Momentum fehlte, da sich in fast allen Ländern die Sozialdemokratie, getrieben von einer extremen und irrationalen Schuldenphobie, vollständig vom Keynesianismus losgesagt hatte.

So wurde einfach übersehen, was die obige Abbildung in aller Klarheit zeigt: In der Krise von 2008/09 stieg die Arbeitslosigkeit auf den höchsten Stand seit dem Zweiten Weltkrieg, obwohl die Lohnquote bei Ausbruch der Krise nicht hoch, sondern niedrig war, niedriger sogar als jemals seit dem Zweiten Weltkrieg. Trifft aber steigende Arbeitslosigkeit auf ohnehin niedrige Löhne, kann das Ergebnis nur sein, dass die Löhne noch weniger steigen als zuvor, weil sich die Machtverhältnisse auf dem Arbeitsmarkt wiederum zugunsten der Arbeitgeber verschieben. Die Folge ist Deflation oder zumindest eine deflationäre Tendenz, wie man sie nach 2008 fast auf der ganzen Welt beobachten kann.

Der akademische Keynesianismus hat diese eindeutige Evidenz verpasst, um Punkte gutzumachen. Er hat es versäumt zu zeigen, dass wachsende Arbeitslosigkeit, die mit niedrigen Lohnsteigerungen und einer sehr niedrigen Lohnquote einhergeht, die neoklassische Idee von der Funktionsweise des Arbeitsmarktes widerlegt. Und er hat es versäumt, darauf hinzuweisen, dass die Neoklassik und andere wirtschaftsliberalen Theorien, die des Monetarismus, der effizienten Finanzmärkte und des Verständnisses des Arbeitsmarktes beraubt sind, keinen Anspruch mehr erheben können, wirtschaftspolitisch relevante Aussagen zu machen.

Slim pickings

Die *Financial Times* brachte vor einiger Zeit ein großartiges Stück darüber, wie sich in den USA ein konjunktureller Aufschwung in höheren Löhnen niederschlägt – oder eben auch nicht (Politi 2014). Die FT schildert den Fall eines Geschäftes, das in den vergangenen Monaten die Löhne seiner Angestellten erhöht hatte, weil die Eigentümer der Ansicht waren, dass »da draußen weniger Leute wären, aus denen man welche auswählen könnte«, und sie daher fürchteten, Personal zu verlieren.

An anderer Stelle berichtet die Zeitung von einer »staffing and recruiting company« in Charlottesville, deren Gründerin sagt, sie »sehe keine große Nachfrage nach höheren Löhnen«, sondern es gebe immer noch »eine Menge Leute, die dankbar sind, wenn sie einen Job bekommen«.

Und Jason Furman, der Vorsitzende des Council of Economic Advisers (also des ökonomischen Sachverständigenrates des Präsidenten), sagte, die »eigenen Löhne zu erhöhen«, sei die größte Herausforderung für viele Amerikaner. Insgesamt steigen in den USA auch sieben Jahre nach Ende der Finanzkrise und der konjunkturellen Verwerfungen, die sie mit sich brachte, die nominalen amerikanischen Löhne um kaum mehr als zwei Prozent, was real nahezu eine Stagnation bedeutet.

Natürlich, werfen an dieser Stelle die professionellen Ökonomen ein, es ist doch klar, dass man bei hoher Arbeitslosigkeit keine kräftigen Lohnerhöhungen durchsetzen kann. Erst wenn sich die Konjunktur gefangen hat und die Nachfrage nach Arbeitskräften wieder stärker wird, kann der amerikanische Angestellte seinem Chef glaubwürdig drohen, dass er abwandert, wenn die Löhne nicht schleunigst erhöht werden. Allerdings geht das dann auch wieder nicht so leicht, weil, wie die FT zu Recht anmerkt, bei starken Lohnerhöhungen sofort die amerikanische Zentralbank zur Stelle ist, die eine Welle von Lohnerhöhungen rasch brechen muss, weil die »Löhne wiederum sehr eng mit der Inflation verbunden sind«.

Ob in einem solchen Arbeitsmarkt die Arbeitnehmer – selbst unter normalen konjunkturellen Umständen – auf ihre Kosten (also in realer Rechnung mit den Lohnzuwächsen auf die Produktivitätszuwächse) kommen, ist eine absolut offene Frage. Ob die Reallöhne in der Aufschwungphase genügend stark oder genügend lange steigen, um die Verluste der Abschwungphase auszugleichen, hängt von so vielen Faktoren ab, dass es keinerlei Garantie für eine symmetrische Verteilung von Reallohngewinnen und -verlusten im Konjunkturzyklus gibt.

Vieles spricht dagegen, dass das gelingt, weil beispielsweise die Notenbanken dazu neigen, bei Lohnsteigerungen, die über die Produktivität und die Zielinflationsrate hinausgehen (was sie unter Umständen müssten, um die Reallohnverluste der Rezession wieder aufzuholen), sofort die Zinsen zu erhöhen und den Aufschwung so frühzeitig abzubrechen. Man braucht aber in einer Wirtschaft wie der amerikanischen oder der europäischen (also in großen geschlossenen Volkswirtschaften mit geringer Handelsverflechtung) Reallohnzuwächse in Höhe der Produktivitätszuwächse, um die Kapazitäten der Wirtschaft über den Konjunkturzyklus hinweg auszulasten.

Das eigentliche Problem bei dieser Geschichte aber ist, dass die konjunkturellen Umstände keineswegs normal sind. Niemand ist offenbar bereit, zur Kenntnis zu nehmen, dass gerade die jüngste Arbeitslosigkeit (also die, die nach der Finanzkrise entstand) überhaupt nichts mit hohen Löhnen und einer von den Löhnen ausgehenden Inflationsgefahr zu tun hatte. Im Gegenteil, das Platzen einer gewaltigen Finanzblase hat die Arbeitslosigkeit steigen lassen, obwohl die Lohnquote (also der Anteil der Löhne am Gesamteinkommen) gering war und es vorher schon zu einer großen Ungleichheit bei der Verteilung der Einkommen gekommen war.

Wenn so etwas geschieht, ist der davon ausgehende Druck auf die Löhne schlicht kontraproduktiv. Er destabilisiert die Wirtschaft, weil die Binnennachfrage nicht in Gang kommt. Die aber braucht man, um die Arbeitslosigkeit abzubauen. Damit tut der Arbeitsmarkt genau das Gegenteil dessen, was notwendig ist, um die Wirtschaft wieder auf einen Pfad zu bringen, bei dem neue Jobs entstehen können. Druck auf die Löhne vermindert die Beschäftigung und die Chancen, neue Jobs zu schaffen.

Was auch von allzu vielen Keynesianern nicht begriffen wird: Die Anerkenntnis der Tatsache, dass die Löhne die Preise bestimmen (»wages are tightly linked to inflation«), schließt eine neoklassische Funktionsweise des Arbeitsmarktes aus, bei dem die Reallöhne die Beschäftigung determinieren. Doch man fürchtet nichts mehr, als dass die traditionelle Vorstellung vom Arbeitsmarkt infrage gestellt wird.

Die Ungleichheit jedoch, die große gesellschaftliche Herausforderung unserer Zeit, kann nur von Seiten des Arbeitsmarktes her verstanden werden. Die entscheidende Frage ist, in welcher Weise die Machtverhältnisse am »Arbeitsmarkt« die Entwicklung der Einkommen prägen, wie man das politisch verhindern kann und warum man es aus wirtschaftlichen Gründen verhindern muss.

Eugen von Böhm-Bawerk und die Macht des Marktes

Der Kern der neoklassischen Erzählung vom »Arbeitsmarkt« als einem Markt wie jeder andere Markt hat eine lange Geschichte. Bedeutend war dabei ohne Zweifel ein langer Aufsatz von Eugen von Böhm-Bawerk, einem der Begründer der sogenannten Österreichischen Schule, der sich immerhin bemüht hat, den Machtaspekt zu berücksichtigen. Im Jahr 1962, zu einer Zeit also, als es noch eine relevante Volkswirtschaftslehre in Deutschland gab, widmete auch der Verein für Sozialpolitik diesem Thema eine Jahrestagung und mehrere Aufsätze.

Der ursprüngliche Streit, man kann das zum Beispiel in dem Aufsatz von Wilhelm Krelle auf der damaligen Tagung des Vereins nachlesen, drehte sich um die Frage, ob der Lohn der Arbeit vor allem das Ergebnis der bestehenden Machtverhältnisse ist oder dem ökonomischen Gesetz gehorcht, also anonym auf einem funktionierenden Markt von Angebot und Nachfrage bestimmt wird. Böhm-Bawerk, der sich auf die Grenzproduktivitätstheorie beruft und dem ökonomischen Gesetz die Oberhand zuschreibt, sollte später zum »Sieger« in dieser Debatte erklärt werden. Das ist er auch noch heute, jedenfalls dann, wenn man die herrschende Lehre in der Ökonomik zum Maßstab nimmt.

Mittlerweile wissen wir jedoch viel mehr über die Problematik des Arbeitsmarktes, insbesondere über die gesamtwirtschaftliche Rückkopplung der Lohnhöhe auf die Güternachfrage und damit auf die Beschäftigung, als die Ökonomen des 19. Jahrhunderts. Wir könnten genau wissen, dass Angebot und Nachfrage am Arbeitsmarkt nicht unabhängig voneinander sind und daher die Annahme voneinander unabhängige Angebots- und Nachfragefunktionen vollkommen in die Irre leitet. Das aber wird systematisch und bewusst ignoriert. Deswegen ist es sinnvoll, die Problematik noch einmal anhand der jüngsten Entwicklungen im Detail aufzugreifen und zu durchleuchten.

Die zunehmende Ungleichheit bringt die herrschende Lehre in Verlegenheit, weil bei einem Machtgleichgewicht am Arbeitsmarkt auch in ihrem Modell nur schwer zu verstehen ist, warum die Ungleichheit zunimmt. Deswegen braucht man immer externe Faktoren, die erklären sollen, was eigentlich nicht zu erklären ist.

Vor einiger Zeit brachte der österreichische *Standard* einen langen Artikel zu der Frage, warum der Anteil der Löhne an den gesamten Einkommen gesunken ist (Moser 2016). Wie immer bei solchen Zeitungsbeiträgen gab es dabei richtige Aspekte, etwa die veränderten Machtstrukturen (eine entsprechende Studie der österreichischen Arbeitskammer wird angeführt). »Zum Ausgleich« werden in einem solchen Medium dann aber natürlich auch Gesichtspunkte ins Spiel gebracht, die nicht auf Machtverschiebungen abstellen, sondern auf die veränderte Technologie oder die Globalisierung. Wie fast immer, wenn es um Themen geht, die für den Zeitgeist der herrschenden Lehre kritisch sind, endet man als Zeitungsleser am Ende im Nirgendwo, weil es keine überzeugende und durchargumentierte Position gibt.

Auch in dem im Jahr 2016 erschienenen Gutachten des Sachverständigenrates (Bofinger et al. 2016) kann man das Technologieargument wiederfinden. In Ziffer 819 heißt es: »Der Anstieg der Lohnungleichheit im Zeitraum zwischen den Jahren 1999 und 2005 in der oberen Hälfte der Lohnverteilung wird nicht zuletzt durch technologischen Fortschritt erklärt, der hochqualifizierte Arbeitnehmer überproportional bessergestellt hat als geringqualifizierte Arbeitnehmer.«

Es ist sicher für die Vertreter der herrschenden Lehre sehr angenehm, wenn sie Gründe finden, die – wie Technologie und Globalisierung – scheinbar objektiv dafür sorgen, dass sich die Ungleichheit vergrößert, weil man so kritische Fragen abwehren und den Markt als den Finder des richtigen Lohnes verteidigen kann.

Der empirische Befund

Zunächst muss man konstatieren, dass es trotz vieler verschiedener Befunde über die Entwicklung der Verteilung in Deutschland einen weitgehenden Konsens darüber gibt, dass sich die Verteilung in den vergangenen zwei Jahrzehnten zulasten der Arbeitnehmer verschlechtert hat und dass die unteren Einkommen besonders stark zurückgefallen sind. Wir haben zur Beschreibung der funktionalen Verteilung, also der Verteilung der Einkommen zwischen Arbeit und Kapital, immer die sogenannte Reallohnposition verwendet, das heißt das Zurückbleiben der Reallöhne pro Stunde hinter der Produktivität pro Stunde (Abbildung 7).

Hier ist die Reallohnposition invertiert, ein Anstieg be-

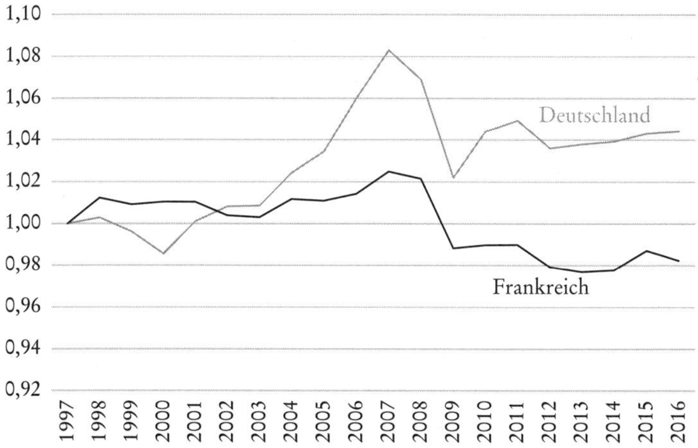

[1] reales Bruttoinlandsprodukt in nationaler Währung je Erwerbstätigenstunde geteilt durch Bruttoeinkommen aus unselbstständiger Arbeit preisbereinigt mit BIP-Deflator, pro geleistete Arbeitsstunde der Beschäftigten

Quelle: Ameco, OECD

Abb. 7: Reallohnposition[1] (investiert)

deutet eine Verbesserung für die Kapitalseite. Wie nicht anders zu erwarten, verbessert sich die Verteilung seit Beginn des Jahrhunderts – ganz anders als in Frankreich – extrem stark zugunsten des Kapitals. Danach, in der globalen Rezession, gewinnen die Arbeitnehmer kurzzeitig, mit dem Aufschwung, der folgt, gibt es jedoch erneut einen erheblichen Verteilungsgewinn für die Arbeitgeberseite.

Fast genau den gleichen Befund erhält man, wenn man die Einkommensentwicklung zwischen den verschiedenen Einkommensgruppen betrachtet (Abbildung 8). Der

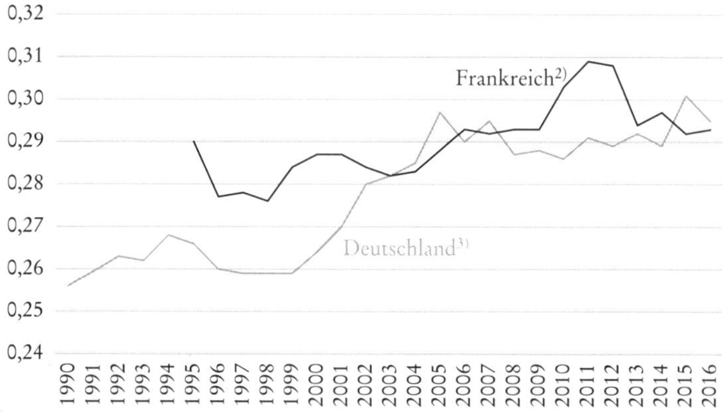

[1] Verfügbares Einkommen nach Steuer und Transferzahlungen. Der Gini-Koeffizient basiert auf dem Vergleich von kumulierten Bevölkerungsteilen und kumulierten Anteilen der Einkommen dieser. Der Koeffizient reicht von 0 (vollständige Gleichheit) bis 1 (vollständige Ungleichheit).
[2] Werte gem. OECD außer 1995, 2015 & 2016: Eurostat
[3] Werte gem. OECD außer 2015 & 2016: Eurostat

Quelle: OECD, Eurostat

Abb. 8: Gini-Koeffizient[1]

als Maß besonders häufig verwendete Gini-Koeffizient beschreibt hier für Deutschland einen ähnlichen Verlauf. Die Verteilungsposition der unteren Einkommen verschlechterte sich dabei vor allem zwischen 2000 und 2005. Auch hier sind die Veränderungen in Frankreich wesentlich geringer. Frankreich wies allerdings schon Mitte der neunziger Jahre ein höheres Niveau bei diesem Einkommensverteilungsmaß, also größere Ungleichheit, aus.

In der öffentlichen Diskussion wird angesichts dieses Befundes gerne, insbesondere aus neoliberalen Kreisen wie dem Sachverständigenrat, darauf verwiesen, dass sich die Verhältnisse seit 2005 nicht mehr entscheidend verändert haben. Doch was will man damit sagen? Trotz gesunkener Arbeitslosigkeit in Deutschland, trotz massiver sekundärer Verteilungsänderungen (also über den Staat) zugunsten der Unternehmen, hat sich die Verteilung seit 2005 nicht oder kaum mehr verschlechtert. Sie ist also so extrem einseitig geblieben, wie sie in den ersten Jahren des Jahrhunderts unter politischem Druck gemacht worden ist.

Daran, dass sie gemacht worden ist, kann kein Zweifel bestehen. Es ist kein Zufall, dass sich die funktionale und die personelle Verteilung ganz ähnlich entwickeln. Beides ist die Folge massiver staatlicher Eingriffe in die Machtverhältnisse am Arbeitsmarkt und damit in die Verteilung der Einkommen. Man fragt sich, warum so viele Beobachter immer noch diesen Befund bestreiten oder doch relativieren. Es war ja das erklärte Ziel der staatlichen Anstrengungen, die Verteilung zu ändern. Man wollte mehr Ungleichheit, und man hat sie bekommen.

Wieso sollten all die Versuche, die Verteilung zugunsten der Unternehmen und der Wohlhabenden zu ändern, gescheitert sein? Der Staat halbierte in den vergangenen zwanzig Jahren in Deutschland die Steuern für die Unternehmen, schaffte Substanzsteuern wie die Vermögenssteuer und die Kapitalertragssteuer ab, gleichzeitig liefen die Unternehmensgewinne gut, weil der Exportkanal offenstand. Es entstand ein gewaltiger Billiglohnsektor, die soziale Unterstützung wurde drastisch reduziert. Es ist vollkommen klar, dass sich die Verteilung zugunsten der Arbeitgeber und der Wohlhabenden oder der Besserverdienenden im Allgemeinen änderte. Warum sollte man das relativieren? Man muss allerdings fragen, ob es sinn-

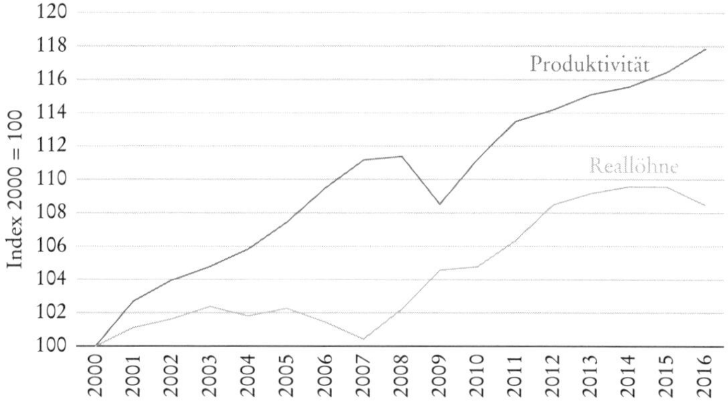

[1] Bruttoeinkommen aus unselbstständiger Arbeit preisbereinigt mit BIP-Deflator, pro geleistete Arbeitsstunde der Beschäftigten, 2000 = 100; Wert für 2016 der durchschnittl. geleisteten Arbeitsstunden der Beschäftigten: eigene Schätzung
[2] reales Bruttoinlandsprodukt in nationaler Währung je Erwerbstätigenstunde, 2000 = 100

Quelle: Ameco, OECD

Abb. 9: Reallöhne[1] und Produktivität[2] in Deutschland

voll war und was man tun kann, um die Verhältnisse wieder zu normalisieren.

Es gibt keine individuelle Produktivität

Als Eugen von Böhm-Bawerk seinen berühmten Aufsatz über Macht und ökonomisches Gesetz schrieb, konnte er vermutlich nicht ahnen, wie klar man später aufgrund der empirischen Ergebnisse würde zeigen können, dass seine Auffassung unhaltbar ist. Abbildungen 9 und 10 veran-

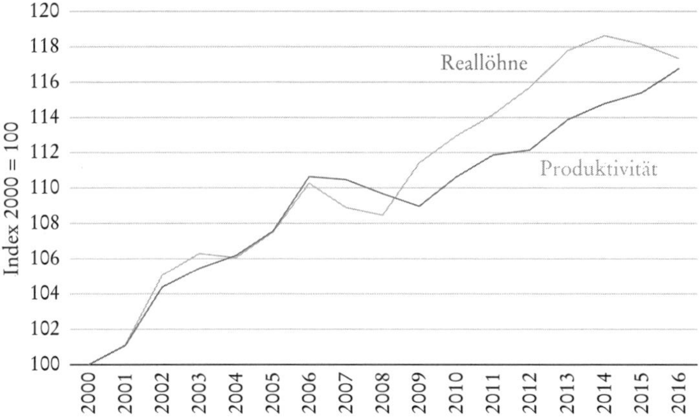

1) Bruttoeinkommen aus unselbstständiger Arbeit preisbereinigt mit BIP-Deflator, pro geleistete Arbeitsstunde der Beschäftigten, 2000 = 100; Wert für 2016 der durchschnittl. geleisteten Arbeitsstunden der Beschäftigten: eigene Schätzung

2) reales Bruttoinlandsprodukt in nationaler Währung je Erwerbstätigenstunde, 2000 = 100

Quelle: Ameco, OECD

Abb. 10: Reallöhne[1] und Produktivität[2] in Frankreich

schaulichen noch einmal die Entwicklung von Reallöhnen und Produktivität pro Stunde in Deutschland und Frankreich seit dem Start der Europäischen Währungsunion.

Offenbar hat man in Deutschland (bei etwa gleich hoher Arbeitslosigkeit zu Beginn des Jahrhunderts in beiden Ländern) mit politischer Macht durchgesetzt, dass die Reallöhne nicht wie in Frankreich der Produktivität gefolgt sind. Und, wie könnte es anders sein, dabei sind auch viele Löhne in Deutschland unter der Grenzproduktivität des Arbeitsplatzes (also der Produktivität, die der zuletzt eingestellte Arbeiter noch erbringt) geblieben, also unterhalb dessen, was nach neoklassischer Auffassung der Markt jedem Einzelnen als Lohn zuweist. Die Grenzproduktivität stellte also gerade keine Grenze dar, die von der Politik (unter Einsatz von Macht) nicht zu unterbieten gewesen wäre.

Eugen von Böhm-Bawerk beschrieb das »ökonomische Gesetz« folgendermaßen:

> Nach der Schulformel, die die nach der modernen Theorie des Grenznutzens orientierte Lohntheorie für die Lohnhöhe bei beiderseitiger freier und vollwirksamer Konkurrenz entwickelt, sollte die Lohnhöhe bestimmt werden durch die »Grenzproduktivität der Arbeit«; das will sagen, durch den Wert des Produktes, welches der »letzte«, entbehrlichste Arbeiter der Branche seinem Unternehmer noch einbringt. Der Lohn würde nicht mehr ausmachen können, weil sonst der Unternehmer aus der Anstellung des »letzten« Arbeiters keinen Vorteil, sondern Verlust hätte und daher vorziehen würde, seine Arbeiterzahl um einen Kopf zu verringern; der Lohn würde aber unter der Voraussetzung einer vollwirksamen beiderseitigen Konkurrenz auch nicht wesentlich niedriger sein können, weil sonst auch noch die Anstellung des letzten Arbeiters mit einem merklichen Extragewinn verknüpft wäre und, solange das der Fall ist, ein Antrieb zu einer noch weiteren Ausdehnung der Unternehmungen, zur Anstellung noch weiterer Arbeiter gegeben wäre, welcher Antrieb bei vollwirksamer Konkurrenz der Unternehmung auch ausgenützt würde und nicht verfehlen könnte, die bestehende Marge zwischen dem Wert des Grenzprodukts und dem Arbeitslohn von zwei Seiten her aufzuzehren: durch eine Erhöhung des Arbeitslohnes infolge der Nachfrage nach mehr Arbeitern und durch eine leise Senkung des Wertes des Produktzuwachses durch ein gesteigertes Angebot der in noch größerer Menge produzierten Ware. Diese Momente würden, ganz rein und störungslos ausgeprägt, die Lohnhöhe nicht nur »einengen«, sondern wegen der Nähe der eingrenzenden Schranken geradezu bestimmen; z.B. mit dem Betrag von 5K 50h [Kronen/Heller] für den Arbeitstag fixieren. (Böhm-Bawerk 1914, S. 225f.)

Bemerkenswert ist zunächst, dass er gleich mehrfach schreibt, die Voraussetzung für diesen Prozess sei *beiderseitige freie und vollwirksame Konkurrenz.* Damit ist natürlich ein erheblicher Teil des realen Machtproblems von vorneherein ausgeklammert, denn ob und in welcher Weise es vollwirksame Konkurrenz unter den Anbietern und den Nachfragern von Arbeit gibt, hängt vor allem von der Beschäftigungssituation in einer Volkswirtschaft ab, aber auch von der sozialen Absicherung der Arbeitnehmer im Fall von Arbeitslosigkeit.

Bei Unterbeschäftigung und offener Arbeitslosigkeit, und das ist das Regime, das die Welt zum weitaus größten Teil kennzeichnet, gibt es offenbar die vollwirksame Konkurrenz der Arbeitnehmer nicht, weil alle Unternehmen auch Arbeitskräfte bekommen, die bereit sind, für einen geringeren Lohn zu arbeiten, als es dem fiktiven Grenzprodukt entspricht, wenn die Alternative dazu Arbeitslosigkeit bei einer geringen sozialen Absicherung und nicht ein anderer Job ist. Je geringer die soziale Absicherung, umso unwirksamer ist die Wirkung der Konkurrenz.

Doch Böhm-Bawerks Position ist sogar dann auch mikroökonomisch unhaltbar, wenn man Vollbeschäftigung unterstellt. Selbst auf der Ebene der Mikroökonomie gibt es so etwas wie »die Grenzproduktivität« in der Regel nicht. Bei absolut standardisierten Vorgängen am Fließband mag man wissen, um wie viel die Produktionskosten genau steigen, wenn man eine zusätzliche Arbeitskraft einsetzt. Bei der überwiegenden Mehrzahl der Tätigkeiten weiß man das nicht. Ganz zu schweigen von der Frage, ob man die produzierten Produkte auch absetzen kann, denn nur dann ist die Arbeit, die für deren Produktion eingesetzt wurde, ja wirklich produktiv.

In den größten Bereichen der Volkswirtschaft, etwa bei den Dienstleistungen einschließlich der produktionsnahen Dienstleistungen, kann der Unternehmer bei der Einstellung eines Arbeiters oder eines Angestellten nicht abschätzen, wie viel er dadurch zusätzlich verdienen kann. Deswegen hat er gar keine Wahl: Er zahlt den marktüblichen Lohn, wenn Vollbeschäftigung herrscht, und versucht, darunter zu bleiben, wenn er wegen Arbeitslosigkeit in einer günstigen Verhandlungsposition ist. Er setzt den Arbeitnehmer da ein, wo er ihn gerade gebrauchen kann. Er mag im Laufe der Zeit auch feststellen, dass dieser Arbeitnehmer an einer anderen Stelle viel sinnvoller und produktiver eingesetzt werden kann, ohne dass er zwingend dessen Lohn ändern muss. Der Arbeitnehmer hat nicht eine, sondern viele verschiedene Produktivitäten, je nachdem, wo er im Produktionsprozess eingesetzt wird. Es gibt keinen Marktprozess, der verhindern würde, dass ein Unternehmen einen Arbeitnehmer an einem Arbeitsplatz beschäftigt, wo er weit mehr Produktion (und Ertrag) erbringt, als es seinem Lohn entspricht, weil die dahinterstehenden Kosten- und Ertragsstrukturen einfach intransparent bzw. die Kosten zur Erlangung der notwendigen Informationen zu hoch sind.

Woher aber kommt der marktübliche Lohn? Ist der nicht doch Ergebnis der Arbeitsproduktivität? In der Tat, wir haben immer wieder gezeigt, dass die Löhne im Durchschnitt der Volkswirtschaft in einer engen Beziehung zur Produktivität stehen. Gerade die Dynamik der realen Löhne im Zeitablauf, also die jährlichen Veränderungen, ist in den meisten entwickelten Ländern relativ eng an die Produktivität gekoppelt (in Entwicklungsländern kann das vollkommen anders sein, doch dazu später). Das aber sind gerade Entwicklungen der Produktivität, die mit der individuellen Produktivität rein gar nichts zu tun haben. Das zeigt unbestreitbar die jährliche Anpassung der Löhne in den Dienstleistungsbereichen, wo in der Regel auch die durchschnittliche Produktivitätszunahme als Lohnbestandteil durchgesetzt werden kann, obwohl die Berufe dort mit der Entwicklung der Produktivität rein gar nichts zu tun haben, denn die kommt überwiegend aus dem Bereich der produzierenden Wirtschaft.

Das gilt übrigens auch für den Fall, dass der Wettbewerb unter den Unternehmen funktioniert, aber die Gewerkschaften extrem schwach sind. Auch dann müssten sich die Reallöhne in allen Bereichen ganz unabhängig von deren Produktivitätsentwicklung erhöhen, weil die Preise in den besonders produktiven Bereichen fallen und somit die Reallöhne auch für diejenigen steigern, die selbst überhaupt nicht produktiver geworden sind.

Über viele Jahre verschwindet bei einer solchen Wachstumsdynamik, die in dem statischen Bild von Böhm-Bawerk schlicht nicht vorkommt, der Zusammenhang von individueller Produktivität und Lohn vollständig. Berufsgruppen wie Grundschullehrer oder Krankenschwestern, deren Berufsbild und deren individuelle »Produktivität« über Jahrzehnte unverändert bleiben, erfahren dennoch Reallohnzuwächse nach Maßgabe der gesamtwirtschaftlichen Produktivität. Andere Berufsgruppen verschwinden ganz, weil sie im Zuge veränderter Strukturen der Nachfrage und der vorhandenen Technologie nicht mehr gebraucht werden, sind aber (zumindest bei Vollbeschäftigung) weder bereit noch in der Lage, durch Anpassung ihrer Löhne nach unten das Verschwinden ihrer Tätigkeiten zu verhindern. Andere, die vom Strukturwandel begünstigt werden, können ihre Löhne und Gehälter nach oben schrauben, weil sie knapp sind, nicht aber, weil ihre individuelle Produktivität im Sinne einer technischen Produktivität hoch wäre und schnell stiege.

Die Idee einer individuellen Grenzproduktivität ist unhaltbar, weil das, was letztlich Produktivität bedeutet, von den Löhnen selbst abhängt. Daraus folgt, dass am sogenannten Arbeitsmarkt die Angebots- und die Nachfragefunktionen nicht unabhängig voneinander sind. Nur wenn die Löhne steigen, kann auch die Nachfrage nach Arbeit ausreichend zulegen (vgl. Flassbeck & Spiecker 2016, S. 77ff.).

Die Lohndynamik in einem geschlossenen System wie der Welt insgesamt ist folglich eine ganz andere, als von der Neoklassik vorhergesagt. Eine Senkung der nominalen Löhne kann entweder sofort zu einer Preissenkung führen (was den eigentlich erwarteten und von der Neoklassik erhofften Effekt der Reallohnsenkung unmöglich macht) oder zu einer Reallohnsenkung, weil die Preise nicht sofort reagieren. Die Reallohnsenkung führt aber mit Sicherheit rasch zu einer Nachfragesenkung, was ebenfalls den erhofften positiven Beschäftigungseffekt (aufgrund der von der Neoklassik erwarteten Substitution von Kapital durch Arbeit) zerstört (vgl. Flassbeck 2000). Wieder kann die Grenzproduktivität keinerlei Anhaltspunkt dafür liefern, was am »Arbeitsmarkt« (besser: in Sachen Beschäftigung) passiert.

Weil das Bild vom Arbeitsmarkt falsch ist, ist es unverantwortlich, wenn bei Fragen nach den Ursachen von Arbeitslosigkeit mit dem simplen neoklassischen Angebots- und Nachfrageapparat gearbeitet wird. So spricht Joachim Möller, der Direktor des Instituts für Arbeitsmarkt- und

Berufsforschung, von roten Linien beim Mindestlohn. In der *Zeit* sagte er wörtlich: »Wenn man den Mindestlohn deutlich erhöht, ist zu befürchten, dass dann doch Arbeitsplätze verloren gehen. Es gibt irgendwo eine rote Linie, die man nicht überschreiten darf.« (*Zeit online* 2016)

Diese rote Linie ist in seiner Welt offenbar die Grenzproduktivität der unteren Lohngruppen, die man nicht überschreiten darf, ohne dass Arbeitslosigkeit die Folge ist. Solch eine Position aber ist reine Phantasie.

Auch der Sachverständigenrat stellt in seinem neuen Jahresgutachten fest:

> Die Auswirkungen eines Mindestlohns können theoretisch zwar nicht eindeutig bestimmt werden, da sie unter anderem von der Produktivität der Erwerbspersonen und der Marktmacht der Arbeitgeber abhängen. Aber nicht zuletzt deswegen sollte die insgesamt sehr positive Arbeitsmarktentwicklung nicht zu der Schlussfolgerung verleiten, es gebe keine Beschäftigungseffekte des Mindestlohns. Durch den Mindestlohn wird der Lohnbildungsprozess im Niedriglohnsektor wesentlich eingeschränkt. (Bofinger et al. 2016, Ziffer 770)

Auch diese Aussage ist eindeutig von der Idee einer individuellen Grenzproduktivität geprägt. Es gibt aber die vorgegebene Produktivität der unteren Qualifikationsstufen, die man hier unterstellt, in Wirklichkeit nicht. Die Produktivität selbst ist Ergebnis des Prozesses des Zusammenspiels von Angebot und Nachfrage auf den Gütermärkten im In- und Ausland. Wird der Mindestlohn erhöht, erhöhen sich womöglich die Preise der Güter und Dienstleistungen, bei deren Produktion vor allem Arbeitnehmer eingesetzt wurden, die den Mindestlohn erhalten. Die gesamte Nachfrage steigt allerdings auch, da kaum ein Unternehmen eine Beschäftigungsanpassung unmittelbar mit der Lohnerhöhung verknüpft. Wenn die Güternachfrage aber gestiegen ist, existiert der Vergleich der Lohnhöhe mit einer gegebenen Produktivität, wie ihn die Grenzproduktivitätstheorie unterstellt, eindeutig nicht mehr.

Der Exportkanal

In einer Volkswirtschaft wie der deutschen, wo die Auslandsnachfrage gerade in der Industrie inzwischen größer und wichtiger ist als die Inlandsnachfrage, sehen sich die Gewerkschaften in den Tarifverhandlungen selbst ohne den Machtverlust durch Arbeitslosigkeit und Agenda-Politik einer anderen Situation gegenüber als dort, wo die Inlandsnachfrage dominiert. Es ist ja unbestreitbar, dass sich einzelne Unternehmen oder auch eine ganze Branche durch geringere Lohnabschlüsse zumindest temporär im Außenhandel einen Vorteil verschaffen können. Es ist auch unbestreitbar, dass die Unternehmen mit Abwanderung in Niedriglohnländer drohen, wenn ihre Forderungen nicht erfüllt werden.

In einer solchen Situation bricht zunächst das Kaufkraftargument der Gewerkschaftsseite vollständig in sich zusammen, weil auch die verhandelnden Gewerkschafter und die hinter ihnen stehenden Betriebsräte der großen exportorientierten Unternehmen wissen, dass es nicht trägt. Wo aber ist hier die Macht der Grenzproduktivitätstheorie, an die doch angeblich fast alle Ökonomen glauben und die den Lohn praktisch immer auf den richtigen Wert zwingt?

Wenn, wie das in Deutschland nunmehr schon seit fünfzehn Jahren der Fall ist, auch die Gewerkschaften vor diesem Außenhandelsargument in die Knie gehen, sind alle anderen Rettungsleinen für eine rationale Verteilungs- und Lohnpolitik dünn. Kommt hinzu, dass man sich in einer Währungsunion befindet, in der die Lohnmoderation eines Landes nicht mit einer Aufwertung der eigenen Währung bestraft wird, passiert das, was wir oben gezeigt haben: In einem Land lösen sich die Reallöhne über einige Jahre vollständig von der Produktivität, während sie in einem Nachbarland (in diesem Falle Frankreich) auch weiterhin eng an die Produktivität gekoppelt sind. Das bleibt nachfrageseitig zunächst ungesühnt, weil das die Löhne manipulierende Land beim Export gewinnen kann, was es beim Binnenmarkt verliert.

Funktionslose Ungleichheit

Über Ungleichheit wird heute weltweit intensiv geredet und gestritten. Das größte Problem dabei: Fast jeder verwendet den Begriff anders. Es gibt keine Kohärenz bezüglich der Sachverhalte, die gemeint sind, der Regionen, die man damit abdeckt, und der Zeiträume, über die man redet. Folglich sind auch die empirischen Ergebnisse völlig unvergleichbar. Während der eine über globale Ungleichheit sowie Erfolge beim Aufholen der Entwicklungsländer und beim Abbau der Armut spricht, empört sich ein anderer über die zunehmende relative Armut in den reichen Ländern, und der Dritte spricht über die Ungleichheit, die einem kapitalistischen System prinzipiell innewohnt.

Hier muss es daher vordringlich darum gehen, die Zusammenhänge, um die es bei der Ungleichheit geht, zu sortieren und einigen Phänomenen der Ungleichheit auf den Grund zu gehen. Man muss versuchen, die Diskussion zu versachlichen, indem man systematisch fragt, welche Formen von Ungleichheit in einem kapitalistischen System unumgänglich sind und welche man vollständig beseitigen oder zumindest vermindern kann. Dabei ist die Wortwahl bezüglich des Systems, über das man redet, nicht wichtig. Man mag das wirtschaftliche System, in dem wir leben, Marktwirtschaft nennen oder Kapitalismus, entscheidend ist nicht der Begriff, sondern ein möglichst umfassendes Verständnis davon, wie dieses System funktioniert.

Natürliche Ungleichheit?

Bei der Suche nach den Ursachen der materiellen Ungleichheit unter den Menschen sind die glühenden Verteidiger des Liberalismus immer sehr schnell fündig geworden: Es ist die »natürliche Ungleichheit der Menschen«. Weil die Menschen von Natur aus ungleich sind, sagen sie, kann und darf man sie nicht zu einer persönlichen oder auch nur zu einer materiellen Gleichheit zwingen, ohne die Freiheit des Menschen und seine Kreativität vollständig zu zerstören.

Nun ist sicher nicht zu bestreiten, dass die Menschen ungleich geboren werden. Sie haben unterschiedliche Talente, die sie von ihren Eltern ererbt haben. Doch unmittelbar nach der Geburt wird es schon schwierig, der Ungleichheit eine rein »natürliche« Begründung zu geben. Schon die Nahrungsmittelaufnahme in den ersten Lebenstagen kann darüber entscheiden, ob ein Kind gesund aufwächst oder nicht, schon die sozialen und familiären Verhältnisse in den ersten Lebensjahren können darüber entscheiden, welche Möglichkeiten und Chancen, die es in einer Gesellschaft gibt, ein Kind nutzen kann.

Folglich trägt die »natürliche Ungleichheit« als Begründung für die materielle Ungleichheit der Menschen nicht weit. Spätestens mit dem Schuleintritt entscheiden die materiellen Möglichkeiten der Eltern massiv darüber mit, ob und wie erfolgreich ein Kind später seinen Lebensunterhalt bestreiten kann. Was nichts anderes heißt, als dass eine Gesellschaft, die will, dass alle Kinder möglichst vergleichbare Ausgangschancen haben, in die materielle Verteilung der Güter eingreifen und ärmere Familien stärker unterstützen muss.

Doch selbst wenn man, wie das auch die intelligenten Liberalen zugestehen würden, sinnvollerweise dafür sorgt, dass die Chancen aller Kinder gleich sind, werden materielle und persönliche Ungleichheit zwischen den Menschen in keiner Gesellschaft und in keiner Wirtschaftsform zu verhindern sein. Hier kommt einfach das ins Spiel, was man Glück, Zufall oder Schicksal nennt. Der eine ist zur richtigen Zeit am richtigen Ort, der andere hat Pech, weil er früh erkrankt und sein Potenzial nicht nutzen kann. Der eine hat eine blendende Idee, kann sie aber nicht verwirklichen, weil er seiner Zeit zu weit voraus ist. Der andere kommt mit einer simplen Idee durch, trifft den Zeitgeist und ist unglaublich erfolgreich. Der eine ist der beste Sportler der Welt in einer Disziplin, die für die Massen wenig attraktiv ist, und kann daher daraus keinen materiellen Nutzen ziehen. Der andere ist gut in einer Sportart, wo man die Besseren wie Helden vergöttert, und wird reich.

Das alles passiert in komplexen Gesellschaften, und kaum jemand würde bezweifeln, dass das Ergebnis materielle Ungleichheit ist. Aber man merkt schon an diesen einfachen Beispielen, dass hier der simple liberale Gedanke des »Jeder ist seines Glückes Schmied und muss dafür auch angemessen belohnt werden« schon nicht mehr greift. Jedenfalls dann nicht, wenn man die liberalen Scheuklappen ablegt. Alles, was unmittelbar nach der Geburt kommt, hängt bereits von der sozialen Stellung der Eltern ab, die sich kein Neugeborener »verdient« hat. Auch das, was danach an Gutem für einen Menschen folgt, ist nicht automatisch »Verdienst« oder »Leistung« des einzelnen Individuums, sondern zum größten Teil gesellschaftlichen Umständen geschuldet, die nicht mehr ohne Weiteres dem Einzelnen und seinem »Können« und »Wollen« zugerechnet werden dürfen, weil er diese Leistung ohne seine Einbettung in die Gesellschaft überhaupt nicht erbringen kann.

Je stärker arbeitsteilig die Gesellschaft organisiert ist, umso weniger lässt sich die Gesamtleistung individuellen Leistungen zurechnen. Arbeitsteilung heißt ja, dass der Einzelne nur noch den Anstoß zu etwas gibt, die Leistung aber im Zusammenspiel von immer mehr Individuen erbracht wird. Mit zunehmender Arbeitsteilung vermindert sich folglich das »Recht« des Einzelnen, eine bestimmte soziale Stellung oder ein bestimmtes Einkommen sein »Eigen« zu nennen und gegen umverteilende Zugriffe des Staates mit Zähnen und Klauen zu verteidigen.

An dieser Stelle wenden die Liberalen einen einfachen gedanklichen Trick an, um sich der unangenehmen Diskussion, die jetzt eigentlich folgen müsste, zu entziehen.

Sie sagen, ja genau, weil die Welt so komplex ist, ist es unmöglich, den Menschen wirklich Gerechtigkeit widerfahren zu lassen. Deswegen kann es gar keine materielle Gerechtigkeit geben. Der Staat ist daher der falsche Adressat für die Forderung nach materieller Gerechtigkeit. Das Einzige, was der Staat tun kann, ist dafür sorgen, dass formale Gerechtigkeit herrscht, dass also alle Menschen (vor dem Gesetz) gleich behandelt werden.

Doch warum sollte sich der Staat auf diese Aufgabe beschränken? Wir haben schließlich in allen modernen Gesellschaften einen Maßstab für Erfolg und für Misserfolg. Das ist das Einkommen, das jeder einzelne Mensch erzielt. Im individuellen Einkommen spiegeln sich sehr viele der komplexen Vorgänge wider, die wir oben beschrieben haben und die der Einzelne nicht einfach als sein Eigentum reklamieren kann, weil die Erzielung seines Einkommens nur im Rahmen einer arbeitsteilig organisierten Wirtschaft möglich war.

Formale oder materielle Gerechtigkeit bei der Besteuerung?

Damit stellt sich die zentrale Frage, wie das über den Markt erzielte Einkommen jedes Einzelnen vom Staat besteuert werden sollte. Was spricht für formale Gerechtigkeit, was für materielle Gerechtigkeit?

Der formalen Gerechtigkeit wäre offenbar schon gedient, wenn der Staat von jedem einen absolut gleich großen Betrag fordern würde, mit dem die Leistungen, die der Staat für die Gesellschaft erfüllt, entlohnt würden. Eine Kopfsteuer wäre demnach angemessen, weil die Menschen ja auch in quantitativ (also absolut) gleicher Weise Dienste des Staates in Anspruch nehmen.

Doch welcher vernünftige Mensch würde das wirklich für ein angemessenes Besteuerungssystem halten? Sobald man nämlich über die Idee der reinen Entlohnung des Staates hinausgeht und auf Solidarität oder Opferbereitschaft sowie, daraus abgeleitet, auf Leistungsfähigkeit setzt, muss man zu einer proportionalen Besteuerung übergehen. Denn das Opfer, das jemand für die Gesellschaft erbringt, kann nur im Verhältnis zu seinem Einkommen vernünftig gemessen werden. Dies widerspricht nicht dem Prinzip der Gleichbehandlung, weil die Bürger ja im Hinblick auf ihre Leistungsfähigkeit gleichbehandelt werden.

Die Gesellschaft kann aber auch noch einen Schritt weitergehen und sich zu einer progressiven Besteuerung entschließen. Das heißt nichts anderes, als dass sie die Leistungen, die von der Gesellschaft kollektiv und als Komplement der Leistung des Einzelnen erbracht wurden, so hoch gewichtet, dass sie sich entscheidet, einen Preis dafür zu verlangen, der umso höher ausfällt, je höher das individuelle Einkommen ist.

Man kann aber auch unmittelbar mit der Ungleichheit als Gefahr für eine arbeitsteilig organisierte Wirtschaft argumentieren, um zu begründen, dass der Staat von den wohlhabenden Bürgern einen höheren Beitrag verlangt als von denen, die weniger Glück hatten. Zu große Ungleichheit kann nämlich bei denen, die zurückbleiben, die Motivation zerstören, sich mit ihrer Leistung einzubringen, was für die arbeitsteilig organisierte Wirtschaft mit Sicherheit negative Folgen hätte. Wie die Besteuerung organisiert wird, also als reine progressive Einkommenssteuer oder als Kombination mit Erbschaftssteuern und Vermögenssteuern, ist letztendlich nicht entscheidend, auch wenn es gute Gründe gibt, sich durch eine Substanzbesteuerung (also Erbschafts- oder Vermögenssteuer) immer wieder ein kleines Stück der Gleichheit der Startchancen zu nähern.

Wie weit man bei Besteuerung gehen kann, ist eine schwer zu beantwortende Frage. »Weit, gemessen am heutigen niedrigen Niveau der Besteuerung in den meisten Industrieländern«, ist sicher eine gute Antwort, weil wir uns in den letzten Jahrzehnten haben einreden lassen, dass »zu hohe Steuern« das größte Hindernis für Wachstum und Fortschritt sind. Das waren sie nicht, wie man heute weiß und wie wir später noch erläutern werden. Wer jedoch erlebt hat, wie in Deutschland in den achtziger und neunziger Jahren eine mächtige Lobby aus Verbänden und liberalen Parteien die »Substanzbesteuerung« (also Besteuerung von Vermögen) bekämpft und »erfolgreich« beseitigt hat, weiß, dass gegen diese Art der Interessenvertretung kaum ein demokratisches Kraut gewachsen ist.

Die massiven Steuersenkungsforderungen aus der Industrie und den Lobbyverbänden wurden damals explizit begründet mit der »Leistungsbereitschaft der Eliten«, die nachlasse, wenn man ihnen ein zu großes Stück des Kuchens wegnehme. Kein Indikator zeigt aber, dass nach der Entlastung der »Leistungsträger« deren Leistung zugenommen hat. Offenbar hat man die nachlassende Leistungsbereitschaft der Mitarbeiter der »Leistungsträger« nicht eingerechnet, die deswegen zurückging, weil der Staat die Ungleichheit zu groß werden ließ.

Vermutlich gibt es aber noch ganz andere Gründe für das grandiose Versagen der Angebotspolitik, also des Versuchs, mit einer Entlastung der Eliten und der Unternehmen die Wirtschaft dauerhaft zu beleben. Vermutlich wird auch die Rolle der Umverteilung durch den Staat maßlos überschätzt, weil man dazu neigt, das laute Geheule der Lobbyisten als Anzeichen für einen wirklichen Schmerz anzusehen, obwohl es sich nur um einen Phantomschmerz handelt. Das aber bedeutet, dass der Staat einen weiten Spielraum hat, über die Sekundärverteilung dafür zu sorgen, dass die Ergebnisse des Marktes, die sich in der Primärverteilung niederschlagen, korrigiert werden. Das heißt natürlich nicht, dass er praktisch grenzenlos die Ergebnisse des Marktes kassieren kann. Es ist aber sicher, dass wir heute sehr weit von dieser Grenze entfernt sind.

Die globale Ungleichheit nimmt ab

Vielfach wird als Beleg für die These, es könne auch in einer Marktwirtschaft abnehmende Ungleichheit ohne massive Eingriffe des Staates in die Sekundärverteilung geben, die Abnahme der globalen Ungleichheit angeführt. Man behauptet, das Aufholen der Entwicklungsländer beim Lebensstandard zeige, dass das marktwirtschaftliche System keineswegs Ungleichheit brauche, um zu funktionieren.

Diese Aussage ist aber nicht zu halten, weil das Aufholen der Entwicklungsländer ein ganz anders gearteter Prozess als der normale Gang der wirtschaftlichen Entwicklung ist, und weil das Aufholen in den Entwicklungsländern selbst wieder neue Ungleichheit schafft. Nehmen wir China, das Land, das rein quantitativ diese globalen Prozesse in der Welt in den vergangenen dreißig Jahren dominiert hat. In China hat der jahrzehntelange Aufholprozess mit Wachstumsraten von bis zu zehn Prozent pro Jahr eindeutig dazu geführt, dass sehr viele sehr arme Menschen (man schätzt 300 bis 500 Millionen) sehr schnell aus absoluter globaler Armut (sagen wir von einem Einkommen von einem Dollar pro Tag) aufgestiegen sind und heute zehn oder zwanzig Dollar pro Tag verdienen.

Betrachtet man die globale Einkommensverteilung, kann der Effekt der Verringerung von Armut in China, der eindeutig dem Aufholen dieses einen großen Landes zuzuschreiben ist, so stark sein, dass sich die Maße für die globale Einkommensverteilung verbessern, obwohl die Einkommensverteilung innerhalb aller Länder einschließlich Chinas ungleicher geworden ist.

Schauen wir uns holzschnittartig an, wie das Aufholen auf der einen Seite und der Prozess der normalen wirtschaftlichen Entwicklung auf der anderen Seite verlaufen. Normale wirtschaftliche Entwicklung vollzieht sich dadurch, dass der berühmte schumpetersche Pionierunternehmer eine Idee zur Verbesserung der Produktionsverfahren oder zur Verbesserung der Produkte hat bzw. ein ganz neues Produkt auf den Markt bringt. Das bedeutet, dass dieser Unternehmer seine Produktivität im Vergleich zu seinen Konkurrenten erhöht und – bei gegebenen gleichen Kosten für alle Unternehmen – einen höheren Gewinn erzielt oder seinen Konkurrenten durch niedrigere Preise Marktanteile abjagt.

Das Prinzip besteht also darin, dass der Schumpeter-Unternehmer eine individuell höhere Produktivität mit den gegebenen Löhnen kombiniert und dadurch erfolgreich ist. Im Gefolge der Innovation und ihrer Durchsetzung steigt vermutlich die Ungleichheit, und das ist in der Tat der wichtigste Weg, auf dem die Marktwirtschaft immer wieder neue Ungleichheit produziert. Die Ungleichheit verschwindet erst, wenn es gelingt, über einen Wettbewerbsprozess den temporären Monopolgewinn des Pioniers auf- und allgemeine Preissenkungen auszulösen, die dem höheren Produktivitätsfortschritt entsprechen, wodurch dann die Reallöhne auf der ganzen Breite der Volkswirtschaft steigen.

Der Prozess des Aufholens eines Landes verläuft in der Regel genau umgekehrt, weswegen man die Ergebnisse nicht einfach vergleichen oder zusammenwerfen darf. Weil die Entwicklungsländer niedrigere Löhne als die Industrieländer haben, kann man auch dadurch einen Monopolgewinn erzielen, dass man Produktion mit einem hohen technischen Standard (mit einer hohen Produktivität also) in ein Entwicklungsland verlagert. Man kombiniert dann eine gegebene hohe Produktivität mit niedrigen Löhnen irgendwo auf der Welt. Weil dahinter keine neue Idee steht, ist das immer Verdrängungswettbewerb gegenüber den Unternehmen, die an ihrem alten Standort geblieben sind, und gegenüber den alten heimischen Unternehmen im Entwicklungsland. Weil es hier aber nicht um neue Ideen, sondern um vorhandene Technologien geht, kann die Umsetzung sehr schnell und in großem Stil geschehen. In China lief das in erster Linie über Direktinvestitionen ausländischer Unternehmen. In Japan und Korea wurde die Umsetzung (also die Kopie und/oder Einfuhr westlicher Technologien) vom Staat organisiert oder zumindest orchestriert.

Dieser Prozess generiert einerseits hohe Gewinne für die Unternehmen, die ihn nutzen (die der gastgebende

Staat, wenn er mutig wäre, zu einem erheblichen Teil wegsteuern könnte, was er aber nicht tut, weil er sich ja im Wettbewerb sieht mit anderen Niedriglohnländern), andererseits schafft die rasche Zunahme der Produktivität, die in einem solchen Prozess möglich ist (weil ja nur viele altbekannte Maschinen aufgestellt werden), enorme Einkommenschancen für eine arme Bevölkerung.

Wenn, wie das in China in den vergangenen zwanzig Jahren der Fall war, die Produktivität in der Gesamtwirtschaft jedes Jahr um fast zehn Prozent steigt und die Reallöhne (mithilfe massiver Unterstützung durch den Staat, insbesondere über Anhebungen des Mindestlohnes) ebenso stark steigen, wird bei stagnierenden Reallöhnen in den reichen Ländern auf der globalen Ebene natürlich eine abnehmende Ungleichheit gemessen, obwohl das mit dem eigentlichen Prozess der marktwirtschaftlichen Entwicklung nichts zu tun hat, da es sich hier um ein einmaliges Phänomen handelt.

In China selbst hat dieses enorme Wachstum natürlich nicht nur viel Armut beseitigt, sondern auch sehr viel absoluten neuen Reichtum geschaffen, weil der Prozess, obwohl vom Staat stark kontrolliert und gesteuert, überwiegend durch private (inländische und ausländische) Unternehmen umgesetzt wurde. Auch hier hat die Ungleichheit sehr wahrscheinlich zugenommen, weil sich selbst die von einer kommunistischen Partei getragene chinesische Regierung nicht traute, so mutig in die Sekundärverteilung einzugreifen, wie es für eine konstante innerstaatliche Ungleichheit notwendig gewesen wäre.

Das unabdingbare Prinzip der Gleichverteilung der Einkommenszuwächse

Der Vergleich der Entwicklung in einem Entwicklungsland wie China mit dem normalen Wachstumsprozess im Industrieland zeigt ein wichtiges Prinzip, das man bei der Diskussion über Ungleichheit unbedingt beachten sollte. Die im Rahmen der schumpeterianischen Prozesse immer wieder neu entstehende Ungleichheit auf der Mikroebene hat eine wichtige Funktion, die man nicht unterschätzen darf. Sie schafft einen bedeutenden Anreiz, wirtschaftliche Entwicklung überhaupt in Gang zu setzen. Insofern können hier die Vertreter liberaler Ideen zu Recht argumentieren, dass weder der Staat noch die Gewerkschaften diese Prozesse dadurch unterdrücken sollten, dass sie dem Pionierunternehmer sofort seinen Monopolgewinn wegsteuern.

Wenn man diese Position allerdings für richtig hält, dann hat das entscheidende Konsequenzen. Dann muss man nämlich auch für richtig halten, dass die Löhne nicht auf Betriebsebene ausgehandelt werden, sondern zumindest auf Branchen- oder gar auf der gesamtwirtschaftlichen Ebene, weil es nur dann den mikroökonomisch richtigen Anreiz gibt. Auf der Betriebsebene, wie das heute modern ist, ist es sicher falsch, weil dort für die Arbeitnehmer in der Tat die Möglichkeit besteht, die Monopolrente oder Teile davon selbst zu kassieren, so dass sie den übrigen Arbeitnehmern – in Form von Preissenkungen – nicht mehr zugutekommt.

Daraus folgt auch, dass es gerade keine Begründung dafür gibt, die Löhne auf der gesamtwirtschaftlichen Ebene hinter dem Produktivitätsfortschritt herhinken zu lassen, also das Entstehen von funktionaler Ungleichheit (Ungleichheit zwischen Arbeit und Kapital) in großem Stil zu erlauben. Der Pionierunternehmer bekommt ja auch dann seinen temporären Monopolgewinn, wenn die Löhne sich vollständig an die gesamtwirtschaftliche Produktivitätsentwicklung anpassen. Da alle anderen Argumente für allgemeine Lohnzurückhaltung nicht haltbar sind (vgl. Flassbeck & Spiecker 2016), gibt es überhaupt keine Begründung dafür, bei der Primärverteilung Lohnzurückhaltung zu fordern und mit politischer Gewalt durchzusetzen, wie das in Deutschland vor allem zu Beginn des Jahrhunderts geschah.

Im Ergebnis zeigt sich, dass zunehmende Ungleichheit kaum zu rechtfertigen ist. Dass die Menschen ungleich sind und auch ungleich entlohnt werden, steht auf einem Blatt. Die Ungleichheit durch eine Begünstigung der besser Verdienenden systematisch zu vergrößern, wie das in den vergangenen dreißig Jahren in vielen Ländern der Fall war, steht auf einem ganz anderen Blatt. Letzteres ist durch nichts zu rechtfertigen.

Diejenigen, die sagen, eine Marktwirtschaft schaffe nun einmal Ungleichheit, verwischen bewusst die Grenzen zwischen den beiden Phänomenen, weil sie so tun, als sei die zunehmende Ungleichheit nur ein besonderer Typus der allgemein bestehenden Ungleichheit. Das ist falsch und gefährlich. Gerade weil es ohnehin Ungleichheit gibt, sollte zusätzliche von der Politik und durch einseitige Machtverhältnisse am Arbeitsmarkt geförderte Ungleichheit strikt vermieden werden.

Mit solchen Überlegungen haben deutsche Ökonomen in der Regel kaum Berührungspunkte. Clemens Fuest vom ifo-Institut etwa meldet sich in der FAZ zum Thema

Ungleichheit in Deutschland zu Wort (Fuest 2017), dringt aber nicht zum Kern der Problematik vor. Zwar nimmt er zur Kenntnis, dass die Ungleichheit in Deutschland vor allem zur Zeit der Agenda-Politik entstanden ist und ihre Wurzeln am Arbeitsmarkt zu suchen sind, den angemessenen Schlussfolgerungen entzieht er sich aber durch einen einfachen Trick.

Er schreibt, in Deutschland habe sich »die Einkommensverteilung in den vergangenen zehn Jahren praktisch nicht verändert« und man könne »den Eindruck haben, die Vertreter der Ungerechtigkeitsthese kämen zehn Jahre zu spät«. Aber warum sollte eine drastische Verschiebung der Einkommensverteilung nicht wieder korrigiert werden, wenn sich die Machtverhältnisse »am Arbeitsmarkt« (besser »in den Arbeitsbeziehungen«) aus welchen Gründen auch immer normalisieren. Auf diesen Einwand, den er explizit erwähnt, antwortet er folgendermaßen:

> Das wäre richtig, wenn die zuvor verschwundenen Beschäftigungsmöglichkeiten für niedrig qualifizierte Arbeit zurückgekommen wären. Das ist aber nicht der Fall. Die eingangs erwähnten Faktoren, die höher qualifizierte Arbeit begünstigen, sind keineswegs verschwunden. Ein wichtiger Grund für die sinkende Arbeitslosigkeit liegt darin, dass die Lohnkosten vor allem in den unteren Lohngruppen in den letzten Jahren nur sehr moderat gestiegen sind. Gleichzeitig haben die Arbeitsmarktreformen der Agenda 2010 dafür gesorgt, dass Arbeitslose schneller vermittelt werden, aber auch stärker unter Druck stehen, angebotene Stellen anzunehmen, selbst wenn die Bezahlung nicht hoch ist. (Fuest 2017)

Das ist jedoch kein Argument, sondern insgesamt ein Ablenkungsmanöver. Er versucht nur zu rationalisieren, was irrational ist. Er tut so, als sei es nur eine »falsche« Lohnstruktur gewesen, die für die hohe Arbeitslosigkeit verantwortlich war, während die politische Durchsetzung der richtigen Struktur für den Abbau der Arbeitslosigkeit gesorgt habe. Die Zunahme der Ungleichheit zwischen den Einkommensgruppen ist aber genau in dem Zeitraum zu beobachten (insbesondere 2000 bis 2005), in dem sich die Ungleichheit zwischen Arbeit und Kapital in Deutschland besonders stark zugunsten des Kapitals veränderte.

Das spricht eindeutig gegen die fuestsche These, es seien vor allem Veränderungen in der Entlohnung von qualifizierten und unqualifizierten Arbeitskräften gewesen, die für die heutige Ungleichheit verantwortlich sind. Wer über Ungleichheit im ersten Jahrzehnt dieses Jahrhunderts spricht, darf nicht die zunehmend ungleiche funktionale Verteilung ausblenden. Zudem kann die Veränderung der Lohnstruktur prinzipiell nicht allgemeine Arbeitslosigkeit erklären, und einen funktionierenden neoklassischen Arbeitsmarkt einfach als gegeben anzunehmen ist ohnehin nicht gerechtfertigt.

Es ist aber selbst in Deutschland und sogar nach den »Reformen« von Rot-Grün, nach der Veränderung der Lohnstrukturen sowie nach der massiven Senkung des Lohnniveaus neue Arbeitslosigkeit entstanden. Wer das ausblendet und die Tatsache, dass Deutschland infolge der Senkung seines *Lohnniveaus* (auch hier nicht der Lohnstruktur) in Relation zu den Handelspartnern einen erheblichen Teil seiner Arbeitslosigkeit exportiert hat, will nicht wirklich verstehen, sondern ablenken.

Eine angemessene Beurteilung der zunehmenden Ungleichheit, ganz gleich, ob sie nur in einem bestimmten Zeitraum zu beobachten ist oder bis heute anhält, fällt den meisten und selbst gutgläubigen Autoren schwer, weil auf dem fiktiven neoklassischen Arbeitsmarkt Ungleichheit (auch zunehmende Ungleichheit) in der Regel positive Wirkungen hat. Sie führt angeblich zu mehr Beschäftigung und bietet größere Chancen für die Zukunft. Nur wenn man erkennt, dass es einen solchen Arbeitsmarkt nicht gibt, kann man auch die materielle Ungleichheit angemessen würdigen. Dann zeigt sich aber, dass weder der größte Teil der existierenden absoluten Ungleichheit noch die in den vergangenen dreißig Jahren zusätzlich entstandene Ungleichheit eine positive Funktion in einer Marktwirtschaft haben.

Funktionslose Gewinne

Für jeden gut ausgebildeten Ökonomen klingt der Titel dieses Abschnitts wie ein Widerspruch in sich. Haben wir nicht gelernt, dass Gewinne immer nur dann bei den Unternehmen anfallen, wenn sie sich erfolgreich im Wettbewerb behaupten? Dann hat der Gewinn automatisch eine Funktion, nämlich die Anstrengungen der Unternehmen dahin zu lenken, wo sie die höchsten Gewinne erwarten. Würde man »funktionslose« Renten schreiben, bekäme man Zustimmung von allen Seiten, weil seit Jahrhunderten unter dem Begriff »Rente« funktionslose Einnahmen subsumiert werden. Einnahmen also wie die berühmte Bodenrente, die man nicht erarbeitet hat, sondern die einem zufällt, etwa weil Boden aufgrund von Ereignissen knapp wird, die der Besitzer des Bodens nicht zu verantworten hat.

Doch so einfach wie in der klassischen Theorie ist die Sache in Wirklichkeit natürlich nicht. Was ist mit den Gewinnen, die einem deutschen Automobilbauer zufallen, weil er von dem staatlicherseits inszenierten Lohndumping in der Europäischen Währungsunion profitiert? Gewinn oder Rente? Was ist mit dem Gewinn, der einem Unternehmen nur deswegen zufällt, weil der Geschäftsführer seines wichtigsten Kontrahenten bei einem Unfall stirbt und die Firma keinen geeigneten Nachfolger findet? Was ist mit den unglaublichen Gewinnen, die eine Firma wie Google über Jahrzehnte macht, nur weil (zufällig) niemand einen ähnlich guten Suchalgorithmus findet?

Was ist schließlich mit den berühmten Pionierrenten des schumpeterschen Unternehmers, also den Renten, die anfallen, weil er höhere Produktivität aus einer Innovation mit den existierenden Löhnen kombiniert? Sind sie gerechtfertigt und für wie lange? Gilt das auch für die ganz anders gearteten Renten, die in Unternehmen anfallen, die ihre Produktion erfolgreich in Niedriglohnländer verlagern, die also ihre vorhandene hohe Produktivität mit den niedrigen Löhnen in einem anderen Land kombinieren?

Man sieht, zu dieser Unterscheidung von Gewinn und Rente existieren viele Fragen, aber wenig Antworten. Da es in Wirklichkeit niemals vollständigen Wettbewerb und niemals ein Gleichgewicht gibt, ist die Unterscheidung von Gewinn und Rente praktisch zu wenig nutze. Alles, was wir an Gewinn anfallen sehen, ist eine Mischung aus beidem, und niemand kann sauber trennen, was das eine und was das andere ist, was davon eine Funktion hat und was nicht.

Dennoch darf und muss man fragen, ob denn die Unternehmen insgesamt mit der ungeahnten Macht, die ihnen im Zuge der neoliberalen Revolution zugefallen ist, im Hinblick auf ihre Funktion für die Gesamtwirtschaft vernünftig umgegangen sind. Schließlich hatte man allerseits erwartet, dass von staatlichen Fesseln befreite Unternehmen neue Nachfrage schaffen, indem sie ihr Angebot mithilfe einer massiv gesteigerten Investitionstätigkeit ausweiten. In dieser Hinsicht kann man die Bilanz der neoliberalen Wende nur als katastrophal bezeichnen.

Investitionen in Sachanlagen: Die Achillesferse der neoklassischen Revolution

Dass die deutsche Wirtschaft glänzend dasteht, weiß jeder, der den vielgenutzten Leitmedien Glauben schenkt. Und wie gut es den deutschen Unternehmen geht, kann man jeden Tag an den Meldungen über Rekordgewinne und steigende Aktienkurse ablesen. Erstaunlicherweise wird über das, worum es beim Wirtschaften eigentlich geht, nämlich über das Investieren – und zwar das Investieren in Sachanlagen –, nur sehr selten gesprochen.

Wenn aber die überaus zahlreichen Spindoktoren der deutschen Wirtschaft und ihre Helfershelfer in den verschiedensten Instituten und Stiftungen zu einem so wichtigen Thema schweigen, kann das eigentlich nur daran liegen, dass die Investitionstätigkeit der deutschen Unternehmen kein Ruhmesblatt darstellt, weshalb von dem sonst so lauten Jubel nichts zu hören ist.

Und in der Tat, es ist nicht nur kein Ruhmesblatt, es ist eine schlichte Katastrophe. Wenn man hinzunimmt, wie viel Geld die deutschen Unternehmen in den vergangenen Jahren verdient haben und auch jetzt noch verdienen, ist das Schweigen der Betroffenen, der Medien und der Politiker ein ganz großer Skandal. Vielleicht sogar der größte in einem Land, in dem doch alle jeden Tag vorgeben,

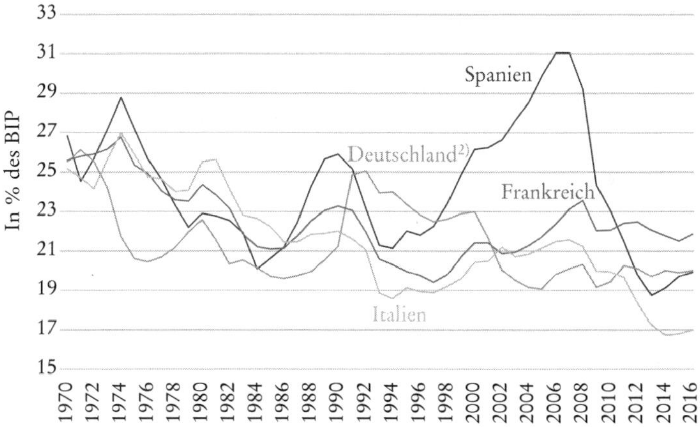

1) Bruttoanlageinvestitionen in % des BIP
2) bis 1991 Westdeutschland

Quelle: Ameco

Abb. 11: Investitionsquote[1)]

durch solide Politik für die Zukunft vorsorgen zu wollen. Man braucht bei diesem Thema gar nicht viele Worte zu machen, sondern kann schlicht die Fakten selbst sprechen lassen.

Abbildung 11 zeigt die Bruttoanlageinvestitionen, also Ausrüstungen und Bauten, in Relation zum Bruttoinlandsprodukt. Schon zwischen 1970 und der deutschen Vereinigung 1989 kannte die Investitionsquote in Deutschland nur eine Richtung, nämlich abwärts. Lediglich die deutsche Vereinigung, die als Bruch in der Reihe klar erkennbar ist, brachte für einige Jahre eine Verbesserung. Danach gibt es, unterbrochen von zwei kleinen Aufschwüngen zu Ende der neunziger Jahre und vor dem Platzen der Fi-

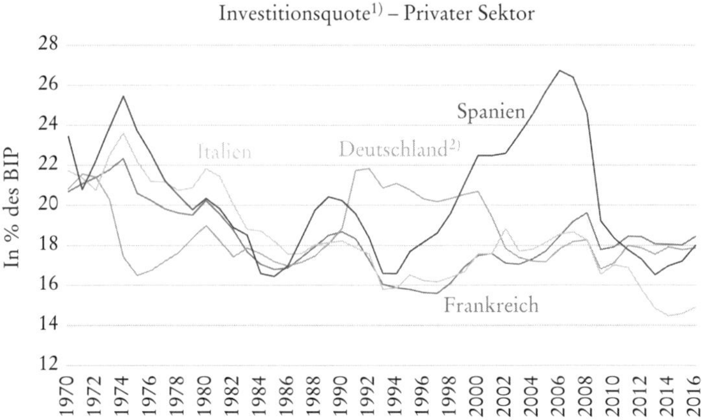

1) Bruttoanlageinvestitionen in % des BIP
2) bis 1991 Westdeutschland

Quelle: Ameco

Abb. 12: Investitionsquote[1)] – privater Sektor

nanzblase 2008, einen durchweg nach unten weisenden Trend, der auch von dem gefeierten Aufschwung nach der Rezession von 2009 nicht beendet wurde.

Im Gegenteil: Dem massiven Einbruch der Investitionen in Ausrüstungen und Wirtschaftsbauten um fast zehn Prozent im Jahre 2009 folgte zwar ein kurzer Aufschwung 2010 und 2011, aber 2016 lässt ein Anziehen der Investitionstätigkeit noch immer auf sich warten. Dass die Investitionsquote auch im fünften Jahr des sogenannten Aufschwungs nicht von der Stelle kommt, während die Öffentlichkeit den Zustand der deutschen Wirtschaft täglich feiert, ist schon sehr bemerkenswert (Ameco 2017b).

Nimmt man allein die Investitionen des privaten Sektors (Abbildung 12), ändert sich das Bild im Verlauf der

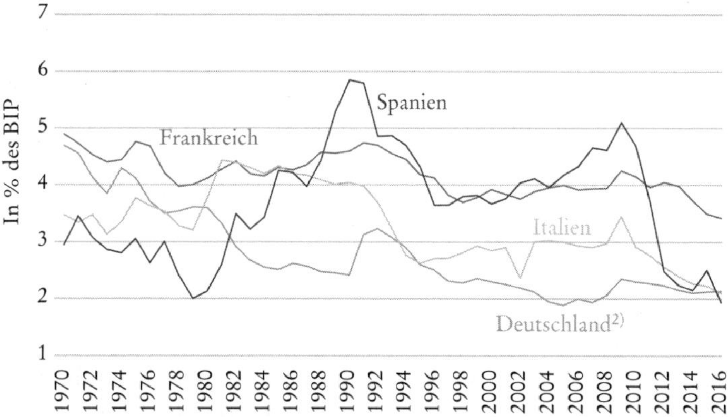

[1] Bruttoanlageinvestitionen in % des BIP
[2] bis 1991 Westdeutschland

Quelle: Ameco

Abb. 13: Investitionsquote[1] – Staat

Zeitreihen nicht wesentlich. Die französische Kurve liegt auch hier seit Beginn der nuller Jahre oberhalb der deutschen.

Besonders katastrophal haben sich in Deutschland die öffentlichen Investitionen entwickelt (Abbildung 13). Mit einem Wert nahe zwei Prozent des BIP bei einer extrem guten Haushaltslage der öffentlichen Hände zeigt Deutschland, dass es bei der Wirtschaftspolitik die Ideologie über alles andere stellt.

Die immer wieder zu hörende Behauptung, Deutschland habe sich zu Beginn der Europäischen Währungsunion einem schmerzhaften Anpassungsprozess unterzogen und sei aus dieser Reformphase gestärkt hervorgegangen, lässt sich an den Investitionen nicht ablesen. Die magere

Leistung der deutschen Unternehmen erstaunt sicher auch viele jener Beobachter, die zwar einen kritischen Blick auf die deutsche Rolle in Europa haben, aber dennoch glauben, die im Vergleich zu den anderen Europäern noch gute Lage sei hart erarbeitet und nicht zuletzt das Ergebnis der technologischen Führungsposition vieler deutscher Unternehmen.

Was jedoch leicht vergessen wird, ist die unglaublich schwache Entwicklung der deutschen Binnenwirtschaft seit fünfzehn Jahren. Die Unternehmen der Exportindustrie haben sicher kräftig im In- und im Ausland investiert, binnenwirtschaftlich gab es jedoch keinen Anreiz, neue Kapazitäten aufzubauen, weil die Nachfrage in realer Rechnung kaum stieg.

Auch aus dieser Sicht erweist sich das deutsche Lohndumping der letzten Jahre, das den heimischen Unternehmen auf einfache Art und Weise (nämlich ohne Investitionen unter Unsicherheit) hohe Gewinne beschert hat, als fatal. Es hat einerseits die Unternehmen in Sicherheit gewiegt, weil sie auf den Auslandsmärkten gute Geschäfte machen konnten, andererseits haben sie angesichts des schwachen Kostendrucks und der schwachen Binnennachfrage nicht so viel investiert, wie es sonst der Fall gewesen wäre. Hinzu kommt, dass die Steuerpolitik alles getan hat, um die Unternehmen zu entlasten, ohne wenigstens diese Entlastung an den entscheidenden Beitrag der Unternehmen in einer Marktwirtschaft zu koppeln, nämlich das Investieren. So haben die Unternehmen funktionslose Gewinne erzielt, mit der Folge, dass sie sich nicht wie Unternehmen verhalten, sondern wie Kapitalsammelstellen.

Die europäische Krise zeigt, dass dieses Wirtschaftsmodell keine Zukunft hat. Eine Änderung muss vom Staat in die Wege geleitet werden. Wenn er sich nicht selbst mehr verschulden will, muss er dafür sorgen, dass die Unternehmen wieder investieren. Dazu muss er einerseits Druck auf die Unternehmen ausüben, höhere Lohnsteigerungen über lange Zeit zu akzeptieren, und er muss andererseits die Steuern für die Unternehmen systematisch erhöhen, um funktionslose Gewinne abzuschöpfen. Beides wird allerdings in der politischen Diskussion von fast allen Teilnehmern als Tabu betrachtet.

Unternehmen als Sparer erschüttern die Grundfesten des Liberalismus

Dass man ein solch radikales Eingreifen des Staates als Tabu ansieht, ist nur schwer nachzuvollziehen. Weder Liberalismus noch Konservatismus, noch die Sozialdemokratie sind in Deutschland bereit (und in der Lage), die fundamentalen Veränderungen zur Kenntnis zu nehmen, die sich ohne jeden Zweifel im Verhalten der Unternehmen seit den glorreichen Zeiten des deutschen Wirtschaftswunders ergeben haben.

Eine der schönsten und am meisten geliebten Geschichten der Ökonomen ist die vom jederzeit vorsorgenden Staat. Neoklassiker und Keynesianer können sich zu jeder Tages- und Nachtzeit und innerhalb von Minuten darauf einigen, dass der Staat in der Krise oder in der Rezession antizyklisch agieren muss, dass das Gleiche aber auch für den Aufschwung gilt. Im Aufschwung soll der Staat nämlich sparen und mithilfe von Überschüssen seine Schulden sogar absolut verringern, um zu verhindern, dass er dauernd steigende Schuldenstände verbucht, die auf lange Sicht untragbare Zinslasten mit sich bringen.

Das ist wirklich eine schöne Geschichte, und man hat sich über viele Jahrzehnte nur darum gestritten, ob die Staaten das mit den Überschüssen im Aufschwung auch wirklich tun würden. Die Keynesianer waren hier voller Vertrauen in die Rationalität des Staates, die Neoliberalen aber waren höchst misstrauisch, weil sie generell dem Staat nicht zutrauen, sich vernünftig zu verhalten. Nun aber beweist der deutsche Finanzminister mit einer nur historisch zu nennenden Leistung, dass die Keynesianer Recht hatten und der Staat sehr wohl in der Lage ist, sich symmetrisch zu verhalten, also in den guten Zeiten »vorzusorgen«.

Es ist nur wie so oft mit den einfachen schönen Geschichten, sie treffen leider die Wirklichkeit in ihrer grausamen Komplexität nicht ganz. Unglücklicherweise hat sich die Welt gerade fundamental verändert, was Lösungen notwendig macht, die von den einen wie den anderen das verlangen, was ihnen am absolut schwersten fällt: ein Umdenken.

Was bis heute nicht begriffen wird, ist die Tatsache, dass es die Marktwirtschaft, von der sowohl die Neoliberalen als auch die traditionellen Keynesianer träumen, schon eine ganze Weile nicht mehr gibt. Das war nämlich eine Welt, in der die Unternehmen die wichtigste Aufgabe, die in einer Marktwirtschaft zu vergeben ist, nämlich die des Schuldners und Investors zugleich, noch wahrgenommen haben.

In den fünfziger und sechziger Jahren waren die Unternehmen der natürliche Gegenpol der per Saldo sparenden privaten Haushalte (Abbildung 14 & 15).

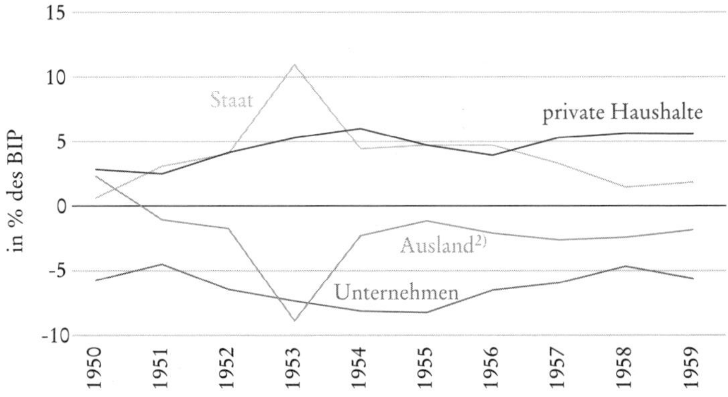

[1] in % des nominalen BIP
[2] negative Werte bedeuten eine Verschuldung des Auslands

Quelle: Statistisches Bundesamt

Abb. 14: Finanzierungssalden[1] der Wirtschaftssektoren in Deutschland 1950-1959

Der Staat leistete sich in den fünfziger Jahren des vergangenen Jahrhunderts den »Luxus«, extrem hohe Überschüsse zu machen (über zehn Prozent des BIP im Jahre 1953), die als »Juliusturm« (nach dem Finanzminister Julius Schäffer benannt) in die Geschichte eingingen. Das konnte er tun, weil Deutschlands Überschuss im Außenhandel während der Koreakrise dramatisch anstieg. Obwohl der Zusammenhang von außenwirtschaftlichem Überschuss und dem staatlichen Sparen in der Abbildung vollkommen eindeutig ist, wird die heroische Geschichte von Herrn Schäffer auch heute noch so erzählt, als sei es nur der unbeugsame Wille dieses Mannes gewesen, der es geschafft hat, dass Deutschland mit dem Juliusturm für die Zukunft vorsorgte.

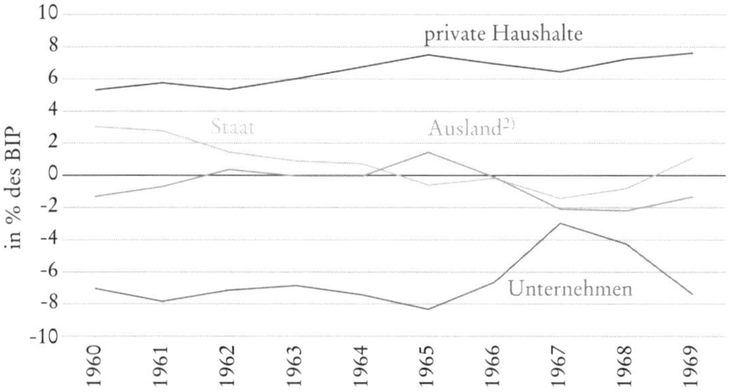

1) in % des nominalen BIP
2) negative Werte bedeuten eine Verschuldung des Auslands

Quelle: Statistisches Bundesamt

Abb. 15: Finanzierungssalden[1)] der Wirtschaftssektoren in Deutschland 1960-1969

Auch in den sechziger Jahren (Abbildung 15) war es für den Staat noch leicht, einen ausgeglichenen Haushalt zu verwirklichen, weil der allgemeine Boom die Unternehmen dazu brachte, die Rolle des wichtigsten Schuldners und Investors zu übernehmen.

Betrachtet man dagegen die Finanzierungssalden der einzelnen Sektoren heute, stellt man fest, dass die (nichtfinanziellen) Unternehmen per Saldo sparen, also Überschüsse in ihrer Finanzierungsrechnung aufweisen, wie das die Abbildung 16 illustriert. Da auch der Staat keine neuen Schulden mehr macht, liegt die Last der Verschuldung aus deutscher Sicht allein beim Ausland.

Der Unternehmenssektor als Nettosparer und das Ausland als einziger Schuldner sind eine in ihrer Bedeutung

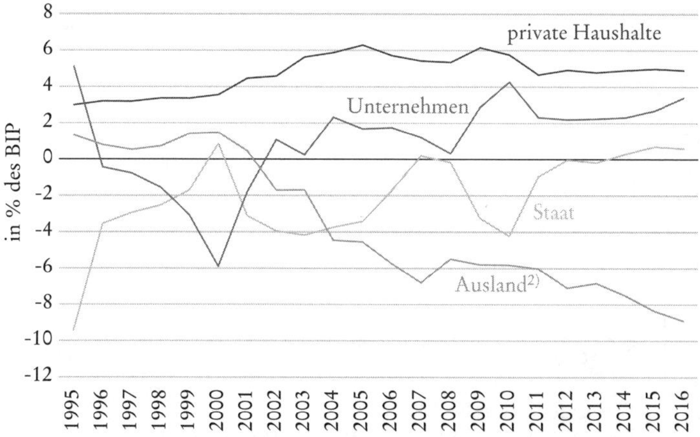

1) in % des nominalen BIP, 2016: Schätzwert der Kommission
2) negative Werte bedeuten eine Verschuldung des Auslands

Quelle: Ameco

Abb. 16: Finanzierungssalden[1] der Wirtschaftssektoren in Deutschland 1995-2016

kaum zu überschätzende Fehlentwicklung in der Marktwirtschaft. Die ganze Idee der Marktwirtschaft quer durch alle klassischen und neoklassischen Denkschulen war darauf ausgerichtet, den Unternehmen weitgehend allein die Verantwortung für die ertragreiche Verwendung der Ersparnisse zu übertragen. Nun zeigt sich, dass nicht nur die Transformation der Ersparnisse selbst eine Fiktion ist, sondern auch und viel schlimmer, dass die Unternehmen die Kompensation der durch die Ersparnisse ausgefallenen Nachfrage nicht mehr systematisch übernehmen, obwohl die Geldpolitik ihnen mit ihrer Nullzinspolitik auf der ganzen Welt dazu ein extrem großzügiges Angebot macht.

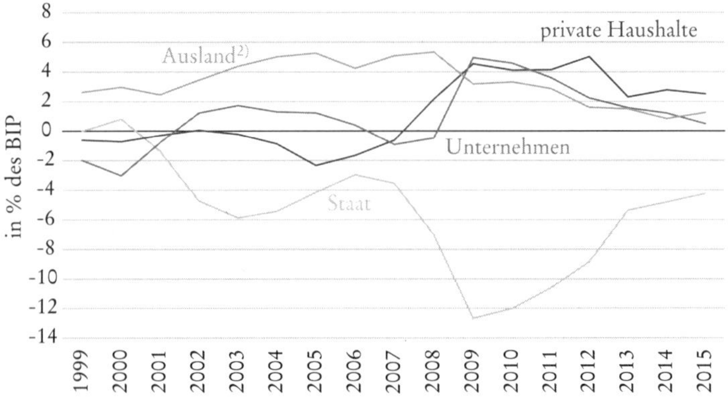

1) in % des nominalen BIP
2) negative Werte bedeuten eine Verschuldung des Auslands

Quelle: Ameco

Abb. 17: Finanzierungssalden[1] der Wirtschaftssektoren in den USA

Die USA (Abbildung 17) sind der typische Fall für eine große relativ geschlossene Volkswirtschaft, also eine Volkswirtschaft, in der die Außenbeziehungen nicht von erheblicher Bedeutung sind. Die Finanzierungssalden der Sektoren (also das Nettosparen auf der einen Seite und das Nettoverschulden auf der anderen Seite bzw. Einnahmen minus Ausgaben für den jeweiligen Sektor) zeigen hier sehr klar die fundamentale Änderung, die sich spätestens mit der globalen Finanzkrise von 2008/09 herausgebildet hat, die sich aber bereits vorher andeutete.

Die Unternehmen, die bis zum Jahrhundertwechsel noch auf der Schuldnerseite lagen, haben sich seit 2008 neben den privaten Haushalten auf der Sparerseite (also oberhalb von null) festgesetzt. Da die USA ein Leistungs-

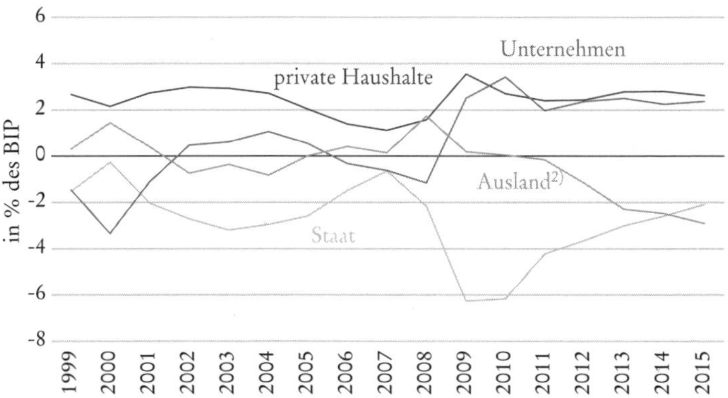

[1] in % des nominalen BIP
[2] negative Werte bedeuten eine Verschuldung des Auslands

Quelle: Ameco

Abb. 18: Finanzierungssalden[1] der Wirtschaftssektoren im Euroraum

bilanzdefizit aufweisen (also auch noch mit einer Nachfragelücke beim Außenhandel zu kämpfen haben), gibt es für den Staat prinzipiell keinen anderen Platz als den auf der Schuldnerseite, da sonst die Wirtschaft kollabieren würde.

Im Euroraum, der ebenfalls eine große relativ geschlossene Volkswirtschaft ist, sieht es ein wenig anders aus, weil der Euroraum einen erheblichen Überschuss in der Leistungsbilanz ausweist (Abbildung 18). Doch auch hier haben die Unternehmen seit der Jahrhundertwende ihre Position unterhalb von null verlassen und sind auf die Sparerseite gewechselt.

Rechnet man einmal ganz mechanisch aus den Salden für den Euroraum insgesamt die deutschen inländischen

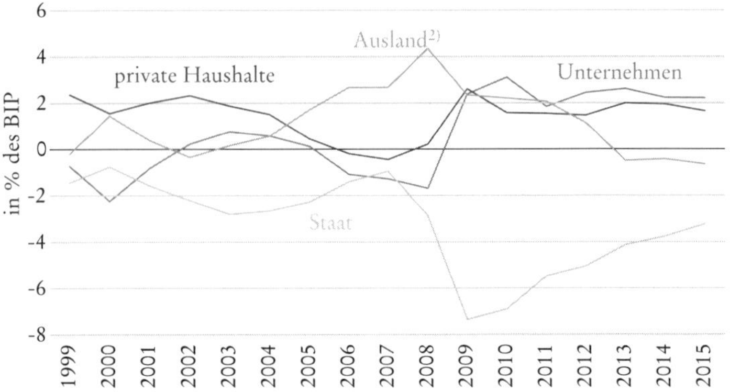

1) in % des nominalen BIP

2) negative Werte bedeuten eine Verschuldung des Auslands

Quelle: Ameco

Abb. 19: Finanzierungssalden[1] der Wirtschaftssektoren im Euroraum (ohne Deutschland)

Salden heraus und ermittelt daraus den Außenhandelssaldo der Eurozone ohne Deutschland, ergibt sich ein Befund, der dem für die USA extrem ähnlich ist (Abbildung 19).

Wenn der Außenhandel keine große Rolle mehr spielt, und das gilt nun einmal für große Wirtschaftsräume wie die USA und Europa (für die Welt insgesamt gibt es gar keinen Außenhandel), und die Unternehmen systematisch die Seite wechseln, ist das Schicksal der staatlichen Finanzen besiegelt. Der Staat muss dann für immer und ewig neue Schulden machen, ganz gleich, in welcher Größenordnung sich der absolute Schuldenstand bewegt. Kleine Merkantilisten wie Deutschland mögen sich noch eine Weile dieser zwingenden Logik durch noch höhere

Leistungsbilanzüberschüsse entziehen, sie sind aber die berühmten Zwerge, deren Schatten nur deswegen so lang ist, weil die geistige Sonne in ihrem Land so tief steht.

Wer etwas Relevantes zur Frage der Schulden sagen will, muss genau hier ansetzen. Man muss für höhere öffentliche Investitionen plädieren, aber man muss auch sagen, dass die alten Vorstellungen von der Konsolidierung der Staatsfinanzen grundsätzlich hinfällig sind. Die dazu in vielen Ländern Europas geführten Kontroversen zeigen, dass sich an dieser Frage das Schicksal des Kontinents entscheiden wird. Die Konservativen liegen hier zwar in der Sache regelmäßig vollkommen daneben, haben aber die Mehrheit der Bürger auf ihrer Seite, weil diese das Schuldenproblem einfach nicht verstehen können. Entsteht keine neue progressive politische Bewegung, die sich traut, dieses Thema offensiv aufzugreifen, spielt man mit dem scheinbar immerfort ungelösten Schuldenproblem nationalistischen Bewegungen in die Hände, weil die von vorneherein nicht auf rationale Lösungen setzen.

Man muss in dieser neuen Welt nicht mehr darüber philosophieren, ob und wie schnell der Staat »die guten Zeiten« nutzen sollte, um seine Verschuldung in Grenzen zu halten. Es gibt die guten Zeiten einfach nicht mehr, weil die Unternehmen so stark und so mächtig sind, dass man sie schlicht nicht mehr in die Rolle des Schuldners drängen kann. Die Stärke der Unternehmen ist die unmittelbare Folge der neoliberalen Revolution, was nichts anderes bedeutet, als dass die Neoliberalen mit ihrem Kurs hin zur »Angebotspolitik« unmittelbar verantwortlich dafür sind, dass die staatlichen Schulden ins Unermessliche steigen. Gratulation!

Richard Koo, einer der wenigen Ökonomen, die diese Frage immer wieder betonen und den Staat an seine Rolle als Schuldner erinnern, glaubt, dass die veränderte Rolle der Unternehmen mit Bilanzrezessionen zu tun hat. Seine These ist, dass die Betriebe nach einer Rezession erst einmal versuchen, in die Gewinnzone zu kommen, um ihre Bilanzen in Ordnung zu bringen. Das war vielleicht unmittelbar nach der globalen Krise eine angemessene Erklärung, heute ist sie das nicht mehr. Was wir sehen, hat vielmehr mit der säkularen Machtverschiebung zugunsten der Unternehmen am Arbeitsmarkt und gegenüber dem Staat zu tun, die von vielen konservativen Regierungen seit den siebziger Jahren direkt gefördert wurde und auch heute noch durch Steuersenkungen für die Unternehmen befördert wird.

Stimmt Letzteres, ist das marktwirtschaftlich-kapitalistische System weltweit auf dem direkten Weg in den Kollaps. Verbindet man die Macht der Unternehmen, ihre Seite der Sparmedaille auszuwählen, mit der Forderung an den Staat, seine Verschuldung zurückzufahren, wählt man – bei gegebener positiver Sparneigung der privaten Haushalte – eine Konstellation, die aus logischen Gründen unmöglich ist. Systeme, die sich solchen Unmöglichkeitsszenarien gegenübersehen, tendieren dazu, in kurzer Zeit zu kollabieren. Dabei ist es nicht von Belang, ob es tumbe Politiker sind, die das Unmögliche versuchen, oder ob interessierte Kreise das mit Macht durchsetzen wollen. Der Untergang ist unabwendbar.

Steuererhöhungen sind in vielerlei Hinsicht in Deutschland und im Neoliberalismus allgemein ein Thema, das mit vielen Tabus belegt ist. Das mit Abstand größte Tabu aber sind die Steuern, die von den Unternehmen gezahlt werden müssen und sollen. Zwar spricht man über internationale Missstände wie die Steuervermeidung der großen global agierenden Unternehmen, aber die Steuerbelastung der heimischen Unternehmen wird quer durch die Parteien als ein für alle Mal gegeben angesehen.

Das aber ist durch nichts gerechtfertigt, sondern allein der enormen Macht der Unternehmerlobby geschuldet. Man hat in Deutschland unter hohem Druck von Seiten der Unternehmenslobby die Steuern für die Unternehmen gesenkt, weil man fest daran glaubte, dass es einen engen Zusammenhang zwischen der Höhe der Unternehmensbesteuerung und der Investitionstätigkeit gibt. Die 1998 neu gewählte rot-grüne Regierung senkte den Spitzensatz der Einkommenssteuer, der in der Wirtschaftswunderzeit bei mindestens 56 Prozent lag, auf 42 Prozent ab.

Noch dramatischer aber: Die gesamten Steuern für die deutschen Kapitalgesellschaften wurden in den ersten Jahren nach der Jahrhundertwende glatt halbiert (Abbildung 20).

Doch keines der Wunderdinge, die für den Fall einer deutlichen Steuersenkung versprochen wurden, ist eingetreten. Weder ist die Investitionstätigkeit durch die Decke gegangen, noch haben die »Leistungsträger« dafür gesorgt, dass in Deutschland die Produktivität dank ihrer Ideen und ihrer Kreativität kräftig steigt. Deutschlands

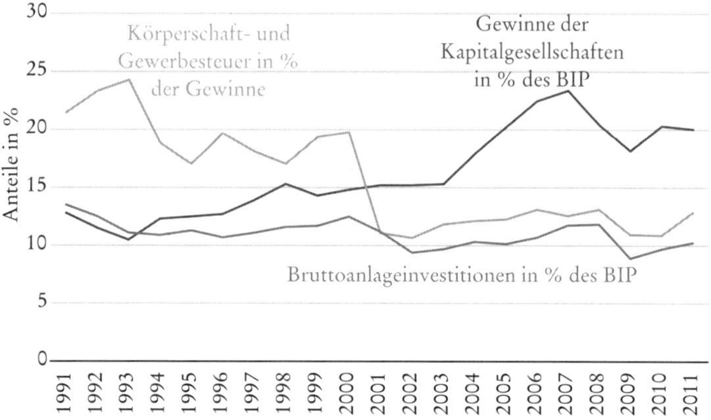

Quelle: Statistisches Bundesamt (Volkswirtschaftliche Gesamtrechnung)

Abb. 20: Gewinne, Investitionen und Steuerbelastung der Kapitalgesellschaften

Produktivität ist in dieser Zeit bei fast gleichem (aber etwas niedrigerem) Niveau nicht stärker als die französische gestiegen. Deutschlands Exporterfolge haben allein mit relativer Lohnsenkung zu tun, sie sind gerade nicht das Ergebnis einer überlegenen Produktivitätsentwicklung.

Wenn also die massive Rückführung der Steuersätze bei Einkommen und Gewinnen vollkommen ungerechtfertigt war, warum sollte man den Fehler nicht eingestehen und eine Revision der Steuerentlastungen fordern? Jede Art von Steuererhöhungsidee wird jedoch in weiten Teilen der Medien gnadenlos niedergemacht. Dabei muss immer die »Mittelschicht« herhalten, weil ja niemand offen die Reichen verteidigen will. Und es war in der Tat ein geschickter Schachzug bei den Steuerreformen der

Vergangenheit, den Spitzensteuersatz schon bei einem so niedrigen Einkommen anzusetzen, dass man beim Spitzensteuersatz schon mit der Mittelschicht argumentieren kann, ohne rot zu werden. Wäre das zu versteuernde Einkommen, bei dem der Spitzensteuersatz greift, doppelt so hoch wie heute, wäre es nicht so leicht, die Mär von der Mittelschicht zu erzählen. Ähnliches gilt für die Unternehmen, wo der »Mittelständler« die Galionsfigur des Widerstandes abgibt.

Als zur Mitte des ersten Jahrzehnts des vergangenen Jahrhunderts die deutsche Lohnsenkung (die reale Abwertung) gegenüber den europäischen Partnern zu greifen begann, explodierten die Einkommen der deutschen Unternehmen förmlich, wie es die Abbildung 20 zeigt. Der von allen erwartete Investitionsboom aber blieb aus. Wenn in der Theorie von der zu hohen Steuer- und Abgabenbelastung auch nur ein Fünkchen Wahrheit gesteckt hätte, wären die Investitionen in Deutschland gestiegen und hätten die Wirtschaft über viele Jahre getragen. Wie oben gezeigt, stieg die Investitionsquote jedoch im ersten Jahrzehnt von einem extrem niedrigen Niveau nur ganz leicht an, um nach der Finanzkrise von 2008 schon wieder auf einen historischen Tiefstand zu sinken. Seitdem ist die Investitionstätigkeit extrem schwach geblieben.

Gegen eine solche Argumentation wird immer wieder vorgebracht, bereits heute würden 95 Prozent der Einkommensteuer von nur der Hälfte der Steuerpflichtigen erbracht (vgl. Flassbeck 2013c). Dieser Vergleich ist jedoch eindeutig irreführend und dazu gedacht, die öffentliche Meinung zu manipulieren. Man vergleicht einen Anteil von Personen mit einem Anteil am Steueraufkommen, also mit einer Geldsumme, was natürlich unzulässig ist (vgl. Flassbeck 2013a). Da die Steuern aus dem Einkommen der Personen gezahlt werden, muss man deren Einkommen insgesamt mit deren Anteil am Steueraufkommen vergleichen. Nur dann weiß man, ob sie wenig oder stark belastet sind. Wenn aber die oben genannte Hälfte der Steuerpflichtigen 95 Prozent der Einkommen verdienen, dann ist es völlig in Ordnung und normal, dass sie 95 Prozent der Einkommensteuer bezahlen.

Generell muss man auf der Position beharren, dass es in erster Linie nicht ein Steuerproblem, sondern ein Verschuldungsproblem gibt. Wenn es dem Staat gelingt, über höhere Steuern für die Unternehmen deren Verschuldungsbereitschaft zu fördern, kann man das oben beschriebene Verschuldungsproblem lösen. Ist das nicht der Fall, muss sich der Staat selbst verschulden. Eine Position wie die von fast allen linken Parteien vertretene, nach der zur Finanzierung von Investitionen der Staat die Steuern erhöhen sollte, um seine Verschuldung gering zu halten, ist unsinnig. Sie verkennt, dass das Sparproblem immer durch höhere Verschuldung eines Sektors gelöst werden muss, ganz unabhängig davon, wie hoch die Steuern sind.

Säkulare Stagnation?

Das Rätseln über die Ursachen der Quasi-Stagnation der Weltwirtschaft seit dem Ende der großen Finanzkrise nimmt zum Teil skurrile Züge an. Weil man aufgrund ideologischer Vorurteile nicht zu den Ursachen des absurden Unternehmerverhaltens vordringen kann, werden scheinbar objektive Tatbestände gesucht, die eine derartige untypische Investitionsschwäche erklären können. Robert J.

Shiller, Professor in Yale und Nobelpreisträger, etwa identifiziert richtigerweise die niedrigen Zinsen als den Indikator, der am besten zeigt, dass der industrialisierte Teil der Weltwirtschaft von einer normalen Erholung und einer normalen wirtschaftlichen Entwicklung noch immer weit entfernt ist (Shiller 2017).

Shiller greift jedoch zur Erklärung den Gedanken der säkularen Stagnation auf, den einst (1938) Alvin Hansen populär gemacht hatte und der von Larry Summers (Shiller verweist darauf) vor ein paar Jahren wiederbelebt wurde. Seine daraus entwickelte Erklärung der Schwäche der privaten Ausgaben (Konsum vor allem, aber auch Investitionen) stellt auf Pessimismus und Optimismus der in der Wirtschaft handelnden Akteure ab. Nur wenn die Menschen, so Shiller, optimistisch in die Zukunft blicken, werden sie bereit sein, genug Geld auszugeben, um die Wirtschaft anzukurbeln: »Steuert man nicht durch außergewöhnliche Stimuli entgegen, begrenzen düstere Vorahnungen die Bereitschaft der Menschen, Geld auszugeben.«

Ist es also nur unsere Angst, die uns hindert, »genügend Geld auszugeben«? Denkt man einen Augenblick darüber nach, stellt man fest, dass das eine sehr seltsame Theorie ist. Wäre es so, wie Shiller es beschreibt, müsste man nämlich beobachten, dass die Sparquote der privaten Haushalte nach der Krise gestiegen und bis jetzt hoch geblieben ist. Das ist allerdings in den meisten Ländern nicht der Fall. Das Gegenteil ist richtig, in vielen Ländern ist die private Sparquote sogar gesunken; Japan ist hier das klassische Beispiel, aber auch in Italien ist sie historisch niedrig.

Was Shiller wie viele andere (Nobelpreisträger) nicht verstehen kann, ist die einfache Tatsache, dass die Variable, die mehr als alles andere das Ausgabeverhalten der privaten Haushalte bestimmt, die Einkommensentwicklung an sich ist und nicht die »Bereitschaft«, aus einem vorhandenen Einkommen mehr oder weniger auszugeben. Weil er der neoklassischen Gedankenwelt verhaftet bleibt, unterstellt er offensichtlich, das Einkommen der Haushalte sei gegeben, sei selbstverständlich richtig (vom Markt bestimmt) und entziehe sich vollständig jeder politischen Einflussnahme.

Wer das unterstellt, macht einen entscheidenden Fehler. Shiller hat, genau wie Paul Krugman (2013a) oder Joe Stiglitz (2014) nicht verstanden, was wir oben erklärt haben, dass nämlich im Zuge der Finanzkrise von 2008/09 ohne jeden neoklassischen Grund, also ohne »zu hohe Löhne«, die Arbeitslosigkeit massiv gestiegen ist. Dadurch haben sich die Machtverhältnisse in den Arbeitsbeziehungen, die schon vorher sehr einseitig waren, noch einmal zugunsten der Arbeitgeber verschoben. Das hat dazu geführt, dass in den meisten entwickelten Ländern die Löhne nach der Krise sehr viel weniger gestiegen sind als nach einem normalen Abschwung und in einem normalen Aufschwung. Das erklärt Deflation und Nachfrageschwäche zugleich. Es erklärt aber auch, warum die Ungleichheit in den meisten Ländern weiter zugenommen hat.

Das ist offenbar eine ganz andere Story bei der Erklärung der Zusammenhänge, als es der Fokus auf die Sparquote oder unterschiedliche Sparquoten von arm und reich nahelegt. Die zunehmende Ungleichheit zwischen Arbeit und Kapital sowie die zunehmende Ungleichverteilung innerhalb der Gruppe der Lohnbezieher ist somit nicht der ursprüngliche Grund für die Wachstumsschwäche, sondern ihre Folge. Die Ungleichverteilung zementiert ihrerseits die schlechte gesamtwirtschaftliche Entwicklung, wenn die Wirtschaftspolitik nicht mit aller Macht dagegenhält und unter anderem mit Vollbeschäftigungspolitik dafür sorgt, dass Arbeitskräfte wirklich knapp werden, so dass ihre Verhandlungsmacht steigt.

Warum spricht Shiller nicht (wenigstens auch) über sinkende oder nur wenig steigende Einkommen der Arbeitnehmer insgesamt? Sind nicht in Amerika die Realeinkommen der Arbeitnehmer in den letzten Jahren weit weniger gestiegen, als es von der durchschnittlichen Produktivitätsentwicklung her möglich gewesen wäre? Das hat den Konsum beeinträchtigt sowie die Investitionstätigkeit und die Wirtschaft insgesamt geschwächt. Das Angebot an Arbeitsplätzen ist durch diese Entwicklungen auf der Lohnseite nicht gestärkt, sondern eindeutig geschwächt worden. Das ist das genaue Gegenteil dessen, was die neoklassische Arbeitsmarkttheorie vorhersagt.

Was hier zutage tritt, ist die entscheidende Schwäche auch solcher prominenteren Ökonomen, die man nicht ohne Weiteres der neoklassischen Orthodoxie zuordnen kann. Auch die meisten derjenigen, die sich selbst Keynesianer nennen würden, stellen die neoklassische Funktionsweise des Arbeitsmarktes nicht fundamental infrage. Sie beschäftigen sich vorwiegend mit der Frage, wer wie viel von seinem (vom Markt zugeteilten und damit als richtig hinzunehmenden) Einkommen spart und folglich den Wirtschaftskreislauf wie stark belastet oder belebt. Sie fordern daher nur leichte staatliche Korrekturen der scheinbar objektiven Einkommensergebnisse, damit durch die niedrige Sparquote der davon Begünstigten ein wenig mehr Nachfrage entsteht. Auch eine direkte Nachfrageausweitung durch den Staat selbst ist bei ihnen lediglich der Versuch, temporär hohe Ersparnisse bei den privaten Haushalten in ihrer negativen Nachfragewirkung zu kompensieren.

Zu einer echten Erklärung der durch fallende oder zu wenig steigende Löhne ausgelösten Arbeitslosigkeit trägt eine solche Position nichts bei. Dass der Arbeitsmarkt, wie man in der Folge von 2008/09 gesehen hat, absolut falsche Ergebnisse zustande bringt, wird vollständig ausgeblendet. Die hohe Arbeitslosigkeit nach 2008/09 entstand aber, obwohl die Löhne nicht hoch, sondern historisch niedrig waren. Doch nur wer das zur Kenntnis nimmt und die neoklassische Beschäftigungstheorie vollständig verwirft, kann wirklich zu einem neuen Verständnis der wirtschaftlichen Abläufe beitragen und sinnvollen wirtschaftspolitischen Rat geben.

Hinzu kommt, dass in den Zeiten, in denen die Unternehmen Nettosparer sind, die alten Relationen ohnehin nicht mehr stimmen. Warum sollte man über Sparquotenverschiebungen bei den privaten Haushalten philosophieren, wenn gleichzeitig bei denjenigen, von denen man in einer Marktwirtschaft systematisch erwartet, dass sie den Gegenpart zu den privaten Haushalten bilden, den Unternehmen nämlich, eine vollständige Umkehr ihrer Rolle zu beobachten ist?

Der Staat wird, wie im vorherigen Abschnitt gezeigt, zum dauernden Schuldengegenpart der sparenden Privatwirtschaft und muss alle seine alten Vorurteile bezüglich tragbarer Schuldenstände und einer angemessenen Neuverschuldung über Bord werfen. Das gilt jedenfalls dann, wenn man klug genug ist zu erkennen, dass Leistungsbilanzüberschüsse und damit Merkantilismus à la Merkel und Schäuble keine Lösung für das Sparproblem der Welt sind.

Finanzmärkte produzieren falsche Preise

Finanzmärkte spielen in der neoklassischen Theorie eine absolut entscheidende Rolle. Sie sind das Schwungrad, das alle Marktteilnehmer dazu bringt, ihr Bestes zu geben, weil jeder Mangel an Effizienz in anderen Märkten von ihnen erkannt und ausgenutzt wird. Durch ihre unvergleichliche eigene Effizienz spornen sie einerseits an, andererseits aber bestrafen sie jedes Fehlverhalten gnadenlos, indem sie Kredit und Liquidität, den eigentlichen Lebenssaft des Marktes, bereitstellen oder verweigern.

So weit die Karikatur. In Wirklichkeit kommen die größten Verwerfungen für die Realwirtschaft aus dem Finanzsektor, der, wenn er nicht vom Staat und der Staatengemeinschaft extrem restriktiv reguliert wird, das Potenzial hat, ungeheuer großen Schaden anzurichten. Warum es immer wieder zu großen Finanzkrisen kommt, ist bis heute nur wenig verstanden, weil sich auch hier die herrschende Lehre weigert, Grundannahmen bezüglich der Rationalität dieser Märkte infrage zu stellen. Deswegen gehört zur Untersuchung der Regression, die vom Neoliberalismus ausgelöst wurde, ohne Zweifel die Frage, was wirklich an den Finanzmärkten schiefläuft und warum gerade diese Märkte nicht zu den Assets der neoliberalen Revolution zählen.

In den Jahren nach der großen Finanzkrise kam es weltweit zu einer interessanten Kontroverse über die Frage, ob auch die Rohstoffpreise und die Preise für Nahrungsmittel von der internationalen Finanzspekulation getrieben worden waren. Dies wurde von neoliberalen Ökonomen und den »Märkten« natürlich in Abrede gestellt. Unmittelbar nach der großen Krise, die gezeigt hatte, wie absurd weit sich die Preise von international gehandelten Immobilienpapieren von den »fundamentals« wegbewegen können, wurde mit dem Aufkommen der Diskussion um Verzerrungen der Rohstoffpreise sofort wieder die These der »effizienten Märkte« aus der Schublade geholt.

Bei der Diskussion wurde aber offensichtlich, dass der eigentliche Knackpunkt der Analyse von Finanzmärkten im Allgemeinen immer noch nicht verstanden wird. Und es geht hier wirklich um verstehen, selbst wenn viele derer, die sich an einer solchen Diskussion beteiligen, von vorneherein nichts anderes versuchen, als die Position zu bestätigen, dass die Finanzmärkte nichts falsch machen können. Das Problem ist, wie in anderen Bereichen auch, dass man der Ökonomik als Wissenschaft gar keine Chance gibt, sondern mit feststehenden Vorurteilen in eine solche Debatte geht.

Effiziente Märkte?

In der Diskussion um die Effizienz der Finanzmärkte haben David Bicchetti und Nicolas Maystre von UNCTAD absolut überzeugende Evidenz vorgelegt (Bicchetti & Maystre 2012). Sie zeigen, dass vor allem im Hochfrequenzhandel nach der Finanzkrise eine fundamentale Veränderung stattgefunden hat, weil die Korrelationen (der fünfminütigen Erträge) zwischen einem Ölpreis (hier WTI) und dem Aktienindex von Standard & Poor's (S&P)

systematisch nach oben gehen und – mit einer kurzen Ausnahme während der Libyenkrise – bis Mitte 2012 relativ hoch bleiben. Danach bewegen sich die Korrelationen wieder nach unten.

Das lässt klar auf einen entscheidenden Einfluss der Finanzmärkte schließen. Zunächst haben die Finanzmärkte sich massiv in den Rohstoffmärkten engagiert. Das ist das Phänomen, das man üblicherweise Finanzialisierung nennt. Nachdem sich aber zeigte, dass eine jahrzehntelange Rallye der Rohstoffmärkte eine Illusion ist, zogen sich die Finanzmärkte wieder zurück.

Das gilt auch, wenn man wichtige Lebensmittel betrachtet. Für Mais, Zucker, Sojabohnen, Rindfleisch und Weizen lässt sich zeigen, dass die Korrelation der dort erzielten (Fünf-Minuten-)Erträge mit dem gleichen Aktienindex einen Bruch im Jahr 2008 aufweist, dass die Korrelationen dann bis Mitte 2012 recht hoch sind und zuletzt auch hier zurückgehen.

Der Rückgang der Bedeutung der Finanzialisierung für die Rohstoffpreise (und der Erträge aus dem Rohstoffgeschäft, wobei Ertrag der Unterschied ist zwischen dem Einkaufspreis und dem Verkaufspreis fünf Minuten später) geht einher mit Berichten von Regulierungsbehörden wie der englischen Financial Conduct Authority FCA (2014), dass seit einigen Jahren weit geringere Mengen an Kapital in die Rohstoffmärkte fließen als noch vor ein paar Jahren. Der zuletzt zu beobachtende Zusammenhang zwischen rückläufiger Korrelation der Preise und dem Rückgang der Ströme beweist besser als alles andere, dass die Behauptung, die Finanzialisierung, also die zunehmenden Investments in Rohstoffpapiere, habe die Preise für einige Jahre massiv verzerrt hat, vollkommen richtig war.

Über die Gründe für den Rückzug der »Investoren«, deren Präsenz doch von Verteidigern der Finanzialisierung als absolut notwendig betrachtet wurde, kann man im wahrsten Sinne des Wortes nur spekulieren. Vermutlich war es einfach so, dass sinkende Profite und geringere Risikodiversifizierung, die wegen der engen Korrelation der Rohstoffpreisentwicklung mit anderen Finanzmarktprodukten heute mit solchen Investments verbunden sind, die Spekulation unattraktiv gemacht hat. Hinzu kommt sicherlich auch, dass viele Teilnehmer aus der »Finanzindustrie« die öffentliche Aufmerksamkeit und die größere Aufmerksamkeit der Regulierer nicht lieben, die mit der Diskussion um Rohstoffspekulation verbunden ist. Entscheidend ist aber vermutlich, dass die Vermutung, es gebe einen »neuen Superzyklus« für Rohstoffe, also eine Knappheit für die nächsten Jahrzehnte, sich nicht erfüllt hat.

Selbst wenn die politische Bedeutung der Rohstoffinvestments damit abnimmt, ist es wichtig zu verstehen, was an diesen Märkten passiert ist und warum die herrschende Ökonomie auch hier in ihrer Diagnose weit neben der Realität liegt. Schließlich geht es auch und vor allem um Währungsrelationen, die in ihrer Bedeutung für die Verzerrung von Preisen sehr viel wichtiger sind als die Rohstoffspekulation. Wir wollen daher noch einmal versuchen zu erklären, warum die Hypothese von den effizienten Finanzmärkten fundamental falsch ist und warum es vielen so schwerfällt, das zu verstehen.

An den Rohstoffmärkten gibt es, genau wie an den Devisenmärkten, im Grunde drei Variablen, mit deren Hilfe man Geld verdienen kann. Beginnen wir mit den Devisenmärkten, weil dort die relevanten Beziehungen vielleicht noch etwas leichter zu verstehen sind.

Durch den Umtausch einer Währung in eine andere kann man in der Regel kein Geld verdienen, denn die Währung als solche, nehmen wir beispielsweise Bargeld, wirft keinen Ertrag ab. Auch die Anlage in fremden Währungen sollte bei einem funktionierenden Währungssystem keinen besonderen Ertrag abwerfen, denn die Grundidee jedes vernünftigen Währungssystems ist es gerade, kurzfristige Spekulation mit Währungen unattraktiv zu machen. Das war auch die Grundidee, die einst hinter flexiblen Wechselkursen stand, der Vorstellung also, man müsse die Währungsrelationen nur dem Markt überlassen, dann werde sich automatisch ein Gleichgewicht einstellen, das Spekulation hinfällig macht.

Doch es ist ganz anders gekommen. Flexible Wechselkurse haben sich zwar in weiten Teilen der Welt durchgesetzt, doch das System funktioniert vollkommen anders, als es sich die Protagonisten des Marktes ausgedacht haben. Spekulation mit Währungen ist die Regel und nicht die Ausnahme, und sie richtet gewaltigen Schaden an, weil die herrschende Lehre in der Ökonomik nicht von dem Gedanken lassen will, dass nur Märkte die richtigen Preise am Devisenmarkt finden können.

Wer durch den einfachen Umtausch von einer Währung in die andere Erträge erzielen will (das ist der sogenannte *carry trade*), muss den Zins der *funding currency* (also der Währung, die er selbst besitzt oder in der er sich verschuldet) im Blick haben, den Zins der Zielwährung (also der Währung, in die er seine eigene bzw. die *funding currency* tauscht) und die mögliche Änderung des Währungsverhältnisses, also des Wechselkurses zwischen Zielwährung und eigener Währung (bzw. *funding currency*) während der Zeit der Anlage in Fremdwährung.

»Investieren« wird man in der Regel nur in solchen Währungen, deren Zins höher ist als der eigene bzw. jener der Währung, in der man sich verschuldet hat. Das ist an den Devisenmärkten relativ einfach, weil die kurzfristigen (nominalen) Zinsen, um die es in der Regel geht, von den Zentralbanken weitgehend bestimmt sind und deswegen nicht sehr stark schwanken. Hat man sich also eine Zielwährung mit relativ hohem Zins ausgesucht, macht man in der Regel Gewinn, weil es nur auf die nominalen Zinsen ankommt (der Investor will nichts im Land der Zielwährung kaufen), und die sind ganz gut vorhersehbar.

In einem solchen Markt ist die Differenz zwischen Future-Preis (also dem Preis, den man zahlen muss, wenn man die Währung per Vertrag von heute in sechs Monaten kaufen will) und Spot-Preis (also dem heute gültigen Preis) sehr stabil. Die Zielwährung wird mit einem Abschlag für die Zukunft gehandelt, der genau der Zinsdifferenz zwischen den Ländern entspricht. Wäre das nicht so, könnte man risikolose Arbitragegewinne machen, was meist nicht gelingt, weil der Markt in dieser Hinsicht (bei vollkommen risikolosen Geschäften) wirklich effizient ist.

Das Risiko kommt dadurch in das Geschäft, dass sich die Zielwährung abwerten könnte, was bedeutet, dass der Spekulant nach dem Rücktausch der Zielwährung in eigene Währung am Ende der Anlageperiode weniger eigene Währung bekommt, als er eingesetzt hat. Umgekehrt jedoch, wenn die Zielwährung aufwertet: Dann erhält er den Ertrag aus der Zinsdifferenz plus eine Aufwertungsprämie, weil beim Rücktausch in die eigene Währung noch ein positiver Betrag zur Zinsdifferenz dazukommt.

Wenn diesen *carry trade* sehr viele »Investoren« auf der Welt betreiben, kommt es zu dem Phänomen, das alle Finanzmärkte auszeichnet und das den Markt am Ende versagen lässt. Es steigt nämlich exakt dadurch die Wahrscheinlichkeit, dass die Zielwährung eine ganze Weile aufwertet, dass viele (eine große Herde) das tun, was im perfekten Markt der Neoklassik nur einige tun würden. Das falsche Signal des Marktes, dass nämlich eine Währung aufwertet, die eigentlich abwerten müsste (wegen der höheren Zinsen und der höheren Inflation des Zielmarktes), wird dadurch verstärkt, dass sich die Herde der Spekulanten auf ein solches Geschäft stürzt und nicht davon ablässt, bevor es kracht.

Das passierte zum Beispiel beim brasilianischen Real zwischen 2003 und 2008. Der Future zeigte zwar die ganze Zeit in die falsche Richtung, was nichts anderes bedeutete, als dass der Future in diesem Fall keinerlei Information über die Zukunft enthielt, aber die Währung wertete dauernd auf. Im Fall Brasiliens war die Aufwertung jedoch volkswirtschaftlich absurd, weil eine Währung aufgewertet wurde, deren Inflationsrate relativ hoch war (womit die betroffene Volkswirtschaft real sehr stark aufwertet und internationale Wettbewerbsfähigkeit verliert). Das interessiert den Investor oder Spekulanten aber nicht, denn er ist nur an seinem Ertrag interessiert, und der steigt mit einer Aufwertung.

Allerdings wissen auch die Investoren, dass in dem Zielland mit der Aufwertung eine Situation geschaffen wird, die irgendwann unhaltbar ist und zu einer Krise führt, weil das Land auf den internationalen Märkten ständig Anteile verliert, seine Leistungsbilanz ins Defizit geht und seine Auslandsschulden steigen. Daher steigt mit der Zeit das Risiko dieser Investments, und alle lauern darauf, kurzfristig aussteigen zu müssen. Passiert das, schreiben die Zeitungen lange Kolumnen, in denen steht, was die Zielländer alles falsch gemacht haben, weil deren Währung dann plötzlich abwertet.

Rohstoffspekulation

Bei der Rohstoffspekulation sind die drei Variablen, um die es geht, der heutige Preis des Rohstoffs (der Spot-Preis), der zukünftig zu erwartende Preis (der Preis der Futures, also von Kontrakten, die nicht heute, sondern zum Beispiel in drei Monaten bedient werden müssen) und, oft übersehen, die Entwicklung des Gesamtmarktes, also die Richtung, in die sich Spot- und Future-Preis gemeinsam entwickeln.

Für Öl beispielsweise gibt es normalerweise eine Differenz zwischen Spot und Future, und es gibt die Bewegung beider Preise, die unabhängig von der Differenz ist. Der große Unterschied zum Devisenmarkt ist, dass die Differenz zwischen Spot und Future hier nicht stabil ist, sondern sehr stark schwankt. Erschwerend für den »Investor« kommt hinzu, dass diese Differenz bei den Rohstoffen von Markt zu Markt unterschiedlich ist und in der Tat erheblich von vielen Einzelereignissen an den verschiedenen Märkten beeinflusst wird.

Die Absicherungsgeschäfte (*hedging*), von denen immer die Rede ist und gegen die niemand etwas einzuwenden hat, vollziehen sich zwischen Spot- und Future-Preis. Erwarten einige Marktteilnehmer, dass die Preise – wegen ungünstiger Ernteaussichten zum Beispiel – in sechs Monaten höher als heute sein werden, versuchen die Kunden der Rohstoffproduzenten (der Bauern), Future-Kontrakte zu kaufen, die ihnen Schutz vor den unter Umständen steigenden Preisen bieten. Sind die Bauern oder andere Marktteilnehmer anderer Meinung hinsichtlich der Preisentwicklung (erwarten sie also fallende, konstante oder nur wenig steigende Preise), verkaufen sie gerne solche Kontrakte, weil sie dann schon heute in etwa wissen, was sie bei einer bestimmten Erntemenge in der Kasse haben werden.

Da die Bauern das Risiko wesentlich höherer Preise gering einschätzen, ist mit diesen Verträgen beiden Seiten gedient, obwohl am Ende eine Seite verloren hat (sind die Preise nach sechs Monaten wirklich hoch, haben die Bauern verloren, weil sie ohne Future-Kontrakte mehr verdient hätten), aber das können sie vielleicht wegen des geringeren Risikos, das sie hatten, akzeptieren. Werden viele Future-Kontrakte nachgefragt, steigt deren Preis, das heißt, die Differenz zwischen Spot und Future nimmt zu (der Markt ist dann in *Contango*, sagt man). Fragt kaum jemand Future-Kontrakte nach, kann es auch umgekehrt sein, die Future-Preise liegen unter den Spot-Preisen (der Markt ist in *Backwardation*, sagt man dazu). Die Differenzen zwischen Future und Spot bleiben aber in der Regel relativ gering, weil bei Unsicherheit über die Zukunft keine Seite eine ganz große Abweichung wagt.

Was aber passiert an einem solchen Markt, wenn plötzlich große Mengen von »Finanzinvestoren« auftreten, die gar keine Ahnung von den konkreten Marktverhältnissen haben, sondern nur in der Erwartung vereint sind, mit dem Kauf von Derivaten, hier also Future-Kontrakten (die sie halten wollen, in die sie also »long« gehen, wie es im Marktslang heißt) Erträge dadurch zu erzielen, dass sie günstig kaufen und bei höheren Preisen verkaufen? Diese Investoren sind offenbar von der Erwartung getrieben, dass die Rohstoffpreise generell steigen. China war dabei jahrelang ein wichtiges Argument, weil man erwartete, dass das Land viel verbraucht und so wenig selbst produziert, dass die Rohstoffpreise über Jahre nur eine Richtung kennen würden, nämlich nach oben. Und weil es viele Akteure mit großen Geldsummen sind, die das erwarten und entsprechend handeln, geschieht auch genau das. Wie an allen Finanzmärkten gibt es sich selbst treibende Entwicklungen, die dafür sorgen, dass die Preise weit über den Wert hinaus steigen, den sie ohne die Finanzialisierung (ohne die Finanzinvestoren also) gehabt hätten.

Und dann passiert, genau wie am Devisenmarkt, das, was nicht passieren dürfte, dann steigt der Future-Preis so stark, dass auch der Spot-Preis mit nach oben gezogen wird. Denn jeder Produzent sagt sich dann, dass bei einer halbwegs normalen Differenz zwischen Spot- und Future-Preis er heute schon seine Preise erhöhen kann, weil auf der anderen Seite jeder – im Lichte der von den Finanzinvestoren hochgetriebenen wesentlich höheren Future-Preise – bereit sein wird, das zu zahlen. Auf diese Weise schiebt sich dann, wie 2008 in klassischer Weise geschehen, das ganze System der Spot- und Future-Preise nach oben, obwohl der Ölmarkt dauernd in Backwardation war, die Future-Preise also unter den Spot-Preisen lagen. In der nächsten Phase allgemein steigender Preise nach der Finanzkrise war der Ölmarkt in Contango, aber dennoch ging es allgemein nach oben.

In diesen Phasen allgemein steigender Preise kann man

Gewinne mit Future-Kontrakten machen, selbst wenn man hinsichtlich der Differenz von Spot und Future falschliegt. Man muss ja nur jemand finden, der bereit ist, den Kontrakt auch zu einem höheren Preis, als man ihn selbst gekauft hat, zu erwerben, weil der Counterpart erwartet, dass die Preise weiter steigen. Selbst wenn der Kontrakt als solcher Verluste generiert, weil zum Beispiel der Future-Preis, anders als erwartet, zum Zeitpunkt der Fälligkeit unter dem Spot-Preis liegt, kann man noch einen Gewinn verbuchen, wenn die allgemeine Erwartung herrscht, die Rohstoffpreise würden weiter anziehen.

Je länger eine solche Hausse jedoch andauert, umso größer wird die Wahrscheinlichkeit, dass sie zusammenbricht und auf breiter Front Verluste entstehen. Ein Ölpreis von 150 Dollar je Barrel wird einfach unrealistisch, wenn man mehr und mehr erkennt, dass die Lager voll sind und die Produktion auf vollen Touren läuft, wie das etwa in den Jahren nach der Krise war. Eine sterbende Hausse aber bedeutet für passive Investoren wie Indexfonds und Money Manager, die in Erwartung weiter steigender Preise *long* gegangen sind, dass sie mehr und mehr Verluste einfahren. Folglich scheiden sie mangels positiver Renditeerwartung aus dem Markt aus. Das geschah nach 2010, weil einfach zu viele konkrete Indikatoren zeigten, dass der erwartete Superzyklus nicht eingetreten war oder schon sein Ende erreicht hatte.

Verzerrte Preise

Das Ergebnis all dessen ist dennoch eindeutig: Über einige Jahre waren die Preise für Rohstoffe einschließlich vieler Nahrungsmittel massiv verzerrt, und zwar nach oben. Und das ist mehr als bedenklich, weil Menschen, die auf diese Nahrungsmittel angewiesen sind, nicht warten können, bis die lange Frist der Ökonomen zurückgekehrt ist. Es ist nämlich nicht richtig, dass man langfristig tot ist. Man ist kurzfristig tot, wenn man nicht genug bezahlbare Nahrungsmittel zur Verfügung hat.

Das alles wird in der herrschenden Ökonomik nicht im Detail diskutiert, weil viele sogenannte Akademiker sich sofort und ohne großes Nachdenken auf die Seite der Ideologen schlagen und alles, was an Märkten geschieht, bis aufs Blut verteidigen. Das ist das eigentlich Schlimme auch an dieser Entwicklung: Man ist unfähig, über solch komplexe Phänomene und die angemessene Rolle des Staates an solchen Märkten vernünftig zu diskutieren, weil zu viele derjenigen, die hoch bezahlt werden, um aus der wissenschaftlichen Freiheit heraus der Aufklärung zu dienen, genau das Gegenteil tun.

In der Schweiz gab es eine Volksinitiative der Jungen Sozialdemokraten zum Verbot von Nahrungsmittelspekulation, die gezeigt hat, wie primitiv eine von den scheinbaren Interessen der Wirtschaft geleitete Regierung in der Öffentlichkeit mit einem solchen Thema umgehen kann. Die Schweizer Jusos lagen mit dieser Initiative zwar vollkommen richtig, gegen die Phalanx von Regierung und Wirtschaft hatten sie jedoch keine Chance.

In der Schweizer Debatte wurde immer wieder mit einem beliebten, aber unhaltbaren Vorurteil argumentiert. Sogenannte Experten behaupteten, dass es an den Rohstoffmärkten bei jedem Geschäft immer zwei Seiten gebe, und brachten damit irgendwie zum Ausdruck, dass die Preise eigentlich gar nicht steigen könnten, weil immer einer kauft und einer verkauft. Letzteres ist allerdings an allen Märkten so, und dennoch sehen wir Preissteigerungen und Preissenkungen. Besonders an den Finanzmärkten gibt es heftige Preisschwankungen, obwohl doch immer einer kauft und einer verkauft.

Das Missverständnis kommt vermutlich daher, dass man sich nur schwer vorstellen kann, wie beispielsweise eine allgemeine Marktdynamik, die praktisch alle Finanzmarktpreise (also Aktien, Rohstoffe, Währungen und deren Derivate) massiv nach oben treibt, zustande kommen kann und warum dann überhaupt jemand seine Positionen verkauft. Wenn ganz viele *long* gehen wollen, können sie entweder Rohstoffterminkontrakte kaufen, die auf steigende Preise setzen, oder Rohstoffderivate, also in der Regel Wetten, die so konstruiert sind, dass man gewinnt, wenn die Rohstoffhausse wirklich noch lange weitergeht. Natürlich muss jeder, der einen Terminkontrakt kauft oder mit einem Derivat auf steigende Preise wettet, jemanden finden, der den Terminkontrakt verkauft oder gegen die steigenden Preise wettet. Doch hier kommt es, wie an jedem anderen Markt, auf die Dynamik beider Seiten an.

Wenn sich vor einem Kartoffelstand auf einem Markt lange Schlangen bilden, weil alle Leute eine besonders gute Kartoffelsorte haben wollen, wird der Verkäufer irgendwann den Preis erhöhen. Noch immer steht dann bei jeder Transaktion einem Kauf ein Verkauf gegenüber, und dennoch steigt der Preis. Wenn an den finanzialisierten Rohstoffmärkten ein Kauf-Hype entsteht, weil jeder glaubt, er müsse jetzt *long* gehen, dann gibt es selbstverständlich noch Verkäufer, die dagegenhalten, weil sie die Erwartungen der großen Masse für überzogen halten oder aber, weil sie in die Rallye schon früh eingestiegen sind und die Sicherheit, einen bestimmten Gewinn zu erzielen, der Unsicherheit eines noch höheren Gewinns vorziehen. Aber das reicht eben nicht, um eine massive Preissteigerung zu verhindern. Vielleicht steigen die Verkäufer auch kurz nach dem Verkauf wieder als Käufer ein, weil auch sie inzwischen überzeugt sind, dass die Preissteigerung weitergeht.

Gerade die nachweisbar gleichförmige Entwicklung von Future- und Spot-Preisen belegt, dass die Art von Geschäften, die beide Preise zugleich nach oben treiben, absolut nichts mit den klassischen Absicherungsgeschäften zu tun haben.

Halbherzig halten zwar immer einige gegen diesen Trend, aber es gibt in dieser Situation gerade keine große Gegenbewegung der *shorter*, also derjenigen, die auf sinkende Preise setzen, so dass die Preise gerade konstant bleiben könnten. Das liegt eben daran, dass die Unsicherheit über den »richtigen« Preis groß ist und es keinen »Gleichgewichtspreis« (wie in manchen Theorien perfekt effizienter Märkte angenommen) gibt, an dem man sich orientieren und als *shorter* zugleich absichern könnte.

Man muss sich einmal vorstellen, wie unrealistisch eine Theorie ist, die unterstellt, dass genau in der Situation, wo die halbe Welt mit riesigen Summen auf steigende Preise setzt, sich unmittelbar etwa gleich viele mit gleich viel Geld daranmachen, eine Gegenposition aufzubauen, weil sie sicher sind, dass sich die halbe Welt irrt und es der halben Welt auch mit den größten Summen nicht gelingt, die Preise in die Höhe zu treiben.

Besonders absurd ist das an den Rohstoffmärkten, wo es nach 2005 ganz neues Geld war, das »investiert« wurde, und wo es viel mehr Geld war, als vorher jemals an diesen Märkten bewegt wurde. Genau das Gegenteil passiert:

Kommt eine solche Blase einmal in Gang, springen immer mehr auf, die Herde beginnt zu rennen, weil die Erzählung, die der Blase zugrunde liegt, in den ersten Jahren noch absolut überzeugend klingt. Wer sich dagegenstellt, verliert für lange Zeit und scheidet aus dem Markt aus.

Erst wenn die Spekulation auf steigende Preise nach einigen Jahren vollkommen absurde Züge annimmt, so dass man mit gesundem Menschenverstand und etwas Recherche erkennen kann, dass die Blase kurz vor dem Platzen ist, kann man realistischerweise dagegenhalten und mit einer Short-Position, also etwa einer Versicherung nach Art der berühmten »credit default swaps« (CDS), mit Aussicht auf Erfolg gegen die Masse spekulieren. Wunderbar gezeigt wird das in dem auf Michael Lewis' gleichnamigen Buch aus dem Jahr 2010 beruhenden Film *The Big Short*. Aber Dagegenhalten tun in der Regel nur einige wenige, und selbst die, das stellt der Film sehr gut dar, zweifeln lange Zeit an ihrem Verstand, weil auch sie nicht glauben können, dass die halbe Welt komplett danebenliegt. Doch jede Blase, die einige Jahre aufgepustet wird, platzt irgendwann. Dann fallen die Preise (wie nach 2010 an den Rohstoffmärkten) rasant, weil nun alle auf sinkende Preise setzen.

All diese Einsichten sollten für die Wissenschaft längst bekannt sein, so dass man sie der Politik, wenn es notwendig erscheint, zur Verfügung stellen kann. Doch das ist nicht so. Die sogenannte Wirtschaftswissenschaft hat über Jahrzehnte die Effizienz der Kapitalmärkte gepredigt und versucht auch nach dem Platzen der ultimativen Blase im Jahr 2008, diese absurde Theorie weiter zu verteidigen. Dass die Finanzmärkte systematisch falsche und gefährliche Preise erzeugen, dass gewaltige Fehlallokation und ungeheure Kapitalvernichtung das Ergebnis »liberalisierter Finanzmärkte« sind, ist weiterhin ein Tabu, das zu brechen in der Regel mit dem Ausschluss aus der akademischen Gemeinschaft bestraft wird.

Die Politik hat leider immer noch nicht verstanden (oder will es teilweise auch nicht verstehen), dass man mit den traditionellen »wissenschaftlichen« Einsichten nichts anfangen kann. Besonders absurd ist, dass der Schweizerische Bundesrat (also die Regierung) eine Untersuchung in Auftrag gegeben hat, in der die Position der Wissenschaft zur Spekulation mit Nahrungsmitteln in Form einer Metastudie eruiert werden sollte. In einer solchen Metastudie wird die Zahl der Studien, die pro und die kontra ausfallen, abgezählt und mit einfacher Mehrheit entschieden, was richtig ist. Sagen von 100 Untersuchungen 51, dass Spekulation unschädlich ist, hat man das für die Wahrheit zu nehmen.

Seltsam ist nur, dass der Schweizer Bundesrat bei einer Währungsspekulation, sagen wir einer Spekulation, die auf eine Aufwertung des Schweizer Franken setzt, keine Studie und schon gar keine Metastudie brauchen würde, um zu wissen, worum es geht. Er würde auch keiner Studie glauben (auch nicht einhundert Studien), die behauptete, dass es solche Spekulation nicht gebe bzw. dass sie niemals zu einem Überschießen der Währungsrelationen führen würde.

Jeder vernünftige Mensch in der Schweiz weiß einfach, dass es riesige Spekulationswellen am Devisenmarkt gibt, die zu vollkommen unsinnigen und gefährlichen Kursen führen. Und die Schweizer Notenbank hat jahrelang den Shorter gespielt, weil niemand dem Markt zutraute, den angemessenen Kurs zu finden. Auch hier gilt: Lässt man dem Markt seinen Lauf, richtet er realwirtschaftliche Schäden an, die oft überhaupt nicht mehr gutzumachen sind. An den Rohstoffmärkten einschließlich vieler Nahrungsmittelmärkte ist genau das passiert und hat viele arme Menschen in große Bedrängnis gebracht. Es ist immer die gleiche Art von »Investment«, die dazu führt, dass eine Herde ins Rennen kommt, die schließlich niemand außer dem Abgrund stoppt.

IV. Geld als Domäne des Staates

Auf der Suche nach der Marktwirtschaft, von der die Liberalen träumen, sind wir auf harte und unangenehme Realitäten gestoßen. Wir haben im vorangegangenen Teil dargelegt, dass der Markt für Arbeit eine reine Fiktion ist. Der Preis für Arbeit kann kein Marktergebnis sein, weil die Annahme von unabhängigen Angebots- und Nachfragefunktionen im Bereich der Arbeitsbeziehungen mit der Realität nichts zu tun hat.

Gezeigt hat sich auch, dass die sogenannten Finanzmärkte, insbesondere die Devisenmärkte, in der Regel nicht in der Lage sind, Preise zu finden, die als effizient angesehen werden können. Handelt es sich dabei um Marktunvollkommenheiten, oder sind wir auf Indizien gestoßen, die eine marktwirtschaftliche Organisation des Geld- und Finanzwesens generell infrage stellen? Anders gefragt: Kann man bei der Allokation von »Kapital« auf den Markt vertrauen? Kann also der Marktzins eine Steuerung von Kapital gewährleisten, die im Interesse des Gemeinwohls ist? Und ist es zielführend, wenn die Allokation von »Kapital« sich an der Erzielung eines möglichst hohen Gewinnes orientiert und Kapitalgeber miteinander im Wettbewerb um solvente Gläubiger stehen? Schließlich müssen wir auch die Frage beantworten, ob die in vielen Ländern fast zur Selbstverständlichkeit gewordene sogenannte Unabhängigkeit der Notenbanken zu rechtfertigen ist.

Mit der großen Finanzkrise von 2008/09 hatte niemand wirklich gerechnet, und ihre Folgen haben selbst überzeugte Marktapologeten in ihrem Glauben an die Effizienz der Kapitalmärkte erschüttert. Alan Greenspan bekannte beispielsweise in einer Anhörung vor dem US-amerikanischen Kongress, die Finanzkrise stelle für ihn einen Beleg dafür dar, dass sich der konzeptuelle Rahmen, in dem sich sein volkswirtschaftliches Denken über die letzten vierzig Jahre bewegte, als falsch erwiesen habe (vgl. Irwin et al. 2008). Regierungen bildeten eiligst Kommissionen mit sogenannten Experten, die zwar ganz überwiegend nicht vor einer solchen Krise gewarnt hatten, von denen man aber dennoch annahm, sie seien in der Lage, Vorschläge zu einer Reform des Finanzwesens auszuarbeiten, die es unmöglich machen würde, dass sich ein solches Ereignis wiederholt.

Die Experten stellten sich in der Regel allerdings nicht die Frage, ob möglicherweise gerade die an den Idealen der Marktwirtschaft orientierte institutionelle Ausgestaltung des Geld- und Finanzwesens für die Beinahe-Kernschmelze verantwortlich war. Man begnügte sich vielmehr weitgehend damit, einige Korrekturvorschläge am bestehenden System zu unterbreiten. So will man beispielsweise die Banken verpflichten, mehr Eigenkapital und mehr Liquidität vorzuhalten, oder man will die Hürden für allzu absurde Wettgeschäfte am Kapitalmarkt etwas erhöhen.

Dass selbst diesen Vorschlägen von der Politik nur zögerlich und äußerst begrenzt gefolgt wurde, zeigt, dass Finanzmarktlobbyisten ausgezeichnete Arbeit leisten. Diese Feststellung bleibt aber eine Randnotiz angesichts der Tatsache, dass man sich bis heute weitgehend weigert anzuerkennen, dass ein marktorientiertes Geld- und Finanzsystem es unmöglich macht, den Zahlungsverkehr sicher abzuwickeln und die Realwirtschaft zuverlässig mit Kapital zu versorgen.

Bargeld und Giralgeld

Als Geld haben wir Zahlungsmittel bezeichnet, die es ihren Inhabern erlauben, sowohl Geldschulden gegenüber dem Staat als auch gegenüber Unternehmen und Haushalten zu begleichen. Mit Bargeld kann man – wenn auch nur auf Antrag – Steuern bezahlen, und Bargeld erlaubt es – wenn auch nicht ausnahmslos –, Geldschulden, die sich aus dem Abschluss kommerzieller Verträge wie etwa einem Kaufvertrag ergeben, zu begleichen. Bargeld ist daher als Geld anzusehen.

Zweifellos aber ist es so, dass heutzutage die Begleichung von Geldschulden meist durch eine Überweisung erfolgt. Wer seine Geldschulden per Überweisung begleichen will oder muss, der braucht ein entsprechendes Guthaben auf seinem Girokonto, und die Überweisung führt dazu, dass dieses Guthaben sich um den überwiesenen Betrag reduziert. Eine Zahl auf einem Girokonto scheint also einen Anspruch zu dokumentieren, damit in Höhe dieser Zahl Geldschulden begleichen zu können. Es scheint daher, dass Giroguthaben Geld sind.

Viele sind der Meinung, dass dieser Schein trügt. Giroguthaben, so wird behauptet, sind nicht Geld, sondern Forderungen auf Geld (vgl. Thielemann 2016). Wirkliches

Geld sei nur Bargeld bzw. Guthaben von Geschäftsbanken bei ihrer Zentralbank (Zentralbankgeld). Um diese These zu belegen, wird häufig angenommen, dass Verkäufer und Käufer eines Wirtschaftsguts ihre Girokonten bei zwei unterschiedlichen Geschäftsbanken unterhalten. In der Tat, wenn die Bank, die eine Überweisung empfängt, einen Zahlungsausgleich von der anderen Bank verlangt, ist es richtig, dass sich mit der Überweisung das Guthaben der überweisenden Bank bei der Zentralbank genau um den Betrag reduziert, um den sich das der die Überweisung erhaltenden Bank erhöht.

Nimmt man aber an, dass der Verkäufer und der Käufer ihr Girokonto bei derselben Bank halten, dann ist unbestreitbar, dass für diesen Überweisungsvorgang kein Zentralbankgeld benötigt wird. Freilich kann man behaupten, dass es sich bei Überweisungen eines Käufers nur dann um einen Geldtransfer an den Verkäufer handelt, wenn auch dem Zentralbankkonto der entsprechenden Geschäftsbank eine Gutschrift zugebucht wird. Tatsache aber ist dennoch, dass mit der Überweisung von A an B die Geldschuld von A gegenüber B endgültig beglichen ist. Nach unserem an Knapp angelehnten Begriff von »Geld« sind in diesem Fall Giroguthaben eindeutig als Geld anzusehen.

Aber auch in Fällen, in denen eine Überweisung dazu führt, dass gleichzeitig mit der Reduktion der Sichteinlagen eine Reduktion von Zentralbankguthaben einhergeht, sind Giroguthaben Geld. Betrachten wir dazu eine Steuerzahlung des Wirtschaftssubjekts A an das Finanzamt. Zweifellos führt eine Steuerzahlung in Höhe von 100 Euro von A dazu, dass sowohl auf der Passivseite seiner Bank die Bilanzposition »Sichteinlagen« als auch auf deren Aktivseite die Bilanzposition »Zentralbankguthaben« um 100 reduziert wird. Kein Zweifel kann auch daran bestehen, dass, wer ein entsprechendes Giroguthaben nicht hat, seine Steuern nicht bezahlen kann. Giroguthaben erlauben es also, Zahlungsverpflichtungen gegenüber dem Fiskus zu begleichen.

Nun ja, mag man da erwidern, die Steuerzahlung zu begleichen, erfordert aber nicht nur, dass ausreichend Guthaben auf dem Girokonto des A vorhanden ist, sondern eben auch, dass die Geschäftsbank, bei der A sein Konto führt, über ein entsprechendes Zentralbankguthaben verfügt. Das stimmt. Aber die Frage ist, ob es möglich ist, dass ein Steuerpflichtiger, der über ein entsprechendes Guthaben auf seinem Girokonto verfügt, seine Steuern nicht bezahlen kann, weil seine Bank nicht über das entsprechende Zentralbankguthaben verfügt.

Für das gesamte Bankensystem und unter der Annahme, dass Banken lediglich den Zahlungsverkehr abwickeln und Kredite vergeben, ist das nur dann möglich, wenn die Bank aufgrund eines Kreditausfalls Konkurs geht und/oder die Gesamtheit der Steuerzahlungen höher sind als die Staatsausgaben (vgl. Steinhardt, 9. September 2016).

Um diese These zu erläutern, nehmen wir an, dass es nur eine einzige Geschäftsbank in dem entsprechenden Währungsraum gibt. An die benötigten Zentralbankguthaben kommt die Geschäftsbank dann immer ganz einfach heran. Sie braucht sich dabei nicht einmal bei der Zentralbank zu verschulden. Denn wenn der Staat eine Überweisung zur Bezahlung eines Wirtschaftsguts an einen Kunden der Geschäftsbank tätigt, erhöht sich automatisch nicht nur der Stand des Giroguthabens, sondern auch der Stand des Zentralbankguthabens der Geschäftsbank.

Anders ausgedrückt: Wenn der Staat zumindest Ausgaben in der Höhe der Steuern tätigt, hat die Geschäftsbank immer ausreichend Zentralbankguthaben zur Verfügung, um eine Steuerzahlung eines ihrer Kunden abzuwickeln.

Defekte des zweistufigen Bankensystems

Die Zweistufigkeit des Bankensystems zeigt sich in diesem Beispiel daran, dass Staatsausgaben automatisch das Zentralguthaben bei der Geschäftsbank und das Giroguthaben eines Kunden des Geschäftsbankensystems erhöhen und Steuerzahlungen das Giroguthaben und das Zentralbankguthaben mindern. Wenn diese Überlegung richtig ist, wie kann man dann erklären, dass in realen zweistufigen Bankensystemen Geschäftsbanken »vor dem drohenden Kollaps mit dem Geld der Steuerzahler gerettet werden« mussten (Jenner, zitiert nach Thielemann 2016)?

Der Grund lässt sich leicht erkennen: Wenn eine Geschäftsbank einen Kredit von 100 Euro an einen Kunden A vergeben hat, dann kann A bei einem B Wirtschaftsgüter damit bezahlen. A hat nun das von der Geschäftsbank durch die Kreditvergabe geschöpfte Geld nicht mehr, muss aber natürlich trotzdem den Kredit bei der Geschäftsbank bedienen. Gelingt es A nun nicht, von Dritten – wie und warum auch immer – Geld zu erhalten, dann wird er diesen Kredit nicht mehr bedienen können. In diesem Fall aber muss die Bank den Kredit wertberichtigen. Übersteigt die Höhe der Wertberichtigungen das Eigenkapital einer Bank, dann ist die Bank pleite. Die Geschäftsbank geht aber nicht pleite, weil sie illiquide ist, sondern weil sich die Bewertung eines Aktivpostens aufgrund ganz bestimmter Bewertungsvorschriften so stark vermindert hat, dass die Bewertung der Restgröße »Eigenkapital« negativ wird.

Klar sollte auch sein, dass im Beispielsfall die Geschäftsbank gerettet werden muss, weil ansonsten der gesamte Zahlungsverkehr zusammenzubrechen droht. Das gilt auch, wenn wir die Annahme aufgeben, dass es nur eine Geschäftsbank gibt. Denn wenn eine Bank zahlungsunfähig wird, kann es zu einer Kettenreaktion kommen, weil die Pleite der einen Bank die Pleite anderer Banken nach sich zieht, denen gegenüber sie Verbindlichkeiten hat.

Die Rettung einer Geschäftsbank ist jedoch denkbar einfach. Die Zentralbank schreibt der Geschäftsbank einen Betrag gut, der vermeidet, dass das Eigenkapital vernichtet wird. Wie immer man diesen »Geschäftsvorfall« nun verbuchen möchte, »Steuergelder« werden dabei ganz offensichtlich nicht benötigt.

Die Tatsache, dass eine Geschäftsbank zwar pleitegehen kann, es aber wegen der Folgewirkungen in der Regel nicht darf, zeigt, dass unser Geldsystem defekt ist und der Reparatur bedarf. Dieser Defekt lässt sich leicht identifizieren. Wenn der Konkurs von Geschäftsbanken faktisch nicht möglich ist, weil ansonsten der Zahlungsverkehr zusammenbricht, dann muss man fragen, welchen Sinn die kommerzielle Kreditvergabe überhaupt hat. Die eigentliche Funktion, die man üblicherweise den Banken zuschreibt, nämlich wie ein Unternehmer auf dem Markt für Kredite zu agieren, existiert gar nicht, weil man den Risikofall niemals eintreten lassen darf. Daher stellt sich die grundsätzliche Frage, ob die marktwirtschaftliche Organisation von Geschäftsbanken – und damit die Anwendung des sogenannten Haftungsprinzips – überhaupt sinnvoll ist.

Der große Finanzcrash führte auch bei den Eliten der Bankwirtschaft zu Irritationen und erstaunlichen Einsichten, wie das folgende Zitat von Josef Ackermann, dem ehemaligen Vorstandsvorsitzenden der Deutschen Bank, aus dem Jahre 2011 belegt:

> Wir müssen nach meiner Überzeugung unsere gesamte Tätigkeit in allen Bereichen noch einmal gründlich daraufhin überprüfen, ob wir damit unseren genuinen Aufgaben als Diener der realen Wirtschaft gerecht werden. (Ackermann 2011)

Primäre Aufgabe von Banken sollte es sein, so weit stimmt der »Diener« von Ackermann, Unternehmen mit Geld zu versorgen, um ihnen die »Produktion« von Gütern und Dienstleistungen zu ermöglichen. Und Recht zu geben ist ihm auch insoweit, als alle Tätigkeiten einer Bank daraufhin überprüft werden sollten, ob sie dieser Aufgabe gerecht werden. Hinzufügen müsste man, dass dieser Logik entsprechend alle Tätigkeiten einer Bank, die nicht diesem Ziel dienen oder gar der Erreichung dieses Ziels abträglich sind, vom Staat explizit verboten werden sollten.

Den politischen Repräsentanten der EU ist zugutezuhalten, dass sie nach der Finanzkrise erkannten, dass man eine solche Prüfung nicht den Banken selbst überlassen darf. Der damalige finnische Notenbankchef Erkki Liikanen wurde daher beauftragt, eine Expertengruppe zusammenzustellen, die dieser wichtigen Frage nachgehen sollte. Das zentrale Ergebnis dieser Prüfung liest sich wie folgt: »Die Schlussfolgerung der Gruppe lautet, dass es notwendig ist, innerhalb einer Bankengruppe die rechtliche Trennung bestimmter besonders riskanter finanzieller Aktivitäten vom Einlagengeschäft der Banken zu trennen.« (Liikanen 2012, S. i)

Gegenwärtig ist es Banken erlaubt, (i) Wertpapiere – die meist am Finanzmarkt handelbar sind – auf eigene Rechnung zu kaufen und zu verkaufen und (ii) Kredite an Haushalte und Unternehmen zu vergeben. Während die (ii)-Aktivitäten einer Bank dann die Erzielung eines Gewinns erlauben, wenn sie die Bonität ihrer Kunden richtig eingeschätzt hat, erzielt sie mit ihren (i)-Aktivitäten dann einen Gewinn, wenn sie die Marktentwicklung für den Preis eines Finanzmarktprodukts richtig eingeschätzt hat.

Die (i)-Aktivitäten, die in der Bilanz einer Bank erfasst werden, bezeichnet man als finanzielle Vermögenswerte. Da deren Höhe am Markt bewertet wird, schwankt auch die Eigenkapitalposition einer Bank mit den unterschiedlichen Marktbewertungen. Diese Schwankungen sind problematisch, da einerseits die Kreditvergabe mit ausreichend Eigenkapital zu unterlegen ist und andererseits die spekulativen Aktivitäten die Einlagen der Kunden gefährden. Dennoch wurde den Empfehlungen der Liikanen-Kommission nicht gefolgt. Stattdessen hat man Reformen auf den Weg gebracht, die Banken zu besseren Unternehmern machen sollen, damit der Markt auch die Allokation von Kapital effizient bewerkstelligen kann.

Der Held in der Geschichte der Marktgläubigen ist der Unternehmer, den die Suche nach Gewinnmöglichkeiten antreibt. Unternehmer sind zwar gierige Wesen, aber das ist nicht weiter schlimm, so der liberale Glaube, denn die Gier wird von der Angst, mit seinen Aktivitäten Geld zu verlieren, jederzeit in Schach gehalten. Nimmt der Staat dem Unternehmer diese Angst, indem er ihm verspricht, ihn zu retten, wenn er unterzugehen droht, wird die Gier obsiegen und der »moral hazard«, der »Leichtsinn«, zur Regel. Als Beleg für diese These dient der Finanzcrash von 2008/09, der nach Meinung vieler Ökonomen in erster Linie durch die leichtfertige Kreditvergabe von Banken ausgelöst wurde.

Diese Ökonomen fordern daher, so berichtet zum Beispiel das *Handelsblatt*, »dickere Kapitalpolster aufzubauen, um weniger leichtfertig riskante Kredite zu vergeben und um für den Krisenfall besser abgesichert zu sein« (Heide 2016). Während aus dieser Sicht Gier, also die Absicht, mit seinen Geschäftsaktivitäten möglichst hohe Gewinne zu erzielen, durchaus positiv zu beurteilen ist, ist es unabdingbar, dass sie auch Angst haben, ihr eingesetztes Geld mit ihren Geschäftsaktivitäten zu verlieren.

Es sind also im Kern zwei Überlegungen, die der Forderung nach einer Verbesserung der Eigenkapitalausstattung von Banken zugrunde liegen: Erstens soll das Risiko des Verlustes für die Eigenkapitalgeber erhöht werden, damit diese in höherem Maße motiviert sind, das Geschäftsgebaren »ihrer« Bank zu kontrollieren. Zweitens soll das Eigenkapital seinen Beitrag dazu leisten, dass nicht Dritte für Schäden, die eine Bank verursacht hat, zur Kasse gebeten werden.

In die gleiche Richtung zielt die sogenannte Europäische Bankenunion, die unter anderem Regelungen für die Abwicklung »systemrelevanter« Banken vorsieht. Das erklärte Ziel besteht darin, dass nicht bei jeder Bankenkrise der Staat (häufig, wie oben schon erwähnt, mit dem Steuerzahler verwechselt) eingreifen und die Banken retten muss. Im Englischen wird eine solche Rettungstat »Bail-out« genannt. Der Staat hilft den Banken aus der Patsche. Das neue Regime dagegen sieht ein sogenanntes »Bail-in« vor:

Nicht die schnelle Lösung durch den Staat, sondern das Heranziehen derjenigen, die für die Misere als verantwortlich angesehen werden, ist das Ziel.

Die Deutsche Bundesbank schreibt zu den Zielen dieses neuen sogenannten Abwicklungsregimes das Folgende:

> Das Anfang 2015 in Europa eingeführte neue Abwicklungsregime für Banken soll ermöglichen, dass auch systemrelevante Institute geordnet abgewickelt werden können, ohne die Finanzstabilität zu gefährden oder den Steuerzahler zu belasten. [...] Zentrales Element des neuen Abwicklungsrahmenwerks ist das sogenannte *Bail-in*. Die Einführung dieses Instruments der Gläubigerbeteiligung ermöglicht es erstmals, dass außerhalb eines Insolvenzverfahrens neben Eigentümern und nachrangigen Gläubigern auch nichtnachrangige Fremdkapitalgeber zur Haftung für Verluste einer Bank herangezogen werden können. (Deutsche Bundesbank 2016, S. 65)

Man wird mit dem Bail-in zunächst einmal der Tatsache gerecht, dass für Banken oft kein geordnetes Insolvenzverfahren durchgeführt werden kann, da es die »Finanzstabilität« gefährden würde und ernsthafte Auswirkungen auf die »Realwirtschaft« zu erwarten sind (Deutsche Bundesbank 2016, S. 68).

Im Zuge eines Bail-in will man daher ein Insolvenzverfahren simulieren, um sicherzustellen, dass bei der Sanierung einer Bank sowohl die »Eigentümer« als auch die »Fremdkapitalgeber« (die Gläubiger oder Einleger) zur Kasse gebeten werden, um das Haftungsprinzip zur Entfaltung kommen zu lassen. Die Deutsche Bundesbank erklärt auch, warum das wichtig und gut ist: »Dieses Haftungsprinzip stärkt die Anreize, Risiken in Investitionsentscheidungen angemessen zu berücksichtigen und Moral-Hazard-Verhalten möglichst weitgehend einzuschränken.« (Deutsche Bundesbank 2016, S. 67)

Nun ist kaum zu bestreiten, dass ein Bail-in das mit Investitionen in Banken verbundene Risiko wesentlich erhöht. Prima facie sollte man daher erwarten, dass Investoren tendenziell weniger bereit sind, in Banken zu investieren.

Warum aber werden Banken sicherer, wenn sie weniger Kapital zur Verfügung haben? Der Gedanke ist wohl, dass »Investoren«, die wissen, dass sie tatsächlich ihr eingesetztes Geld verlieren können, das Geschäftsgebaren der Bank besser kontrollieren. Leider wird von der Bundesbank verschwiegen, welche Kontrollrechte von Fremd- und Eigenkapitalgebern konkret wahrgenommen werden können. Oder schweigt man darüber, weil man weiß, dass die weitaus größte Anzahl von »Gläubigern« solche Rechte gar nicht hat?

Noch viel weniger Einfluss, nämlich gar keinen, hat der »Gläubiger«, der bei einer Bank lediglich »Einlagen« hält. Einleger sind Personen, die bei einer Bank in der Regel ein Girokonto haben, um ihren Zahlungsverkehr abzuwickeln. Sie sind noch viel weniger geeignet, in der »Kaskade« derer, die haften sollen, eine Rolle zu spielen. Immerhin will man Einlagen bis zur Höhe von 100 000 Euro vom Bail-in befreien. Warum das jenseits von 100 000 Euro anders sein sollte, bleibt allerdings das Geheimnis der Verfechter dieser Europäischen Bankenunion. In der wirklichen Welt jedenfalls ist es schlicht und einfach unmöglich, dass Einleger »ihr« Management überwachen können.

Dem Haftungsprinzip in der Praxis gerecht zu werden, ist zudem gar nicht so einfach. Zunächst einmal kann man Gläubiger nicht schlechter stellen, als sie in einem ordentlichen Insolvenzverfahren gestellt worden wären. Daher ist ein Bail-in für besicherte Gläubiger schon mal nicht vorgesehen. Nur wer die Rede von der »sicheren Bank« zu wörtlich nahm und einer Bank Geld unbesichert zur Verfügung gestellt hat, wird zur Kasse gebeten. Ist es jedoch gerecht, dass jemand, der besonders vorsichtig war und daher sein Investment besichert hat, mit den Geschäftsaktivitäten der Bank aber dennoch Geld verdient hat, nun keinerlei Verluste befürchten muss?

Doch damit sind die Absurditäten dieser Vorgehensweise noch nicht einmal ansatzweise vollständig beschrieben. Da Derivate besonders risikoreich sind und hohe Gewinne abwerfen, müsste man logischerweise Derivate-Investoren als Erste zur Kasse bitten. Das Gegenteil jedoch ist der Fall: Sie werden ausdrücklich davon ausgenommen, weil die Bewertung dieser Verbindlichkeiten schwierig bis unmöglich ist. Die Bewertung von »Sparguthaben«, ob in Form von Schuldverschreibungen einer Bank oder in Form eines altmodischen Sparbuchs, ist hingegen denkbar einfach, weshalb es wohl nur »logisch« ist, dass sie zum Bail-in herangezogen werden sollen. Wer eine Bank mit einem Sparschwein verwechselt, dem muss offenbar eine Lektion erteilt werden!

Banken sind keine Intermediäre

Hinter der Idee des Haftungsprinzips steht eine Vorstellung über das Geschäftsmodell einer Bank, das mit der Wirklichkeit nichts zu tun hat. Nach dieser überkommenen Vorstellung brauchen Banken, um ihre Geschäfte – insbesondere die Vergabe von Krediten, aber auch den Kauf von Wertpapieren – zu tätigen, Geld, das ihnen von Dritten zur Verfügung gestellt wird. Banken werden demnach als Intermediäre angesehen, die Geld aufnehmen und dieses Geld lediglich weitervermitteln.

So wird behauptet, dass die Kreditvergabe nur möglich ist, weil Banken vorab von Sparern Geld erhalten haben. Banken sind nach dieser Geschichte Geldsammelstellen, die lediglich die Funktion haben, das Angebot von und die Nachfrage nach Geld zu vermitteln. Die Vorstellung aber, dass Banken vorab über Geld verfügen müssen, damit sie es an Dritte weiterreichen können, ist falsch.

Das Geschäft von Banken ist viel einfacher, als üblicherweise unterstellt wird. Will eine Bank zum Beispiel von einem Unternehmen emittierte Aktien erwerben oder einen Kredit vergeben, dann braucht sie dafür von niemandem Geld. Sie schreibt lediglich dem Emittenten bzw. dem Kreditnehmer den entsprechenden Betrag auf seinem Girokonto gut. Formal sind diese Gutschriften Verbindlichkeiten der Bank gegenüber den Inhabern der Girokonten. Substanziell geben sie den Inhabern das Recht, in Höhe ihrer Guthaben von der Bank Bargeld, das gesetzliche Zahlungsmittel, fordern zu können (vgl. Deutsche Bundesbank 2017b, S. 15 ff.).[1]

Obwohl das so einfach ist, können Banken, wie wir oben beschrieben haben, pleitegehen, wenn sie so viele Aktiva, zum Beispiel Kredite, wertberichtigen müssen, dass die Bewertung der Restgröße »Eigenkapital« negativ wird. Wenn das einzige Ziel der Bankenreformen darin besteht, das Risiko zu verringern, dass Banken in Konkurs gehen, dann ist die Forderung nach der Erhöhung des Eigenkapitals prinzipiell richtig. Allerdings will man ja pri-

1 Diese Sichtweise wird inzwischen auch von der Bundesbank geteilt.

mär verhindern, dass Kredite vergeben werden, mit denen Spekulationsblasen produziert werden. Es ist aber nicht zu sehen, auf welche Weise eine Erhöhung der Eigenkapitalerfordernisse solche Geschäfte zu vermeiden helfen soll.

Geld als Ware und der Monetarismus

Das Verständnis von »Geld«, das heute bei der großen Masse der Menschen, inklusive Politikern, Ökonomen und auch sogenannten Bankenexperten vorherrscht, lässt sich auf Carl Mengers Versuch aus dem 19. Jahrhundert zurückführen, Geld als eine besondere Art von Ware auszuweisen. Besonders ist diese Ware nach Mengers Meinung, weil sie von allen Menschen als besonders wertvoll angesehen wird, aber nur begrenzt verfügbar ist.

Es ist diese Vorstellung von Knappheit, die bis heute als der zentrale Bestandteil eines stabilen Geldwesens angesehen wird und auf deren Herstellung auch die jüngsten, von uns kritisierten Reformen des Geld- und Finanzwesens zielen. Es lohnt sich daher, den Geldbegriff Mengers und die damit verbundenen Vorstellungen einer Ordnung des Geldwesens etwas genauer zu betrachten.

Geld als Ware

Carl Menger erklärt uns, was Geld ist, indem er uns auf eine Reise in die Vergangenheit mitnimmt. In dieser Vergangenheit haben Menschen schon arbeitsteilig gearbeitet, ihre Produkte aber noch ganz einfach gegeneinander ausgetauscht. So hat zum Beispiel ein Schreiner einen von ihm gefertigten Stuhl gegen die Lieferung von Fischen getauscht.

Der Schreiner aber wollte nun nicht immer nur Fische essen, sondern wünschte sich dazu auch Kartoffeln und Gemüse. Er kannte zwar einen Bauern, der diese Produkte herstellte und über seinen Eigenbedarf hinaus produzierte, dieser Bauer wollte jedoch blöderweise keinen seiner Stühle. Unser Schreiner aber wusste, dass der Bauer Fische liebte, der Fischer jedoch selbst Kartoffeln und Gemüse anbaute und daher diese Produkte nicht vom Bauern beziehen musste. Der Schreiner ist ein helles Kerlchen und tauscht Fische, die er für seine Stühle vom Fischer bekommt, gegen Gemüse und Kartoffeln. Diese Fische sind aus der Sicht des Schreiners jetzt kein Konsumgut mehr, sondern ein Tauschmittel.

Nun mag unser Schreiner noch viele andere Wünsche haben, die er sich nicht mit seiner Arbeit selbst erfüllen kann. Er muss dann aber hinsichtlich der Werteinschätzungen aller möglichen Tauschpartner bezüglich aller möglichen Güter eine gut begründete Meinung haben. Diese epistemische Hürde überspringt Menger, indem er behauptet, dass unterschiedliche Güter unterschiedlich *marktgängig* sind.

Ein Gut ist nach seiner Definition umso marktgängiger, je mehr der Bedarf an diesem Gut von dessen Verfügbarkeit abweicht. Wer schlau ist, wird sich also beim Erwerb von Gütern, deren Funktion nicht der Gebrauch, sondern der Tausch ist, auf solche Güter konzentrieren:

> Diese Erkenntnis ist sicherlich nirgends bei allen Gliedern eines Volkes gleichzeitig entstanden; es wird vielmehr, wie bei allen Kulturfortschritten, zunächst nur eine Anzahl von wirtschaftenden Sub-

jekten den aus dem obigen Vorgange für ihre Wirtschaft sich ergebenden Vorteil erkannt haben. (Menger 1970 [1892], S. 4)

Nun haben nicht alle Menschen die gleichen epistemischen Fähigkeiten, und daher ist zu erwarten, dass manche Menschen erfolgreicher darin sind als andere, diese marktgängigen Güter zu identifizieren. Die Dümmeren sind freilich in der Lage zu sehen, dass es den Klügeren besser geht als ihnen und dass das damit zu tun hat, dass diese in der Lage sind, marktgängige Güter zu identifizieren. Sie werden daher jetzt ebenfalls versuchen, die von ihnen produzierten Güter gegen marktgängige Tauschmittel einzutauschen. Dazu Menger:

Sicherlich haben Übung, Nachahmung und Gewohnheit mit ihrer mechanisierenden Wirkung auf die Handlungen der Menschen auch in diesem Fall nicht wenig dazu beigetragen, dass die nach Maßgabe örtlicher und zeitlicher Verhältnisse marktgängigsten Waren zu allgemein gebräuchlichen Tauschmitteln, das ist zu Waren wurden, welche nicht nur von vielen, sondern schließlich von allen wirtschaftlichen Individuen im Austausche gegen die zu Markte gebrachten (minder absatzfähigen!) Güter, und zwar von vornherein in der Absicht angenommen wurden, dieselben weiter zu vertauschen. (Ebd., S. 13)

In diesem evolutionären Prozess haben sich dann die Edelmetalle, insbesondere Gold und Silber, als die allgemein gebräuchlichen Tauschmittel durchgesetzt. Diese sind physisch aber nur begrenzt vorhanden. Freilich sah Menger, dass auch zu seiner Zeit überwiegend nicht mit Gold und Silber bezahlt wurde, sondern mit Bank- und Staatsnoten. Er sah darin aber kein Problem für seine Bestimmung des Wesens von Geld, da diese Noten für ihn lediglich einlösbare Forderungen auf Gold oder Silber darstellten.

Die Schlussfolgerung aus diesen Überlegungen ist einfach: Wenn es nur gelänge, die Emission von Geld so zu regeln, dass sichergestellt ist, dass die Geldscheine jederzeit und unproblematisch in eine von praktisch allen geschätzte und begrenzt zur Verfügung stehende Ware, wie zum Beispiel Gold, eingelöst werden könnten, dann wäre auch sichergestellt, dass Geld lediglich ein Repräsentant der Waren ist. Wenn zu viel Zeichengeld im Vergleich zu den begrenzt verfügbaren Edelmetallen im Umlauf wäre, dann müsste das zu einem Verfall des Wertes des Zeichengeldes führen.

Monetarismus à la Chicago

In den heutigen reinen Zeichengeldsystemen aber gibt es eine solche Einlösepflicht nicht mehr. Wie soll man dann die Menge des Geldes knapp halten? Die Antwort auf diese Frage wurde von den Monetaristen um Milton Friedman gegeben. Die Idee Friedmans (die nicht von ihm ist, sondern deren Ursprung weit in die Geschichte der Ökonomik zurückreicht) ist scheinbar bestechend einfach. Um Geld knapp zu halten, muss man nur dafür Sorge tragen, dass die gesamte Summe der von der Zentralbank in Umlauf gesetzten Zahlungsmittel genau so groß ist, dass damit alle Transaktionen in Geld bewerteter Güter abgewickelt werden können. Diese Menge, so die Monetaristen, lässt sich ohne Weiteres mithilfe der sogenannten Quantitätstheorie bestimmen. Die Quantitätstheorie, die allerdings eine reine Identität ist, liest sich wie folgt:

$$M \times V = P \times Y$$

mit M als Geld, V als der Umlaufgeschwindigkeit des Geldes, P als Preisniveau und Y als reales Volkseinkommen.

V ist die Variable, die definitionsgemäß für den Ausgleich der Größen sorgt, weil es immer ein Vielfaches der Geldmenge gibt, das die rechte Seite, das nominale Bruttoinlandsprodukt (bzw. eine andere Einkommensgröße) »finanziert«.

Diese »Theorie« sollte, wie im nächsten Abschnitt erklärt wird, für mehr als dreißig Jahre zum Schicksal der deutschen und europäischen Volkswirtschaften werden. Denn aus ihr ließ sich vermeintlich ablesen, dass die Wirtschaft fast ohne Zutun des Staates inflationsfrei auf einem stabilen Wachstumspfad gehalten werden kann. Die angemessene Zuwachsrate der Geldmenge sollte historisch, also aus einer Extrapolation der vergangenen Wachstumsraten und einer Zielrate für die Inflation bestimmt werden. Dadurch, so die Verheißung, ließe sich die Gefahr einer Inflation ein für alle Mal bannen, ohne dass der Staat immer wieder in die Wirtschaft eingreifen müsste. Auf lange Sicht, so die Idee hinter dem Monetarismus und dieser Gleichung, ist Geld neutral, beeinflusst also die wirtschaftliche Entwicklung nicht.

Diese Hoffnung beruht ihrerseits wieder auf einer »Theorie« über die Arbeitsteilung zwischen Zentral- und Geschäftsbanken. Demnach bringen zwar Geschäftsbanken mit ihrer Kreditvergabe das Geld in Umlauf, da dazu aber immer Geld der Zentralbank benötigt wird, kann diese über den Zins, den Banken bezahlen müssen, um ihre Kredite zu refinanzieren, die Geldmenge entsprechend dem sich aus der Quantitätsgleichung ergebenden volkswirtschaftlichen Bedarf steuern.

Der Monetarismus als die Politik unmittelbar leitende Theorie ist heute tot. Keine große Zentralbank der Welt hält weiter an der Idee der Steuerung einer Geldmenge fest. Auch für die EZB soll in normalen Zeiten diese Steuerung über die sogenannte konventionelle Geldpolitik erfolgen, die darin besteht, dass der Leitzins je nach der erwarteten Wirtschaftslage entweder gesenkt oder erhöht wird. Der Effekt wird in einer EZB-Broschüre wie folgt beschrieben:

> Auf kurze Sicht werden durch eine von der Zentralbank ausgehende Änderung der Geldmarktzinsen zahlreiche Mechanismen und Maßnahmen seitens der Marktteilnehmer in Gang gesetzt, die letztendlich die Entwicklung ökonomischer Variablen wie Produktion und Preise beeinflussen. (Europäische Zentralbank 2011, S. 59)

Mit der Festlegung der Refinanzierungskosten der Geschäftsbanken übt eine Zentralbank Einfluss auf die von einer Bank erhobenen Zinsen aus. Die Höhe der Zinsen aber, so die weitere Annahme, wird einen entscheidenden Einfluss darauf haben, wie viele Kredite aufgenommen werden, und die Menge der Kredite wiederum wird sich in höherer oder niedriger Produktion und damit auch in höheren oder niedrigeren Preisen niederschlagen.

Dennoch, das sollte man nicht unterschätzen, ist die Vorstellung einer Neutralität des Geldes für den Neoliberalismus von so zentraler Bedeutung, dass er sie nicht vollständig aufgeben mag. Erstaunlicherweise schreibt auch die EZB in der genannten Broschüre Sätze, die vermuten lassen, dass der Tod des Monetarismus vielleicht doch etwas verfrüht ausgerufen wurde:

> Die These der Neutralität des Geldes ist in Fachkreisen allgemein akzeptiert und empirisch belegt. Auf lange Sicht – d. h., nachdem alle Anpassungen in der Wirtschaft ihre Wirkung entfaltet haben – schlägt sich eine Veränderung der in der Wirtschaft vorhandenen Geldmenge (unter sonst gleichen Bedingungen) in einer Änderung des allgemeinen Preisniveaus nieder und zieht keine anhaltende Ver-

änderung realer Variablen wie der gesamtwirtschaftlichen Produktion oder der Beschäftigung nach sich. Eine Veränderung der umlaufenden Geldmenge stellt letztendlich eine Veränderung der Recheneinheit (und damit des allgemeinen Preisniveaus) dar, die alle sonstigen Variablen unberührt lässt. (Europäische Zentralbank 2011, S. 59)

Die Idee einer neutralen Geldmenge ist also – zumindest für sogenannte normale Zeiten – keineswegs zu Grabe getragen. Man hat lediglich eingesehen, dass eine direkte Steuerung von Geldmengen (wie etwa der Zentralbankreserven, die man Mo nennt, oder des Giralgeldes, M1 genannt) unmöglich ist. Die Steuerung soll nun indirekt über Zinsen und eine daraus resultierende Beeinflussung der über die Kreditvergabe in den Wirtschaftskreislauf eingeschleusten Geldmenge erfolgen. Geglaubt wird ganz offensichtlich immer noch, dass das möglich ist und dass damit unter dem Schleier des Geldes »am Ende« wieder der von Geld befreiten Tauschwirtschaft zum Durchbruch verholfen wird.

Das ist ein Gedanke, der selbst linken Politikerinnen wie zum Beispiel Sahra Wagenknecht sehr plausibel erscheint. Auch sie führt die vielen Fehlfunktionen unseres Finanzsystems darauf zurück, dass Geld »beliebig vermehrbar« ist (Wagenknecht 2011, S. 215). Die Theorie des Ordoliberalismus, die sie offenbar fasziniert, setzt, genau wie andere Varianten liberaler Wirtschaftstheorien, darauf, dass der Marktmechanismus dafür zuständig ist, die effiziente Allokation knapper Güter zu gewährleisten. Sind Güter nicht knapp, kann es in dieser Sichtweise keinen Wettbewerb geben, und ohne Wettbewerb kann der Marktmechanismus seine wohltätigen Wirkungen nicht entfalten. Wagenknechts Schlussfolgerung, dass auch Geld

»knapp gehalten werden« muss (ebd., S. 215), ist daher im Rahmen solcher Überzeugungen allzu verständlich; sie ist dennoch falsch.

Objektivierte Geldversorgung

In den siebziger Jahren, der Geburtsstunde des neuen Liberalismus, waren monetaristische Positionen absolut dominierend in der makroökonomischen Diskussion. Der Sachverständigenrat etwa, dessen Arbeit für das neue Paradigma von großer Bedeutung war, verbrachte Jahre mit der Frage, welches die richtige Messgröße für das Geldangebot sei, wie man folglich die »neuen« Ideen des Monetarismus in einem Land in praktische Politik umsetzen konnte, das nun von den »Zwängen« des internationalen Währungssystems befreit war.

Das große Ziel all dieser Anstrengungen war »die Objektivierung der Geldversorgung«, wie es der Sachverständigenrat genannt hat. Man wollte nicht nur eine politisch weitgehend unabhängige Institution mit der Geldversorgung beauftragen, sondern auch Regeln schaffen, die den Entscheidungsspielraum dieser Institution so klein wie möglich machten. Würde man tatsächlich solche Regeln finden, könnte man, so die Idee, überzeugend darlegen, dass der Staat sich aus der Steuerung der Wirtschaft nicht nur fast vollständig heraushalten solle, sondern dies auch könne. Denn dann wäre auch der wichtigste Preis, der Zins, ein reines Marktergebnis, das sich aus dem »objektivierten Geldangebot« und der Geldnachfrage der Märkte ergäbe. Damit erst wäre die Reformaufgabe bewältigt, die Marktwirtschaft wirklich frei von staatlichen Eingriffen zu machen, und der alte monetaristische Traum vom »neutralen Geld« verwirklicht.

Heute wissen wir, dass diese Idee eine gewaltige Illusion war. Mehr und aggressiver als jemals zuvor greifen die Zentralbanken in das Wirtschaftsgeschehen ein, ohne dass es dafür klar erkennbare, im Voraus definierte oder auch nur einfach nachvollziehbare Regeln gäbe. Ja, die Zentralbanken bekennen sogar explizit, dass sie Beschäftigungsziele verfolgen (die amerikanische Federal Reserve hat die Änderung ihrer Geldpolitik in Richtung Restriktion abhängig gemacht vom Erreichen einer bestimmten Arbeitslosenquote), was in den siebziger Jahren als Sakrileg betrachtet worden wäre. Dennoch haben viele bis heute nicht verstanden, dass man die Vorstellung von der Existenz eines Geldangebots vollständig aufgeben muss, um zu vernünftigen Schlussfolgerungen in geldpolitischen Fragen zu kommen.

Es gibt kein von der Liquiditätsversorgung und dem Zins weitgehend unabhängiges Wachstum der Wirtschaft, dessen Größenordnung man empirisch herausfinden könnte und das dann von der Geldpolitik lediglich zu finanzieren wäre. Die Monetaristen glaubten, man müsse in der praktischen Umsetzung ihrer Ideen für ein Land wie Deutschland nur das nominale Wachstum der letzten zehn Jahre extrapolieren, dann habe man ein gutes Maß für das anzustrebende Wachstum der Geldmenge. Die »Objektivierung« bestand also aus einer einfachen Extrapolation, und selbst dann wusste man noch nicht, ob das nominale Wachstum für mehr Preissteigerungen als in der Vergangenheit genutzt werden würde, wodurch wiederum mehr Inflation entstünde als gewünscht.

In einer Welt jedoch, in der nichts quantitativ vorgegeben ist, weil die Wirtschaft etwa wie derzeit (oder nach den Ölpreisexplosionen) aus einer tiefen Krise kommt, und weil sich ein Aufschwung nie automatisch einstellt, kann die Zentralbank auch nicht mechanisch mit vorgedachten quantitativen Vorgaben arbeiten. Es hängt ja unter anderem an ihrem eigenen Verhalten, ob die Wirtschaft wieder auf einen Wachstumspfad kommt oder nicht. Die Geldpolitik wirkt, anders als es die Behauptung von der Neutralität des Geldes glauben machen will, unmittelbar auf den Wirtschaftsprozess ein.

Ganz leugnen kann der Monetarismus diese Wirksamkeit nicht, denn sonst könnte man schließlich sagen, die Geldpolitik sei obsolet. Das will der Monetarismus nun auch nicht, sondern er gesteht der Geldpolitik ja insoweit Bedeutung zu, als er eine möglichst niedrige und konstante Inflationsrate im realen Wirtschaftsprozess für wichtig hält und deren Einhaltung als Aufgabe der Geldpolitik ansieht. Aus der logischen Klemme, die sich aus diesem Widerspruch ergibt, versucht sich der Monetarismus dadurch zu befreien, dass er zwischen kurzer und langer Frist unterscheidet: Kurzfristig wirke die Geldpolitik, aber auf Dauer sei Geld neutral.

Dieser Versuch, zwischen kurzfristiger konjunktureller Entwicklung und einem langfristigen, irgendwie von sonstigen Rahmenbedingungen bestimmten Wachstumspfad zu unterscheiden, ist aus der Neoklassik bekannt: Auch dort gilt das Interesse einem langfristigen Gleichgewicht, zu dem hin alles tendiert und in dem es vor allem keine »echten« Gewinne« (also über Unternehmerlohn und Zinszahlungen hinausgehende Renditen) mehr gibt.

So wie die Neoklassik damit den eigentlich spannenden Punkt, das treibende Element einer Marktwirtschaft aus ihren Überlegungen von vornherein wegdefiniert und deshalb nichts Wesentliches mehr zur Erklärung der wirtschaftlichen Entwicklung beizutragen hat, so geht der Monetarismus ganz parallel dazu mit der Geldpolitik um. Er postuliert, dass wegen der Neutralität des Geldes die Geldpolitik auf lange Sicht keinen Einfluss auf den Wachstumspfad habe, und schlussfolgert daraus, dass sie nichts anderes zu tun hat, als das Geldangebot passend zu diesem Pfad und der gewünschten Preissteigerungsrate bereitzustellen.

Folgt man diesem Dogma nicht, sondern fasst die lange Frist als Abfolge vieler einzelner kurzer Fristen auf, ist klar, dass die Geldpolitik durch ihren Einfluss in der kurzen Frist immer auch einen auf die lange Frist hat. Folglich muss sie sich eine eigene Meinung von der Lage bilden und das Instrument benutzen, das sie unmittelbar steuern kann – und das ist der Zins. Wenn sie aber den Zins steuert, kann sie logischerweise das Geldangebot nicht gleichzeitig steuern.

Die Zentralbank reagiert ja in jedem Augenblick vollkommen flexibel mit der Bereitstellung von Geld (was man Geldangebot nennen kann, wenn man sich der Endogenität dieser Größe bewusst ist) auf die jeweilige Geldnachfrage, um den von ihr angestrebten Zins zu halten. Das einzige Ziel, das alle Notenbanken der Welt anstreben, ist ein bestimmter kurzfristiger Zins, und wenn sie keine außenwirtschaftlichen Restriktionen (wie einen bestimmten Wechselkurs) zu beachten haben, erreichen sie dieses Ziel auch. Aber das gelingt ihnen zunächst unter völliger Missachtung der Entwicklung irgendeiner Geldmenge. Wenn Notenbanken im Nachhinein Geldmengenentwicklungen betrachteten (die allerdings immer schon das Ergebnis von Angebot und Nachfrage nach Geld sind und niemals Geldangebot allein), dann diente das lediglich der Verschleierung der Tatsache, dass der Monetarismus in seiner praktischen Umsetzung seit je ein Desaster war.

Daraus ergibt sich unmittelbar, dass der wichtigste Preis in einer Marktwirtschaft immer ein vollständig vom Staat gesteuerter Preis ist. Die Steuerung erfolgt bei unabhängigen Notenbanken vor allem über ihre diskretionäre (also gerade nicht regelgebundene) Einschätzung hinsichtlich der voraussichtlichen Preisentwicklung und der realen Wachstumsmöglichkeiten.

Ein möglichst stabiler und vom Niveau her wachstumsfreundlicher Zins ist das, was die privaten Investoren (in Sachanlagen) in einer Marktwirtschaft brauchen. Würde die Notenbank versuchen, um jeden Preis ein stabil wachsendes Geldangebot durchzusetzen, würde bei stark schwankender Geldnachfrage auch der Zins stark schwanken. Dann würden nicht nur Fehler der Notenbank bei der Festlegung des Geldangebots, sondern auch alle möglichen zufälligen und unerwarteten Schwankungen der Geldnachfrage ihren Niederschlag im Zins finden und eine stabile Sachinvestitionstätigkeit unmöglich machen.

Mit dieser zentralen Problematik müssen sich alle auseinandersetzen (was sie aber meist nicht tun), die sich aus den verschiedensten Gründen eine stabile Steuerung des »Geldes« oder des »Geldangebots« wünschen. Dazu gehören auch die nach der Finanzkrise wiederentdeckten Vorstellungen von vollständig gedecktem Geld oder Vollgeld, die der Zentralbank (also dem Staat) unmittelbar die Aufgabe zuschieben, eine Geldmenge zu produzieren, die für die gesamte reale Produktion ausreichend ist, aber keine Spekulation durch von Banken geschaffenes Geld zulässt.

Vollgeld: Monetarismus in neuen Kleidern

Hans Christoph Binswanger, den wir sehr schätzen, hat 2012 in seinem Beitrag zu dem Band *Die Vollgeld-Reform* folgenden bemerkenswerten Satz geschrieben:

> Grundsätzlich geht es darum, eine Zwischenlösung zwischen dem früheren Goldstandard zu finden, in dem die Geldschöpfung durch die Einlösbarkeit des Papiergeldes in Gold und damit durch die Menge des vorhandenen Goldes beschränkt war, und dem heutigen Währungssystem, in dem eine grenzenlose Schöpfung von Papier- und Buchgeld möglich ist, ohne dass sie von den Zentralbanken krisenfrei kontrolliert werden kann. (Binswanger, Huber & Mastronardi 2014, S. 30)

Vertreter einer sogenannten Vollgeldreform erkennen zunächst einmal vollkommen richtig, dass Geschäftsbanken mit der Kreditvergabe in actu Geld schaffen. Sie glauben jedoch, dass die »grenzenlose Schöpfung von Papier- und Buchgeld« durch Geschäftsbanken notwendigerweise zu Finanzblasen führen muss. Diesen Zustand möchten sie beenden und es nur politisch unabhängigen Zentralbanken erlauben, Geld zu emittieren. Die alleinige Aufgabe einer solchen, vor politischen Einflüssen geschützten Zentralbank sehen sie darin, für eine stabile Währung Sorge zu tragen, und sie sind überzeugt, dass dieses Ziel mithilfe einer »potenzialorientierten« Geldmengensteuerung erreicht werden kann.

Diese Einsicht ist insofern bemerkenswert, als wir gerade einige Jahrzehnte des Versuchs hinter uns haben, die

Geldmenge durch die Zentralbank zu steuern. Dieses Unterfangen wird üblicherweise Monetarismus genannt. Der Monetarismus und sein Scheitern kommen in den Schriften der Anhänger der Idee vom Vollgeld allerdings nicht vor, obwohl die meisten von ihnen sich unter anderem auf den Chicago-Plan aus den dreißiger Jahren beziehen und obwohl Milton Friedman regelmäßig als Referenz genannt wird.

Bei Joseph Huber, einem der deutschen Vorkämpfer des Vollgeldes, kann man im selben Band jede Menge Sätze lesen, die genau wie Monetarismus klingen, aber nicht so bezeichnet werden. Da steigen die Geldmengen seit Jahren zu stark, da führen wachsende Geldmengen zu Inflation sowie übermäßig zunehmender Staatsverschuldung, und da wird gefordert, eine unabhängige Zentralbank müsse die Geldmenge »potenzialgerecht« steuern. Willkommen in der Vergangenheit!

Die globale Finanzkrise der Jahre 2008 und 2009 hat auch der Vollgeldidee neuen Auftrieb gegeben. Völlig berechtigt ist dabei nicht zuletzt die von vielen Anhängern der Idee vorgebrachte Kritik an den Finanzmarktkasinos, in denen sich die Banken, ausgestattet mit der Möglichkeit, Geld selbst zu schöpfen, um Kopf und Kragen gespielt haben, bevor sie schließlich von den Staaten gerettet wurden.

Um dem Spiel »Privatisierung von Gewinnen, Sozialisierung von Verlusten«, das wir nach den vergangenen Finanzkrisen immer wieder gesehen haben, ein Ende zu bereiten, wäre eine Vollgeldreform ein Schritt in die richtige Richtung. Richtig ist auch, dass Giralgeld bei einem Konkurs einer Bank gegenwärtig in seinem Bestand gefährdet ist und eine Vollgeldreform dieses Risiko vermeiden würde. Freilich kann man dieses Problem auch anders in den Griff bekommen: Der Staat müsste einfach den gesamten Bestand an Buchgeld garantieren.

Obwohl im Rahmen der Vollgeldidee also viele vernünftige Punkte gemacht werden, geht die Idee im Kern ins Leere, weil sie einen Supermonetarismus predigt, der vollkommen aus der Zeit gefallen ist. Was an Geld (Liquidität) in einer sich entwickelnden Wirtschaft »gebraucht wird«, wissen wir schlicht nicht. Und wir können es auch nicht wissen, weil ja die Zentralbank mit ihrem eigenen Verhalten erst die Voraussetzungen dafür schafft, dass es eine dynamische Entwicklung geben kann.

Deswegen ist der Monetarismus mit seiner Krücke des (irgendwie vorgegebenen) Produktionspotenzials, das die Zentralbank »objektiv« zu finanzieren habe, so kläglich untergegangen. Wir wissen nicht nur nicht, was an realer Produktion, die über die reine Kreislaufwirtschaft hinausgeht, zu finanzieren ist, sondern wir wissen auch nicht, wie sich – selbst bei Abwesenheit gewaltiger Spekulationsblasen – die Nachfrage nach Geld oder nach Liquidität im Zeitverlauf entwickelt.

Wenn, wofür vieles spricht, der Zins am Geldmarkt und, daraus abgeleitet, an den Kapitalmärkten selbst die entscheidende Voraussetzung für dynamische Entwicklung ist, dann ist die Idee eines exogen zu steuernden Geldangebots bei unbekannter Geldnachfrage von vorneherein verfehlt. Denn der Zins, darüber sprechen die Vollgeldvertreter genauso wenig wie die Monetaristen, schafft nur dann günstige Bedingungen für Investitionen, wenn er niedrig und stabil genug ist, um den Investoren in Sachanlagen den Anreiz und die größtmögliche Sicherheit zu geben, dass sie ihre Investitionen durchführen. Ein stabiler

Zins, das ist die zentrale geldpolitische Botschaft der letzten drei Jahrzehnte, ist jedoch nur möglich, wenn die Zentralbank jede Geldnachfrage zu dem von ihr festgesetzten Zins bedient. Das aber ist mit der Vorstellung einer Steuerung des Geldangebots oder einer bestimmten Geldmenge unvereinbar.

Joseph Huber hat gegen eine solche Kritik den folgenden Einwand vorgebracht:

> Die Quantitätstheorie des Geldes ist eine der ältesten und bewährtesten ökonomischen Lehren überhaupt. Sie ist heute so grundlegend wie seit jeher und sie beinhaltet, dass der Schlüssel zu sicherem Geld und stabilen Finanzen, zumindest ihre grundlegende Voraussetzung, in der Geldmenge und also auch der geldpolitischen Kontrolle über die Geldmenge liegt. […] Neben der rechtlichen Weisungsbefugnis ist Geld – und zwar nicht nur seine Allokation und Verteilung, sondern zuvor schon seine Schöpfung und Erstverwendung – das bedeutendste Mittel gesellschaftlicher Macht- und Herrschaftsausübung. (Huber, keine Datumsangabe)

Es ist erstaunlich, dass die sogenannte Quantitätstheorie noch zu Beginn des 21. Jahrhunderts so naiv gebraucht wird. In dieser Gleichung, wir haben das oben schon erläutert, sind ex ante (also auf die Zukunft bezogen) alle Variablen unbekannt. Niemand weiß, wie hoch die richtige Geldmenge für ein bestimmtes (welches?) Wachstum ist, niemand kennt die Umlaufgeschwindigkeit und niemand weiß, wie sich die rechte Seite entwickelt, also das Realeinkommen und das Preisniveau.

Selbst ex post (im Nachhinein) kann man nicht sagen, ob das erzielte Wachstum das angemessene war und was die gemessene Geldmenge und die gemessene Umlaufgeschwindigkeit dazu beigetragen haben. Nur beim Preisniveau kann man anhand des Vergleichs mit dem von der Politik vorgegebenen Ziel den Erfolg messen. Ob das allerdings ein Preisniveau war, bei dem das Wachstum optimiert wurde, kann man wiederum nicht sagen. Alles ist endogen, also vom Gesamtverlauf des Systems abhängig.

Die Geldpolitik eignet sich nicht dazu, den Bankensektor zu regulieren, weil man sie braucht, um die Investitionstätigkeit in der realen Wirtschaft zu stimulieren. Die Geldpolitik an sich kann nicht diskriminieren, sie kann ihre Finanzierung nicht in jedem Einzelfall von einer Überprüfung der Frage abhängig machen, ob hier das Kasino oder die reale Investitionstätigkeit finanziert und gefördert wird. Das kann nur das Bankensystem, das dezentralisiert und vor Ort die Investoren im Hinblick auf ihre konkreten Projekte beurteilt. Wie gesagt, ein verstaatlichtes Bankensystem könnte das ebenfalls, aber die Aufgabe der Geldpolitik wäre auch dann von der Aufgabe der Verteilung und Bereitstellung der Kredite zu trennen.

So bleibt die Idee des Vollgeldes ein schöner Traum. Ihre Anhänger müssen sich, wollen sie die Idee weiter verteidigen, viel konkreter mit dem Scheitern des Monetarismus und der zentralen Frage auseinandersetzen, wie sie es in einer Welt, die durch Unsicherheit über die Zukunft gekennzeichnet ist, mit dem Zins halten wollen.

Onkel Dagobert und Säcke voller Geld

Die Vorstellung einer gegebenen Geldmenge liegt auch der Erklärung für die Eurokrise zugrunde, die wir oben im Rahmen der Diskussion des Keynesianismus dargestellt haben. Aus neoklassischer Sicht haben Ersparnisse, die von Deutschland nach Spanien geflossen sind, die dortigen Probleme verursacht, die sich anschließend in hohen

Leistungsbilanzdefiziten niederschlugen. Diese These, die prominent von Hans-Werner Sinn vorgetragen wird, haben auch einige marxistisch argumentierende Autoren wie zum Beispiel Frédéric Heine und Thomas Sablowski vorgebracht. Sie liest sich bei ihnen wie folgt: »Der Zustrom von Kapital ist bestimmend für den Importsog und die damit verbundenen Leistungsbilanzdefizite in den Krisenländern« (Heine & Sablowski 2015).

In der Version »linker Theoretiker« beruht die Sinn-These auf dem »Onkel Dagobert«-Bild eines Kapitalisten: Der sitzt auf Säcken voller Geld und zerbricht sich den Kopf, wie er dieses Geld gewinnbringend anlegen kann. Um die Eurokrise zu erklären, wird Onkel Dagobert ins Deutschland der frühen Neunziger versetzt. Er sieht dort keine Anlagemöglichkeiten mehr für sein »Kapital« und ist deshalb der Verzweiflung nahe. Zu seiner Freude wird dann Mitte 1997 die Einführung des Euro verkündet. Onkel Dagobert kann nun, ohne Wechselkursveränderungen befürchten zu müssen, Investments im europäischen Ausland ins Auge fassen.

Er schaut nach Spanien und sieht dort – wie er zumindest glaubt – lohnendere Investitionsmöglichkeiten als in Deutschland. Er nimmt daher seine Säcke voller Geld und transportiert sie auf die Iberische Halbinsel, um sie zum Beispiel in Immobilien zu investieren. Das Geld Onkel Dagoberts wird dann etwa dazu benutzt, Baumaschinen aus Deutschland zu importieren und Löhne an Bauarbeiter in Spanien zu bezahlen, die sich davon zum Beispiel einen Mercedes aus Untertürkheim kaufen.

Auf diese Weise, so die These, wurden die Leistungsbilanzdefizite Spaniens faktisch durch ausländisches Kapital »finanziert«. Nach diesem Muster haben sich in Spanien erschreckende Nettoauslandsschulden in Höhe von sage und schreibe 1000 Milliarden Euro aufgetürmt. Für Sinn sind diese »Außenschulden« das Problem der Eurozone, »weil Spanien ein großes Land ist und insofern auch die Schulden riesige Ausmaße haben« (Sinn 2015).

Dieses Bild des Bankgeschäfts sowie die damit verbundene Interpretation von Bilanzen erklären, warum viele Beobachter der Kritik des Trump-Beraters Peter Navarro an den großen Exportüberschüssen Deutschlands völlig fassungslos gegenüberstehen. So fragten sich zum Beispiel Winand von Petersdorff und Philip Plickert von der FAZ, ob denn »ein positiver Saldo zwingend günstig und ein negativer Saldo zwingend schlecht ist?«. Der »Handelsexperte Gabriel Felbermayr vom Münchner Ifo-Institut« gibt den beiden Journalisten auf diese Frage die folgende Antwort: »Der große Leistungsbilanzüberschuss ist mit einem Kapitalexport, einem Abfluss von Ersparnis verbunden.« (Von Petersdorff & Plickert 2017)

Messerscharf schließen die beiden FAZ-Redakteure, Deutschland gäbe den »Abnehmerländern gleich die nötige Finanzierung« mit dazu, um die Güter kaufen zu können. Richtig ist an dieser Sichtweise nur, dass die Nettoforderungen deutscher gegenüber ausländischen Rechtssubjekten immer genau dem Leistungsbilanzdefizit entsprechen. Nicht richtig ist, dass daraus folgt, dass es »Kapitalexporte« waren, welche die Leistungsbilanzdefizite finanzierten.

Warum nicht? Bei dem »Kapital«, also dem Mittel, das einen solchen Boom auslösen soll, handelt es sich im Wesentlichen nicht um Bargeld, sondern um Buchgeld. Onkel Dagobert sitzt daher auch nicht auf Säcken voller Geld, sondern sein Girokonto bei einer Geschäftsbank weist ein entsprechendes Guthaben aus. Geld in dieser Form wird auch nicht physisch von einer Person an eine andere weitergegeben, sondern indem man dem Konto des Zahlungsempfängers einen Betrag x gutschreibt und das des Auftraggebers der Überweisung mit dem gleichen Betrag x belastet.

Beteiligt sich Onkel Dagobert zum Beispiel mit einer Million Euro an einem spanischen Immobilienentwickler, dann reduziert sich das Guthaben auf seinem Konto um diesen Betrag, und das Guthaben des spanischen Immobilienentwicklers erhöht sich entsprechend um eine Million Euro. In diesem Fall ist es zweifellos sinnvoll, von einem Kapitalexport Onkel Dagoberts nach Spanien zu reden, denn nun hat ein Spanier Geld, das er verwenden kann, um eine Investition in eine Immobilie zu tätigen, und Onkel Dagobert hat ein Recht, an den möglichen Gewinnen dieser Investition zu partizipieren.

Ist diese Situation aber vergleichbar mit der »Auslandsverschuldung«, die sich aufgrund von Leistungsbilanzdefiziten ergibt? Nehmen wir an, ein Leistungsbilanzdefizit entstehe alleine aufgrund des Kaufs einer Baumaschine eines spanischen Bauunternehmers von einem deutschen Maschinenbauer im Wert von einer Million Euro. Nun ist klar, dass diese Transaktion, isoliert betrachtet, dazu führt, dass das Guthaben des deutschen Bauunternehmers auf seinem Girokonto um diesen Betrag steigt. Handelt es sich hier um einen Kapitalexport von Spanien nach Deutschland? Diese Frage wird man verneinen, denn der Spanier hat sein Geld ja nicht nach Deutschland transferiert, um eine Rendite zu erwirtschaften, sondern um eine Baumaschine zu bezahlen.

Tatsache ist jedoch, dass sich nun mehr Geld in Deutschland befindet und weniger in Spanien. Tatsache ist auch, dass unter der Annahme, dass das Leistungsbilanzdefizit Spaniens allein durch diese Transaktion hervorgerufen wurde, eine spanische Organisation nun eine Verbindlichkeit gegenüber einer ausländischen Organisation eingehen muss. Wir können diese spanische Organisation auch relativ leicht bestimmen: Es handelt sich um die spanische Bank, die das Girokonto ihres Kunden zur Abwicklung des Kaufs mit einer Million Euro belastet hat. Denn wenn die spanische Bank eine Million Euro mehr an die deutsche Bank überwiesen hat als andersherum die deutsche an die spanische Bank – was annahmegemäß hier der Fall ist –, dann muss die deutsche Bank eine Forderung und die spanische Bank eine Verbindlichkeit in Höhe von einer Million buchen, damit die Bilanzen beider Banken wieder ausgeglichen sind. Würde eine solche Buchung nicht erfolgen, »fehlten« der spanischen Bank eine Million Euro an Passiva und der deutschen eine Million Euro an Aktiva.

Die in Euro bewerteten Forderungen und Verbindlichkeiten der Banken beziehen sich aber auf Zentralbankreserven. Bezeichnen wir Zentralbankreserven als »Geld«, ist klar, dass bislang kein Geld geflossen ist. Geld in Form von Zentralbankreserven fließt erst dann, wenn die spanische Bank ihre Verbindlichkeiten gegenüber der deutschen Bank begleicht. Verfügt die spanische Bank über ausreichend hohe Zentralbankreserven, schlägt sich das in der spanischen Bilanz durch eine entsprechende Reduktion ihres Guthabens bei der spanischen Zentralbank nieder. Bei der deutschen Bank hingegen steigt das Guthaben um den gleichen Betrag auf dem Zentralbankkonto, das sie bei der Deutschen Bundesbank hält.

Bislang also konnte bei der spanischen Bank kein Zufluss von Geld identifiziert werden. Ein Zufluss von Geld kann allerdings dann notwendig sein, wenn die spanische Bank nicht über ausreichend Zentralbankreserven verfügt. In diesem Fall kann sie sich diese von einer anderen Bank bzw. von ihrer Zentralbank besorgen. Buchhalterisch schlägt sich dieser Zufluss durch eine Gutschrift auf dem Zentralbankkonto der spanischen Bank und einer entsprechenden Kreditverbindlichkeit gegenüber einer anderen Bank bzw. der spanischen Zentralbank nieder. Klar aber dürfte sein, dass für unseren Beispielsfall dem Zufluss von Geld ein gleich hoher Abfluss gegenübersteht. Es gibt also keinen Nettozufluss von Geld, der für einen Investitionsboom und einen »Importsog« sorgen könnte.

Was aber, wenn die spanische Bank sich mehr Geld von einer ausländischen Bank leiht, als sie für den Zahlungsausgleich benötigt? Könnte es nicht sein, dass mit *diesem* Geld ein Investitionsboom und ein anschließender »Importsog« ausgelöst wird? Wäre es nicht möglich, dass – um beim Beispiel Spanien zu bleiben – die spanischen Banken sich Geld von den deutschen Banken geliehen und dieses Geld zum Beispiel als Darlehen zur Finanzierung des Baus einer Immobilie verwendet haben? Die Antwort ist schlicht nein. Sie scheitert an der Realität der Kreditvergabe: Banken geben bei der Kreditvergabe keine Zentralbankreserven weiter.

Das Problem besteht darin, dass man sowohl die Giroguthaben als auch die Forderungen der Banken untereinander oder gegenüber der Zentralbank als Geld ansieht und unterstellt, die beiden Positionen auf der Aktiv- und auf der Passivseite ließen sich isoliert betrachten. Das aber ist nicht möglich, denn das Giroguthaben, mit dem ein Kunde per Überweisung seine monetären Verbindlichkeiten begleichen kann, kann ohne entsprechende Bilanzposition auf der Aktivseite der Bank nicht bestehen. Was in der Kapitalbilanz als Kapitalexport erscheint, ist daher lediglich Ausweis dafür, wie viel *mehr* Geld vom Ausland nach Deutschland transferiert wurde als umgekehrt.

Allokation von Kapital durch den Zins?

Die Höhe von Zinsen wird nach Meinung der meisten Neoklassiker wie Hans-Werner Sinn ausschließlich von Risikoerwägungen der Banken bzw. des Kapitalmarkts bestimmt. Gesunken sind die Zinsen nach dem Start der Europäischen Währungsunion aus ihrer Sicht vor allem deswegen, weil Kapitalgeber bei der Risikoabwägung nun keine Wechselkursrisiken mehr berücksichtigen müssen. Seither sei daher Kapital in die Länder geflossen, die höhere Zinssätze geboten hätten. Da ein zunehmendes Angebot nach neoklassischer Meinung zu einem Sinken des Preises führen muss, musste natürlich der Preis für Geld, der Zins, im Laufe der Zeit ebenfalls sinken. Und da die Existenz von Märkten dazu führt, dass Arbitragegeschäfte über längere Zeit unmöglich sind, mussten natürlich auch die Zinssätze in den Ländern früher oder später konvergieren.

Die folgende Grafik belegt, dass die langfristigen Zinsen der EWU-Länder in der Tat konvergierten (Abbildung 21). Nun stellt sich aber die Frage, warum eine marktkonforme Allokation von Kapital mithilfe des Zinses in Spanien einen Immobilienboom auslösen konnte, der in einem Crash mündete. Sinn stellt sich diese Frage selbst auch. Da für ihn allerdings feststeht, dass der Markt effizient ist, also keine Fehler macht, muss eine andere Er-

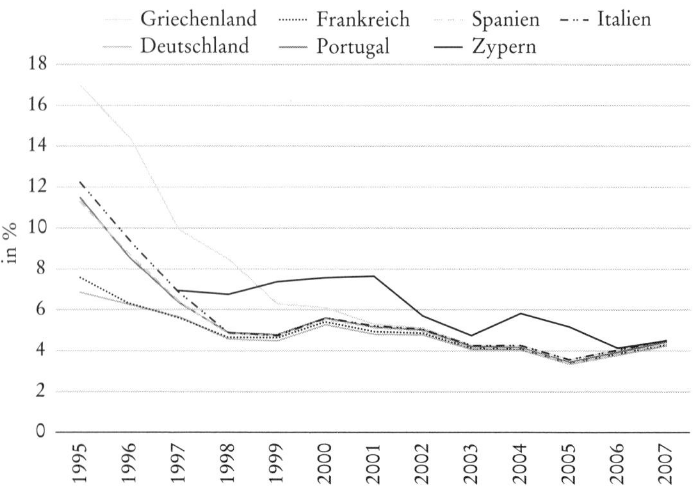

1) Rendite langfristiger Staatsanleihen (10 Jahre)

Quelle: Ameco, *Financial Times*, OECD

Abb. 21: langfristige Zinsen[1)]

klärung gefunden werden: »Bei Investitionsentscheidungen neigen Menschen nun einmal dazu, einen einmal wahrgenommenen Trend gedanklich beliebig weit in die Zukunft zu verlängern, und schießen dabei regelmäßig über das Ziel hinaus.« (Sinn 2015)

Was Sinn aber dennoch nicht sehen will, ist ein Marktversagen. Für ihn ist die neoklassische Theorie immer normativ zu interpretieren, was heißt, dass Menschen Fehler machen können, nicht aber der Markt. Er schreibt:

Einige Ökonomen verwechseln diese Erwartungsfehler mit Marktfehlern. Tatsächlich liegt das Problem wohl eher darin, dass es hinreichend weit in die Zukunft reichende Terminmärkte, auf denen heute schon die zukünftige Lieferung von Gütern und Krediten vereinbart und koordiniert wird, nicht gibt. Das Problem ist also, dass Märkte fehlen, nicht, dass Märkte, die es gibt, fehlerhaft sind. Das ist ein feiner, aber fundamentaler Unterschied! (Sinn 2015)

Um das Phänomen der konvergierenden Zinssätze nach Einführung des Euro zu erklären, braucht man allerdings solche Verrenkungen nicht. Es genügt, sich mit der Realität zu beschäftigen. Und in der Realität setzen Zentralbanken den kurzfristigen Zins und bestimmen den langfristigen Zins ganz wesentlich mit.

In einer einigermaßen vernünftig konstruierten Währungsordnung ist das so, weil sich in ihr (1) die Geschäftsbanken faktisch immer bei ihrer Zentralbank refinanzieren können und weil (2) Zentralbanken für ihren Staat immer als Kreditgeber der letzten Instanz fungieren. Aufgrund von (1) werden die Interbankenzinssätze in der Regel mehr oder weniger dem von der Zentralbank gesetzten Leitzins entsprechen. Da aber aufgrund von (2) Staatsanleihen für Banken ein risikoloses Investment darstellen und aufgrund von (1) der Kauf von Staatsanleihen durch die kurzfristige Kreditaufnahme bei der Zentralbank refinanziert werden kann, werden die langfristigen Zinsen sich der Höhe der kurzfristigen Zinsen annähern.

Dass die Renditen von Staatsanleihen schwanken, liegt allein daran, dass diese handelbar sind und Zentralbanken den kurzfristigen Zins setzen: Wird erwartet, dass die Zentralbank den Leitzins senkt, steigt die Rendite. Hingegen fällt sie, wenn eine Erhöhung des Leitzinses erwartet wird. Sinkt oder steigt die Rendite von Staatsanleihen über ein Maß, das von der Zentralbank als akzeptabel erachtet wird, wird sie mit Käufen oder Verkäufen von Staatsanleihen am Sekundärmarkt intervenieren.

Es sind folglich die Zentralbanken, die die Höhe sowohl des kurzfristigen als auch des langfristigen Zinssatzes bestimmen. Diese Zinssätze dienen dann wiederum den Geschäftsbanken als Benchmark für die Preissetzung bei ihren kommerziellen Krediten. Die Zinshöhe eines kommerziellen Kredits setzt sich zusammen aus dem von der Zentralbank bestimmten Zinssatz zuzüglich einer Marge, deren Höhe von Urteilen der Banken über die Bonität eines Kreditnehmers und dem Wettbewerb unter ihnen abhängig ist. In einem so konstruierten Währungsraum ist also der Zins, den ein Kreditnehmer zu bezahlen hat, ganz unabhängig davon, wo der entsprechende Kreditnehmer seinen Sitz hat.

Der Staat und die Zentralbank

Um den Zusammenhang zwischen der Politik und der Zentralbank eines Landes näher zu beleuchten, nehmen wir an, dass alles Geld Papiergeld ist und die Zentralbank als Teil der politischen Exekutive agiert. Tatsache ist nun, dass in kapitalistischen Volkswirtschaften sowohl die Zentralbanken – also der Staat – als auch ausgewählte Geschäftsbanken Geld »drucken« dürfen. Bezeichnen wir das Geld, das der Staat druckt, als Staatsnoten und das Geld, das Geschäftsbanken drucken, als Banknoten.

Wie nun kommen Staatsnoten und Banknoten in Umlauf? Nehmen wir an, das Geschäft von Banken sei auf die Kreditvergabe und den Zahlungsverkehr beschränkt, dann kommen Banknoten alleine über die Vergabe von Krediten in Umlauf. Staatsnoten hingegen kommen immer dann in Umlauf, wenn der Staat damit seine Einkäufe bezahlt.

Betrachten wir zunächst den Mechanismus der Inumlaufbringung von Banknoten. Nehmen wir dazu an, ein Unternehmen wolle einen Kredit, um Speiseeis zu produzieren, und die Bank würde diesen Kredit nach einer eingehenden Kreditwürdigkeitsprüfung genehmigen. Die Kreditgabe wird dann buchhalterisch wie folgt abgebildet:

Bank				Unternehmen			
Kredit	100	Banknoten	100	Banknoten	100	Kredit	100

Abb. 22: Verbuchung der Kreditvergabe

Die Bank hat auf ihrer Passivseite »notiert«, dass sie Banknoten in Höhe von 100 an den Produzenten des Speiseeises ausgegeben hat, und der Produzent hat sich »notiert«, dass er Banknoten in Höhe von 100 erhalten hat. Offensichtlich ist an dieser Stelle schon, dass die Ausweitung von Geschäftsaktivitäten und damit die Steigerung des BIP die »Schuldenberge« notwendig wachsen lassen. Der Grund dafür ist einfach: Geld wird über die Kreditvergabe in Umlauf gebracht.

Der Mechanismus der Inumlaufbringung von Staatsnoten verläuft ein wenig anders. Nehmen wir an, der Staat wolle ein Kampfflugzeug zum Preis von 100 bei einem Flugzeughersteller kaufen. Der Vorgang ist denkbar einfach: Der Flugzeughersteller bekommt Staatsnoten in Höhe von 100 ausgehändigt und der Staat sein Flugzeug. Buchhalterisch lässt sich dieser Vorgang wie folgt darstellen:

Staat				Rüstungsproduzent			
Flugzeug	100	Staatsnoten	100	Staatsnoten	100	Flugzeug	100

Abb. 23: Verbuchung des Flugzeugkaufs

Warum aber sollte der Rüstungsproduzent so blöde sein, für ein richtiges Flugzeug nahezu wertloses Papier zu nehmen? Nun, weil der Staat von ihm die Zahlung von Steuern verlangt, die er nur mit Staatsnoten begleichen kann, und weil er ihm glaubwürdig drohen kann, ihn ins Gefängnis zu werfen, wenn er ihm die entsprechenden Staatsnoten zum vereinbarten Zeitpunkt nicht abliefert. Klar sollte sein, dass nicht der Staat ein Refinanzierungsproblem hat, sondern die Steuerpflichtigen vor dem Problem stehen, an die Staatsnoten zu kommen, die sie zur Begleichung ihrer Steuerschulden benötigen.

Nun mag man einwenden, dass der Staat aber doch nirgendwo in dieser Weise Geld direkt in Umlauf bringt. Das ist richtig. Selbst in Kanada, wo die sogenannte monetäre Staatsfinanzierung ausdrücklich erlaubt ist, muss der Staat über sein Finanzministerium einen Kredit bei seiner Zentralbank aufnehmen, um sich sein Flugzeug zu kaufen. Diese Refinanzierung stellt sich buchhalterisch so dar:

Finanzministerium				Zentralbank			
Flugzeug	100	Kredit	100	Kredit	100	Flugzeug	100

Abb. 24: Verbuchung der Refinanzierung eines Staates durch die Zentralbank

Diese Form der Bezahlung des Flugzeugs über die Zentralbank führt nun dazu, dass der Schuldenberg um weitere 100 Geldeinheiten wächst. Allerdings sollte man sich darüber keine allzu großen Sorgen machen, denn solche Kredite sind nicht mit Kosten verbunden und natürlich auch nicht zurückzuzahlen. Solange es sich bei der Zentralbank wie beim Finanzministerium um eine »Abteilung« des

Staates handelt, kann man daher beide Bilanzen konsolidieren und kann den Kredit auf der Haben- und auf der Soll-Seite einfach streichen. Der Staat kauft also in beiden Fällen sein Flugzeug immer in der Weise, dass er die Notenpresse anwirft.

Wichtig ist an dieser Stelle, dass Staatsnoten in Umlauf kommen, indem der Staat damit seine Ausgaben begleicht, und dass diese durch Steuerzahlungen wieder aus dem Umlauf genommen werden. Für Staatsschulden gilt damit, was auch schon über Bankschulden gesagt wurde: Je größer sie sind, desto größer das BIP. Mit einer wachsenden Volkswirtschaft gehen daher in der Regel eben auch steigende Staatschulden einher. Problematisch ist daran per se absolut nichts.

Die monetäre Staatsfinanzierung aber ist doch, so mag man einwenden, in den meisten Ländern verboten, und selbst in Kanada wird sie nicht wirklich praktiziert. Geht die obige Darstellung daher nicht an den institutionellen Realitäten der meisten modernen Geldordnungen vorbei? Dieser Einwand scheint auf den ersten Blick korrekt, denn unter den gegenwärtigen institutionellen Regelungen sind Haushaltsdefizite durch die Begebung von Staatsanleihen zu refinanzieren.

Man kann jedoch zeigen, dass die Aktiva und Passiva der daran beteiligten Entitäten und alle mit der Ausgabe verbundenen resultierenden Salden sich nicht von der direkten Finanzierung durch die Zentralbank unterscheiden (Fullwiler 2011). Man kann als Gegenargument lediglich darauf hinweisen, dass die Emission von Staatsanleihen auch hätte fehlschlagen können, da niemand die Geschäftsbanken zwingen kann, sie auch zu kaufen. So entscheiden dann Geschäftsbanken, ob und vor allem in welcher Höhe der Staat sich für die Deckung von Staatsausgaben verschulden darf.

Aber selbst in dem Fall, dass eine Zentralbank niemals bereit wäre, Verbindlichkeiten ihres Finanzministeriums direkt auf ihre Bilanz zu nehmen, kann daraus nicht geschlossen werden, dass Geschäftsbanken nicht immer dann, wenn ein Staat das wünscht, Staatsanleihen in unbegrenzter Höhe zeichnen. Denn solange klar ist, dass eine Zentralbank als *lender of last resort* zur Verfügung steht, werden Geschäftsbanken nicht auf Einnahmen in Verbindung mit der Begebung einer Anleihe verzichten.

Im Prinzip beschreiben diese Zusammenhänge die Funktionsweise der meisten modernen Geldsysteme sehr gut, selbst wenn es so aussieht, als seien die Staaten auf das Geld der Finanzmärkte angewiesen. Wirklich problematisch ist an der Geschichte nur die Annahme, dass die Zentralbanken immer Erfüllungsgehilfen von Regierungen sind.

In der Krise um Griechenland wurde deutlich, dass Zentralbanken die Politik unter Umständen mit der Drohung, den Geldhahn zuzudrehen, zwingen können, marktkonforme »Reformen« zu exekutieren. Das war ein klarer Verstoß der Zentralbank gegen ihre Aufgabe, die Wirtschaftspolitik zu unterstützen. Da die EZB auch die für Griechenland zuständige Zentralbank war, gilt das ohne Zweifel auch für Griechenland. Es spricht allerdings einiges dafür, dass die EZB inzwischen erkannt hat, dass sie ihr Mandat in diesem Fall gründlich missverstanden hatte.

Geld ist also, ganz im Sinne von Georg Friedrich Knapp, ein Steuerungsmittel, dessen Akzeptanz als Zahlungsmittel auf der Fähigkeit eines Staates beruht, Steuerzahlungen in seiner Währung zu erzwingen. Sobald man das erkennt, ist offensichtlich, dass das zentrale Element einer neuen Geldordnung darin bestehen muss, den Staat in die Lage zu versetzen, unter klar definierten Bedingungen Geld zu schöpfen.

Zentralbankfinanzierung und Inflation

Bundesbankpräsident Jens Weidmann bestreitet nicht, dass einem Staat die Möglichkeit der »Refinanzierung« seiner Ausgaben über die Zentralbank prinzipiell offensteht und er daher weder auf Steuereinnahmen noch eine Refinanzierung über den Finanzmarkt angewiesen ist. Er behauptet aber, dass Inflation (oder gar Hyperinflation) und damit schwere Schäden bis hin zu einem Zusammenbruch einer Volkswirtschaft die Folge sein würden. Zur Begründung dieser Behauptung zitiert er wie folgt aus Goethes *Faust*: »Ein solch Papier, an Gold und Perlen statt, ist so bequem, man weiß doch, was man hat. Man braucht nicht erst zu markten, noch zu tauschen, kann sich nach Lust in Lieb und Wein berauschen.« (Weidmann 2012)

Der von Weidmann zitierte Goethe hält also die staatliche Geldschöpfung für problematisch, weil der Staat, anders als Private, nicht zuerst eine Leistung erbracht haben muss, damit er überhaupt Geld in seinen Händen halten kann. Im Gegensatz zu allen anderen kann er, nachdem er den Pakt mit dem Teufel geschlossen hat, konsumieren, ohne vorher produziert zu haben.

Public-Choice-Theoretiker wie der Ökonomienobelpreisträger James Buchanan würden dieser monetaristischen Argumentation hinzufügen, dass gerade weil in demokratischen Gesellschaften das Finanzgebaren der Regierungen nicht der Disziplin des Marktes unterworfen ist, Inflation zu erwarten sei. Denn Politiker, die gewählt werden wollen, müssen ihre Politik an den Interessen des Medianwählers ausrichten. Sie werden daher mit ihrer Politik immer auf die Steigerung des Einkommens dieser Wählergruppe zielen und auf die damit verbundenen inflationären Effekte mit weiteren Maßnahmen zur Einkommenssteigerung reagieren. Die Konsequenzen einer solchen Politik fassen James Buchanan und Richard Wagner so zusammen:

> Inflation zerstört Erwartungen und produziert Unsicherheit; sie vergrößert das Gefühl von Ungerechtigkeit und verursacht Entfremdung. Sie führt zu Verhaltensreaktionen, die sich durch einen generell begrenzten Zeithorizont auszeichnen. »›Genieße, genieße!‹ […] wird zu einer rationalen Handlungsmaxime […], wenn die Pläne von gestern sich morgen als aberwitzig herausstellen.« (Buchanan & Wagner 1977, Übersetzung der Autoren)

Nun ist zuzugestehen, dass ein Missbrauch staatlicher Geldschöpfung sicherlich nicht ausgeschlossen werden kann. Allerdings gibt es keinen Grund, die extrem pessimistische Weltsicht der Public-Choice-Theoretiker zu übernehmen, laut der alle Menschen und damit auch alle Politiker und Verwaltungsangestellte rücksichtslos und egoistisch sind. Und dass ein Staat für demokratisch legitimierte Ausgaben Geld schöpfen darf, heißt überdies ja nicht, dass keine institutionellen Vorkehrungen zu treffen sind, um Missbrauch zu vermeiden. So könnte man zum Beispiel verlangen, dass die Geldschöpfung des Staates nur für produktive oder investive Zwecke verwendet werden darf und dass die Ausgaben des Staates von bestimmten Organisationen (in Deutschland z. B. dem Bundesrechnungshof) überwacht werden müssen.

Die eigentliche Frage ist aber, ob bei monetärer Staatsfinanzierung die Wahrscheinlichkeit von Missbrauch und Inflation größer ist, als wenn gewinnorientierte Banken dem Staat Geld über ein Darlehen zur Verfügung stellen. Diese Frage wird von der Mehrzahl aller Ökonomen bejaht, was in etwa so begründet wird: Wer Geld verleiht, muss, um nicht selbst in eine gefährliche Situation zu geraten, die Bonität potenzieller Darlehensnehmer genau prüfen und das Ausfallrisiko entsprechend mit Vermögenswerten des Darlehensnehmers besichern. Banken haben zwar einerseits ein Interesse, möglichst viele Darlehen zu vergeben, um möglichst hohe Gewinne erzielen zu können, doch die Angst, das mühsam erworbene Vermögen zu verlieren, ist Anreiz genug, nur solche Kredite zu vergeben, deren Bedienung als gesichert angenommen werden kann.

Beim Staat greift diese Risikoabwägung, wie wir oben gezeigt haben, allerdings nicht, denn beim Staat gibt es kein Ausfallrisiko – jedenfalls dann nicht, wenn er über eine funktionierende Zentralbank verfügt. Die Europäischen Verträge (genauer: Paragraf 123 des Lissaboner Vertrages) verbieten daher einerseits den Mitgliedsstaaten des Euroraums eine solche »Refinanzierung« staatlicher Ausgaben über die Zentralbank. Entsprechende Regelungen finden sich auch in anderen Währungsräumen.

Andererseits findet man aber auch Staatspapiere als Aktiva in den Bilanzen der entsprechenden Zentralbanken, was zeigt, dass es ganz offensichtlich Mittel und Wege gibt, die es auch in diesen Ländern erlauben, die »Refinanzierung« der Staatshaushalte sicherzustellen. Ob und inwieweit ein bestimmter Staat sich über seine Zentralbank finanzieren kann, entscheidet sich also in erster Linie danach, ob und inwieweit gesetzliche Regelungen es der Zentralbank erlauben, Staatspapiere auf ihre Bilanz zu nehmen, und ob und inwieweit Regierungen auf die entsprechenden Entscheidungen »ihrer« Zentralbank Einfluss nehmen können.

Hinzu kommt ein weiterer Zusammenhang, der leicht übersehen wird. Die Zentralbank steuert immer den Zins, zu dem sie so viel Geld ausgibt, wie gerade nachgefragt wird. Wenn sie aber den Zins steuert, kann sie auch bei völliger Unabhängigkeit nicht verhindern, dass der Staat sich so viel Mittel am Kapitalmarkt besorgt, wie er für richtig hält. Muss die Zentralbank den Zins gegen null senken, weil es zu wenig Nachfrage am Kapitalmarkt gibt, wie das derzeit der Fall ist, kann sich der Staat fast zu den gleichen günstigen Bedingungen finanzieren, wie es bei direkter Notenbankfinanzierung der Fall wäre.

Die Trennung von Notenbank- und Fiskalpolitik ist dann nur noch formaler Natur, materiell verschmelzen die beiden Politikbereiche. Beim sogenannten *Quantitative Easing* (der Erweiterung des Ankaufsarsenals der Zentralbanken durch direkte Käufe von Staatsanleihen und anderen langlaufenden Papieren) ist das für jedermann offensichtlich. Denn hinter diesem Ausdruck steht der Ankauf von Staatspapieren durch eine Zentralbank, die teilweise von Banken gehalten werden. Daraus folgt, dass die Banken bei der Finanzierung staatlicher Aufgaben keine wirkliche Selektionsaufgabe haben. Bei hohen Zinsen erhalten sie allerdings eine funktionslose Subvention; sie haben dann ein unerhörtes Privileg, das sich durch nichts rechtfertigen lässt außer durch die Tatsache, dass sie quasi hoheitliche Aufgaben wahrnehmen.

Das verhindert jedoch nicht, dass bei einer Zinssteuerung durch die Zentralbank Konstellationen auftreten, wo es wegen unorthodoxer Maßnahmen auch bei formaler Trennung der Bereiche de facto zu direkter Staatsfinanzierung kommt. Solche Konstellationen können, wie Japan zeigt, über Jahrzehnte andauern, ohne dass es zu Inflation kommt. Daraus ergibt sich, dass die ganze Diskussion extrem dogmatisch ist und an der Sache vorbeigeht.

Der Staat hat daher jederzeit die Möglichkeit, mithilfe eines staatlichen Programms zur Schaffung von Arbeitsplätzen dem Recht auf Arbeit zur Geltung zu verhelfen oder Rezessionen und Arbeitslosigkeit zu bekämpfen. Weder gibt es einen Grund zu erwarten, dass ein solches Programm zu Inflation führt, noch dass dabei andere Grundsätze über Bord geworfen würden, die nicht ohnehin längst über Bord geworfen worden sind.

Disziplinierung des Staates durch die Märkte?

Der Liberalismus behauptet, die effiziente Allokation von Geld setze voraus, dass *alle*, die Geld benötigen, dieses nur über Markt erhalten sollten und sich damit der Disziplin des Marktes unterwerfen müssen. Daher solle auch der »anonyme Finanzmarkt« darüber entscheiden, ob die Bonität eines Landes überhaupt einen Kredit an die Regierung rechtfertigt. Das schrieb im vergangenen Jahr sinngemäß der Sachverständigenrat zur Begutachtung der gesamtwirtschaftlichen Entwicklung in seinem Sondergutachten mit dem Titel »Konsequenzen aus der Griechenland-Krise für einen stabileren Euroraum« (Bofinger et al. 2015, S. 14).

Angela Merkel kommt das »Verdienst« zu, schon 2009

auf einem CDU-Parteitag in Stuttgart die Schuldenmacherei der Staaten als Ursache für die Kapriolen der Finanzmärkte ausgemacht zu haben:

> Auf einmal liest man überall, warum die Finanzmärkte vor dem Kollaps standen, auch von denen, die vorher noch Anlagen empfohlen haben, die sie selbst nicht begriffen haben. Dabei ist es eigentlich ganz einfach. Man hätte hier in Stuttgart, in Baden-Württemberg, einfach nur eine schwäbische Hausfrau fragen sollen. Sie hätte uns eine ebenso kurze wie richtige Lebensweisheit gesagt, die lautet: Man kann nicht auf Dauer über seine Verhältnisse leben. Das ist der Kern der Krise. (Zitiert nach Polster 2014, S. 32)

Die Bundesregierung ließ ihrer Krisenanalyse dann auch Taten folgen, als sie nämlich 2009 ein Gesetz auf den Weg brachte, das es Deutschland verbot, ab 2016 neue Kredite zur Finanzierung seiner Ausgaben aufzunehmen. 68,3 Prozent aller Bundestagsabgeordneten stimmten für die Grundgesetzänderung. Grundsätzliche Bedenken hatte nur die Fraktion der Partei Die Linke. Ansonsten hielten alle Parteien eine Regelung zur Begrenzung staatlicher Schulden für richtig.

Abbildung 21 hat bereits gezeigt, dass die langfristigen Renditen für Staatsanleihen von Deutschland, Frankreich, Griechenland, Spanien und Portugal auch zum Höhepunkt der Finanzkrise im Jahre 2008 nahe beisammen lagen. Was erklärt nun, dass sie sich seit Ende 2009 so auffällig auseinanderentwickelten, um sich dann seit 2012 – mit der Ausnahme von Griechenland – wieder aufeinander zu zu bewegen? Die Antwort auf diese Frage scheint dem Sachverständigenrat sehr einfach:

> Die Zweifel der Finanzmärkte an der Zahlungsfähigkeit der Krisenländer äußerten sich in stark ansteigenden Risikoprämien für Staatsanleihen. Es folgte ein sich selbstverstärkender Prozess aus

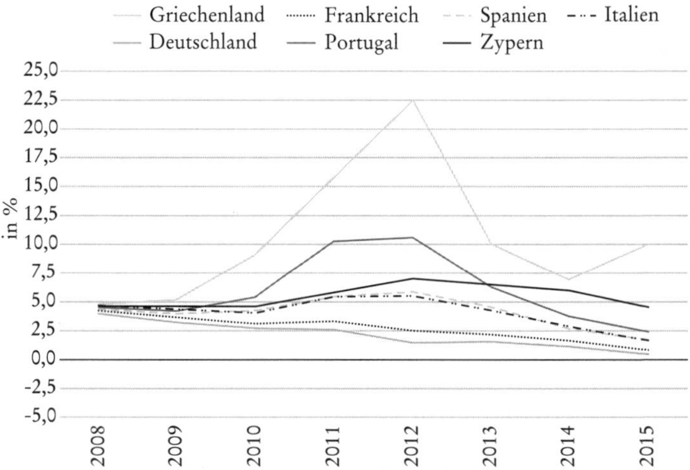

[1)] Rendite langfristiger Staatsanleihen (10 Jahre)

Quelle: Ameco, *Financial Times*, OECD

Abb. 25: langfristige Zinsen[1)]

steigenden Schulden, schwindendem Vertrauen und zunehmenden Risikoaufschlägen. (Ebd., S. 16)

So die Erzählung der deutschen Marktfundamentalisten. Mit der Realität hat sie allerdings nichts zu tun, obwohl der Verlauf der Zinsen eine solche Erklärung nahelegt (Abbildung 25). Der Anstieg der Zinsen in einigen Ländern der Währungsunion ist alleine darauf zurückzuführen, dass die EZB nicht wie die Zentralbank eines souveränen Staates agierte. Eine europäische Zentralbank, die ihren Auftrag als Hüterin der Integrität des Währungsraumes verstanden hätte, hätte keine Sekunde gezögert und durch Intervention an den Anleihemärkten unmittelbar

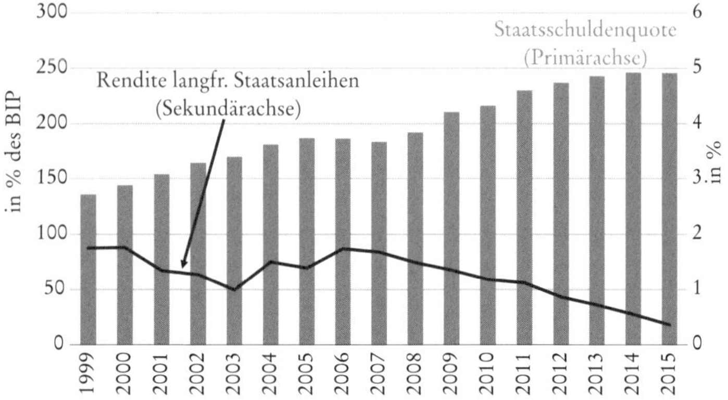

Quelle: Ameco

Abb. 26: Staatsschulden und Zinsen in Japan

dafür gesorgt, dass die Zinsen für Staatsanleihen nicht auseinanderlaufen.

Doch selbst innerhalb der EZB wurden damals Stimmen über einen möglichen Austritt Griechenlands laut, und auf dem EU-Gipfel vom 11. Dezember 2009 wurde verkündet, man denke nicht daran, Griechenland zu »helfen«. Ein eklatantes Versagen der Politik und der EZB-Verantwortlichen unter ihrem damaligen Präsidenten Jean-Claude Trichet. Eine Währungskrise wurde auf diese Weise zu einer Staatsschuldenkrise gemacht.

Wie aber kommt es zur Disziplinierung über den Markt? Gäbe es diese Disziplinierung, müsste man zeigen können, dass steigende Staatschuldenquoten systematisch mit höheren Renditen für Staatsanleihen einhergehen. Betrachten wir zur Beantwortung dieser Frage die Entwicklung der Staatschuldenquote von Japan, des Landes mit

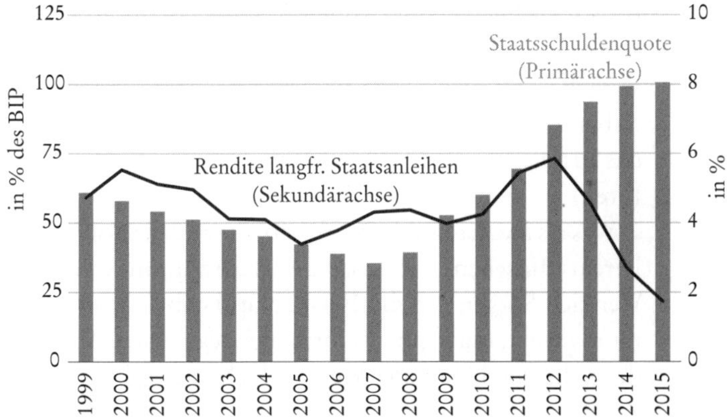

Quelle: Ameco

Abb. 27: Staatsschulden und Zinsen in Spanien

der höchsten Staatsschuldenquote der Welt, und die Renditen für japanische Staatsanleihen zwischen 1999 und 2015 (Abbildung 26).

Japan ist aus einer neoklassischen Perspektive ein Land, das es nicht geben kann. Die Renditen auf Staatsanleihen sind, anders als auf Basis dieser Theorie zu erwarten gewesen wäre, bei einer stark steigenden Staatsschuldenquote nicht gestiegen, sondern durchweg gefallen! Auch die Renditen für spanische Staatsanleihen haben offenbar recht wenig mit der spanischen Staatsschuldenquote zu tun, wie Abbildung 27 belegt:

Mit einer stark steigenden Schuldenquote geht ab 2013 ein kräftiger Rückgang der Rendite einher.

Die Erklärung für diese Phänomene ist ganz einfach: Mario Draghi hatte 2012 publikumswirksam klargemacht, dass die EZB sich von nun an wie eine normale Zentralbank verhalten und ihre Mitgliedsländer vor der Zahlungsunfähigkeit schützen werde: »Innerhalb unseres Mandats wird die EZB alles Nötige unternehmen, um den Euro am Leben zu halten. Und glauben Sie mir, wenn ich sage, dass das ausreichen wird.« (Draghi 2012, Übersetzung der Autoren)

Was als Staatsschuldenkrise betitelt wird, ist also bei näherem Hinsehen eine Krise der Eurowährungsordnung. Wer sich Sorgen um die Finanzmarktstabilität im Euroraum macht, muss eine Reform der Regeln der EWU fordern, die den Finanzmärkten die Sicherheit gibt, dass die Zentralbank stets dafür Sorge tragen wird, dass Staatsanleihen »ihrer« Länder immer bedient werden.

Insolvenzregime für Staaten?

Marktfundamentalisten – und um solche handelt es sich bei den Mitgliedern des Sachverständigenrates mehrheitlich – können eine solche Währungsordnung aber nicht tolerieren. Sie wollen Staaten zu bloßen Marktakteuren degradieren und lehnen daher die »Privilegierung von Staatsanleihen in der Bankenregulierung« ab. Stattdessen fordern sie ein »Insolvenzregime für Staaten« (Bofinger et al. 2015, S. 31), um sicherzustellen, dass Staaten mit »angemessenen Risikoaufschlägen« (Bofinger et al. 2015, S. 15) ebenfalls zu einer »soliden« Haushaltspolitik gezwungen werden.

Um auch den Finanzmärkten unmissverständlich klarzumachen, dass es sich beim Euro um eine Währungsordnung handelt, bei der für die beteiligten Staaten der »Leitgedanke von Haftung und Kontrolle« einschlägig ist (Bofinger et al. 2015, S. 2), hat man im Falle von Griechenland und Zypern den Märkten eine Lektion erteilt, die unseren Wirtschaftsweisen bis heute als beispielgebend gilt: »Bei Überschuldung oder grobem Verstoß gegen die Fiskalregeln sollte ein ESM-Anpassungsprogramm nur nach einem Schuldenschnitt für private Gläubiger genehmigt werden.« (Bofinger et al. 2015, S. 2)

Damit die Finanzmärkte ihre »Disziplinierungsfunktion auch wirklich ausüben« (Bofinger et al. 2015, S. 8), müssen sie einfach ab und zu Geld verlieren. In Griechenland hat man daher private Gläubiger zu Abschreibungen und in Zypern selbst Sparer mittelbar zu einem Schuldenschnitt gezwungen. Eurogruppenchef Jeroen Dijsselbloem sprach gar davon, die Zypernrettung könne als Blaupause des europäischen Rettungsmechanismus gelten.

Darüber hinaus hat man die »Rettung« von Staaten und deren Banken auch nicht der EZB überlassen, sondern Zweckgesellschaften wie den sogenannten Europäischen Stabilitätsmechanismus (ESM) damit betraut, die für ihre Refinanzierung am Finanzmarkt auf Garantien der EU-Staaten angewiesen sind. Mit der Etablierung dieses »Krisenmechanismus« wurde sichergestellt, dass nationale Regierungen und nicht die Zentralbank darüber entscheiden, ob und unter welchen Bedingungen ein Euroland ein »Hilfspaket« in Anspruch nehmen kann.

Dass sich die Finanzmärkte vor diesem Hintergrund Sorgen um die Zahlungsfähigkeit der Mitglieder der Europäischen Währungsunion machen, kann eigentlich nicht überraschen. Wie Peter Bofinger in seinem Minderheitsvotum richtig sagt, befinden sich die Mitglieder einer Währungsordnung, die dem »Leitgedanken der Einheit von Haftung und Kontrolle« verpflichtet ist, in einer Situation, die sonst nur Schwellenländer kennen, »die nicht in der Lage sind, sich in ihrer eigenen Währung zu verschulden«. (Bofinger et al. 2015, S. 43)

Wenn den Vorschlägen der Wirtschaftsweisen gefolgt würde, auch bei Staatsanleihen »angemessene Risikoaufschläge« zu berücksichtigen, dann würden sich die Renditen auf langfristige Staatsanleihen der Euroländer sicherlich unterscheiden. Da aber für Banken diese Rendite die Basis ist, auf der sie den Zinssatz für langfristige Unternehmensfinanzierungen festlegen, würden Unternehmen, je nachdem, in welchem Mitgliedsland sie ihren Sitz haben, unterschiedlich hohe Finanzierungskosten tragen müssen. Das aber widerspricht der Grundidee eines einheitlichen Binnenmarktes. Denn in einem Binnenmarkt sollte der Erfolg von Unternehmen nur davon abhängig sein, ob sie ihre Produkte und Dienstleistungen im Wettbewerb mit anderen gewinnbringend verkaufen können. Die politischen Rahmenbedingungen sollten dagegen für alle Unternehmen weitgehend vergleichbar sein.

Sind die politischen Rahmenbedingungen – wie etwa die Besteuerung, das Lohnregime, aber auch die Refinanzierungsbedingungen – nicht gleich, während der Verkehr von Waren, Dienstleistungen, Personen und Kapital weitgehend frei von Beschränkungen ist, dann sollte man eher von einer Freihandelszone sprechen. Der Wettbewerb zwischen Unternehmen wird unter solchen Bedingungen substituiert durch den Standortwettbewerb, den derjenige Rechtsraum gewinnt, der Unternehmen die besten Konditionen zur Gewinnerzielung bietet. Ein solcher Wettbewerb mündet, wie das im Englischen treffend zum Ausdruck gebracht wird, notwendigerweise in einem »race to the bottom« (also einem Wettbewerb um den niedrigsten Standard), aber nicht in Wohlstandsgewinnen für alle. Konsequenterweise müsste man für eine solche Freihandelszone nationale Währungen und flexible Wechselkurse fordern.

Die EZB-Politik der letzten Jahre ist als ein wichtiger Beitrag gegen den von Marktfundamentalisten gewollten »Wettbewerb der Nationen« zu interpretieren und verdient die Unterstützung aller, die an der Entwicklung eines solidarischen und gemeinwohlorientierten Europa Interesse haben. Um das zu sehen, bedarf es keineswegs nur guten Willens, sondern der Einsicht, dass man Abschied nehmen muss von neoliberalen ordnungspolitischen Denkmustern, die uns den Blick auf die Realität verstellen.

Die europäische Krise ist keine »Staatsschuldenkrise«

Eins muss man den Liberalen lassen: Sie haben großartige Reflexe. Unmittelbar nach Beginn der großen Krise des privaten Kapitals und der dadurch ausgelösten Eurokrise gelang es dem neoliberalen Mainstream und seinen Leitmedien, die private Krise in eine Staatsschuldenkrise umzudeuten. Obwohl die Staaten die privaten Schuldner gerettet hatten, diagnostizierte man eine Staatsschuldenkrise und exkulpierte dabei die Zockerei der Banken.

Auch die europäische Krise, die ohne Zweifel eine Krise der Wettbewerbsfähigkeit ist, an der Deutschland wesentliche Schuld trug, wurde von interessierten Kreisen unter Einschluss solcher Institutionen wie der Deutschen Bundesbank sofort als Ausdruck einer Staatschuldenkrise angesprochen. Griechenland war deswegen ein Wasserfall auf die Mühlen der Neoliberalen, weil man damit »beweisen« konnte, dass es ein Fehlverhalten des Staates und nur des Staates war, das zur Krise in der Eurozone geführt hatte.

Diese Fehldiagnose, mit der die Liberalen aufwarteten, um Europa ihre Agenda aufzuzwingen, hat gravierende Auswirkungen für die europäischen Volkswirtschaften nach sich gezogen. Eine unerträglich lange Rezession, ein hohes Niveau an Arbeitslosigkeit und hohe Einkommensverluste gehen auf das Konto derer, die schnell und entschlossen die Staatsschuldenhypothese verbreiteten. Austeritätspolitik wurde zu einem »Markenzeichen« der von der Eurogruppe unter deutscher Führung verabreichten Medizin, und diese Medizin war von Anfang an Gift.

Manche Kritiker des Neoliberalismus schließen aus der europäischen Krise, dass es weniger das Fehlverhalten eines oder mehrerer Länder gewesen sei, das für die Krise verantwortlich zu machen ist, sondern die Europäische Währungsunion als solche sei nicht geeignet gewesen, so unterschiedliche Länder zusammenzubinden. Hätten die Länder nur größere Autonomie gehabt, hätten sie wirtschaftspolitisch gegensteuern können.

Es gibt jedoch bei offenen Grenzen für Güter und Kapital keine Insel der Seligen, und es gibt keine währungspolitische Methode, sich von den Vorgängen im Rest der Welt vollständig abzuschotten. Es ist wohl einer der großen Irrtümer der Ökonomie in diesem Jahrhundert, der Politik lange Zeit die Vorstellung vermittelt zu haben, es gäbe genau dann nationale Souveränität in der Wirtschaftspolitik, wenn man nur ein Währungssystem installierte, das »flexibel« alle von außen kommenden Schocks abfinge. Das aber kann es nicht geben, weil die real existierenden Währungssysteme nicht einmal monetäre Störungen relativ friktionsfrei ausgleichen können, ganz zu schweigen von realen Schocks, wie wir später zeigen werden.

Der Verlust an wirtschaftspolitischer Souveränität für Nationen oder Regionen ist nicht in erster Linie Folge eines ungeeigneten Währungssystems, sondern im Kern Folge der Tatsache, dass sich fast alle Länder dieser Welt für offene Güter- und Kapitalmärkte entschieden haben. Wirtschaftspolitisch gestaltbar ist lediglich die Art und Weise, wie Krisen von vornherein vermieden bzw. effektiv bekämpft werden können. Da – wie man es auch dreht und wendet – in den weltweiten krisenhaften Zuspitzungen regelmäßig Veränderungen des realen Wechselkurses nach oben und nach unten oder dadurch induzierte unhaltbare Zinskonstellationen eine zentrale Rolle spielten, ist es naheliegend, zunächst hier anzusetzen.

Das kann zum Beispiel auf die Weise geschehen, dass »Ab- und Aufwertungsbänder« für Wechselkurse definiert werden, die ausschließlich dem einen zentralen Ziel dienen, den realen Wechselkurs (also die Wettbewerbspositionen zwischen den Ländern) über längere Fristen in etwa konstant zu halten. Nominale Ab- und Aufwertungen, die in bestimmten Abständen diskretionär oder nach vereinbarten Regeln vorgenommen werden, müssen die jeweils aufgelaufenen Inflations- und Lohnstückkostendifferenzen widerspiegeln.

Wer sich für absolut feste Wechselkurse oder gar eine Währungsunion entscheidet, bindet sich zwar selbst in mancherlei Hinsicht die Hände (»to tie your own hands« lautete ein Slogan, der im Österreich der siebziger Jahre sehr populär war), erhofft sich aber durch die Anbindung an einen großen Partner, mit dem er die wirtschaftspolitischen Vorstellungen weitgehend teilt, dass er sich den Kapriolen der internationalen Kapitalmärkte weitgehend entziehen kann. Das mag eine absolut rationale Strategie sein, solange sich alle Beteiligten an die impliziten Versprechen halten, die einem solchen System zugrunde liegen. Genau das ist in der EWU schiefgelaufen.

Feste Wechselkurse und feste Versprechen

Der Zusammenhang zwischen den deutschen Leistungsbilanzüberschüssen und den Problemen in der europäischen Währungsunion wird auch zehn Jahre nach Beginn der Krise immer noch kaum verstanden bzw. er wird verdrängt. Beleuchten wir also die Verhältnisse in der EWU noch einmal auf eine etwas andere Weise.

Auch die Liberalen bestreiten nicht, dass sich der Gedanke des Wettbewerbs normalerweise auf den Wettbewerb von Unternehmen bezieht. Und sie wollen mit allen Mitteln erreichen, dass der Wettbewerb zwischen den Unternehmen fair verläuft. Unternehmen sollen sich im Wettbewerb bewähren, und das beste Unternehmen soll sich unter sonst gleichen Bedingungen (wozu an erster Stelle gleicher Lohn für gleiche Arbeit gehört) über Anstrengungen zur Verbesserung der Produktivität in den Verfahren oder der produzierten Güter und Dienstleistungen durchsetzen und erfolgreich sein dürfen.

Gleichzeitig sprechen sich die Liberalen in der Regel aber für einen Wettbewerb der Nationen aus. Das ist seltsam und widersprüchlich, weil der Wettbewerb der Unternehmen untereinander natürlich verzerrt wird, wenn aus Gründen, die nichts mit dem einzelnen Unternehmen zu tun haben, ein Land allen seinen Unternehmen einen Vorteil verschafft. Von welcher Art dieser Vorteil ist, spielt dabei keine große Rolle.

Ob das Land Importzölle erhebt, die Steuern für seine Unternehmen besonders stark senkt oder ob es seinen Unternehmen hohe Subventionen zahlt, ob die Währung eines Landes unterbewertet ist oder ob die Politik des Landes in einem System fester Wechselkurse (oder einer Währungsunion) mit dafür gesorgt hat, dass die Löhne für alle Unternehmen weniger steigen (im Verhältnis zur Produktivität) als in den Ländern, mit denen man sich auf den festen Kurs geeinigt hat – immer entsteht ein Vorteil für alle Unternehmen, der die Konkurrenten in den Partnerländern (ganz gleich, ob es gute oder schlechte Unternehmen sind) systematisch schädigt.

Unbestritten war viele Jahrzehnte auch, dass sich die anderen Länder selbstverständlich gegen diese artifiziellen Vorteile wehren und ihre Unternehmen vor den damit verbundenen Nachteilen schützen dürfen. Also ist es erlaubt (auch entsprechend den Regeln der Welthandelsorganisation), eigene Zölle einzuführen, die eigene Währung abzuwerten oder ein Dumping-Verfahren gegen solche Länder anzustrengen. Auch politischer Druck auf die eigenen Löhne zur Kompensation des ausländischen Lohnvorteils in Systemen fester Wechselkurse ist eine Möglichkeit.

Am einfachsten war in der Vergangenheit häufig das Mittel der Abwertung. Geriet ein Land in eine Zahlungsbilanzkrise, also in die Gefahr, dass man die eigenen Importe nicht mehr bezahlen kann, ohne große Zinsaufschläge am Kapitalmarkt hinnehmen zu müssen, wurde sowohl bei flexiblen wie bei anpassungsfähigen Wechselkursen (im System von Bretton Woods oder beim Europäischen Währungssystem, kurz EWS) die Lösung üblicherweise in einer Abwertung gesucht. Diese reduzierte die Importe, stärkte die eigenen Exporte und verringerte auf diese Weise die Abhängigkeit vom Kapitalmarkt.

Feste Wechselkurse sind sozusagen das Versprechen der Handelspartner untereinander, den anderen nicht auf die eine oder andere Weise derart zu unterbieten, dass das Ziehen der Option Wechselkursänderung notwendig wäre. Je stärker die Bindung der Wechselkurse, umso fester muss natürlich das Versprechen des Nicht-Unterbietens durch die Handelspartner sein, damit das System halten kann.

Deutschland hat in der Europäischen Währungsunion die merkantilistische Form des Unterbietens gewählt, nämlich durch eigenes Gürtel-enger-Schnallen (vgl. Flassbeck 2013b). Damit ist das Versprechen, das der Vereinbarung, eine Währungsunion einzugehen, innewohnt, gebrochen worden, und die Handelspartner müssten sich bei vernünftig konstruierten Verträgen auch nicht mehr an das Freihandelsgebot halten, könnten also gegenüber Deutschland Importzölle zur Kompensation des deutschen Dumpings einführen.

Doch die europäischen Verträge sind nicht vernünftig konstruiert. Die Kommission geht massiv, bis hin zu Klagen vor dem Europäischen Gerichtshof, gegen Fälle vor, wo Staaten ein einzelnes Unternehmen bevorteilen. Wenn etwa Volkswagen eine Subvention vom Staat bekommt, sei es in Form eines günstigen Grundstückes oder einer staatlichen Überlebensgarantie wegen einer direkten Staatsbeteiligung am Eigentum des Unternehmens, dann vermutet die Kommission eine Wettbewerbsverzerrung zulasten anderer Unternehmen in der EU und verlangt eine Kompensation oder die Unterlassung der Subvention.

Wenn jedoch ein Land alle seine Unternehmen durch Steuersenkung oder Lohndruck bevorteilt, fällt das unter das Rubrum »Wettbewerb der Nationen« oder »nationale Steuersouveränität«, und die Kommission tut nichts. Durch eine solche pauschale Subvention in Deutschland kann die Situation eines Unternehmens in Frankreich gegenüber seinem deutschen Konkurrenten jedoch in genau der gleichen Weise verzerrt werden wie durch eine individuelle Subvention. Insgesamt gesehen, ist der Schaden jedoch viel größer als bei einer Einzelsubvention, weil alle Unternehmen Frankreichs nun unter dem deutschen Dumping leiden. Ohne die europäischen Verträge könnte Frankreich vor der Welthandelsorganisation mit großer Aussicht auf Erfolg ein Dumping-Verfahren gegen Deutschland anstrengen. Wäre es zusammen mit Deutschland in einem Währungssystem, das ohne große Verwerfungen eine Abwertung der französischen Währung erlauben würde, könnte man das Problem ebenfalls leicht lösen.

Diese Argumentation zeigt, dass es in keinem Fall darauf ankommt, ob eine Nation tüchtig oder produktiv ist. Jede Nation darf so produktiv sein, wie sie nur will und kann. Allerdings darf keine Nation bewusst unter ihren Verhältnissen leben (also unter den Möglichkeiten, die von ihrer Produktivität geschaffen werden), weil sie sonst anderen Nationen die Möglichkeit nimmt, sich an ihre eigenen Verhältnisse anzupassen, also die Früchte der eigenen Produktivität zu genießen. Da es extrem dumm wäre, wenn alle Nationen versuchen würden, unter ihren Verhältnissen zu leben, nur weil eine einzige Nation das tut, muss es Ausgleichsmechanismen der oben beschriebenen

Art (also Zölle, Währungsabwertungen oder Strafverfahren) geben, um sich gegen den Störenfried zu wehren.

Aber der Wettbewerb der Nationen darf doch nicht einfach ausgeschlossen werden, werden einige einwerfen. Doch, das muss er, weil er gar keinen Wettbewerb darstellt. Die Idee eines »Wettbewerbs der Nationen« ist, wie wir oben schon gezeigt haben, sicher eine der dümmsten Ideen aller Zeiten, weil Nationen das genau nicht tun dürfen, was man von Unternehmen erwartet, die im Wettbewerb miteinander stehen.

Den Wettbewerb der Unternehmen halten wir für sinnvoll, weil wir unterstellen, dass Unternehmen bzw. die Menschen dahinter gerade dann erfindungsreich und innovativ sind, wenn man ihnen keine Möglichkeit gibt, ihre Konkurrenten mit illegalen Tricks, mit Steuerhinterziehung, Bestechung oder mit der primitiven Erpressung ihrer Arbeitnehmer auszustechen. Wer all das nicht tut und trotzdem erfolgreich ist, weil er eine neue Entdeckung macht oder ein neues Produkt entwickelt, den nennen wir einen großen Unternehmer.

Es ist aber nicht innovativ, wenn ein Staat die Steuern senkt und alle anderen Staaten zwingt, das Gleiche zu tun. Es ist eben einer jener billigen Tricks, die wir beim unternehmerischen Wettbewerb zu Recht als Missbrauch geißeln. Auch die Gewerkschaften staatlicherseits unter Druck zu setzen, um niedrige Lohnabschlüsse zu erzwingen, ist auf der Ebene des Staates genauso wenig eine Innovation wie auf der Ebene der Unternehmen. Nationen erfinden eben nichts. Sie haben keine Ideen, sie sind nicht fähig, neue Produkte zu entwickeln oder neue Produktionsverfahren umzusetzen. Genau weil wir das in einer Marktwirtschaft weitgehend den Unternehmen überlassen wollen, darf der Staat bei freiem Handel nicht durch pauschale Kostensenkungen eine bestimmte Gruppe von Unternehmen bevorteilen. Tut er es doch, müssen andere Staaten sich dagegen mit Mitteln wehren können, die vollständig in ihrer Hand liegen.

Diese einfachen Prinzipien sind in der EU im Zuge der neoliberalen Revolution über Bord geworfen worden. Das konnte man hinnehmen, solange kleine Staaten wie die Niederlande, Finnland oder Irland diese Prinzipien verletzten. Die Ignoranz der Institutionen in dieser Frage rächt sich jedoch jetzt bitter, wo der größte Staat das tut, was die kleinen vorgemacht haben. Nun kann man es nicht mehr ignorieren, weil die wirtschaftlichen Auswirkungen in den Nachbarstaaten des Merkantilisten gewaltig sind.

Statt aber nun wenigstens die Fehlentwicklungen beim Namen zu nennen, verschanzt sich die EU-Kommission hinter dem Merkantilisten und fordert alle anderen auf, es ihm gleichzutun. Das kann nicht gut gehen, und es geht nicht gut. Deflation und Rezession in der Eurozone sind die klaren Beweise dafür. Das gebrochene Versprechen, einen Unterbietungswettbewerb zu unterlassen, verlangt flexible Wechselkurse oder das Ende des Freihandels. Die Wechselkurse fest zu halten, den Freihandel zu verteidigen und das gebrochene Versprechen zu ignorieren, ist nichts anderes, als das Streichholz so lange an die Lunte des Pulverfasses zu halten, bis es explodiert.

Akute Währungskrisen hat es in der neueren Wirtschaftsgeschichte immer wieder gegeben. Den klarsten Beweis dafür, dass die neoliberale Globalisierung gescheitert ist, findet man hier. Dennoch wurden und werden diese Krisen von der herrschenden Lehre in der Volkswirtschaftslehre ignoriert. Von der Politik werden sie ignoriert, weil mit Devisenspekulationen sehr viel Geld verdient wird und die Lobby aus Banken und Hedge-Fonds erfolgreich ihre Claims verteidigt.

Das grundlegende Schema dieser Krisen ist immer gleich und leicht zu verstehen: Öffnen Länder mit unterschiedlichen Inflations- und Lohnstückkostenentwicklungen ihre Grenzen vollständig für Güter und Kapital, sind krisenhafte Folgen für das Geld- und Währungssystem grundsätzlich, also unabhängig vom gewählten Währungssystem, kaum zu vermeiden. Das lässt sich leicht illustrieren: Land A, das einen Anstieg der Lohnstückkosten und der Inflationsrate von 10 Prozent aufweist, öffne seine Grenzen gegenüber einem Land B mit Lohnstückkostenzuwächsen und einer Inflationsrate von 2 Prozent. Nehmen wir an, Land A müsse, um im Innern Investitionen und eine kräftige Expansion der Binnennachfrage zu ermöglichen, einen Nominalzins von beispielsweise 12 Prozent (also einen Realzins von 2 Prozent) durchsetzen. Land B muss dann, um zum gleichen Realzins zu gelangen, den Nominalzins bei 4 Prozent halten. Land A bietet also einen Nominalzins von 12 Prozent, Land B einen von nur 4 Prozent.

Für Anlage suchendes Kapital, das auf kurze Fristen angelegt wird, ist nicht der Real-, sondern der Nominalzins im jeweils anderen Land von Interesse, weil der Anleger dort keine Güter kaufen will. Land A bietet folglich mit 12 Prozent einen Zins, der wesentlich attraktiver ist als die 4 Prozent von Land B. Das führt kurzfristig tendenziell zu einer Aufwertung der Währung von Land A. Um seine Wettbewerbsfähigkeit zu erhalten, also die Lohnstückkosten- und Inflationsdifferenz auszugleichen und eine reale Aufwertung zu vermeiden, müsste die Währung von Land A aber – gegen die Zinsdifferenz gewissermaßen – in jeder Periode um 8 Prozent abwerten. Führt jedoch der durch hohe Nominalzinsen angeregte Kapitalzufluss kurzfristig zu einer nominalen Aufwertung oder bleibt die A-Währung auch nur nominal konstant, verliert Land A an Wettbewerbsfähigkeit, sein Wechselkurs wertet real auf. Früher oder später ist eine Währungskrise unvermeidlich.

Die »Lösung«, die von der ökonomischen Literatur für dieses Problem in einem System flexibler Wechselkurse angeboten wird, ist leider – wie so oft – irrelevant. Wenn man die Gültigkeit der Kaufkraftparitätentheorie (also die Erwartung, dass Wechselkursänderungen immer die Inflationsratendifferenzen genau ausgleichen) in jeder beliebigen Periode fest in die Köpfe der Devisenhändler einbaut (wie bei den sogenannten rationalen Erwartungen üblich), gibt es das oben beschriebene Problem in der Tat nicht. Dann entspricht die erwartete Wechselkursänderung (w^*), die in unserem Fall eine Abwertungserwartung ist, jederzeit der Zinsdifferenz ($i_A - i_B$) und der Inflationsratendifferenz ($p_A - p_B$), so dass in beiden Ländern stets internes und externes Gleichgewicht gewährleistet ist:

$$(w^*) = (i_A - i_B) = (p_A - p_B)$$

Nimmt man dagegen nur an, dass die offene Zinsparität kurzfristig von größerem Gewicht für die Entscheidungen der Händler ist als die für die Händler kurzfristig rein fiktive Kaufkraftparität, gibt es keine Lösung mehr.

Politisch geebnet wird der Weg in die Währungskrise vor allem dadurch, dass die Regierungen und Notenbanken von A-Ländern kurzfristig stolz auf ihre stabile Währung sind und die längerfristig unumgänglichen negativen Folgen dieser Stabilität nicht in Betracht ziehen. Dauerhafte Lösungen gibt es nur mithilfe von Eingriffen in den freien Kapitalverkehr im weitesten Sinne (also Kapitalverkehrskontrollen) oder durch eine vollständige Angleichung der Inflations- und Lohnstückkostenentwicklung zwischen den beteiligten Ländern.

Der Wechselkurs und reale Schocks

Die europäische Währungskrise provoziert auch die Frage, ob der Wechselkurs überhaupt als Instrument der Wirtschaftspolitik Verwendung finden kann und, wenn ja, in welcher Weise. Selbst nach mehr als fünfzig Jahren intensiver Diskussionen gibt es darauf keine befriedigende Antwort. Von Ökonomen, die dem Monetarismus nahestehen, wird der Wechselkurs gar als ein für die Geldwirtschaft prinzipiell notwendiger Preis angesehen, was natürlich eine Manipulation oder auch nur eine staatliche Beeinflussung dieses »Preises zweier Gelder« a priori problematisch macht. Akzentuieren und veranschaulichen lassen sich solche Überlegungen ohne Weiteres anhand der Frage, wie die Bildung der Europäischen Währungsunion zu beurteilen ist, die ja den Wechselkurs als Instrument ex definitionem ausschließt.

Die Europäische Währungsunion wurde von Beginn an von vielen Ökonomen mit großer Skepsis betrachtet, weil aus ihrer Sicht die ökonomisch und politisch schlecht beratenen Politiker den Supertanker nur aus »politischen« Gründen vom Stapel gelassen hatten. Die Wirtschaft (insbesondere die Arbeitsmärkte) in den meisten Teilnehmerländern sei viel zu unflexibel, um ohne den »Schockabsorber« Wechselkurs auskommen zu können, meinten sie. Nur ein flexibler, zumindest aber ein anpassungsfähiger Kurs erlaube die Bewältigung der Folgen sogenannter asymmetrischer Schocks, also zum Beispiel eines Erdbebens in nur einem Mitgliedsland oder eines politischen Bebens, wie es die deutsche Vereinigung gewesen war.

Sobald man allerdings etwas konkreter über diese These nachdenkt, stellen sich Zweifel ein. Ist der Wechselkurs – also eine Ab- oder Aufwertung der Währung eines Landes – tatsächlich ein effizientes Werkzeug der Wirtschaftspolitik, wie es uns ein nicht zu unterschätzender Teil der Ökonomen aller Theorierichtungen noch immer glauben macht? Betrachten wir einen einfachen Fall: Ein Erdbeben verwüste erhebliche Teile des Kapitalstocks eines Landes. Das Realeinkommen dieses Landes muss – ohne Hilfe von außen – sinken. Eine weitgehend friktionslose Anpassung an diesen Schock ist offenbar möglich, wenn alle Teile der Bevölkerung diesen unumgänglichen Verlust an Realeinkommen ohne Weiteres akzeptieren. Das wäre etwa der Fall, wenn die Arbeitnehmer die dem Schock folgende einmalige Preiserhöhung hinnehmen, ohne darauf mit höheren nominalen Lohnforderungen gegenüber dem Staat und den Unternehmen zu reagieren. Inflexible, rigide Nominallöhne führen in diesem Fall zu einer hohen Flexibilität der Reallöhne.

Ein Problem tritt ohne Zweifel für das betreffende Land auf, wenn die Nominallöhne flexibel und die Reallöhne rigide sind, die Arbeitnehmer also einen Ausgleich für die vom Erdbeben verursachte Preissteigerung fordern und auch durchsetzen können. In diesem Fall sinken entweder die Gewinne, was zusätzliche negative Auswirkungen auf die Investitionstätigkeit und die Zahl der Arbeitsplätze mit sich bringt, oder den Unternehmen gelingt es bei einer akkommodierenden Geldpolitik, die überhöhten Lohnforderungen auf die Preise zu überwälzen. Dann wird aus der einmaligen Preiserhöhung eine echte, weil vermutlich dauerhafte Inflation.

Den letzten Fall muss offenbar meinen, wer von inflexiblen, verkrusteten Arbeitsmärkten in Europa und der daraus abgeleiteten Notwendigkeit eines Wechselkurspuffers spricht. Doch hätte eine Abwertung im Gefolge des Erdbebens die erwünschte Wirkung? Die Arbeitnehmer in unserem vom Erdbeben verwüsteten Land sind nicht bereit, den für die Gesellschaft als Ganzes unvermeidlichen Realeinkommensverlust zu akzeptieren. Eine Abwertung aber, die – wegen sinkender *Terms of Trade* (also der internationalen Austauschverhältnisse) – nichts anderes darstellt als einen zusätzlichen Realeinkommensverlust, akzeptieren sie nach der gängigen These vom Wechselkurs als »Puffer« ohne Weiteres.

Ist diese These aber falsch, weil die Wirtschaftssubjekte nicht zwischen erdbeben- und abwertungsbedingter Preissteigerung unterscheiden, steigt bei nachgiebiger Geldpolitik nach der Abwertung lediglich die Inflationsrate noch stärker als im reinen Erdbebenfall. Die Notwendigkeit einer restriktiven Geldpolitik wird dann umso größer. Im Ergebnis: Die Währung des vom Erdbeben verwüsteten Landes wird früher oder später abwerten, wenn die Reallöhne inflexibel sind. Die Abwertung ist aber kein »Puffer« für den realen Schock, sondern gleicht bestenfalls die negative Sekundärwirkung des Schocks in Form einer nochmals höheren Inflationsrate und einer Verschlechterung der internationalen Wettbewerbsposition aus.

Die Ökonomik hat mit der These vom Wechselkurs als Puffer für reale Schocks eine seltsame Inkonsistenz in ihr Aussagensystem eingebaut. Zu Recht hat sie auf der einen Seite festgestellt, dass die Wirtschaftspolitik mit der Veränderung des Geldwertes in der Zeit, mit Inflation also, nicht dauerhaft operieren kann, ohne dass die Wirtschaftssubjekte die »Geldillusion« verlieren und ihre nominalen Ansprüche an die steigende Inflationsrate anpassen. Auf der anderen Seite aber betrachten viele Ökonomen Änderungen des Geldwertes im Raum, Wechselkursänderungen also, als ein jederzeit einsetzbares Werkzeug der Wirtschaftspolitik, ohne darauf hinzuweisen, dass die Wirtschaftssubjekte auch diese spezifische Form der Geldillusion auf Dauer selbstverständlich durchschauen und es seiner Wirkung damit vollständig beraubt wird.

Eine Verringerung des externen Wertes des Geldes (also Abwertung) ist ebenso wenig wie die Verminderung des internen Wertes des Geldes (also Inflation) ein geeignetes und auf Dauer einsetzbares Werkzeug der Wirtschaftspolitik. Wechselkursänderungen können ebenso wenig ein »Puffer« für reale Schocks sein wie Änderungen der Inflationsrate. Frühere Ökonomen wussten das noch. Knut Wicksell, einer der großen Innovatoren, schrieb zu Beginn des letzten Jahrhunderts, »a stable value of money in time as well as in space« sei die zentrale Voraussetzung für eine funktionsfähige Marktwirtschaft (vgl. Wicksell 1958). Am Ende des Jahrhunderts scheint diese Erkenntnis verloren gegangen zu sein. Die meisten konservativen Ökonomen sind fest davon überzeugt, dass stabiles Geld eine entscheidende Voraussetzung für effizientes Wirtschaften ist, haben dabei aber lediglich die Sicherung der Preisstabilität im Auge. Eine Stabilisierung des externen Geldwertes lehnen sie explizit ab.

Der wicksellschen Logik entsprechend ist die einzige Funktion, die Wechselkursänderungen haben können, der Ausgleich von Inflationsdifferenzen bzw. der Differenz der Änderung der Lohnstückkosten gegenüber Ländern, die (noch) nicht in der Lage sind, die interne Entwertung des Geldes ebenso gut in Grenzen zu halten wie etwa Europa oder die USA. Damit werden fundamentale Ungleichgewichte im Handel verhindert, weil alle beteiligten Länder ihre Wettbewerbsfähigkeit erhalten, der reale Wechselkurs bleibt konstant. Dies wurde von flexiblen Wechselkursen in der Vergangenheit auf kurze Sicht sehr schlecht, auf längere Sicht aber leidlich garantiert.

Aus der wicksellschen Logik folgt auch, dass das »asiatische und lateinamerikanische Modell der frühen neunziger Jahre«, nämlich Stabilität des Preisniveaus über eine Fixierung des Wechselkurses zu importieren, den Keim der Währungskrise in sich trug, weil eine reale Aufwertung in den betreffenden Ländern unvermeidlich war. Die vielfältigen Erfahrungen mit solchen Modellen im Vorfeld der Europäischen Währungsunion haben aber gezeigt, dass eine kontrollierte Flexibilität des nominalen

Wechselkurses am Ende erfolgreich sein kann, wenn den potenziellen Abwertungsländern schließlich die Stabilisierung des internen Geldwertes aus eigener Kraft gelingt.

V. Moderne Wirtschaftspolitik und die Rolle des Staates

Wir haben auf den vorangegangenen Seiten die herrschende neoliberale Wirtschafts- und Gesellschaftstheorie und den mit ihr verbundenen Zeitgeist fundamental infrage gestellt. Es ist nun an der Zeit, wirtschaftspolitische Schlussfolgerungen aus unserer Analyse der gegenwärtigen wirtschaftlichen, politischen und sozialen Malaise zu ziehen. Denn wer wie wir behauptet, über eine valide ökonomische Theorie zu verfügen, muss auch in der Lage sein, wirksame Therapien für die vielen diagnostizierten gesellschaftlichen und ökonomischen Probleme vorzuschlagen.

Was also ist zu tun, wenn man der Meinung ist, dass eine in ihrem Inneren möglichst offene und eine nach außen möglichst grenzenlose Gesellschaft einen erstrebenswerten Zustand darstellt? Deutlich geworden sollte sein, dass die Realisierung eines solchen progressiven Projekts sich nicht auf die spontane Selbstorganisation der Menschen verlassen kann, sondern dass dem Staat zur Organisation und zur Aktivierung der Fähigkeiten der gesellschaftlichen Akteure im Sinne einer Optimierung des Gemeinwohls eine zentrale Rolle zukommt.

Wir sind allerdings weit davon entfernt, einer staatlichen Planwirtschaft das Wort zu reden. Es gilt vielmehr, die unbestreitbaren Vorteile einer dezentral organisierten und auf Gewinnerzielung orientierten Produktion von Wirtschaftsgütern mit einer intelligenten staatlichen Steuerung des Marktes zu verbinden. Denn der Markt und seine Akteure sind nicht in der Lage, den gesamtwirtschaftlichen Erfordernissen selbstständig Rechnung zu tragen.

Eine vorurteilslose Analyse, wie wir sie in diesem Buch versucht haben, überträgt den Nationalstaaten die Aufgabe, das Wirtschaftsgeschehen so zu steuern, dass die Marktwirtschaft in die Lage versetzt wird, den Wohlstand aller Nationen zu optimieren. Damit der Staat diese Aufgabe mit Aussicht auf Erfolg übernehmen kann, ist es allerdings unabdingbar, vom Glauben an die Existenz sich selbst steuernder Märkte Abschied zu nehmen. Weder gibt es einen Arbeitsmarkt noch Finanzmärkte im eigentlichen Sinne des Wortes, und auch die für den Zusammenhang der Gesellschaft essenzielle Daseinsvorsorge kann nicht über den Markt gewährleistet werden.

Welche Aufgaben stellt die Globalisierung der Wirtschaftspolitik?

Wie wir in Teil I dargelegt haben, gibt es nicht die Globalisierung, die wir aus dem großen Fluss der wirtschaftlichen Entwicklung herauspräparieren und isoliert analysieren können. Man kann natürlich Modelle konstruieren, in die man bestimmte Parameter einführt, die man wiederum als charakteristisch für die Globalisierung behaupten kann. Es gibt jedoch keine Modelle, die das einfangen, was wir wirtschaftliche Dynamik nennen. Alle statischen Gleichgewichtsmodelle oder auch dynamisierte statische Modelle, wie sie in der sogenannten Wachstumstheorie Verwendung finden, sind von vorneherein nicht geeignet, das abzubilden, worum es geht.

Wirtschaftliche Entwicklung besteht immer aus einem Zusammenspiel von Kräften wie denen der Globalisierung und Automatisierung auf der einen Seite und Gegenreaktionen, die aus menschlichem Handeln einschließlich der von den Menschen gemachten Wirtschaftspolitik bestehen, auf der anderen Seite. Geld-, Finanz-, Lohn-, Regional- und Sozialpolitik sowie die unterschiedlichen Methoden der außenwirtschaftlichen Absicherung, die national organisierte Volkswirtschaften benutzen, um sich gegen allzu große Schocks von außen abzusichern, sind nicht etwas dem System der Marktwirtschaft Fremdes, sondern sie sind integraler Bestandteil des Bemühens der Gesellschaft, das System für ihre Zwecke zu nutzen. Wer folglich über Globalisierung und Automatisierung redet, ohne über Wirtschaftspolitik zu reden, liegt grundsätzlich falsch.

Man muss sich, um zu vernünftigen Schlussfolgerungen zu gelangen, radikal von der Vorstellung lösen, es gebe sozusagen eine göttliche oder natürliche Ordnung, die das Zusammenleben der Menschen selbstständig steuert und deren Funktionsfähigkeit durch Handlungen, die auf die Gestaltung und Steuerung einer historisch gewachsenen Wirtschaftsordnung zielen, in ihrer Wirksamkeit eigentlich nur gestört wird. Diese Ideologie, die vom deutschen Ordoliberalismus nach dem Zweiten Weltkrieg neu »erfunden« und vom Neoliberalismus in der ganzen Welt verbreitet wurde, behauptet einen Zusammenhang von Markt und Staat, der nichts mit der Wirklichkeit unserer geldbasierten Marktwirtschaften zu tun hat.

Es gibt schlicht keinen Markt, dessen Entwicklung man beschreiben und analysieren könnte, ohne den Staat als wesentlichen Akteur zu berücksichtigen. Das gilt für den Rechtsrahmen, den der Staat setzt, genauso wie für das Steuer- und Sozialsystem, für die Nachfrageseite der Volkswirtschaft und insbesondere für das Geldsystem. Auch die Trennung in Ordnungs- und Prozesspolitik, die von den deutschen Ordoliberalen in die Welt gesetzt wurde, ist überwiegend eine reine Fiktion.

Bei der Kooperation nationaler Volkswirtschaften in der globalisierten Wirtschaft stellen ebenfalls die Staaten und niemand sonst die Weichen. Ob feste oder flexible Wechselkurse zwischen den Währungen verschiedener Volkswirtschaften vorherrschen, ob es Zölle und andere Handelsschranken gibt, immer sind es die Staaten und nicht Märkte, die darüber entscheiden, auf welche Weise und mit welchen Auswirkungen Güter, Kapital und Menschen sich über die Grenzen bewegen.

Die Finanzmärkte, insbesondere die internationalen, können sich nicht, wie das eine naive neoklassische Theorie behauptet, selbst steuern. Von noch größerer Bedeutung ist, dass die Arbeitsbeziehungen nirgendwo auf der Welt den »Gesetzen« der Neoklassik folgen. Es kann keine funktionierenden Arbeitsmärkte im neoklassischen Sinne geben, weil es, wie wir gezeigt haben, keine unabhängigen Angebots- und Nachfragefunktionen von »Arbeit« gibt. Damit die »Arbeitsbeziehungen« funktionstüchtig sind, muss der Staat immer wieder auf verschiedenste Art und Weise aktiv bei deren Ausgestaltung mitwirken.

Internationale und wirtschaftspolitische Schocks

Man kann generell davon ausgehen, dass es sich beim Großteil dessen, was oft als internationale Schocks bezeichnet wird, um Preisschocks handelt. Also Veränderungen wichtiger Preise, die sich eine Zeitlang in eine unhaltbare Richtung entwickeln (meist von Spekulationen getrieben) und dann zusammenbrechen. Dabei geht es, wie gesagt, am häufigsten um Wechselkursschocks. Aber auch Rohstoffpreisschocks und Immobilienpreisschocks hat es gegeben, zuletzt in der großen Krise von 2008/09.

Die zweite und quantitativ wichtigste Art von Schock ist schon direkt von der Wirtschaftspolitik gemacht und in der Regel national (bzw. auf den Währungsraum) begrenzt. Hier geht es um eine restriktive Geld- und Finanzpolitik. Restriktive Geldpolitik, auch schockartige Veränderungen derselben, hat es in der Geschichte meist dann gegeben, wenn die Geldpolitik an einem bestimmten Punkt im Konjunkturzyklus die Bremsen anzog und die Zinsen deutlich erhöhte, um die Inflationsgefahr zu verringern. Massiv restriktive Finanzpolitik (Austeritätspolitik) wurde in großem Ausmaß während der Eurokrise betrieben. In der Eurokrise wurde zudem noch eine andere Art von Schock eingesetzt, um die nationale Wettbewerbsfähigkeit zu verbessern: der Lohnschock, der zu einem unmittelbaren Rückgang der Binnennachfrage und damit zu Arbeitslosigkeit führte (Flassbeck & Bibow 2018).

Alle diese Schocks überfordern die Anpassungsfähigkeit der Wirtschaftssubjekte und führen in (fast) allen Fällen zu einer Nachfrageminderung auf der Ebene der Gesamtwirtschaft, die durch keine anderen (endogenen) Effekte ausgeglichen werden kann. Die typische Reaktion der Unternehmen darauf ist die Entlassung von Arbeitskräften, was die Krise weiter verschärft, und zwar so lange, bis die Wirtschaftspolitik umschwenkt.

Globalisierung und Automatisierung könnten prinzipiell solche wirtschaftspolitischen Reaktionen auslösen, aber das kommt nicht häufig vor. Als das eklatanteste Beispiel eines Schocks, der sich durch die Globalisierung (seine Wirkung auf die globalen Märkte und auf die globale

Wirtschaftspolitik) verstärkte, stellen die Ölpreisexplosionen dar, die global zu einer weit überzogenen Reaktion der Wirtschaftspolitik führten und folglich Arbeitslosigkeit nach sich zogen. Es war aber in diesem Fall, wie eigentlich fast immer, die rasch und stark steigende Arbeitslosigkeit, die das System von außen (exogen) aus den Schienen warf.

Flexible Arbeitsmärkte?

Worauf es folglich entscheidend ankommt, ist eine angemessene Reaktion der Wirtschaftspolitik. Die in der herrschenden Lehre der Ökonomik am häufigsten diskutierte Frage im Zusammenhang von Globalisierung und Automatisierung ist jedoch, ob die Mechanismen des Arbeitsmarktes (seine »Flexibilität«) ausreichen, um die von den beiden Prozessen ausgehenden Schocks abzufedern, oder ob man explizit eine Politik braucht, die für angemessene Lohnflexibilität sorgt. Sollten also die Löhne in einer bestimmten Branche, auf einer bestimmten Qualifikationsstufe oder in einer bestimmten, stark betroffenen Region sinken, wenn es zu Druck auf die heimischen Produzenten kommt, weil ausländische Anbieter billiger werden?

Die pauschale Antwort darauf ist: nein! Prinzipiell ist es nicht angebracht, solche Prozesse zu verlangsamen, indem man sich mit relativ sinkenden Löhnen dagegenstemmt. Rationalisierung und Globalisierung sind in der Regel unumkehrbar, weil die neuen Gegebenheiten dauerhaft die internationalen und die nationalen Preis- und Kostenstrukturen verändern, was bedeutet, dass jeder, der sich dagegenstellt, gegen die berühmten Windmühlenflügel kämpft. Sind die selbstfahrenden Lkws einmal erfolgreich eingeführt, ist es Politik à la Lichtschöpfen in Schilda, wenn man weiter unbeschäftigte Lkw-Fahrer beschäftigt, was heißt, bezahlt. Es ist aber auch wirtschaftlich nicht sinnvoll, sich dagegenzustellen, weil die Veränderungen fast immer auch die Chance beinhalten, an anderer Stelle erfolgreich zu sein und damit das gesamtwirtschaftliche Einkommen zu erhöhen.

Was verlangt ist, ist immer die Flexibilität der Arbeitskräfte, ihre alten Jobs aufzugeben und sich für neue zu qualifizieren. Lohnflexibilität braucht man dazu nicht. Auch die berühmte Flexibilität, die von den unteren Einkommen üblicherweise erwartet wird, hilft nicht weiter. Eine Produktion, die in ein Niedriglohnland (mit Löhnen, deren Niveau nur bei zwanzig Prozent jener im Hochlohnland liegen) abgewandert ist, holt man nicht dadurch zurück, dass man im Heimatland die Löhne in dem betroffenen Betrieb (selbst wenn das möglich wäre) um zehn Prozent senkt. Solche Versuche würden in einer ansonsten vollbeschäftigten Wirtschaft sofort zur Abwanderung der Arbeitskräfte führen.

Was der Staat an Unterstützung leisten kann, ist am besten damit abgedeckt, dass er Vollbeschäftigungspolitik betreibt, also dafür sorgt, dass es an anderer Stelle mit Sicherheit neue Jobs für die entlassenen Arbeitskräfte gibt. Anfang der siebziger Jahre des vergangenen Jahrhunderts wurde in Gewerkschaftskreisen (man stelle sich das heute vor!) ernsthaft eine Vollbeschäftigungsgarantie des Staates diskutiert, die darauf hinauslaufen sollte, dass jedem Arbeitnehmer sein Arbeitsplatz garantiert wird. Doch das ist der direkte Weg in die Planwirtschaft. Was der Staat in einer Marktwirtschaft hingegen ohne Weiteres garantieren kann, ist, dass jeder *einen* neuen Arbeitsplatz zur Verfügung hat, wenn er aufgrund der strukturellen Veränderungen »seinen« bisherigen verliert. Einen bestimmten Arbeitsplatz garantieren zu wollen, ergibt keinen Sinn.

Selbstverständlich gibt es auch die Möglichkeit, den von einem raschen Strukturwandel negativ betroffenen Unternehmen und Arbeitnehmern den Anpassungsprozess dadurch zu erleichtern, indem der Staat die Arbeitnehmer in Übergangsmaßnahmen oder temporären Beschäftigungsgesellschaften unterbringt, wie man das in Ostdeutschland im Zuge des (gewaltigen) Schocks der deutschen Vereinigung getan hat. Bei einer im Sinne von Vollbeschäftigung erfolgreichen Politik und ohne solche Schocks dürfte es jedoch ausreichen, wenn man den Arbeitnehmern Weiterbildungsangebote unterbreitet. Gibt es ein ausreichend starkes soziales Netz, um Arbeitslose aufzufangen, sind die Zeiten, die ein Arbeitnehmer in der Arbeitslosigkeit verbringen muss, meist sehr kurz.

Es gibt jedoch auch Branchen und darin Sektoren, die Besonderheiten aufweisen, die es erforderlich machen, dass der Staat direkt in die Wirtschaftsprozesse interveniert. In der Landwirtschaft etwa gibt es Bereiche wie die Milch- und Schweinefleischproduktion, bei denen die Nachfrageelastizität nach deren relativ homogenen Produkten sehr groß ist. Das heißt, selbst sehr kleine Angebotsüberschüsse können große Preisrückgänge nach sich ziehen, was die Produzenten vor unlösbare Probleme stellt, ohne dass sie etwas falsch gemacht hätten.

In solchen Fällen (vgl. Flassbeck 2016b) ist es sinnvoll, dass der Staat interveniert und (als *market maker*, wie man im Englischen sagt) einen geregelten Markt herstellt, um extreme Ausschläge der Preise zu verhindern. Das kann allerdings weit unterhalb der Schwelle passieren, wo der Staat – wie im früheren europäischen Agrarmarkt – die volle Verantwortung für die Einkommen der Landwirte übernimmt. Eine Basisabsicherung über die Garantie von Mindestpreisen sollte ein Staat, der private Investitionen auch von kleineren landwirtschaftlichen Betrieben erwartet, in solchen Fällen jedoch gewährleisten.

Schöpferische Zerstörung und Vollbeschäftigung

Für ein Gemeinwesen, in dem der Staat die makroökonomische Steuerung in Richtung Vollbeschäftigung als seine alltägliche Aufgabe versteht, sind die Probleme, die sich aus strukturellen Anpassungserfordernissen (hervorgerufen durch neue Produkte, neue Verfahren oder neue Standorte) ergeben, absolut beherrschbar. Kann man zudem schockartige Veränderungen weitgehend ausschließen (bzw. ist der Staat in der Lage, sie rasch auszugleichen), sind immer noch Anpassungsleistungen auf der Ebene der einzelnen Beschäftigten und Unternehmer unumgänglich. Sie betreffen jedoch nicht ganze Gruppen von Arbeitnehmern, wie etwa die Niedriglohnempfänger, sondern in der Regel einzelne Firmen sowie die Belegschaft mit den unterschiedlichen Qualifikationen.

Was man sich heute nur noch sehr schwer vorstellen kann, ist eine Welt, die nahe an der Vollbeschäftigung operiert. In einer solchen Welt tritt die Sorge um den Arbeitsplatz für den Einzelnen ganz in den Hintergrund, weil selbst der Verlust eines Jobs kein Schicksalsschlag ist, sondern eher als eine Chance angesehen wird, einen besseren zu finden. Die meisten Menschen sind in den vergangenen vierzig Jahren vom Neoliberalismus allerdings derart auf die Angst um den Arbeitsplatz programmiert worden, dass für sie eine solche Welt kaum noch vorstellbar ist. Nur deswegen fürchten sich viele Menschen vor Prozessen wie der Globalisierung und der Automatisierung. Doch nicht diese Prozesse sind für die hohe Arbeitslosigkeit verantwortlich, unter der die Industrieländer seit den siebziger Jahren leiden. Es ist vielmehr eine systematisch falsche Wirtschaftspolitik, die der Vorherrschaft des Liberalismus geschuldet ist.

Die absurde liberale, auf neoklassischen Vorstellungen aufbauende Wirtschaftspolitik hat die Marktwirtschaft der wichtigsten Fähigkeit beraubt, die sie dereinst ausgezeichnet hat: die Fähigkeit, sich aufgrund von Preissignalen zu wandeln und mit dem Vergehen des Alten sofort etwas Neues zu beginnen. Das ist die berühmte schöpferische Zerstörung, die zuerst von Schumpeter beschrieben und analysiert wurde. Anders als meistens behauptet wird, geht es dabei jedoch nicht um ein Mikrophänomen. Man kann die Marktwirtschaft nur auf der makroökonomischen Ebene verstehen, und sie funktioniert auch nur dann, wenn der Staat seine Rolle spielt, das heißt, wenn er für eine jederzeit dynamische wirtschaftliche Entwicklung sorgt. Diese ist nämlich gerade nicht das Ergebnis der unternehmerischen Dynamik, sondern die Voraussetzung dafür.

Im Grunde ist die alte Vorstellung, es gebe zwei Ebenen der politischen Reaktion, die Makro- und die darunterliegende strukturelle Ebene (wo Veränderungen der wirtschaftlichen Strukturen passieren, die nicht notwendigerweise Auswirkungen auf die gesamtwirtschaftliche Ebene haben), nicht von der Hand zu weisen. Wenn man weitgehend ausschließt, dass sich die Prozesse der Globalisierung und Automatisierung zu veritablen Schocks für die Volkswirtschaft verstärken, reicht es im Prinzip aus, mit den bekannten makroökonomischen Instrumenten (Finanz-, Geld- und Lohnpolitik) konsequent auf eine dynamische wirtschaftliche Entwicklung hinzuwirken, bei der die Beschäftigung entsprechend den von den Arbeitskräften gewünschten Arbeitsvolumina steigen kann und gleichzeitig die Inflation durch eine vernünftige Lohnpolitik in Grenzen gehalten wird.

International induzierte Schocks zu vermeiden, macht es erforderlich, das internationale Geld- und Währungssystem so zu konstruieren, dass es nicht zu abrupten Wechselkursänderungen kommen kann. Sowohl beim System von Bretton Woods als auch im europäischen Nachfolgesystem EWS verlief die Anpassung an Verluste oder Gewinne der internationalen Wettbewerbsfähigkeit meist schockartig. Dort mussten sich erst große Handelsungleichgewichte auftürmen, bevor die systemeigenen Mechanismen für einen Ausgleich sorgen konnten. Noch schlimmer sind Systeme flexibler (also marktbestimmter) Wechselkurse, die in vielen Fällen selbst für die Entstehung der Ungleichgewichte verantwortlich waren, da Wechselkurse durch Spekulation (in erster Linie durch die oben erläuterten *carry trades*) in die falsche Richtung getrieben wurden, bevor dann im Rahmen großer Finanzkrisen die unumgängliche Korrektur in Form von Abwertungen dieser Währungen stattfand.

Ob und inwieweit die Globalisierung negative Effekte für die Industrieländer mit sich bringt, lässt sich generell am besten an der Entwicklung der Leistungsbilanzsalden feststellen. Nur wenn Entwicklungsländer über längere Zeit hohe und steigende Überschüsse ausweisen würden, könnte man unterstellen, dass deren Außenhandel negative Folgen für ihre Handelspartner hat. Denn nur auf diese Weise werden die positiven und negativen Branchen- oder Unternehmenseffekte, die es im Handel immer gibt, angemessen zusammengefasst und gewichtet.

Der Leistungsbilanzsaldo ist der umfassendste Ausdruck der Effekte, die vom Handel und von der Globalisierung ausgehen. Wer behauptet, dass die Globalisierung und die Integration der Entwicklungsländer in den Welthandel den Industrieländern Schaden zufügt, müsste zeigen, dass die Entwicklungsländer durch steigende internationale Marktanteile und schließlich steigende Leistungsbilanzüberschüsse die Industrieländer bedrängen.[1]

Doch davon kann nicht die Rede sein. Ein globaler Vergleich der Leistungsbilanzsalden zeigt, dass es nicht die Entwicklungsländer sind, die den internationalen Handel als Einbahnstraße ansehen und damit ihren Partnern schaden, sondern in erster Linie einige merkantilistisch ausgerichtete Länder in Europa (Abbildungen 29 & 30).

1 Es hat allerdings in den letzten Jahren Industrieländer in Europa gegeben, die steigende Überschüsse ausweisen, obwohl man sie nicht in die Klasse der Merkantilisten zählen muss. Das sind Länder wie Italien, Spanien und Portugal, deren Exporte nicht steigen, sondern deren Importe sinken, weil sie langanhaltende tiefe Rezessionen zu verkraften haben.

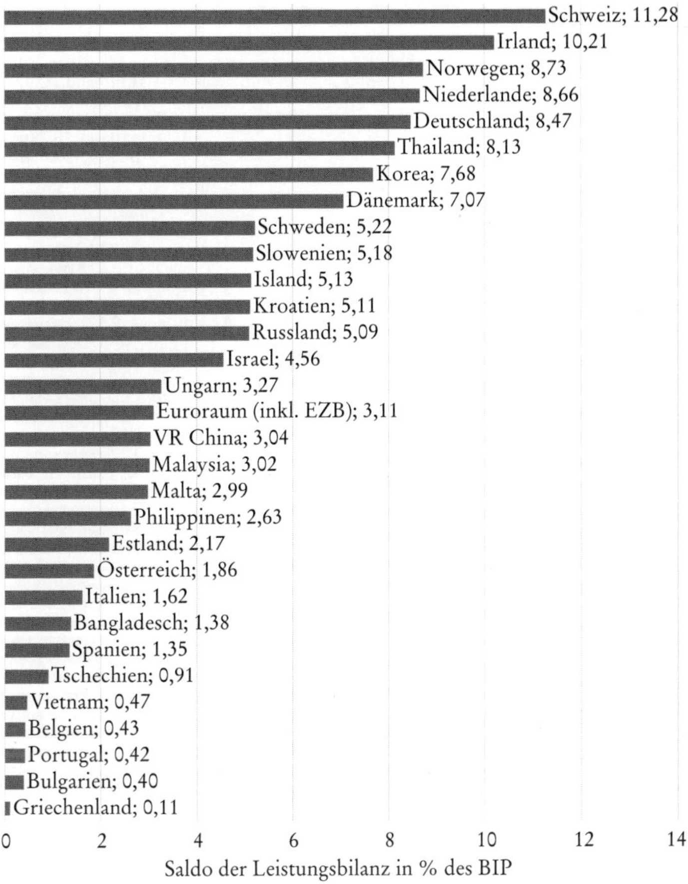

Quelle: IWF

Abb. 28: Leistungsbilanzsaldo in Prozent des BIP im Jahr 2015

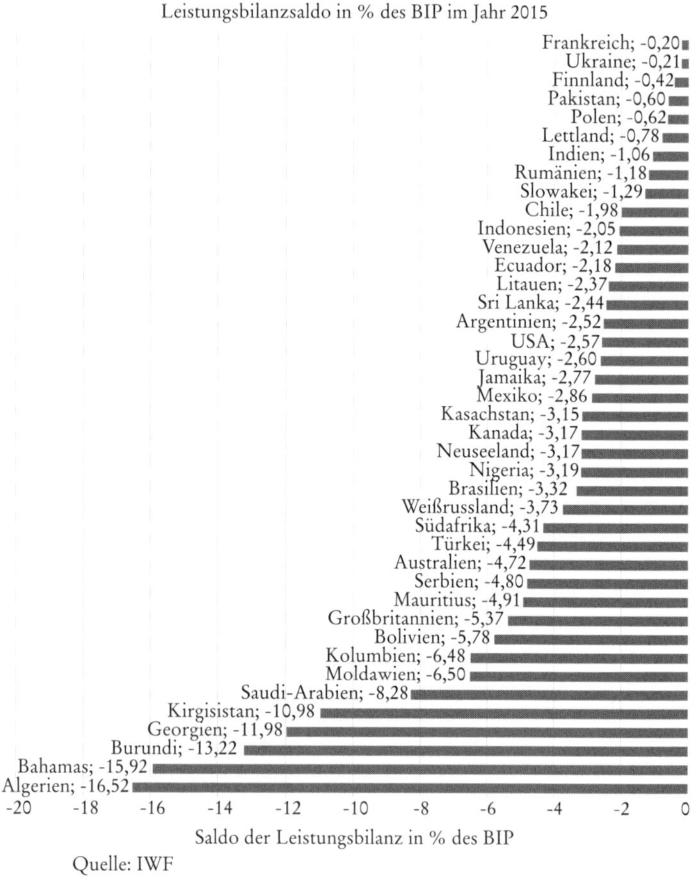

Abb. 29: Leistungsbilanzsaldo in Prozent des BIP im Jahr 2015

Im Jahr 2015 war die Schweiz das Land mit dem weltweit höchsten Überschuss (wir haben nur einige Mini-Staaten aus den Daten entfernt), gefolgt von Irland (ein Fall, wo es ähnlich wie in China viele ausländische Unternehmen im Land gibt), Norwegen (einem Ölexportstaat), und dann kommen schon die großen Merkantilisten der Eurogruppe: Deutschland und die Niederlande.

Der Großteil der Entwicklungsländer weist Defizite aus. China, Thailand und Südkorea sind die asiatischen Staaten mit den höchsten Überschüssen, wobei Thailand und Südkorea gebrannte Kinder sind, die in der Asienkrise erfahren mussten, wie gefährlich es sein kann, Defizitland zu sein (Südkorea zeigt ähnlich wie Deutschland merkantilistische Reflexe). Russland ist Ölexportland, hat stark abgewertet und weist deshalb und wegen einer tiefen Rezession einen recht hohen Überschuss aus (Saudi-Arabien hatte auch immer extrem hohe Überschüsse, leidet nun aber unter dem Rückgang des Ölpreises).

Bei dieser Faktenlage ist es eindeutig, dass von den Entwicklungsländern mit ihren niedrigen Löhnen in den vergangenen Jahren keine Prozesse ausgelöst wurden, die großen Schaden am Arbeitsmarkt der Industrieländer angerichtet hätten. Insoweit ist die Klage über die Globalisierung in den Industrieländern genauso hinfällig wie die Furcht vor der Automatisierung.

In chronischen industrialisierten Defizitländern wie den USA kann man das anders sehen. Wenn man allerdings den Spezialfall China außen vor lässt, weil dort die westlichen Unternehmen selbst den Part des Dumpings übernommen haben und weil die Überschüsse dramatisch gesunken sind, dann gilt auch für die USA, dass es vor allem Industrieländer waren, die der amerikanischen Produktion Schaden zugefügt haben (was der neue amerikanische Präsident offenbar begreift, vgl. Müller & Flassbeck 2017).

Die Länder, die für ihre Handelspartner Schaden angerichtet haben, sind folglich mehrheitlich in Europa zu suchen. Deutschland ist unter den großen Industrieländern mit Abstand der größte Merkantilist. Deutschland ist auch der einzige G20-Staat, der in den vergangenen Jahren entgegen vieler Aufforderungen durch eben diese Gruppe seine Überschüsse immer weiter ausgebaut hat. 2017 beliefen sie sich auf fast acht Prozent des Bruttoinlandsprodukts.

Die Integration Chinas in die Weltwirtschaft

Quantitativ von größter Bedeutung für die Globalisierung war und ist sicherlich die Integration Chinas in die Weltwirtschaft, was mit der schieren Größe dieser Volkswirtschaft zu tun hat, aber auch mit einer besonderen Art der Integration. China ist weit mehr als andere asiatische Länder vor ihm einem Entwicklungsmodell gefolgt, das zum größten Teil von Direktinvestitionen aus den Industrieländern getragen wurde.

Infolge der strikten Verfolgung dieses Modells waren die Verlagerungseffekte zeitweise sehr groß, denn die Kombination von hoher westlicher Produktivität mit niedrigen chinesischen Löhnen versprach den Unternehmen, wie wir oben dargelegt haben, enorme Monopolgewinne. Gleichzeitig aber waren auch die positiven Effekte, die sich aus der Größe des chinesischen Binnenmarktes ergaben, beträchtlich. Westliche Unternehmen konnten von China aus den gesamten Weltmarkt beliefern und gleichzeitig auf dem chinesischen Markt expandieren, der für sie angesichts steigender Einkommen der Masse der Bevölkerung rasch zu einem Eldorado wurde.

Ob die positiven Effekte, die sich aus der Expansion der chinesischen Volkswirtschaft ergaben, die für sich genommen negativen Effekte der Verlagerung von Produktionskapazitäten ausgeglichen oder gar mehr als ausgeglichen haben, ist eine offene Frage. Sicher ist jedenfalls, dass die gewaltigen Produktivitätsfortschritte, die China zu verzeichnen hatte, der Weltwirtschaft über viele Jahre erhebliche Impulse gaben. In China wurde nämlich rechtzeitig verstanden, dass nur eine Zunahme der realen Masseneinkommen im Ausmaß der Produktivitätszunahme es erlauben würde, das Land in die Weltwirtschaft zu integrieren und die zu Anfang des 21. Jahrhunderts noch bestehende extreme Exportabhängigkeit zu beenden.

Der Fall China zeigt exemplarisch, dass auch gewaltige Umstrukturierungen ohne Weiteres zu bewältigen sind, wenn große schockartige Veränderungen vermieden werden. Dies wiederum setzt voraus, dass die Anpassungsmechanismen, die für eine solche Integration zur Verfügung stehen, konsequent genutzt werden. In erster Linie zu nennen ist dabei der reale effektive Wechselkurs, also die Wettbewerbsfähigkeit aller Volkswirtschaften. Daneben spielen natürlich auch Wachstumsdifferenzen zugunsten der im internationalen Strukturwandel aufholenden Volkswirtschaften eine große Rolle.

China hat beides genutzt. Es hat in den vergangenen Jahren stark real aufgewertet, also die nominalen Löhne weit stärker erhöht, als es dem Zuwachs der Produktivität entsprach (die nominale Aufwertung der chinesischen Währung spielte nur eine geringere Rolle). Da sich auch die realen Löhne sehr stark erhöhten, waren die Mengeneffekte des chinesischen Wachstums sehr groß und für die westlichen Volkswirtschaften auch quantitativ bedeutsam. Auf diese Weise schrumpfte der zeitweise sehr große Überschuss in der chinesischen Leistungsbilanz erheblich, weshalb er heute in der internationalen Diskussion kein Stein des Anstoßes mehr sein sollte.

Rückbesinnung auf die Bedeutung von Arbeit

Den wichtigsten Schlüssel zum Verständnis der Bedeutung von Arbeit und Lohn für die gesamtwirtschaftliche Entwicklung findet man, wie wir oben bereits beschrieben haben (Abbildung 1), in einem einfachen empirischen Zusammenhang: Die gleichförmige Entwicklung von Lohnstückkosten und Preisen über viele Jahrzehnte und in fast allen Ländern der Welt könnte der Ausgangspunkt einer umfassenden, einer allgemeinen ökonomischen Theorie sein, wenn die Ökonomen diesen Schlüssel aus ideologischen Gründen nicht schon vor langer Zeit weggeworfen hätten.

Die Tatsache, dass die Inflationsraten und Lohnstückkostenzuwächse im Durchschnitt vieler Jahre fast genau gleich stark steigen, bringt Implikationen mit sich, vor denen sich die herrschende Lehre fürchtet wie der Teufel vor dem Weihwasser, weil sie ihr gesamtes Modellgebäude mit einem Schlag zum Einsturz brächten. Dass sich andererseits auch viele linke Ökonomen davor fürchten, kann man nachvollziehen, auch wenn man es nicht verstehen kann, weil sie damit die Chance vergeben, mit überzeugenden Argumenten für eine neue und rationale Rollenverteilung zwischen Markt und Staat einzutreten.

Die wichtigste wirtschaftspolitische Implikation dieses empirischen Befundes ist zugleich die einfachste: Wenn die Löhne auf lange Sicht in dieser Weise mit den Preisen korreliert sind, können die Löhne nicht auch für den Beschäftigungsstand verantwortlich sein. Wenn sich beispielsweise einige Jahre nach einem Lohnschock (Löhne steigen oder fallen stark) die Preise wieder an die Lohnstückkosten anpassen, ist die neoklassische Idee, dass sich die Faktorpreisrelationen dauerhaft ändern, also Arbeit im Verhältnis zum Kapital auch auf lange Sicht billiger wird, von vornherein sinnlos. Die Unternehmen werden die Produktion ja nicht im neoklassischen Sinne umbauen, wenn sie erwarten müssen (und das müssen sie angesichts des engen empirischen Zusammenhangs, der einen Erfahrungswert für Unternehmen wiedergibt, erwarten), dass über Preissenkungen, die der Wettbewerb unter den Unternehmen erzwingt, der Reallohn, der kurzfristig gesunken ist, wieder (nahezu) auf den alten Stand zurückgebracht wird.

Man muss hier von »nahezu« reden, weil die Trendgerade in Abbildung 1 (S. 52) nicht genau entlang der 45-Grad-Linie verläuft, sondern die Preise immer etwas stärker steigen als die Lohnstückkosten. Vielleicht würden sie bei fallenden Löhnen auch stärker absolut fallen, dazu gibt es jedoch – noch – keine ausreichende empirische Evidenz. Das bedeutet allerdings, dass das System eine gewisse Tendenz in Richtung Umverteilung zulasten der Arbeitnehmer hat, was an mangelndem Wettbewerb liegen kann. Einer der Gründe dafür könnte aber auch sein, dass es in der Vergangenheit mehr inflationäre exogene Schocks (wie Ölpreisschübe) gegeben hat als deflationäre, was dazu geführt hat, dass die Notenbanken die konjunkturellen

Aufschwünge vorzeitig, also vor Erreichen von Vollbeschäftigung, abbrachen.

Natürlich gilt trotz dieser langfristigen Überlegungen auch weiterhin, dass die neoklassische Beschäftigungs- und Arbeitsmarkttheorie auch deswegen fundamental zurückzuweisen ist, weil sie die kurzfristigen negativen Nachfrageeffekte sinkender Reallöhne ebenso ignoriert wie die positiven Effekte bei steigenden Reallöhnen. Das können die Neoklassiker allerdings leicht als »die üblichen kurzfristigen Nachfrageüberlegungen der Keynesianer« abtun, was bei dem obigen langfristigen Befund nicht ohne Weiteres möglich oder doch wenigstens leichter durchschaubar ist.

Insgesamt bedeutet das, dass jeder vernünftige Mensch einen der theoretischen Kernpunkte der neoklassischen Theorie, nämlich einen Arbeitsmarkt, der wie ein Kartoffelmarkt funktioniert, strikt ablehnen muss. Das schließt allerdings keineswegs aus, dass vernünftige Menschen anerkennen, dass es in einer offenen Volkswirtschaft zu einem positiven Effekt von Lohnsenkungen kommen kann, wenn es keine Wechselkursreaktionen und keine Gegenmaßnahmen anderer Länder gibt (Flassbeck & Spiecker 2016). Zu sagen, man neige zur Neoklassik oder verteidige diese Lehre sogar, weil man anerkennt, dass es vielfältige Möglichkeiten gibt, Außenhandelsergebnisse zu manipulieren, ist schlicht abwegig und bedarf keiner weiteren Kommentierung (vgl. dazu auch Ehnts 2016).

Auf der Seite der linken Ökonomen arbeitet man auch nicht gern mit diesem empirischen Befund, und die Gründe sind leicht nachzuvollziehen. Der Befund impliziert nämlich auch, dass Umverteilungsversuchen seitens der Arbeitnehmer und der Gewerkschaften in den Tarifverhandlungen langfristig enge Grenzen gesetzt sind. Weil die Unternehmen immer die Möglichkeit haben, hohe nominale Lohnsteigerungen durch Preisanpassungen zu geringeren realen Lohnsteigerungen zu machen, ist der Versuch, die Primärverteilung direkt zu verändern, mit gewaltigen Schwierigkeiten verbunden.

Hier könnte man nun argumentieren, dass es in der Vergangenheit ja auch Umverteilung zulasten der Arbeitnehmer gegeben hat (siehe oben), und wenigstens das müsse sich doch wiedergutmachen lassen. Doch so einfach ist es leider nicht. Es gibt hier, wie oben schon angemerkt, eine starke Asymmetrie, die den Gewerkschaften das Leben systematisch schwer macht: Werden die Nominallöhne gesenkt oder nicht entsprechend der Regel Produktivitätszuwachs plus Zielinflationsrate erhöht, gibt es nur den Druck des Wettbewerbs, der die Unternehmen zwingt, die Preise nach unten anzupassen. Treten die Gewerkschaften auf den Plan und wollen eine solche Entwicklung rückgängig machen, sehen sie sich nicht nur den Arbeitgebern gegenüber, die Widerstand leisten, sondern auch der Zentralbank.

Praktisch alle Zentralbanken der westlichen Welt stehen – und zwar ganz unabhängig vom aktuellen Niveau der Lohnquote, also auch unabhängig von vergangenen Umverteilungsergebnissen – Gewehr bei Fuß, um jeden Versuch einer Umverteilung zugunsten der Arbeitnehmerseite praktisch unmöglich zu machen. Schon auf hohe Forderungen der Arbeitnehmerseite würden die Zentralbanken mit Drohgebärden reagieren, und spätestens bei der konkreten Gefahr von aus ihrer Sicht »zu hohen« Lohnabschlüssen (anders ist ja eine Umverteilung nicht zu erreichen) wären sie jederzeit bereit, die Konjunktur abzuwürgen, Arbeitslosigkeit in Kauf zu nehmen und damit die Verhandlungsposition der Gewerkschaften zu schwächen.

Mit der Unabhängigkeit der Zentralbanken und dem Mandat, jederzeit eine niedrige Inflation zu garantieren (in Europa ist dieser Effekt wesentlich gravierender als in den USA, wo es wenigstens formal die Aufgabe der Zentralbank ist, die Beschäftigung zu fördern), wurde ein System geschaffen, das ohne Zweifel die Umverteilung zugunsten der Unternehmen fördert. Das liegt natürlich auch an der unbestreitbaren Unfähigkeit der Zentralbanken, Deflation genauso effektiv zu bekämpfen wie Inflation. Es liegt aber in noch viel stärkerem Maße an der Tatsache, dass selbst ein jahrzehntelanger, fast stetiger Rückgang der Lohnquote wie in Deutschland, der nicht mit offener Deflation einherging, von der Zentralbank bei der Würdigung der »Inflationsgefahr«, die von hohen Lohnforderungen (als Teil einer Rückverteilungsstrategie der Gewerkschaften) ausgehen könnte, nicht einmal zur Kenntnis genommen wird.

Ungleichheit bekämpfen

Fast alle klagen über Ungleichheit. Aber kaum einer traut sich, wirklich durchgreifende Änderungen zu fordern. Mit ein wenig mehr Vermögens- oder Erbschaftssteuer und dem Aufruf zu mehr Bildungschancen für die Armen ist die Forderungsliste der Ungleichheitskritiker meistens erschöpft. Was steht einer raschen und durchgreifenden Lösung des Problems der Ungleichheit in einer kapitalistischen oder marktwirtschaftlichen Ordnung wirklich entgegen?

Es sind vor allem zwei miteinander verknüpfte Vorurteile, welche die Mehrheit der Ungleichheitskritiker daran hindern, ernsthafte Konsequenzen zu fordern: erstens der feste Glaube an die Gültigkeit der sogenannten Grenzproduktivitätstheorie; und zweitens die Vorstellung vom Arbeitsmarkt als eines ganz normal funktionierenden Markts.

Das erste Vorurteil sitzt bei den meisten Ökonomen unglaublich tief, weil es den Kern der sogenannten Grenznutzenrevolution bildet, die im 19. Jahrhundert die Volkswirtschaftslehre erfasst hat. Diese Theorie ist, wie wir in diesem Buch gezeigt haben, grundlegend falsch, da es in arbeitsteilig organisierten Gesellschaften keine messbare und damit nachweisbare Grenzproduktivität gibt. Stimmt diese neoklassische Idee nicht, gibt es für eine Gesellschaft keinen Hinderungsgrund, eine vollständige Beteiligung der gesamten Bevölkerung am Produktivitätsfortschritt (auch gesetzlich) festzuschreiben. Im Gegenteil, diese Festschreibung ist geradezu Voraussetzung einer erfolgreichen wirtschaftlichen Entwicklung.

Was würde im Lichte dieser Überlegungen ein wohlwollender Herrscher machen, der einerseits der Ungleichheit energisch den Kampf ansagen, die bestehende Gesellschaft mit ihren marktwirtschaftlichen Prinzipien aber andererseits nicht in den Grundfesten erschüttern möchte? Was nichts anderes heißt, als dass er einerseits anerkennen würde, dass es keine individuellen Grenznutzen oder individuelle Produktivität gibt, dass andererseits die Unterschiede in der Entlohnung der Menschen aber auch nicht über Nacht aus der Welt geschafft werden können.

Genau bei diesem letzten Punkt würde der wohlwollende Herrscher ansetzen. Selbst wenn man die Unterschiede nicht von heute auf morgen beseitigen kann, muss es doch oberstes Ziel einer langfristig gegen Ungleichheit gerichteten Politik sein, die Möglichkeiten des Einzelnen, in seinem Leben die Reichtumspositionen zu wechseln, also vom berühmten Tellerwäscher zum Millionär aufzusteigen, deutlich zu verbessern. Diese sogenannte soziale Mobilität ist, wie viele Untersuchungen zeigen, selbst in den USA weit geringer als erwartet. Offensichtlich spielen die Herkunft und die materielle Ausgangsbasis eine viel größere Rolle als meist gedacht. Auch für Deutschland gilt das, wie unter anderem Michael Hartmann gezeigt hat (Hartmann 2002; vgl. dazu auch Heinemann 2002).

Um die soziale Mobilität zu erhöhen, würde der wohlwollende Herrscher auf beiden Seiten der Einkommenspyramide ansetzen. Er würde einerseits die Einkommenssteuer stark progressiv ausgestalten, um extrem hohe und meist funktionslose Gewinne bei denen abzuschöpfen, die über die Macht verfügen, sich selbst fürstlich zu entlohnen. Dazu könnte der höchste Grenzsteuersatz bei weit höheren Einkommen einsetzen, als das heute in Deutschland der Fall ist, die letzte Progressionsstufe könnte aber deutlich über 50 Prozent hinausgehen.

Bei den unteren Einkommen würde der Staat weitgehend auf Besteuerung verzichten und gleichzeitig die Möglichkeit, Bildungschancen zu nutzen, massiv verbessern. Um es klar zu sagen: Es ist durch nichts zu rechtfertigen, dass sich die Kinder reicher Eltern systematisch die besten und auch die teuersten Bildungseinrichtungen leisten können, während die Ärmeren davon ausgeschlossen werden. Mit anderen Worten, auch die Gebühren für ein Studium in Harvard gehören in den normalen Leistungsumfang einer staatlichen Bildungsförderung.

Dass Vermögens- und Erbschaftssteuer vordringlich auf die Agenda eines Kampfes gegen die Ungleichheit gehören, braucht man eigentlich nicht zu erwähnen. Hohe Vermögen und hohe Erbschaften sind das zentrale Element der dauerhaften Privilegierung der Besitzenden, ohne dass sich den Unterschieden im Vermögen noch wichtige Funktionen wie etwa die Förderung des Leistungsgedankens zuordnen ließen.

Nicht vergessen sollte man aber auch, dass die Besteuerung der Unternehmen wieder normalisiert werden muss. Man hat im Zuge der angebotsseitigen Revolution enorme Privilegien geschaffen (durch die glatte Halbierung der Unternehmenssteuern in Deutschland zu Anfang der nuller Jahre; siehe unsere Analyse in Teil III), die verpufft sind, weil die unternehmerische Investitionstätigkeit damit nicht gefördert wurde. Die Körperschaftssteuer sollte wieder dem Höchstsatz der Einkommenssteuer entsprechen. Investitionen der Unternehmen sollte man durch großzügige Abschreibungsregeln fördern, was heißt, die zu privilegieren, die investieren, statt wie derzeit alle Unternehmen pauschal zu privilegieren.

Neben Mindestlöhnen, die sich etwa beim halben Durchschnitts- oder Medianlohn bewegen, wird es angesichts der heutigen Machtverhältnisse in den Unternehmen unumgänglich sein, auch Höchstgrenzen für Managereinkommen festzulegen. Dazu kann man sich an Relationen orientieren, wie sie in weiten Bereichen des öffentlichen Dienstes gelten. Eine Relation von 1 zu 5 ist dort häufig das Maximum dessen, was zwischen unterster und oberster Gehaltsgruppe erlaubt ist. 1 zu 10 wäre folglich schon eine sehr großzügige Regel für die Spitzeneinkommen in der Privatwirtschaft, auch wenn das weit unter den heute absurderweise erreichten Relationen von 1 zu 100 und mehr liegt.

Schließlich gilt es, die Masseneinkommen systematisch am erreichten Fortschritt (der Produktivität) zu beteiligen. Da die Gewerkschaften das angesichts ihrer politischen Schwäche (und oftmals fatalen Nähe zu den Unternehmensführungen) nicht mehr durchsetzen können, muss der Staat auch hier eingreifen. Geeignet wäre dafür eine Indexierungsregel. Indexierungsregeln sind in der Vergangenheit zu Recht in Verruf geraten, weil sie meist eine Indexierung der Löhne an eine rückwärtsgewandte Größe wie die vergangene Inflationsrate vorsahen (die berühmte *backward looking indexation*, die etwa im Rahmen der italienischen *scala mobile* praktiziert wurde). Folglich muss man sich bei der Produktivität zwar an der Vergangenheit orientieren, bei der Inflationsrate aber gerade nicht an einer tatsächlichen Inflationsrate, sondern am Inflationsziel. Löhne, Gehälter und Renten sollten in jedem Jahr genauso stark steigen, wie es dem durchschnittlichen Produktivitätsanstieg der vergangenen fünf oder zehn Jahre plus dem Inflationsziel entspricht (vgl. Flassbeck 2016a).

Mit dieser Regel würde die Lohnpolitik einen Puffer für Angebotsschocks wie etwa Veränderungen des Ölpreises darstellen, und gleichzeitig würde nachfrageseitig alles getan, um Massenarbeitslosigkeit zu verhindern. Alle Produkte, die von der Volkswirtschaft erzeugt werden, könnten von der Masse der Menschen gekauft werden. Zudem würde die internationale Wettbewerbsfähigkeit der Volkswirtschaft gewahrt, jedenfalls solange sich die Währungsrelationen vernünftig entwickeln.

Mit diesen einfachen Maßnahmen, von denen keine revolutionär und systemverändernd ist, wäre es möglich, die Ungleichheit wirkungsvoll zu bekämpfen, ohne wirtschaftlichen Schaden anzurichten – im Gegenteil: Mit solchen Maßnahmen ließe sich eine moderne Volkswirtschaft viel leichter und effizienter steuern als mit den antiquierten Methoden der neoklassischen Lehre.

Gleicher Preis für gleiche Arbeit

Es gab in Deutschland eine Zeit, in der man verstanden hatte, wie wichtig es ist, dass für gleich qualifizierte Arbeit an jedem Ort und in jedem Betrieb der gleiche Lohn gezahlt wird. Diese Regel ist jedoch nicht, wie oft vermutet wird, den Systemüberwindungsphantasien von Gewerkschaftlern geschuldet, sondern sie ist das Herzstück einer Marktwirtschaft (Flassbeck & Spiecker 2016; auf diese Arbeit stützt sich der folgende Abschnitt in erheblichem Maße). Die Gültigkeit dieser einfachen Regel wurde in Deutschland durch den Flächentarifvertrag gewährleistet.

Der Flächentarifvertrag stand allerdings immer wieder im Mittelpunkt der Kritik der Arbeitgeber. Sie argumentierten ganz schlicht, einheitliche Löhne selbst für vergleichbare Arbeit seien ein Verstoß gegen die Regeln der Marktwirtschaft, die nun einmal Flexibilität verlangten. Unter diesem Druck bröckelten auch in den Gewerkschaften die Fronten. War »Flexibilität« das Zauberwort der Marktideologen, wurde auf Seiten der Gewerkschaften mit der »Rücksichtnahme auf die Beschäftigten in den Betrieben« für eine Lockerung der »starren« Vereinbarungen geworben. Damit ist diese extrem wichtige Institution in eine politische Zwickmühle geraten, in der sie schließlich weitgehend zerrieben wurde.

Die Frage, ob die Verlagerung von Tarifverhandlungen auf die betriebliche Ebene für die Volkswirtschaft insgesamt beschäftigungs- und effizienzfördernd wirkt, sollte eigentlich im Mittelpunkt jeder Auseinandersetzung über den Flächentarifvertrag stehen. Natürlich sind in einer Marktwirtschaft Verabredungen zur Sicherung der Beschäftigung auf betrieblicher Ebene möglich und meistens auch effektiv. Daraus aber folgt nicht, dass solche Vereinbarungen auch gesamtwirtschaftlich effizient und vernünftig sind. Die schlichte Vermutung, Lohnabschlüsse, die den unterschiedlichen Ertrags- und Wettbewerbssituationen auf der betrieblichen Ebene Rechnung tragen, seien von vornherein besser als gesamtwirtschaftlich ausgerichtete Lohnvereinbarungen, führt in die Irre. Man kann aus der Beschäftigungssicherung in einem Betrieb nicht auf die Beschäftigung in der Gesamtwirtschaft schließen.

Kennzeichen und Motor eines marktwirtschaftlichen Systems sind nämlich unterschiedliche Ertragssituationen der einzelnen Unternehmen. Diese ergeben sich aus einer unterschiedlichen individuellen Produktivitätsentwicklung der Unternehmen einerseits und einheitlichen Preisen für alle Produktionsfaktoren andererseits, die im Wettbewerb zu zahlen sind. Zu diesen Faktoren zählen alle Vorprodukte, die das Unternehmen aus dem In- und Ausland bezieht, das Fremdkapital und – selbstverständlich – auch Arbeit.

Unter reinen Wettbewerbsbedingungen müssen alle Betriebe exakt den gleichen Preis für alle vergleichbaren, das heißt gleichartigen und gleich knappen, Vorleistungen zahlen. Alle zahlen also bei den Banken den gleichen Preis für Kapital gleicher Fristigkeit (unter Berücksichtigung eines individuellen Ausfallrisikos, weil Zins und Tilgung lediglich ein für die Zukunft versprochener Preis, nicht aber ein heute sofort gezahlter Preis sind). Sie zahlen auch den gleichen Preis für importierte Rohstoffe wie Öl oder Stahl. Inflexibilität der Preise ist aus der Sicht des einzelnen Unternehmens geradezu eine Voraussetzung für das Funktionieren der Marktwirtschaft, also für den Wettbewerb bei gleichen Ausgangsvoraussetzungen.

Das muss auch für den Produktionsfaktor Arbeit gelten. In Ländern, in denen es eine so hohe Mobilität der Arbeitskräfte gibt wie in den USA, ist das unbestritten. Zahlt ein Unternehmen nicht den einheitlichen Marktpreis für eine Arbeitskraft, wandert diese ab und sucht sich einen Arbeitgeber, der diesen bezahlt. In Ländern mit geringerer Mobilität der Arbeitskräfte haben sich im Lauf der Industrialisierung Ersatzlösungen (funktionale Äquivalente) herausgebildet, die für die Unternehmen auch am Arbeitsmarkt marktwirtschaftliche Bedingungen herstellen. Die wichtigste dieser Ersatzlösungen ist der Flächentarifvertrag.

Steigert ein Unternehmen unter reinen Wettbewerbsbedingungen oder bei Gültigkeit eines Flächentarifvertrages seine Produktivität durch eine Verfahrensinnovation stärker als seine Konkurrenten, steigt sein Gewinn, da es für seine Vorleistungen einschließlich Arbeit nicht mehr als seine produktivitätsschwächeren Konkurrenten zu bezahlen hat. Das ist der entscheidende Anreiz für den Pionier, sich um Innovationen und deren Umsetzung am Markt zu bemühen. Umgekehrt fallen Unternehmen im Wettbewerb zurück, wenn sie mit dem Tempo des Produktivitätsfortschritts ihrer Konkurrenten nicht mehr Schritt halten können. Sie geraten dann in die Verlustzone und müssen früher oder später aus dem Wettbewerb ausscheiden.

Wird der Mechanismus der Haftung des Unternehmens für seine Entscheidungen – im Normalfall durch vorübergehende Verluste, im Extremfall durch Bankrott – abgemildert bzw. beseitigt, wird die gewünschte marktwirtschaftliche Logik abgeschwächt oder gar aufgehoben. Instrumente zur Beseitigung dieser marktwirtschaftlichen Mechanismen sind die Preisdifferenzierung bei Vorleistungen wie Arbeit oder aber staatliche Subventionen für einen Betrieb oder einen Sektor.

Flexible Löhne oder flexible Gewinne?

Allgemein gesprochen: Systeme, die sich dadurch auszeichnen, dass – auf der Ebene des einzelnen Unternehmens – die Vorleistungspreise starr sind, werden über flexible Gewinne gesteuert. Systeme flexibler Vorleistungspreise dagegen schaffen inflexible Gewinne und bedürfen daher anderer Steuerungsmechanismen. Je inflexibler die Preise für Vorleistungen einschließlich Arbeit für das am Markt handelnde einzelne Unternehmen sind, desto flexibler und in der Steuerung des Systems effizienter ist der Gewinn dieses Unternehmens. Je flexibler die Preise für Vorleistungen einschließlich Arbeit, desto starrer und damit als Steuerungsinstrument ineffizienter ist der Gewinn. Es ist mehr als erstaunlich, dass sich gerade die Arbeitgeber tendenziell zu einer Abkehr vom System flexibler Gewinne und zu einer Hinwendung zum System inflexibler Gewinne bekennen.

Ist es aus der Sicht der Arbeitgeber sinnvoll, ein System zu fordern, in dem jeder Produktivitätsvorsprung, den sich ein Unternehmen erarbeitet, zu erheblichen Teilen von Preissteigerungen für seine spezifischen Vorleistungen einschließlich Arbeit weggesteuert wird? Wer entscheidet in diesem System darüber, ob ein Unternehmen am Markt bleiben kann, das trotz permanent schwacher Produktivitätsentwicklung überlebt, weil es für seine Vorleistungen einschließlich Arbeit weit weniger als seine Konkurrenten zahlen muss?

Andererseits: Ist es aus der Sicht der Gewerkschaften sinnvoll, ein System zu fordern, in dem der Produktivitätsvorsprung eines Betriebs nur oder überwiegend seinen eigenen Arbeitern zugutekommt? Wer entscheidet dann darüber, welche Arbeitnehmer in guten und welche in schlechten Betrieben arbeiten und damit hohe oder niedrige Löhne verdienen dürfen? Die Reaktion der Arbeitskräfte mit Abwanderung dürfte einem System der Lohndifferenzierung nach Ertragslage jedenfalls Grenzen setzen, da die Kosten der Immobilität für den einzelnen Arbeitnehmer (also der vergleichsweise geringere Lohn) die Mobilitätsschranke irgendwann aufheben.

Die in Sonntagsreden zu den »Herausforderungen der Globalisierung« geforderte »Flexibilität am Arbeitsmarkt« (im Sinne von unterschiedlichen Preisen für gleiche Leistungen) hat nichts mit der Preisflexibilität in einer funktionierenden Marktwirtschaft zu tun. Mit letzterer ist nämlich nicht gemeint, dass jeder Anbieter oder Nachfrager auf einem wohl definierten Markt(segment) zur gleichen Zeit seinen individuellen Preis vereinbaren kann, sondern dass sich für alle Teilnehmer eines Marktes ein einheitlicher Preis einspielt. Der kann sich dann im Zeitablauf sehr wohl verändern, also den unterschiedlichsten Einflüssen »flexibel« anpassen. Aber dann ändert er sich für alle Marktteilnehmer in der gleichen Weise und eben nicht für ein paar wenige so und für einige andere anders und für die restlichen gar nicht.

Es klingt paradox, aber die Flexibilität der Preise ist am größten, wenn die sichtbaren Unterschiede der Preise gleichartiger Produkte und Dienstleistungen nahe null sind. Um es anschaulich auszudrücken: Wenn in allen Bäckereien einer Stadt ein Brötchen gleicher Größe und Qualität in einem bestimmten Monat 40 Cent kostet, käme niemand auf die Idee, von verkrusteten Strukturen oder einem Anbieterkartell zu sprechen. Stiege der Brötchenpreis im folgenden Monat aufgrund verheerender Ernteschäden und einer entsprechenden Verteuerung des Mehls in allen Bäckereien auf zum Beispiel 44 Cent, wäre die notwendige marktwirtschaftliche Flexibilität, also die Fähigkeit, rasch auf sich verändernde Bedingungen zu reagieren, offenbar gegeben.

Auf dem Arbeitsmarkt funktioniert dieses mikroökonomische Prinzip flexibler Preise im Grunde genauso. Der Hauptunterschied zum obigen Beispiel besteht in der geringeren Mobilität der Arbeitskräfte im Vergleich zu den Brötchenkunden. Während der Konsument eines Massenprodukts auf Preisunterschiede mit (für ihn nicht mit hohen Kosten verbundener) Abwanderung zur Konkurrenz reagieren kann, ist das Wechseln des Arbeitsplatzes aufgrund von Entlohnungsunterschieden für einen Arbeitnehmer schwieriger bzw. in aller Regel mit höheren Transaktionskosten verbunden, muss er doch möglicherweise mit Sack und Pack, im ungünstigsten Fall mit Familie und unter Aufgabe des Arbeitsplatzes eines anderen

Familienmitglieds umziehen oder zumindest doch längere Pendelwege in Kauf nehmen.

Trotz einer (worauf auch immer zurückzuführenden) Immobilität der Arbeitskräfte kann dem Gesetz des gleichen Preises für gleiche Knappheit Geltung verschafft werden. Am besten wird das durch einen Flächentarifvertrag mit möglichst wenigen Ausnahmen gewährleistet. Nur in einem solchen System funktioniert die Steuerung der wirtschaftlichen Entwicklung über die Gewinne anstatt über Ersatzmechanismen wie betriebliche Vereinbarungen. Nicht anders als bei staatlichen Subventionen für notleidende Branchen muss eine Abweichung vom Prinzip des gleichen Preises für alle Produktionsfaktoren einschließlich Arbeit die Ausnahme sein. Viele Fälle haben in der Vergangenheit gezeigt, dass derjenige, der die Ausnahme zur Regel macht, nicht nur die aus vielen guten Gründen bei uns gewachsenen Strukturen des sozialen Dialogs zerstört, sondern vor allem die marktwirtschaftliche Effizienz eines sich dynamisch entwickelnden Systems.

Nun könnten – um noch einmal auf das obige Brötchenbeispiel zurückzukommen – Kritiker des Flächentarifvertrags einwenden, gerade die flexible Reaktion des Brötchenpreises auf einen spürbaren Anstieg des Mehlpreises aufgrund von Getreideernteschäden gäbe es bei den Löhnen nicht, da diese für wesentlich längere Perioden als Monate, nämlich ein oder sogar mehrere Jahre, festgelegt würden. An diesem Argument ist richtig, dass die Dauer von Preisvereinbarungen am Arbeitsmarkt, also die Laufzeit von Tarifverträgen – übrigens aus guten Gründen wie zum Beispiel der erhöhten Planungssicherheit –, deutlich höher ist als die Geltungsdauer irgendwelcher sich an den Gütermärkten einspielender Preise. Falsch an dem Argument ist, dass diese geringere Flexibilität der Löhne in der Zeit problematisch für die wirtschaftliche Entwicklung ist.

Sind einzelne Branchen von exogenen Schocks wie zum Beispiel Missernten betroffen, ist das Weiterreichen der sich daraus ergebenden Kostensteigerung in den Güterpreisen für die Unternehmen unproblematisch, da ja alle Anbieter der entsprechenden Branche von demselben Schock betroffen sind, also kein Unternehmen preislich quasi ausscheren und dadurch Marktanteilsgewinne für sich erreichen kann. Für die Arbeitnehmer der betroffenen Branche sind die Folgen der absoluten und relativen Preissteigerung des von ihnen produzierten Gutes kurzfristig die gleichen wie für alle übrigen Arbeitnehmer: Ihr Realeinkommen sinkt bzw. steigt langsamer gemäß der unerwarteten Preissteigerung, die das betroffene Gut in ihrem individuellen Warenkorb auslöst.

Reagierten die Arbeitnehmer der vom Schock betroffenen Branche im Sinne eines »flexiblen Tarifvertrags« mit einem teilweisen Lohnverzicht, so dass die Unternehmen die Kostensteigerung bei der Vorleistung nicht in den Preisen weiterzugeben bräuchten, trügen die Beschäftigten der Branche den durch den Schock verursachten Realeinkommensverlust allein, was unter Verteilungsgesichtspunkten kaum zu begründen wäre. Zugleich verlöre der Gütermarktpreis der Branche aber seine Steuerungsfunktion, was die Knappheit angeht: Das Gut würde schlicht zu billig angeboten und damit in Hinblick auf den Schock in zu großer Menge konsumiert.

Mittel- bis langfristig zögen sich – je nach Mobilitätsgrad – die Arbeitnehmer der vom Schock betroffenen Branche aus dieser zurück und wechselten in Branchen, in denen ihre Qualifikation benötigt und ihre Arbeitsleistung zu ungekürzten Löhnen entlohnt wird. Entsprechend ginge daraufhin die Subventionierung der vom Schock betroffenen Branche durch ihre eigenen Arbeitnehmer zurück: Es müssten langfristig doch die ursprünglichen Löhne gezahlt werden, um die Abwanderung in andere Branchen zu verhindern oder zumindest zu bremsen, und das führte letztendlich zu der Preiserhöhung, die im Falle inflexibler Branchenlöhne von vornherein zustande gekommen wäre.

Auch die – immer wieder einmal – diskutierte Einführung einer Gewinnbeteiligung für die Arbeitnehmer ändert nichts an diesen Schlussfolgerungen. Erhalten die Arbeitnehmer etwa – abhängig von der Lage des Betriebes – mehr oder weniger Lohn (oder Aktien statt Lohn), vermindert sich in der Tat das Risiko, arbeitslos zu werden. Die Arbeitnehmer sind dann stärker am Risiko der Firma beteiligt und üben damit Unternehmerfunktionen aus. Die Haftung für Fehler des Managements wird dann nicht nur im Fall von Entlassungen, sondern auch beim Einkommen regelmäßig auf die Arbeitnehmer abgewälzt. Das vermindert für das Unternehmen die Gewinnschwankungen, aber auch die Steuerungsfunktion der Gewinne im obigen Sinn. Die Arbeitnehmer wählen zwischen Einkommensrisiko und Entlassungsrisiko.

Gesamtwirtschaftlich ist durch eine solche Flexibilisierung jedoch nichts gewonnen. Hinzu kommt aber noch ein weiterer Aspekt in der Gesamtwirtschaft, der solche Systeme sogar instabiler macht. Anders als beim einzelnen Unternehmen hilft eine »flexible« Reaktion der Einkommen der Arbeitnehmer im Fall eines exogenen Schocks nicht ohne Weiteres, den Schock abzupuffern. Sinkt etwa, wie bei der Asienkrise, die Exportnachfrage einer Volkswirtschaft, ist weder eine Lohnsenkung noch eine Freisetzung von Arbeitskräften oder irgendeine Kombination dieser beiden Maßnahmen eine angemessene Antwort, weil dies die Gesamtnachfrage in der Regel weiter destabilisiert. Nur die Fiskalpolitik und/oder die Geldpolitik können (und müssen) in diesem Fall gegensteuern. Ein System beschränkter Haftung der Arbeitnehmer für die Gewinne ist folglich kein Ersatz für eine makroökonomische Wirtschaftspolitik, wie das heute oft geglaubt wird.

Gibt es eine »Dienstleistungslücke«?

Der Flächentarifvertrag galt aber nicht nur als Hemmnis für den Wandel der Unternehmensstrukturen, sondern er wurde auch für die »zu starren« sektoralen Lohnstrukturen in Deutschland verantwortlich gemacht. Das bekannteste Beispiel ist die Behauptung, es gäbe in Deutschland eine »Dienstleistungslücke«, also »zu wenige« Beschäftigte im tertiären Sektor. Der Flächentarifvertrag, so die Behauptung, belaste die weniger produktiven Dienstleistungen in gleicher Weise wie die hochproduktive Industrie.

Für Beschäftigung sorgt man nach dieser Auffassung am besten durch die Förderung arbeitsintensiver Tätigkeiten. Die Wirtschaftswissenschaft hat solchen Überlegungen außer »ordnungspolitischen« Bedenken bisher wenig Konzeptionelles entgegengesetzt, weil die Mehrheit der Ökonomen gefangen ist in ihrem neoklassischen Weltbild – von der Idee also, es könnten nur die Löhne schuld sein, wenn die Arbeitslosigkeit hoch ist. Zudem haben sich viele Ökonomen der Behauptung einer mangelnden

»strukturellen« Flexibilität der Löhne rasch angeschlossen, ohne ihre gravierenden Implikationen für andere Bereiche der ökonomischen Analyse zu bedenken.

Die Lösung für das Problem der »Dienstleistungslücke« ist einfach: Sind die Produktivitätsfortschritte bei Dienstleistungen tendenziell geringer als die in der Industrie und ist für gleich knappe Arbeit in allen Verwendungen der gleiche Preis zu zahlen, gibt es in der Tat von der Preisseite her eine eingebaute Bremse für die Ausweitung der Dienstleistungsbereiche im sektoralen Strukturwandel. Existiert aber eine »natürliche« Tendenz in der Veränderung der Präferenzen, die bei steigendem Wohlstand Dienstleistungen begünstigt, sieht die Sache ganz anders aus. Dann steht nämlich dem negativen Preiseffekt immer auch ein für die Ausweitung der Dienstleistungen positiver Einkommenseffekt gegenüber. Welcher Effekt quantitativ überwiegt, ist vollkommen offen.

Auch die Beseitigung der Dienstleistungslücke wird vorgeschlagen, ohne jemals das eigentliche Ziel, die Schaffung von mehr Arbeitsplätzen nämlich, erreichen zu können. Denn schon die Grundhypothese der Vertreter der Lohndifferenzierung ist falsch: Die Förderung eines Sektors mit geringer Arbeitsproduktivität erhöht die Beschäftigung insgesamt nicht. Alle Überlegungen, die darauf zielen, den sektoralen Strukturwandel – je nach Sichtweise – zu verlangsamen oder zu beschleunigen, indem man kapitalintensive Sektoren diskriminiert, sind von vornherein verfehlt, weil sie keine rationale ökonomische Basis haben.

Alle diese Vorschläge fußen im Grunde auf der schlichten Idee, eine vorgegebene Produktionsmenge könne man je nach sektoraler Struktur entweder mit mehr oder mit weniger Arbeitskräften produzieren. Es existiert aber in der Wirklichkeit einer sich dynamisch entwickelnden Volkswirtschaft keine vorgegebene Produktionsmenge. Eine hohe Produktivitätssteigerung führt zu einer hohen Produktionszunahme und ein geringeres Produktivitätswachstum zu einer geringeren Produktionsausweitung. Dies muss man vollständig ausblenden, wenn man sich von einer Steuerung des sektoralen wie des unternehmerischen Strukturwandels positive Effekte für die Beschäftigung insgesamt erhofft. Das darf in einer gesamtwirtschaftlichen Analyse aber nicht ausgeblendet werden, da sonst keine Aussagen über Gesamteffekte getroffen werden können.

Im Ergebnis: Eine Differenzierung der Löhne für gleich knappe Arbeit nach Betrieben oder Sektoren verstößt gegen die Grundprinzipien einer marktwirtschaftlichen Ordnung. »Flexible« Löhne in diesem, den Begriff der Flexibilität missbrauchenden Sinne führen darüber hinaus in einer sich rasch entwickelnden Volkswirtschaft zu einer Dämpfung der Dynamik, da sie die Anreize für Pioniere vermindern und weniger erfolgreiche Unternehmen subventionieren. Entscheidend aber ist: In keinem zeitlich offenen und sich entwickelnden System lässt sich nachweisen, dass eine Lohndifferenzierung über die Dämpfung des Produktivitätsfortschritts positive Beschäftigungseffekte auszulösen vermag. Dagegen sind die negativen Einkommenseffekte eindeutig.

Eine neue Rollenverteilung für die Wirtschaftspolitik

Die Aufgaben der Geld-, Finanz- und Lohnpolitik

Wir haben oben erklärt, dass die Geldtheorie in den vergangenen zwanzig Jahren große Fortschritte gemacht hat und es mehr als überfällig ist, dass die Politik darauf mit institutionellen Anpassungen reagiert. Erkennt man beispielsweise an, dass in allen entwickelten Volkswirtschaften die Lohnstückkosten entscheidend für die Inflationsentwicklung sind, kann man die Inflationssteuerung nicht mehr ausschließlich der Geldpolitik übertragen.

Generell muss man der Geldpolitik dann eine ganz andere Rolle zuweisen, nämlich die des Förderers privater und öffentlicher Investitionen. Die Aufgabe der Lohnpolitik ist bei einer solchen Rollenverteilung sogar eine dreifache: Sie muss, erstens, über die Anpassung der Reallöhne dafür sorgen, dass die binnenwirtschaftliche Nachfrage stabilisiert wird und jederzeit ausreicht, um alle produzierten Produkte kaufen zu können; zweitens stabilisiert die Lohnpolitik die Inflationsrate und verhindert, dass aus einmaligen Preisschocks dauerhafte Abweichungen der Inflationsrate vom Inflationsziel werden; und drittens verhindert die Lohnpolitik auf diesem Wege, dass die Volkswirtschaft insgesamt an Wettbewerbsfähigkeit gegenüber dem Ausland verliert, was jedenfalls dann gilt, wenn das internationale Währungssystem seine Aufgabe wahrnimmt, unterschiedliche Inflationsraten durch Ab- und Aufwertungen auszugleichen.

Ob die Tarifpartner das alles alleine stemmen können oder dazu der Hilfe eines vermittelnden oder gar eingreifenden Staates bedürfen, muss man diskutieren. Diese Diskussion von vorneherein zu verweigern, weil man fürchtet, eine heilige Kuh, Tarifautonomie genannt, könnte dabei ums Leben kommen, ist mehr als problematisch, weil man genau damit den Marktfundamentalisten und ihren Umverteilungsideen in die Hände spielt, denen die Tarifautonomie nur dann etwas bedeutet, wenn daraus ein Machtvorteil für die Unternehmen resultiert.

Umverteilung der Einkommen und des Vermögens muss eine vordringliche Aufgabe des Staates sein. Und es ist, wie wir oben gezeigt haben, keine Frage, dass der Staat hier sehr viel tun kann, ohne dass das System ins Wanken gerät. Darüber hinaus muss der Staat – unterstützt von der Geldpolitik – dafür Sorge tragen, dass die Ersparnisversuche der Privaten (also die etwa 250 Milliarden, die deutsche Haushalte und Unternehmen derzeit Jahr für Jahr auf die hohe Kante legen) weder zu einer Rezession führen noch zu dem sinnlosen Versuch, das Ausland über »Verbesserung der eigenen Wettbewerbsfähigkeit« permanent in die Rolle des Schuldners zu drängen.

Das bedeutet, dass der Staat einen ungeheuren Spielraum hat, um über eigene Verschuldung und öffentliche Investitionen die Wirtschaft direkt positiv zu beeinflussen und zugleich (vor allem über eine hervorragende staatliche Infrastruktur inklusive ökologischer Vorsorge) die Voraussetzungen dafür zu schaffen, dass die privaten Investitionen florieren und in die richtige Richtung gelenkt werden.

So funktioniert die Marktwirtschaft oder der Kapitalismus, je nachdem, wie man das System, in dem wir leben, nennen will. Wenn man das System jedoch nicht vollkommen infrage stellt, helfen Umverteilungsrhetorik und starke Sprüche über böse Kapitalisten nicht weiter. Natürlich kann und darf man das marktwirtschaftliche oder kapitalistische System vollständig infrage stellen. Das System im Prinzip gut zu finden, seine Ergebnisse in Sachen Verteilung der Einkommen jedoch vollkommen zu verwerfen, führt allerdings in die Irre. Es ist schon überraschend, wenn man von Sahra Wagenknecht in Anlehnung an Karl Marx liest: »Der Kapitalist kauft die Arbeitskraft und verkauft das Produkt der Arbeit, und weil beides differiert, hat er, ohne die Gesetze des gleichen Tauschs zu verletzten, dabei einen Schnitt gemacht.« (Wagenknecht 2016, S. 131)

Diese These von Wagenknecht beschreibt korrekt, was dem Gewinn zugrunde liegt, nämlich dass der abhängig Beschäftigte (mithilfe des Einsatzes von Kapital) mehr erarbeitet, als er bezahlt bekommt, dass also ein Teil des Ertrags der Arbeit (und des Kapitals!) an den Eigentümer des Unternehmens geht. Doch das ist eben Kapitalismus!

Dass das passiert, hat gerade nichts mit dem mangelnden Wettbewerb zu tun, den Sahra Wagenknecht ansonsten beklagt und mit den Mitteln bekämpfen will, die von den Ordoliberalen der Freiburger Schule vorgeschlagen wurden. Auch bei vollkommenem Wettbewerb ist das so. Niemand hat bisher ein kapitalistisches System gefunden (oder erfunden), in dem die Ergebnisse der Produktion (also die Produktivität), die von Menschen in Kombination mit Kapital erbracht wurden, anders verteilt worden wären. Man darf sich einfach nicht vor dem klaren empirischen Befund drücken, der da heißt: Es gibt keinen Kapitalismus ohne die Gesetze des Kapitalismus!

Grundzüge einer Geschäfts- und Zentralbankenreform

Die bisherigen Reaktionen der Politik auf die Finanzkrise von 2008/09 sind als Wiederbelebung einer soziologischen Figur zu interpretieren, die, wie Werner Polster richtig schreibt, ihren Platz in der »Wirtschaftsweise kleiner eigentümerbasierten Warenproduzenten und Händler« hatte und die »wirtschaftsgeschichtlich ihr Dasein in der Zeit zwischen dem Spätmittelalter und dem frühen 19. Jahrhundert« fristeten. Er führt dazu aus:

> Die Rede ist von der Figur des »Ehrbaren Kaufmanns«. Auf der Landkarte des soziologischen Personals hatte der außenstehende Betrachter diese Figur eher in der umliegenden Region, eben der Provinz, vermutet, vielleicht in einer Maschinenbau-Gemeinde Süddeutschlands, wo es solche patriarchalischen Figuren aus den mittelständischen Unternehmen in den Gemeinderäten geben soll, jedenfalls hätte man nicht erwartet, den Ehrbaren Kaufmann plötzlich auf den Bühnen des internationalen Finanzkapitals anzutreffen. (Polster 2014, S. 28)

Dieser Wiederbelebungsversuch hatte insbesondere in der deutschen Volkswirtschaftslehre einen bedeutenden Vorläufer. Im Ordoliberalismus feierte der »Ehrbare Kaufmann« mit dem weniger verstaubt klingenden Begriff der »Haftung« fröhliche Urstände. Es ist nun wenig erstaunlich, dass Versuche, mit ordnungspolitischen Konzepten, die aus einer Zeit stammen, deren Strukturen mit denen moderner Volkswirtschaften nicht mehr vergleichbar sind, systemische Probleme des gegenwärtigen Finanzsystems in den Griff zu bekommen, zum Scheitern verurteilt sind.

Diese Einsicht muss zwingend dazu führen, von der Vorstellung Abschied zu nehmen, dass eine verstärkt am

Haftungsprinzip orientierte Regulierung des Betriebs von Geschäftsbanken, wie sie in der Europäischen Bankenunion vorgesehen sind, die Finanzstabilität zu verbessern vermag. Ganz im Gegenteil ist zu erwarten, dass alle Versuche, das Haftungsprinzip beim Betrieb von Banken zu stärken, im besten Fall wirkungslos bleiben, wahrscheinlich aber mit diesen Regelungen die Finanzstabilität der Eurozone weiter untergraben wird.

Abschied zu nehmen ist auch von der Vorstellung, dass demokratisch nicht legitimierte Zentralbanken besonders geeignet sind, dafür zu sorgen, dass die Wirtschaftspolitik am Gemeinwohl orientiert ist. Zentralbanken sind im Gegenteil als ein integraler Bestandteil der Exekutive zu erachten, deren Aufgabe es ist, »gleichzeitig die Stabilität des Preisniveaus, einen hohen Beschäftigungsstand und ein außenwirtschaftliches Gleichgewicht bei stetigem und angemessenem Wirtschaftswachstum zu gewährleisten«, wie es im Jahr 1967 beschlossenen »Gesetz zur Förderung der Stabilität und des Wachstums der Wirtschaft« verlangt wird.

Geschäftsbankenreform

Die Finanzkrise 2008/09, die ganz wesentlich durch die Insolvenz von Lehman Brothers ausgelöst wurde, sollte mehr als deutlich gemacht haben, dass Banken in jedem Fall vor dem Zusammenbruch gerettet werden müssen, weil sie für die Abwicklung des Zahlungsverkehrs und die Vergabe von Krediten von essenzieller Bedeutung für die Realwirtschaft sind. Wenn aber, wie wir gezeigt haben, das Investmentbankinggeschäft mit großen, nicht steuerbaren Risiken behaftet ist, dann ist daraus die Konsequenz zu ziehen, dass der Staat dafür zu sorgen hat, dass diese Aktivitäten strikt voneinander getrennt werden.

Diese Einsicht ist nicht neu. Die Lektion, die man in den USA bereits 1932 gelernt hatte und die ihren Ausdruck im sogenannten »Glass-Steagall Act« fand, gilt es, weiterhin zu lernen. Das kommerzielle Kredit- und Einlagengeschäft ist vom Investmentbanking vollständig zu trennen. Mit einem solchen sogenannten Trennbankensystem können Geschäftsbanken ihr Geldschöpfungsprivileg und ihren Zugang zu Zentralbankreserven nicht mehr benutzen, um mit selbst geschaffenem Geld an den Finanzmärkten zu spekulieren.

Ein Trennbankensystem hat also primär die Aufgabe, sicherzustellen, dass, was auch immer an den Finanzmärkten geschieht, die Abwicklung des Zahlungsverkehrs und die Versorgung der Realwirtschaft mit Krediten nicht beeinträchtigt wird. Ob und inwieweit man damit das Finanzkasino und seine schädlichen Folgen für die Realwirtschaft unter Kontrolle bekommen kann, ist eine andere Frage, die an dieser Stelle nicht erörtert werden soll.

Allerdings gewährleistet eine rechtliche Trennung des Kredit- und Einlagengeschäfts vom Investmentbanking noch nicht, dass Finanzmarktkrisen das Bankensystem nicht mehr destabilisieren. Die Trennung dieser beiden Geschäftsbereiche muss nicht nur rechtlich, sondern auch wirtschaftlich vollumfänglich gegeben sein. Banken ist daher die Kreditvergabe für Finanzmarkttransaktionen und die Besicherung von Krediten mit Finanzmarktprodukten zu verbieten.

Ein stabileres Finanzsystem erfordert darüber hinaus, dass die Kreditbeziehung zwischen einer Bank und ihren

Kunden über die gesamte Laufzeit des Kredits gewährleistet sein muss. Daher sind sogenannte »asset-based securitizations«, die darauf beruhen, aus einem Portfolio von Krediten ein handelbares Papier zu machen, das dann am Kapitalmarkt verkauft werden kann, zu verbieten. Es waren Instrumente wie diese, die in den USA einen Immobilienboom ausgelöst hatten, der keinerlei realwirtschaftliche Basis hatte. Es entbehrt nicht einer gewissen Ironie, dass diese »Finanzinnovation« von der EU-Kommission als das Mittel auserkoren wurde, das die Refinanzierungsmöglichkeiten von kleineren und mittleren Unternehmen in Europa verbessern soll.

Ein stabiles Finanzsystem zu implementieren, erfordert sicherlich auch ein staatliches Aufsichtsorgan, das Kriterien für die kommerzielle Kreditvergabe entwickelt und personell so ausgestattet ist, dass deren Einhaltung überwacht werden kann. Unabdingbar ist zudem, dass Banken, die sich nicht an Vorgaben der Aufsichtsbehörden halten, effektiv sanktioniert werden. Diese Sanktionen reichen von Geldstrafen bis hin zum Entzug der Banklizenz. Vor allem aber muss bei Zuwiderhandlungen dem Vorstand einer solchen Bank die Berechtigung abgesprochen werden, eine Bank zu führen. Die gegenwärtige Praxis der Aufsichtsbehörden, sich auf interne Risikomanagementsysteme der Banken oder gar auf die Beurteilung von Ratingagenturen zu verlassen, muss auf jeden Fall sofort beendet werden. Eine jede Bank muss auf Basis einer selbstständigen Kreditanalyse zu einer Einschätzung der Bonität eines potenziellen Kreditnehmers kommen.

Selbst eine Bank mit einem mustergültigen Geschäftskonzept und mit Finanzaufsichtsbehörden, die über ein entsprechendes Mandat verfügen und so ausgestattet sind, dass sie ihrer Pflicht zur Aufsicht des Geschäftsgebarens von Banken nachkommen können, wird aber in einem rezessiven Umfeld, wie zum Beispiel gegenwärtig in Italien, unvermeidlich in Schwierigkeiten geraten. Es ist daher unabdingbar, dass die Zentralbank eines Landes für alle Banken ihres Landes als finanzieller *backstop*, als *lender of last resort* agiert. Sprich, dass sie mit letzter Konsequenz dafür sorgt, dass diese Banken niemals illiquide werden können. Denn Giroguthaben, der Zahlungsverkehr und die Kreditvergabe sind, das sollten die bisherigen Ausführungen belegt haben, öffentliche Güter.

Die Kreditvergabe einer Bank ist auf Basis der bisherigen Ausführungen als eine Dienstleistung anzusehen, die darin besteht, zu überprüfen, ob ein Unternehmen Ressourcen gewinnbringend verwenden kann. Fällt diese Prüfung positiv aus, dann tippt die Bank dem Unternehmen lediglich entsprechende Zahlen auf ihr Girokonto ein, die dem Unternehmen dann als Zahlungsmittel für den Erwerb von Produktionsfaktoren dienen können. Aus dieser Sicht wäre es also sinnvoller, den Banken anstatt eines Zinses eine Gebühr für die Kreditwürdigkeitsprüfung zu bezahlen.

Angesichts der Tatsache, dass Banken aufgrund des Ausfalls eines Kredits Verluste erleiden können, werden sie Kredite oft nur gegen die Stellung von Sicherheiten vergeben. Eine Geschäftsidee mag daher so gut sein, wie sie will, wer nicht über entsprechende Sicherheiten verfügt, wird keinen Kredit erhalten. Die inhärente Tendenz des gegenwärtigen Kreditsystems, vorrangig besicherte Darlehen zu vergeben, wird noch dadurch verstärkt, dass, in Abhängigkeit von den gestellten Sicherheiten, die Eigenkapitalerfordernisse, die Banken erfüllen müssen, variieren.

Es ist daher nicht wirklich überraschend, dass der größte Brocken der Verschuldung des Privatsektors Hypothekendarlehen sind. Diese wiederum dienten in sehr großem Umfang dem Kauf von Bestandsimmobilien und der Generierung von Cashflow für konsumptive Zwecke. Kredite, die lediglich der Abwicklung von Handelstransaktionen dienen, tragen aber nur sehr wenig zum BIP bei. Kredite für den Aufbau eines Kapitalstocks dagegen erlauben eine Erhöhung des BIP.

Daraus ist die Konsequenz zu ziehen, dass Darlehen in erster Linie für Investitionen erfolgen sollten, die erwarten lassen, dass sie einen Cashflow generieren, der die Bedienung der Darlehen fristgerecht erlaubt. Die Einschätzung der Bonität von potenziellen Darlehensnehmern wird jedoch am besten von Banken zu leisten sein, die sich in räumlicher Nähe zu ihren Kunden befinden und daher um die spezifischen Bedingungen wissen, unter denen ein Unternehmen operiert. Das Sparkassen- und Genossenschaftsbankensystem Deutschlands scheint vor diesem Hintergrund besonders geeignet, insbesondere kleineren und mittleren Unternehmen Kapital für gewinnversprechende Investitionen zur Verfügung zu stellen.

Einem potenziell unendlichen Angebot von Geld steht immer eine beschränkte Menge an potenziellen Gläubigern gegenüber. Jede Geschäftsbank, die ein Geschäft abschließt, das eine andere aufgrund von Risikoerwägungen ablehnt, wird zunächst höhere Gewinne als ihre Wettbewerberin ausweisen können. Da der Erfolg eines jeden Unternehmens aber in erster Linie an der Eigenkapitalrendite bemessen wird und die Gehälter von Führungskräften der Geschäftsbanken in großem Umfang davon abhängig sind, muss man realistischerweise davon ausgehen, dass Geschäftsbanken im Lauf der Zeit immer risikoreichere Engagements eingehen werden, um höhere Gewinne zu erzielen.

Wenn der Wettbewerb im Bankensektor in diesem Sinn potenziell schädlich ist und zudem jede Bank in ihrem Geschäftsgebaren der aufwendigen Überwachung durch entsprechende staatliche Aufsichtsorgane bedarf, spricht viel dafür, solche Institute als öffentlich-rechtliche Organisationen mit Beamten zu betreiben. Denn Beamte haben nicht nur eine Ausbildung absolviert, die sie befähigt, ihrer Arbeit kompetent nachzugehen, sondern sind zudem explizit auf das Gemeinwohl verpflichtet. Da sie verpflichtet sind, ihre Handlungen an expliziten, nachprüfbaren und sanktionsbewehrten Regeln zu orientieren, können sie von dafür eingerichteten Überwachungsorganen effektiv kontrolliert werden.

Die Kreditvergabe von Banken orientiert sich gegenwärtig alleine daran, ob der Kreditnehmer in der Lage ist, monetäre Überschüsse zu erzielen, die es ihm erlauben, seinen Kredit zu bedienen. Da zu jedem Zeitpunkt aber die verfügbaren Ressourcen in Bezug auf die Ziele der einzelnen Mitglieder der Bevölkerung knapp sind, ist es eine offene Frage, ob die Erzielung eines Überschusses in einer Demokratie das alleinige Kriterium für die Kreditvergabe sein darf.

Ein mögliches Mittel, das es erlaubt, die Ressourcenverwendung in einer Volkswirtschaft in gewisser Weise einer demokratischen Kontrolle zu unterwerfen, ist die Kreditsteuerung, die, wenn auch nur sehr rudimentär, unter dem Namen »Kreditplafondierung« Anfang der siebziger Jahre auch von der Deutschen Bundesbank praktiziert wurde. Banken können damit sowohl in quantitativer als auch in qualitativer Hinsicht bei der Kreditvergabe gesteuert werden, indem die Zentralbank den Banken einerseits mengenmäßige Zielvorgaben macht und andererseits vorgibt, wie die Gesamtmenge an vergebenen Krediten regional und sektoral zu verteilen ist. Befürchtet die dafür zuständige Behörde zum Beispiel, dass in München eine Immobilienblase droht, dann wird sie die Ausreichung von Krediten in dieser Region begrenzen.

Zentralbankreform

Mit dem Ende des Monetarismus hätte eigentlich schon offensichtlich sein müssen, dass die Funktion einer Zentralbank nicht in einer »objektivierten Geldversorgung« der Volkswirtschaft bestehen kann. Die Finanzkrise hat zudem offenbart, dass sie selbst der beschränkteren Aufgabe, in ihrem Währungsraum ein einheitliches Zinsniveau zu gewährleisten, nicht nachkommen kann, wenn sie ihrem Staat bzw. ihren Staaten nicht uneingeschränkt als *lender of last resort* zur Verfügung steht.

Als Mario Draghi im Juli 2012 als Reaktion auf die steigenden Zinsen für spanische und italienische Staatsanleihen die nervösen »Märkte« mit der Zusicherung beruhigte, diese Funktion zu übernehmen, hat er keineswegs, wie Jürgen Habermas behauptete, »eine Fiskalsouveränität simuliert, die er gar nicht besaß«. Er hat den Kapitalmärkten vielmehr zu verstehen gegeben, dass er seine fiskalische Souveränität, nämlich die Fähigkeit, die Länder der Europäischen Währungsunion (EWU) mit selbst »gedrucktem« Geld zu versorgen, nicht durch das Staatsfinanzierungsverbot im Paragraf 123 des Lissaboner Vertrages beschränken lässt.

Warum aber sollte ein Staat sich nicht generell diese Fähigkeit seiner Zentralbank zunutze machen? Warum sollte man also, wenn die Finanzierung über den Kapitalmarkt sowieso nur dann nicht zu Funktionsstörungen führt, wenn deren Rückzahlung durch dessen Zentralbank faktisch garantiert wird, sich nicht des Instrumentes der monetären Staatsfinanzierung bedienen?

Horrorgeschichten jedenfalls über drohende Staats- und Zentralbankpleiten und die mit der monetären Staatsfinanzierung verbundene galoppierende Inflation sind, wie wir in den vorangegangenen Teilen belegt haben, neoliberale Mythen, die nur zeigen, was deren Erzähler von der Demokratie halten. Sicherlich aber ist es notwendig, darüber zu diskutieren, welche Ressourcen für welche Zwecke der Staat mit seiner Fähigkeit, Geld »selbst zu drucken«, aktivieren sollte. Denn wenn ein Staat mit seiner Fähigkeit, Geld »aus dem Nichts« zu schaffen, die Produktion bestimmter Güter ermöglicht, dann stehen die dafür benötigten realen Ressourcen nicht mehr für die Produktion anderer Güter zur Verfügung. Es geht also darum zu bestimmen, welche Ressourcen der Privatwirtschaft zur Herstellung von Gütern überlassen werden, die von Privaten nachgefragt werden, und welche Güter ein Staat nachfragt und möglicherweise auch in Eigenregie herstellt.

Aber ist das deutsche Wirtschaftswunder nicht ein schlagender Beweis dafür, dass eine institutionelle Einhegung der Demokratie durch eine unabhängige Zentralbank durchaus sinnvoll ist? Und ist es nicht irreführend, die mangelnde demokratische Legitimation unabhängiger Zentralbanken zu bemängeln, obwohl doch zum Beispiel die Bundesbank eine Institution ist, die das Vertrauen der überwiegenden Mehrheit der Bevölkerung genießt?

Zunächst einmal ist festzuhalten, dass sich die Funktion der Bundesbank nach dem Zweiten Weltkrieg fast 25 Jahre lang, also bis zum Ende des Bretton-Woods-Systems, darauf beschränkte, Sprachrohr neoliberaler Glaubensüberzeugungen zu sein. Danach übernahm die Bundesbank mit Feuereifer für dreißig Jahre die halbgaren Lehren des Monetarismus und behinderte mit ihrem Dogmatismus eine erfolgreiche Wirtschaftspolitik, wo immer sie konnte. Selbst der Finanzminister Franz Josef Strauß beklagte sich während seiner Amtszeit (1966-1969), die Bundesbank unterstütze die Wirtschaftspolitik der Bundesregierung nicht ausreichend.

Es ist aber keineswegs erforderlich, so weit in der Geschichte zurückzugehen, um andere Fälle des »heilsamen Wirkens« unabhängiger Notenbanken auszumachen. In Griechenland hat man mithilfe einer unabhängigen Zentralbank namens EZB das demokratische Nein zu »Strukturreformen« in die Schranken gewiesen. Es war ohne Zweifel die Drohung der vor demokratischer Einflussnahme geschützten EZB, das gesamte griechische Bankensystem zum Einsturz zu bringen, welche das griechische Parlament schließlich davon »überzeugte«, die von der Troika diktierten »Strukturreformen« zu verabschieden.

Inzwischen sollten wir wissen, dass eine Zentralbank Teil des Staates sein muss, dessen Handlungen mit denen anderer staatlicher Akteure so aufeinander abzustimmen sind, dass das Gemeinwohlinteresse optimiert wird. In Zeiten, in denen auch Unternehmen Sparer sind, ist offensichtlich, dass für eine erfolgreiche Steuerung einer Volkswirtschaft das Instrument der Geldpolitik nicht mehr ausreichend ist, um Vollbeschäftigung und ein damit einhergehendes Wachstum des BIP sicherstellen zu können. Neben der Förderung oder Einschränkung wirtschaftlicher Aktivitäten mithilfe der Zinspolitik erfordert eine Politik, die den Anforderungen des oben erwähnten Stabilitätsgesetzes von 1967 genügen soll, verstärkt den Einsatz der Fiskal- und der Steuerpolitik.

Abba P. Lerner, ein in England ausgebildeter und in den USA lehrender Ökonom, hat bereits in den vierziger Jahren überzeugend dargelegt, dass Sparversuche des Privatsektors notwendigerweise zu einem Rückgang des BIP führen müssen. In einer solchen Situation ist es nach seiner Meinung daher Aufgabe des Staates, den daraus resultierenden Nachfrageausfall indirekt durch Steuerreduzierungen oder aber direkt durch Ausgabensteigerungen zu kompensieren. Im Falle einer sich überhitzenden Wirtschaft, die ihren Ausdruck in unangemessen hohen Inflationsraten findet, sind dagegen Steuern zu erhöhen und/oder Staatsausgaben zu reduzieren (Lerner 1943).

Die volkswirtschaftlichen Effekte der Steuerpolitik sind allerdings oftmals nur schwer einzuschätzen. Es ist zum Beispiel nicht auszuschließen, dass höhere verfügbare Einkommen von Haushalten ganz überwiegend zu einer Erhöhung der Sparquoten anstatt zu einer der Konsumausgaben führen. Die Ausgabenpolitik ist für Zwecke der Nachfragesteuerung sehr viel geeigneter. Wenn ein Staat etwa bei mangelnder Nachfrage zusätzliche Ausgaben für investive Zwecke tätigt, wird die Wirtschaftstätigkeit ganz ohne Zweifel sofort an Fahrt aufnehmen.

Wenn aber es für einen Staat ein Leichtes ist, mithilfe seiner Fähigkeit, Geld in beliebiger Menge zu »drucken«, das Nachfrageniveau einer Volkswirtschaft so zu steuern, dass daraus Vollbeschäftigung resultiert, warum dann ist die Mehrheit der Wirtschaftswissenschaftler so zögerlich, sich des Mittels der Fiskalpolitik zu bedienen? Diese Frage hatte sich auch schon Lerner gestellt und mit dem Verweis auf ein Dogma beantwortet. Das Dogma firmiert unter dem Begriff der »soliden Finanzpolitik« und wurde vom Bundesfinanzministerium wie folgt zum Ausdruck gebracht:

> Die Sicht des Bundesfinanzministeriums, die auch in der Wissenschaft von vielen geteilt wird, besteht [...] darin, dass solide Staatsfinanzen das Vertrauen der privaten Wirtschaft stärken und so Investitionen und Wachstum fördern. (Bundesministerium für Finanzen 2015, S. 4)

Der Erfolg des Dogmas der soliden Finanzpolitik ist darauf zurückzuführen, dass die Bevölkerung der neoliberalen Erzählung glaubt, dass die Verschuldung eines Staates mit der von Akteuren des Privatsektors vergleichbar ist. Wie wir in den vorangegangenen Teilen dargelegt haben, führt diese Gleichsetzung jedoch auf einen äußerst gefährlichen Holzweg. Der Staat nämlich kann in beliebiger Menge »Geld aus dem Nichts« schaffen. Und da er das kann, ist es auch gänzlich unmöglich, dass er in seiner eigenen Währung jemals in Zahlungsschwierigkeiten gerät. Ein Staat wird daher immer dann, wenn die Kapazitäten einer Volkswirtschaft nicht vollständig ausgelastet sind, sich ganz unproblematisch die entsprechenden Haushaltsdefizite leisten können. Und er wird auch nur dann Haushaltsüberschüsse erzielen wollen, wenn er inflationäre Tendenzen in die Schranken weisen möchte.

Warum aber glauben dann so viele, dass die »ausufernde Staatsverschuldung« notwendigerweise mit dem Staatsbankrott enden wird? Es gibt sicherlich solche, die das tatsächlich glauben. Allerdings gibt es auch andere, die wissen, dass Staaten mit einer souveränen Währung niemals zahlungsunfähig werden können, aber dennoch das Gegenteil behaupten, weil sie bestimmte politische Zwecke verfolgen. Der Wirtschaftsnobelpreisträger Paul Samuelson zum Beispiel gehört zu letzterer Gruppe. Samuelson gab in einem schwachen Moment zu, dass es sich bei dem Glauben, dass ein ausgeglichener Staatshaushalt notwendig sei, um eine »Schuldenfalle« zu vermeiden, um einen Mythos handelt. Einen Mythos freilich, den man unter allen Umständen aufrechterhalten müsse, um staatliche Eingriffe in den effizienten Marktmechanismus zu verhindern (Samuelson, zitiert in Wray 2012, S. 200).

Sobald wir uns nicht mehr scheuen, diesen Mythos zu entzaubern, steht einer Wirtschaftspolitik nichts mehr im Wege, die mit ihrer Ausgaben- und Steuerpolitik dafür sorgt, »dass die Gesamtausgaben in der Wirtschaft nicht mehr und nicht weniger betragen als die Ausgaben, die ausreichen, um das Vollbeschäftigungsniveau der Produktion zu laufenden Preisen zu erwerben« (Lerner 1951, S. 7).

Öffentliche Daseinsvorsorge

Wir haben an vielen Stellen dieses Buches gezeigt, dass alle wichtigen Institutionen, die mit der Zukunftsvorsorge einer Volkswirtschaft (also mit dem Investieren und seinen Voraussetzungen) zu tun haben, auf der Ebene des Nationalstaates angesiedelt sein sollten. Das gilt in ganz besonderem Maße natürlich für die öffentliche Daseinsvorsorge und hier an erster Stelle für die staatlich garantierte Rente. Diese war in den vergangenen hundert Jahren die wichtigste staatliche Errungenschaft und hat, vermutlich mehr als alle anderen Errungenschaften, den Menschen das Gefühl vermittelt, Teil einer politischen Gemeinschaft zu sein. Besonders bedeutsam war dafür die Rentenversicherung, mit deren Hilfe es die jeweils ökonomisch aktive Generation ihren Eltern und Großeltern ermöglicht hat, in Würde zu altern. Heute gilt das nicht mehr in dieser Form, wie die anhaltende Diskussion über Altersarmut zeigt.

In einer modernen Gesellschaft, in der die Arbeitsteilung ständig zunimmt, geraten die Bürgerinnen und Bürger in eine immer stärkere Abhängigkeit vom Staat. Sie sind nämlich nicht länger in der Lage, selbst oder gemeinsam mit bekannten oder verwandten Menschen ihre Bedürfnisse zu befriedigen. Alle, die sich in die Arbeitsteilung integrieren, sind von abstrakten, für sie nicht mehr durchschaubaren Produktions- und Distributionsprozessen abhängig, deren Funktionsweise vom Staat garantiert werden muss. Anders als die Liberalen behaupten, bedürfen daher immer mehr gesellschaftliche Organisationsprozesse der Aktivierung durch den Staat. Folglich muss die Wirtschaft in immer stärkerem Maße dem Primat der Politik unterworfen werden.

Wirtschaftsliberale sind, wie wir in diesem Buch detailliert ausgeführt haben, der Meinung, der Staat müsse lediglich einen rechtlichen Rahmen zur Verfügung stellen, der es gewinnorientierten Unternehmen ermöglicht, im Wettbewerb mit anderen (und ohne staatliche Interventionen) Güter und Dienstleistungen zu produzieren. In einem solchen rechtlichen Rahmen soll dann allein der Preismechanismus dafür sorgen, dass alle Bürger effizient mit allen nur denkbaren Wirtschaftsgütern optimal versorgt werden. Vollständig ausgeblendet bleibt dabei, dass die Ergebnisse des Prozesses der Produktion von Gütern und Dienstleistungen Machtkonstellationen schaffen, die den in der Arbeitsteilung »gefangenen« Arbeitnehmer systematisch in eine schlechte Verhandlungsposition bringen.

Dagegen muss eine staatliche Daseinsvorsorge gesetzt werden, die sicherstellt, dass die Drohung mit dem (wenn auch nur temporären) Ausschluss aus der arbeitsteiligen Produktion an Wucht verliert. Diese Daseinsvorsorge erlaubt es erst dem Arbeitnehmer, sich gegen mächtige Verhandlungspartner zur Wehr zu setzen, weil er ohne extremen Druck nach Alternativen suchen kann.

Wichtigstes Mittel zur Korrektur der Machtverhältnisse ist ohne Zweifel eine konsequente Vollbeschäftigungspolitik. Diese allein reicht aber nicht aus, um die vom Markt auferlegten Lebensrisiken so abzusichern, dass sich der normale Bürger auf Augenhöhe mit den Unternehmen und ihren Lobbygruppen in die Gesellschaft einbringen kann.

Es ist diese Tatsache, die erklärt, warum die Staatsquoten in allen entwickelten Volkswirtschaften kaum unter vierzig und oftmals bei bis zu sechzig Prozent liegen. Die soziale Sicherung, Verkehrs- und Geldwesen, Verteidigung, Forschung, Kindergärten, Schulen, Universitäten, Polizei, die Rechtspflege, Gesundheitswesen, Kultur, Wohnraum, die Steuerverwaltung, Wasser- und Energieversorgung, Müllabfuhr, Kanalisation, Kindergärten etc. sind Güter, deren Herstellung zumindest der Gewährleistung durch den Staat bedürfen.

Leistungen der öffentlichen Daseinsvorsorge können prinzipiell von öffentlichen oder privaten Unternehmen erbracht werden. Die Leistungserbringung durch private Anbieter sieht sich aber mit zwei Problemen konfrontiert.

Viele typische Güter der Daseinsvorsorge werden durch sogenannte natürliche Monopole produziert, oder ihre Produktion wird von gewinnorientierten Unternehmen nicht in ausreichender Qualität oder Quantität gewährleistet.

Dennoch setzte sich in der politischen Praxis der vergangenen Jahrzehnte die Meinung durch, dass die Leistungserbringung durch Private auch in solchen Bereichen effizienter ist. Diese Überzeugung hat Ende 1993 im Paragraf 7 der Bundeshaushaltsordnung (BHO) ihren Ausdruck gefunden. Dort wurde unmittelbar nach der Aufforderung an die öffentliche Hand, bei ihren Ausgaben dem Grundsatz der »Wirtschaftlichkeit und Sparsamkeit« Genüge zu tun, der folgende Satz hinzugefügt: »Diese Grundsätze verpflichten zur Prüfung, inwieweit staatliche Aufgaben oder öffentlichen Zwecken dienende wirtschaftliche Tätigkeiten durch Ausgliederung und Entstaatlichung oder Privatisierung erfüllt werden können.«

Die Privatisierung der öffentlichen Daseinsvorsorge hat zwar bereits in den sechziger Jahren ihren Anfang genommen, die erste große Privatisierungswelle kam dann aber mit der Wahl Helmut Kohls und der von ihm proklamierten geistig-moralischen Wende in den frühen Achtzigern. In seiner Regierungserklärung vom 4. Mai 1983 machte der CDU-Kanzler unzweideutig klar, dass er die Rolle des Staates beschneiden und dem Markt den Weg ebnen wollte: »Eine Wirtschaftsordnung ist umso erfolgreicher, je mehr sich der Staat zurückhält und dem einzelnen seine Freiheit lässt. [...] Wir wollen nicht mehr Staat, sondern weniger; wir wollen nicht weniger, sondern mehr persönliche Freiheit.«

Zugutehalten muss man Kohl, dass er seinen Worten

Taten folgen ließ. Nach Angaben der OECD reduzierte sich während der Regierungszeit von Kohl die Anzahl der Unternehmen mit Bundesbeteiligung von 808 auf 132 (Mattert et al., 2017, S. 41). Betroffen waren davon insbesondere der Luftverkehrs- und Energiesektor, die Bahn sowie Post und Telekommunikation. Immer wurde behauptet, man werde das gleiche oder wenigstens ein vergleichbares Ergebnis erzielen, aber zu deutlich geringeren Kosten, da Private einfach effizienter wirtschafteten.

Die zweite große Privatisierungswelle rollte dann zu Beginn des neuen Jahrtausends unter einer rot-grünen Regierung an. In »Zeiten knapper Kassen« kam es nun zur Privatisierung der sozialen Sicherungssysteme. Betroffen waren davon insbesondere das Gesundheits- und Pflegewesen, aber auch die gesetzliche Rentenversicherung (siehe dazu den nächsten Abschnitt).

Wie problematisch die Privatisierung der öffentlichen Daseinsvorsorge sein kann, lässt sich am Beispiel der teils materiellen und teils »nur« formalen Privatisierung der Energieversorgung zeigen. Hier hat man Kommunen gesetzlich gezwungen, den Wettbewerb zwischen unterschiedlichen Anbietern zu ermöglichen. Dadurch konnte in manchen Kommunen eine ressourcen- und umweltschonende Energieversorgung nicht mehr gewährleistet werden. So erfordert die Nutzung der bei der Energieerzeugung anfallenden Wärme zu Heizungszwecken, dass die Energieerzeugung in ausreichend großem Umfang stattfindet. Wenn nun eine Kommune, die ihren Bürgern Fernwärme anbietet, einen Stromgroßabnehmer an einen Konkurrenten verliert, dann ist möglicherweise die Versorgung mit Fernwärme nicht mehr möglich.

Problematisch ist daher nicht nur die materielle, sondern auch die sogenannte formale Privatisierung, die darin besteht, dass öffentlich-rechtlich organisierte Betriebe in privatrechtlich organisierte transformiert wurden. Die Produktion öffentlicher Güter erfordert aber notwendig, so der Verwaltungs- und Parlamentsjurist Albert Janssen, »eine bestimmte Organisation und ein bestimmtes Verfahren [...] für die Aufgabenerledigung« (Janssen 2014, S. 414). Eine Organisation nämlich, die sicherstellt, dass die Interessen aller von den Handlungen eines Produzenten öffentlicher Güter Betroffenen unparteiisch abgewogen werden. Solche Organisationen nennt man Verwaltungen, deren Aufgaben durch Beamte erledigt werden, deren Entscheidungen sich an expliziten Regeln orientieren und die sich daher auch öffentlich rechtfertigen müssen.

Was hindert den Staat daran, Unternehmen, die für die öffentliche Daseinsvorsorge unabdingbar sind, wieder in die öffentliche Hand zurückzuführen und die entsprechenden Verwaltungseinheiten finanziell so auszugestalten, dass sie diese Leistungen auch zuverlässig erbringen können? Die kurze Antwort lautet: Der grassierende Marktfundamentalismus und die endemische Staatsvergessenheit. Wir brauchen also in erster Linie eine Abkehr von dem Glauben, der Markt und damit gewinnorientierte Unternehmen könnten alles besser und der Staat stehe der Wohlfahrt der Menschen nur im Weg. Bei den »Sachzwängen«, mit denen die Privatisierungen begründet wurden und werden, handelt es sich in der Regel um ausgemachte Lügengeschichten.

Wie wir in diesem Buch ausführlich dargestellt haben, hat ein Staat mit einer eigenen Währung nämlich kein Problem, die Daseinsvorsorge im erforderlichen Umfang und in der gewünschten Qualität zu refinanzieren. Die auf Ebene der EU, des Bundes, der Länder und Gemeinden etablierten Schuldenbremsen sind dafür der beste Beleg: Gerade weil ein Staat in der Lage ist, Ausgaben in beliebiger Höhe jederzeit zu refinanzieren, hat man diese institutionellen Hürden, die teilweise sogar Verfassungsrang genießen, aufgebaut.

Die gegenwärtigen Hürden für eine effiziente öffentliche Daseinsvorsorge sind also in erster Linie auf prinzipiell veränderbare staatliche Regelungen zurückzuführen. Das macht es jedoch nicht einfacher, diese Hürden zu überwinden. Schließlich ist das neue Leitbild der Daseinsvorsorge nicht vom Himmel gefallen. Es wurde vielmehr von denjenigen, die direkt oder indirekt finanziell von der Privatisierung profitieren, mit viel Geld in die Hirne der Menschen implantiert: Durch sogenannte »Stiftungsprofessuren« sowie die zunehmend erzwungene Einwerbung von Drittmitteln an den Universitäten, durch Lehrerfortbildungen und die Versorgung mit kostenlosem Unterrichtsmaterial durch Lobbyorganisationen sowie mittels eines neoliberalen Dauerfeuers seitens der Leitmedien wird dafür gesorgt, dass marktkonforme Ideen als alternativlos gelten und Menschen ihr Denken und Handeln zunehmend an solchen Ideologien ausrichten.

Mit welchem Widerstand man rechnen muss, wenn man der öffentlichen Daseinsvorsorge wieder den Weg bereiten will, wird deutlich, wenn man sich vor Augen führt, wie zum Beispiel die Privatisierung der Renten bewerkstelligt wurde. Sogenannte »Experten«, die die entsprechenden Gesetze vorbereiteten, waren und sind in unterschiedlichen »Funktionen mit der Versicherungswirtschaft verbunden [...], der mit dem Auf- und Ausbau der privaten

Altersvorsorge ein ausgesprochen einträglicher Markt eröffnet wurde« (Engartner 2016, S. 141).

»Gekauft« aber wurden nicht nur »Experten«. Auch jeder zehnte Bundestagsabgeordnete und ein noch größerer Anteil der Mitglieder in den relevanten Ausschüssen war in der Zeit zwischen 1998 und 2002 mit der Finanz- und Versicherungsbranche verbandelt. Ein besonders krasses Beispiel dafür ist der damalige Bundesminister für Arbeit und Sozialordnung, Walter Riester, der während seiner Zeit im Bundestag 69 bezahlte Nebentätigkeiten angab, die meisten bei Finanzdienstleistern, also der Gruppe, die unmittelbar von der nach ihm benannten Reform profitierte.

Nicht weniger bemerkenswert ist die Tatsache, dass Carsten Maschmeyer, der Chef der größten Drückerkolonne der Bundesrepublik, seinem persönlichen Freund Gerhard Schröder noch während seiner Kanzlerschaft zwei Millionen für die Rechte an seinen Memoiren bezahlte und dass Schröder ein halbes Jahr nach Ende seiner Kanzlerschaft als Berater einer Investmentbank gesichtet wurde (ebd., S. 142 f.). Nicht sonderlich überraschend ist vor diesem Hintergrund dann wiederum, dass auch andere Personen aus dem Dunstkreis der Schröder-Regierung ihr Geld später bei Lehman Brothers, der Deutschen Bank, Maschmeyers Finanzberatungsunternehmen AWD, der Allianz etc. pp. verdienten. Mit Ideologiekritik allein ist es jedoch nicht getan. Das neue Leitbild der Daseinsvorsorge hat sich in entsprechenden Gesetzen niedergeschlagen, womit Fakten geschaffen wurden, welche die Handlungsfähigkeit der staatlichen Verwaltungen nachhaltig beschädigt haben.

Wie dem auch sei: Wer meint, dass der Glaube, eine »solide Haushaltspolitik« erfordere mehr oder weniger ausgeglichene Staatshaushalte, nicht korrigiert werden muss oder kann, und daher glaubt, für jede Investition im Zusammenhang mit der Daseinsvorsorge eine Gegenfinanzierung präsentieren zu müssen, hat den Kampf schon verloren. Es gilt schlicht, der breiten Öffentlichkeit zu vermitteln, dass Geld für einen Staat keine knappe Ressource, sondern ein Steuerungsmittel ist, das er zur Aktivierung der in seinem Herrschaftsgebiet befindlichen Ressourcen verwenden kann und im Gemeinwohlinteresse auch verwenden sollte.

Es lohnt also sicherlich, intensiv zu erörtern, wie man den Einsatz dieses Steuerungsmittels so institutionalisieren kann, dass sein Missbrauch weitgehend ausgeschlossen ist. In diesem Zusammenhang muss man selbstredend auch über effektive Kontrollmechanismen und eine verstärkte Einbeziehung der Bürgerschaft bei Investitionsentscheidungen nachdenken. Vernachlässigt wird bei solchen Vorschlägen jedoch regelmäßig die Bedeutung, die dabei dem materiellen und sozialen Status von Beamten zukommt. Das in der breiten Öffentlichkeit gegenwärtig negativ konnotierte Beamtenbild sowie die (im Vergleich zu ähnlichen Tätigkeiten in der Privatwirtschaft) durchweg schlechtere Bezahlung von Angestellten des öffentlichen Dienstes bedürfen daher dringend einer Korrektur. Zugespitzt könnte man formulieren: Wir brauchen Mandarine der Demokratie. Bezahlung und Prestige sollten »die besten Köpfe« eines Landes motivieren, zu »Dienern« der Gesellschaft werden zu wollen, und eine entsprechende Ausbildung sollte sie dazu befähigen, ihrer Arbeit kompetent und moralisch integer nachzukommen.

Zunächst aber ist unabdingbar, dass alle Schuldenbremsen, sei es auf Ebene der EU, des Bundes, der Länder oder

der Kommunen, sofort ersatzlos gestrichen werden. Die bis 1999 in Artikel 115 des Grundgesetzes festgelegte »Goldene Regel« formulierte eine vernünftige Vorgabe dafür, in welchem Umfang der Staat unbedingt über die Ressourcen seines Landes verfügen können muss: »Die Einnahmen aus Krediten dürfen die Summe der im Haushaltsplan veranschlagten Ausgaben für Investitionen nicht überschreiten; Ausnahmen sind nur zulässig zur Abwehr einer Störung des gesamtwirtschaftlichen Gleichgewichts.«

Sobald man sich der unsinnigen Schuldenbremsen entledigt hat, wird es vorrangig darum gehen, insbesondere die Kommunen finanziell so auszustatten, dass sie die aufgelaufenen Investitionsrückstände in Höhe von ca. 120 Milliarden (diese sind ja die Ursache des skandalösen Verfalls unserer Infrastruktur) möglichst rasch abarbeiten können. Unabdingbar ist es in diesem Zusammenhang, die Ämter so rasch als irgend möglich mit qualifiziertem Personal auszustatten. Welche Herkulesaufgabe allein das schon ist, wird deutlich, wenn man sich vor Augen führt, dass sich die Anzahl der Vollzeitstellen in den Gemeindeverwaltungen zwischen 1990 und 2010 halbiert hat (vgl. Mattert et al., 2017, S. 34).

Damit die Leistungen der Daseinsvorsorge sachgerecht erbracht werden können, ist es darüber hinaus notwendig, die gegenwärtige Abhängigkeit der Kommunen von den von ihnen selbst generierbaren Einkommen, insbesondere der Gewerbesteuer, zu beenden. Die Daseinsvorsorge darf sich also in Zukunft nicht mehr an den Einnahmen der jeweils zuständigen Verwaltungseinheiten orientieren, sondern allein am entsprechenden Bedarf.

Die Vorstellung, dass private Unternehmen die Leistungen der Daseinsvorsorge effizienter erbringen und beim Staat nur noch die Aufgabe verbleiben sollte, diese über einen Ausschreibungswettbewerb und über finanzielle Anreizsysteme zu steuern, ist von der Praxis eindrucksvoll widerlegt worden. Es ist gerade die private Leistungserbringung mit letztlich öffentlichen Geldern, die Vetternwirtschaft und politischer Korruption Tür und Tor öffnet. Die Leistungen der Daseinsvorsorge müssen daher zukünftig ganz überwiegend und unmittelbar von öffentlich-rechtlichen Organisationen übernommen werden, die expressis verbis nicht nach dem Profitprinzip gesteuert werden dürfen.

Die Rente

Es ist etwas mehr als 125 Jahre her, dass Deutschland mit einer wirklichen sozialen Neuerung der Mehrzahl der Menschen die Sicherheit gab, im Alter nicht hungern oder betteln zu müssen. Aber, und das ist fatal, die meisten Bürger und »Experten« haben diese Neuerung bis heute nicht wirklich verstanden. Auch 125 Jahre nach Einführung der allgemeinen Rentenversicherung rätseln sie immer noch darüber, wie dieses System eigentlich funktioniert. Es gilt daher, sich auf einige einfache makroökonomische Zusammenhänge zu besinnen, die sehr klare Vorstellungen davon vermitteln, auf welche Weise eine Gesellschaft überhaupt für die Zukunft vorsorgen kann.

Sehr offensichtlich wurde dieses mangelnde Verständnis in einer Sendung, die das ZDF 2014 anlässlich des 125. Jubiläums der Einführung der allgemeinen Rentenversicherung ausstrahlte. Bismarcks Prinzip, so der Moderator, habe darin bestanden, dass die Jungen für die Alten zahlen, doch so funktioniere das heute nicht mehr. Dann wurde die sinkende Kurve des Rentenniveaus (des Abstandes der durchschnittlichen Rente zum durchschnittlichen Einkommen) eingeblendet, und schon war anscheinend bewiesen, dass die gesetzliche Umlagerente nicht mehr tragfähig ist. Unterlegt wurde dies mit O-Tönen von jungen Menschen, die vor dem Berliner Reichstagsgebäude angaben, sie versprächen sich von der gesetzlichen Rentenversicherung nichts mehr.

Die fallende Kurve des Rentenniveaus ist allerdings allein der Tatsache geschuldet, dass die gesetzliche Rente mit unsinnigen Dogmen wie der Begrenzung der Lohnnebenkosten auf 22 Prozent des Einkommens durch unwissende Politiker torpediert wurde. Man hat die Demografie vorgeschoben und den deutschen Versicherungen ein gutes Geschäft erlaubt.

Einen weiteren Beleg für diesen fundamentalen Mangel an Durchblick lieferte dann Angela Merkel, die beim Festakt zum Rentenjubiläum sagte, in den fünfziger Jahren habe man das Umlageverfahren gebraucht, weil es keinen Kapitalstock gegeben habe, aus dem man die Rente hätte bezahlen können; ein Land mit demografischen Problemen brauche hingegen die Kapitaldeckung.

Das ist ein schon beinahe »geniales« Argument. Nehmen wir einmal an, in den fünfziger Jahren hätte es Ansprüche aus einem Kapitaldeckungsverfahren aus den Jahrzehnten zuvor gegeben. Was hätten die Arbeitnehmer und die Politik dann gemacht? Nun, angesichts der Tatsache, dass im Krieg Kapital in großem Stil vernichtet worden war, hätten sie entscheiden müssen, ob sie die Ansprüche anerkennen und bedienen und folglich die Rente aus ihrem laufenden Einkommen zahlen oder ob sie die Rentner betteln und hungern lassen.

Hätten sie die Rentner gemäß der angehäuften Ansprüche bezahlt (auch wenn es kein physisches Kapital mehr gab, das diesen Ansprüchen entsprochen hätte), wäre es genauso gewesen wie beim Umlageverfahren: Die Arbeitenden hätten die Rente für die Rentner gezahlt. Genau so war es übrigens beim Untergang der DDR: Hätten die DDR-Bürger Papiere besessen, die ihnen eine Kapitaldeckung versprachen, hätte die westdeutsche Gesellschaft (genau wie ohne solche Papiere) entscheiden müssen, ob sie den Rentnern, deren Kapitalstock weitgehend verschwunden war, eine vernünftige Rente zahlt oder nicht.

Nun kommt die demografische Entwicklung ins Spiel und mit ihr – laut Frau Merkel sinnvollerweise – das Kapitaldeckungsverfahren. Aber auch in einer alternden Gesellschaft wird es in dreißig Jahren den angehenden Rentnern nichts nutzen, wenn sie solche Papiere in den Händen halten. Erneut müssen die dann Arbeitenden entscheiden, ob sie wirklich die Zinsen bedienen, welche auf den Papieren versprochen werden, oder ob sie die Rentner betteln und hungern lassen. Gäbe es bis dahin nur ein Umlageverfahren, wäre es wieder genauso: Die dann Arbeitenden zahlen die Rente, und wenn sie sie nicht zahlen, zahlt sie niemand.

»Zahlen« bedeutet hier nämlich nichts anderes, als »Güter erwirtschaften und den Anspruch auf sie teilweise abtreten«. In welcher Form die Ansprüche der Alten »verbrieft« sind, ob in einem Umlageverfahren über die Zusage, dass die Jungen die Rentenansprüche der Alten bedienen, oder in einem Kapitaldeckungsverfahren über die Zusage, dass die Jungen Zins und Tilgung für die Wertpapiere der Alten bedienen, spielt für die Gültigkeit der Ansprüche keine große Rolle. Sie tut dies höchstens insofern, als die Akteure, die das System »stören« (also seine Verteilungsergebnisse beeinflussen), jeweils in unterschiedlichen Lagern zu suchen sind: In die »Rendite« des Umlageverfahrens und deren Verteilung wird gern von Politikern eingegriffen, die Rendite des Kapitaldeckungsverfahrens und deren Verteilung ist stärker den spekulierenden Finanzmarktakteuren und der tatsächlichen wirtschaftlichen Entwicklung ausgeliefert.

Im Durchschnitt sind jedoch beide Systeme von demografischen Verschiebungen gleich betroffen, wie sie auch unter einer Zerstörung des Kapitalstocks (durch Kriege oder Naturkatastrophen) in genau gleicher Weise leiden. Aus einem nur noch kümmerlich vorhandenen Kapitalstock – das hätte gerade Angela Merkel wissen müssen – können auch in einem Umlageverfahren die Jungen die Alten nur minimal versorgen, weil sie selbst ja kaum noch etwas haben und das Zerstörte erst wieder neu aufbauen müssen.

Das heißt, dass die Papiere, die heute im sogenannten Kapitaldeckungsverfahren ausgestellt werden, nicht garantieren, dass es in dreißig Jahren einen physisch großen und wirtschaftlich effizienten Kapitalstock gibt. Gibt es ihn – aus welchen Gründen auch immer – nicht, gibt es auch keine Zinsen. Dann muss man die Rentner betteln und hungern lassen oder entscheiden, dass man ihnen eine Rente zahlt, obwohl sie niemals etwas (oder viel zu wenig) in die öffentliche Rentenkasse eingezahlt haben.

Allerdings, und das ist der links wie rechts fast immer übersehene entscheidende Knackpunkt in der ganzen Debatte, verschlechtert ein Kapitaldeckungsverfahren die Aussichten, in Zukunft einen großen und effizienten Kapitalstock zu haben. Weil mehr heutiges Sparen (im Sinne einer größeren Lücke zwischen Einnahmen und Ausgaben der privaten Haushalte) das Investieren behindert (wir haben das in Teil II ausführlich erklärt), führt eine Kapitaldeckung genau dann, wenn sie im Sinne ihrer Erfinder funktioniert (was bei der Riester-Rente nicht gilt, weil die Sparquote der privaten Haushalte nicht einmal gestiegen ist), zu geringeren Investitionen und damit zu einem geringeren Kapitalstock in der Zukunft.

Dieses Phänomen haben wir im Gefolge der globalen Finanzkrise gesehen. Zu dem Zeitpunkt, als in Deutschland und anderen Ländern Kapitaldeckung eingeführt wurde, glaubte jeder (vor allem jeder Bank- und Versicherungsberater), die Zinsen auf private und öffentliche Anlagen würden dauerhaft weit über der (impliziten) Verzinsung des Umlageverfahrens liegen. Jetzt nähern sie sich null, und wenn sie – wie in Japan – noch einmal zwanzig Jahre bei null bleiben, gibt es keine Rendite auf angelegtes Geld, und ob man die absolute Summe des angelegten Geldes zurückerhält, ist obendrein eine offene Frage. Denn wenn dann viele Menschen gleichzeitig versuchen, ihre Papiere loszuschlagen, kann schnell ein Großteil des ursprünglichen Wertes verloren sein.

Was Norbert Blüm vor vielen Jahren sagte, gilt heute unverändert, auch wenn manche Journalisten nicht aufhören können, den Mann dafür durch den Kakao zu ziehen: Die umlagefinanzierte Rente ist sicher. Sie ist so sicher, wie irgendetwas sicher sein kann in einer unsicheren Welt. Solange unsere Kinder bereit und in der Lage sind, die Arbeit ihrer Eltern zu honorieren, genau so lange ist die Rente sicher.

Welche Währungsordnung für die Entwicklungs- und Schwellenländer?

Die Preise für Währungen sind die wichtigsten Preise für den internationalen Austausch von Gütern, Dienstleistungen und Kapital. Die Änderung der Wechselkurse kann aber, wie wir in Teil IV dargelegt haben, keine Wunder vollbringen. Wenn jetzt in Europa immer wieder gesagt wird, ja, man hätte keine Währungsunion machen dürfen, weil die Länder »strukturell« so unterschiedlich sind, dann ist das falsch, weil der Umkehrschluss ja lauten würde: Nur bei flexiblen Wechselkursen können auch »strukturell« unterschiedliche Länder miteinander Handel treiben, ohne in große Schwierigkeiten zu geraten.

Das ist deswegen falsch, weil die Änderung der Währungsrelationen, also eine Änderung gesamtwirtschaftlich wirksamer monetärer Größen, strukturelle Defizite, wie unten gezeigt, gerade nicht heilen kann. Eine solche Aussage steht nicht im Widerspruch zu der oft vorgebrachten Vermutung, eine länger anhaltende Unterbewertung würde auch Entwicklungs- und Schwellenländern helfen, sich im internationalen Handel zu behaupten und dadurch wichtige Wachstumsimpulse zu erhalten. Die Aufholprozesse Deutschlands und Japans nach dem Zweiten Weltkrieg werden in der Regel als klassische Beispiele dafür genannt.

Das ist richtig, bedeutet aber nicht, dass es für heutige Entwicklungs- und Schwellenländer ohne Weiteres möglich wäre, solche Bedingungen herzustellen. Was man dabei nämlich nicht unterschlagen darf, ist die Tatsache, dass Deutschland und Japan damals Teilnehmer an einem globalen, von den USA geführten Währungssystem (des Systems von Bretton Woods) waren, das die Unterbewertung einiger kleinerer Länder, die hart von den Kriegsfolgen betroffen waren, wohlwollend geschehen ließ. Kein aufholendes Land hat heute die Möglichkeit, sich für die Mitgliedschaft in einem solchen System und zudem zu solch günstigen Bedingungen zu entscheiden. Es gibt kein Währungssystem, wie es Deutschland und Japan, aber auch Frankreich und Italien nach dem Krieg vorfanden.

Durch Interventionen der Zentralbank (also den systematischen Kauf von Fremdwährung mit eigener Währung) wären Unterbewertungen zwar darzustellen, aber diese Art von Intervention zur Schwächung der eigenen Währung ist international quasi geächtet. Wie das Beispiel China gezeigt hat, führt dies überdies dazu, dass man unter erheblichen politischen Druck gerät, seine Währung dem Markt zu überlassen – und zwar selbst dann, wenn man nur versucht, eine einmal (während einer Krise) eingetretene Unterbewertung für eine gewisse Zeit zu konservieren. Zudem ist es gerade für die Zentralbanken »strukturell« schwacher Länder, die relativ hohe Inflationsraten aufweisen, schwierig, über eine Unterbewertung relativ hohe Importpreise zu generieren, ohne dass es zu einer Übertragung dieser Inflationsimpulse auf das Inland kommt.

Deswegen haben in der Vergangenheit viele Länder die umgekehrte Option gewählt, nämlich über eine Überbewertung der eigenen Währung (also über niedrige Importpreise) Druck auf die eigene Inflationsrate auszuüben, doch nur ganz wenige haben sich getraut, den Weg Chinas und einiger anderer kleinerer asiatischer Länder (nach der großen asiatischen Währungskrise von 1996/97) zu gehen und ihre Währung im Zustand der Unterbewertung unilateral (also ohne die Hilfe anderer Länder) zu fixieren.

Es ist tatsächlich so, dass die meisten Länder, die in den letzten dreißig Jahren temporär in den »Genuss« einer Unterbewertung gekommen sind, dies einer Krise ihrer Währung »verdankten«, in der die eigene Währung erheblich abgewertet wurde.

Da dies aber wiederum in der Regel die Folge einer vorherigen Überbewertung gewesen ist, haben die Länder per Saldo nicht viel gewonnen bzw. in der Regel meist sogar verloren. Lediglich im Fall Argentiniens, wo 2002 eine schreckliche Krise wütete und die Abwertung extrem stark war (der Argentinische Peso wertete gegenüber dem gewichteten Durchschnitt seiner Handelspartner damals um 65 Prozent ab), wirkte die Abwertung so stark auf die Handelsströme, dass in den ersten fünf bis sechs Jahren nach der Abwertung verlorenes Terrain aufgeholt werden konnte. Danach aber kehrte die Inflation zurück und machte vieles von dem wieder zunichte, was die Abwertung zu schaffen erlaubt hatte.

Nur wenn es, wie in China, gelang, Interventionen am Devisenmarkt und die Fixierung des Wechselkurses mit geschickter Einkommenspolitik (also einer expliziten Ablehnung der neoliberalen/neoklassischen Flexibilisierungshypothese) zu verbinden und so die eigene Inflation in Schach zu halten, konnte von der lang anhaltenden Unterbewertung wirklich per Saldo profitiert werden.

Die Mehrzahl der Finanzkrisen der vergangenen Jahrzehnte waren Währungskrisen, also Krisen, in denen es schließlich zu einer Abwertung der Währung des betroffenen Landes bzw. der betroffenen Ländergruppe kam. Diese Krisen gab es bei allen Varianten von Währungssystemen. Die überaus große Bedeutung von Währungskrisen anzuerkennen, verstößt aber gegen einen der wichtigsten

Glaubenssätze der herrschenden ökonomischen Lehre, nämlich gegen das Dogma vom effizienten Finanzmarkt. Selbst Paul Krugman beispielsweise hat nach der Krise von 2008 die Finanzmärkte kritisiert (Krugman 2013b), den zentralen Punkt dabei jedoch nicht klar benannt: die Tatsache nämlich, dass die Devisenmärkte ein wichtiger Teil dieser großen Krise waren.

Das ist auch genau die Schwelle, die weder der Internationale Währungsfonds noch andere maßgeblich von den Industrieländern gesteuerte internationale Organisationen überspringen wollen (und dürfen). Wer nämlich sagen würde, dass die Devisenmärkte regelmäßig und systematisch unsinnige Ergebnisse zeitigen, käme kaum noch umhin, das noch weit wichtigere Dogma vom effizienten Freihandel über Bord zu werfen. Wenn die Wechselkurse die Fundamentaldaten der am Freihandel beteiligten Volkswirtschaften nicht angemessen widerspiegeln, gibt es schließlich kein Halten mehr bei protektionistischen Maßnahmen, die Länder ergreifen könnten, falls ihre Währung von den Devisenmärkten in ungerechtfertigter Art und Weise auf- und überbewerten.

Eine neue internationale Finanzarchitektur

Nicht anders, als es innerhalb der Grenzen der bestehenden Nationalstaaten nationale Regeln für den Tausch gibt, muss es globale Regeln für den globalen Tausch geben. Diese können nicht von den einzelnen Staaten gesetzt werden, sondern nur von der internationalen Staatengemeinschaft. Genau wie sie bei der Liberalisierung eine drängende und führende Rolle übernommen haben, müssen die

Industrieländer nun vorangehen, wo es darum geht, ein System international anerkannter und durchsetzbarer Regeln für den Finanz- und Währungsbereich zu entwickeln.

Eine neue Weltwährungsordnung muss einerseits die Währungsrelationen zwischen den großen Blöcken regeln, andererseits aber auch den kleineren Ländern die Chance geben, ihre Währung mit hoher Aussicht auf Erfolg an einen der großen Blöcke zu binden. Systeme absolut fester Wechselkurse oder eine Währungsunion können im Kern nur Bestand haben, wenn es allen beteiligten Nationen gelingt, die interne Kostenentwicklung und die Inflationsraten in Grenzen zu halten, die alle Mitglieder zu akzeptieren bereit sind. Sollen Güter und Kapital sich weltweit frei bewegen, müssen aber auch nachhaltige Lösungen für eine Währungsordnung zwischen Regionen gefunden werden, in denen es aus den verschiedensten Gründen nicht gelingt, rasch zu einer Konvergenz der Kosten- und Inflationsentwicklung zu gelangen.

Starke, über den Ausgleich der Inflationsdifferenzen hinausgehende Schwankungen der Wechselkurse bringen ebensolche Verzerrungen in der Allokation von Ressourcen und bei Investitionsentscheidungen mit sich wie Schwankungen des internen Wertes einer Währung, also ihrer Kaufkraft. Wechselkursänderungen sollten nur noch notwendig sein, um Differenzen bei den Inflationsraten auszugleichen. Daraus ergibt sich als Leitlinie einer neuen Weltwährungsordnung, dass die Wechselkurse fest genug sein müssen, um rationale wirtschaftliche Entscheidungen zu erlauben, gleichzeitig aber auch flexibel genug, um die internationale Wettbewerbsfähigkeit aller Staaten zu erhalten.

Um ein solches System kontrollierter Flexibilität aufbauen zu können, muss die internationale Zusammenarbeit auf diesem Gebiet erheblich verstärkt werden. Das gilt zum einen für die großen Industrienationen. Das gilt aber auch für das Verhältnis der großen zu den kleineren Volkswirtschaften. Angesichts der fortschreitenden Globalisierung, der immer stärkeren Integration der Weltwirtschaft, können kleinere Nationen – unabhängig vom Währungssystem – immer weniger eine eigenständige Wirtschaftspolitik betreiben. Wollen sie ihre Güter- und Kapitalmärkte offenhalten, müssen sie zur Vermeidung exzessiver Wechselkursschwankungen in ein globales System der Überwachung und der Zusammenarbeit einbezogen werden.

Um ein neues Weltwährungssystem erfolgreich zu machen, braucht die internationale Gemeinschaft effektiv arbeitende Institutionen. Die beiden Bretton-Woods-Institutionen (der Internationale Währungsfonds und die Weltbank) haben in den vergangenen Jahrzehnten ihre Aufgabenverteilung und ihre Rolle den sich wandelnden Bedingungen der Weltwirtschaft angepasst. Die Aufgaben beider Institutionen müssen in einer neuen globalen Finanzarchitektur jedoch ebenfalls neu definiert werden.

Für den IWF bedeutete das eine Rückbesinnung auf seine ursprüngliche Rolle im System von Bretton Woods. Er müsste dann erneut vor allem die kurzfristige Überwachung der Funktionsweise des Währungssystems und die makroökonomische Beratung der Teilnehmer übernehmen. Dazu gehört beispielsweise der Aufbau und die Handhabung eines Frühwarnsystems, das die Gefahr des Entstehens gravierender außenwirtschaftlicher Ungleichgewichte erkennt, die betroffenen Länder warnt und die übrigen Teilnehmer informiert. Auch die Organisation und Durchführung kurzfristiger Stützungsmaßnahmen für Länder, die sich einer krisenhaften Zuspitzung ihrer finanziellen Situation gegenübersehen, fiele wie bisher in den Aufgabenbereich des IWF.

Einer anderen Institution, etwa der Bank für Internationalen Zahlungsausgleich in Basel, müsste in einem solchen Arrangement die Rolle zukommen, weit mehr als bisher Systemrisiken in der gesamten finanziellen Sphäre zu analysieren und frühzeitig Gegenmaßnahmen zu empfehlen. Nicht anders, als es im nationalen Rahmen selbstverständlich ist, kommt man auf globalisierten Märkten nicht umhin, Regeln für die Übernahme von Risiken aufzustellen und Informationspflichten einzuführen, also eine Kreditaufsicht im weitesten Sinne zu installieren. Dazu bedarf es eines multilateralen Abkommens. Allerdings dürfen sich die Regulierungen in diesem Bereich nicht auf ein Abkommen der Staaten beschränken. Der Privatsektor, also alle, die die Chancen des weltweiten Finanzmarktes nutzen wollen, muss in die Abdeckung von Risiken in einem spürbaren Ausmaß einbezogen werden, wie wir das oben geschildert haben.

Häufig wird befürchtet, das Entstehen einer neuen Weltwährungsordnung und einer globalen Finanzarchitektur werde zu einem Verlust an nationaler Souveränität führen. Die weltweite Krise aber zeigt, dass es eine Souveränität im Sinne einer effektiven Abkoppelung von diesen Ereignissen nicht geben kann. Alle Nationen der Welt sind in der einen oder anderen Weise betroffen. Die Erfahrungen mit den verschiedensten Währungssystemen nach dem Zweiten Weltkrieg haben zudem deutlich gemacht, dass keine der zur Anwendung gekommenen Währungsordnungen eine effektive Abkoppelung erlaubt hat. Der teilweise Verlust an nationaler Souveränität ist unmittelbar das Ergebnis der Öffnung der Güter- und Kapitalmärkte, nicht Folge einer ungeeigneten Währungsordnung. Zu internationaler Kooperation bei der Wechselkurspolitik gibt es folglich keine Alternative, wenn effektiver Handel ermöglicht werden soll.

Klimawandel und Umweltschutz

Klima- und Umweltschutz sind die beiden großen Herausforderungen, die auch dann bestehen bleiben, wenn es gelingt, die wirtschaftlichen Probleme weitgehend zu lösen. Doch auch hier stehen der Menschheit viele ökonomische Vorurteile im Weg. Ganz gleich, ob man den Klimawandel für das entscheidende Problem hält oder die Übernutzung der Ressourcen, immer kommt es darauf an, auf welche Weise man Verhaltensänderungen im globalen System der Marktwirtschaft erreichen will.

Ohne eine realistische Theorie wirtschaftlicher Dynamik kommt man auch hier nicht weit, und genau daran scheitern bisher die Versuche, einen wirksamen Schutz der natürlichen Voraussetzungen für menschliches Leben auf dem Planeten Erde zu gewährleisten.

Klimawandel und die Dynamik der Marktwirtschaft

Beim Umwelt- und Klimaschutz entscheidet der jeweils nationale Stand der Lebensbedingungen über den konkret einzuschlagenden Weg der Politik. Auch hier gibt es eine extreme Pfadabhängigkeit, der sich kein Land entziehen kann.

Wer in der Vergangenheit (wie beispielsweise die Schweiz) zur Stromerzeugung auf Wasserkraft gesetzt hat, wird ganz anders mit der Klimaherausforderung umgehen als Deutschland, wo Braunkohle der wichtigste fossile Energieträger war. Frankreich mit seinem Schwerpunkt auf Atomenergie hat noch einmal ganz andere Voraussetzungen.

Unbestreitbar ist dennoch, dass die Verhinderung oder Eindämmung des Klimawandels eine globale Herausforderung darstellt. Deswegen kann es ganz unabhängig von den gerade genannten unterschiedlichen Voraussetzungen nur dann effiziente Strategien zur Verringerung der Nutzung fossiler Energieträger geben, wenn zumindest die wichtigsten Länder sich auf eine solche Strategie einigen.

Aus ökonomischer Sicht kann man entscheidende Hilfestellung bei der Antwort auf ökologische Herausforderungen geben, weil hier die zunehmende Knappheit natürlicher Ressourcen im Mittelpunkt steht. Die Analyse beginnt mit klassischer Mikroökonomik: Im ersten Schritt geht es nämlich um die Frage, wie viel einer gegebenen Güterausstattung die Menschen zu opfern bereit sind, wenn sie mehr Ressourcen einsetzen müssen, um für eine gesunde Umwelt zu sorgen, um also beispielsweise Schäden zu beseitigen, die durch die Produktion von Konsumgütern entstanden sind, oder um Vorsorge zu treffen, dass bei der Produktion zukünftig weniger Schadstoffe entweichen können. Man muss also Kosten (den Verzicht auf herkömmliche Konsumgüter) abwägen gegen den Nutzen, den die Verhinderung von Umweltschäden schafft. Im zweiten Schritt muss man dann die Frage beantworten, was das auf gesamtwirtschaftlicher Ebene bedeutet.

Das wichtigste und von den Ökonomen heftig diskutierte Problem liegt bei dieser Ausgangskonstellation darin, dass das normale Wirtschaftssubjekt keinen unmittelbaren Nutzen davon hat, wenn der Ausstoß schädlicher Stoffe bei der Produktion verringert wird, weil er oder sie vielleicht gar nicht in der Nähe einer entsprechenden Anlage wohnt. Dazu kommt, dass er oder sie nicht weiß, ob Wirtschaftssubjekte in anderen Regionen oder Ländern ihr Verhalten ebenfalls ändern, so dass mit einem signifikanten Gesamteffekt der Umweltmaßnahme zu rechnen ist. Anders herum: Wenn bei der Produktion eines bestimmten Gutes negative Umwelteffekte auftreten, kann man nicht ohne Weiteres zurechnen, wer durch die Nachfrage nach diesem Gut diesen Effekt verursacht hat, so dass der Gesamteffekt in keiner individuellen Kosten-Nutzen-Überlegung auftaucht. Man hat, so nennen das die Ökonomen, externe Effekte produziert, die zwar der Gesellschaft schaden, für die aber niemand individuell in Haftung zu nehmen ist.

Um ein einfaches Beispiel zu geben: Bei der Verbrennung von Kraftstoffen in Automobilen entstehen schädliche Abgase, die nicht den Fahrer des Autos direkt schädigen, sondern den, der hinter ihm fährt, und außerdem die Gesellschaft insgesamt. Also hat kein Fahrer ein Interesse daran, sein Auto sauberer zu machen, solange er nicht sicher sein kann, dass alle anderen das auch tun. Folglich muss der Staat eingreifen und alle zwingen, etwas gegen die schädlichen Abgase zu tun. Um den negativen externen Effekt zu verhindern, kann der Staat zum Beispiel Vorschriften erlassen, die Autofahren generell teurer machen, oder er kann technische Vorgaben durchsetzen, um den Schadstoffausstoß zu verringern.

Er kann aber auch versuchen, die externen Effekte unmittelbar durch Vorschriften zu internalisieren, sie also für den Einzelnen spürbar zu machen, ohne dass der Staat eine andere Technik vorschreibt. Ein Beispiel dafür wäre die extrem einfache Vorschrift, alle Abgase, die ein Automobil produziert, zunächst durch das Wageninnere zu leiten. Das klingt radikal, ist aber im Zeitablauf vermutlich die beste Lösung. Es besteht unseres Erachtens kein Zweifel, dass wir, wäre diese Vorschrift vor hundert Jahren von den Staaten der Welt durchgesetzt worden, heute genauso viel Autofahren würden, wie wir es derzeit tun. Allerdings würden wir dann vermutlich wasserstoffbetriebene Automobile fahren, auf jeden Fall aber hätten wir einen großen Teil des Öls in der Erde gelassen und viel weniger Klimagase produziert.

Dieses Beispiel zeigt, dass die mikroökonomische Fragestellung prinzipiell nicht weit, ja zumeist sogar in die Irre führt. Denn die klassische Entscheidungssituation, die von ihr unterstellt wird, existiert in der Realität praktisch nicht. Das liegt daran, dass die Informationen, die man bräuchte, um die Mehrheit der Menschen vor eine einfache Entscheidungssituation der Art »Was wollt ihr? Mehr Umweltschutz oder mehr Güter?« zu stellen, gar nicht verfügbar sind. Das beginnt damit, dass es keine »gegebene Güterausstattung« gibt. Wir bewegen uns ja in einem dynamischen System, in dem die Güterausstattung durch den Erfindungsgeist der Menschen permanent vergrößert und in ihrer Struktur dramatisch verändert wird. Die Menschen kennen auch ihre Präferenzen nicht wirklich, weil sie für die Güter, die neu erfunden werden, erst in der

Zukunft Präferenzen entwickeln werden. Hinzu kommt, dass durch den technischen Fortschritt die Möglichkeit, Umweltschutz umzusetzen, ebenfalls dauernd verändert wird.

Auf viele Jahre hinaus kann daher niemand vorhersagen, wie sich die Entscheidung zwischen normalen Gütern und Umweltgütern darstellen und ob sie überhaupt noch relevant sein wird. Nehmen wir noch einmal das obige Beispiel: Ist die Wasserstofftechnik für das Auto erst einmal eingeführt, weil sie am besten mit der genannten Vorschrift, dass die Abgase durch die Kabine geleitet werden müssen, in Einklang zu bringen ist, ist es für die nächsten hundert Jahre vollkommen irrelevant, wie teuer die Einführung war und wie viele normale Güter deswegen nicht verbraucht wurden, wie viel entgangenen Nutzen die Menschheit also hat »erleiden« müssen, weil sie schon früh auf eine »teure« Technik gesetzt hat.

Der Gedanke, dass Umweltschäden regelmäßig durch externe Effekte bei der Abarbeitung der »normalen« Präferenzen der Menschen durch das Marktsystem auftreten und vom Staat auf die eine oder andere Art internalisiert werden müssen, wird aber dann vollends unscharf, wenn Umweltschutz zu einem Teil der Präferenzen der Menschen wird. Wenn also, bei hoher Ausstattung mit herkömmlichen Gütern, den Menschen bewusst wird, dass sie die natürliche Umwelt vernachlässigt, haben und hier ein großer Nachholbedarf bzw. ein Vorsorgebedarf besteht, ist der Wunsch nach einer Beseitigung der bereits angefallenen Schäden und/oder der Verhinderung neuer Schäden unmittelbar vorhanden und konkurriert auf der Mikroebene mit den normalen Präferenzen.

In diesem Fall braucht man Unternehmer, die diese Präferenzen aufgreifen und umsetzen. Da sich diese Präferenzen aber nicht unbedingt in einer konkreten Nachfrage nach besseren Produkten äußern, sondern eher in der abstrakten Bereitschaft, für mehr Umweltschutz zu zahlen, muss der Staat der Unternehmer für den Umweltschutz sein und diese Präferenzen bedienen. Indem er es den Unternehmen in der ein oder anderen Weise generell auferlegt, bestimmte Vorkehrungen zu treffen (etwa Katalysatoren, Filter oder andere Abgasvorrichtungen in Automobile einzubauen), erfüllt er die Präferenzen der Bürger nach einer besseren Luftqualität und zwingt sie gleichzeitig, dafür zu zahlen. Dieser Zwang resultiert aber nur aus der Tatsache, dass es ohne ihn viele Trittbrettfahrer gäbe, die sich darauf verlassen würden, dass die »anderen« schon ausreichend viel tun werden, so dass sie selbst sich der Zahlung entziehen können. Ganz anders, als die Marktapologeten uns glauben machen wollen, bedeutet staatlicher Zwang nämlich gerade nicht, dass man den Menschen etwas aufzwingt, das sie eigentlich partout nicht haben wollen, sondern dass der Staat wie ein Unternehmer Überzeugungsarbeit leistet, um seine Produkte absetzen zu können. Der Zwang bedeutet a priori nicht, dass der Staat den Menschen etwas aufzwingt, was sie partout nicht haben wollen und was wegen dieses Zwanges etwas dem Markt im weitesten Sinne Fremdes ist.

Aber selbst wenn es so wäre, dass der Staat allein aus seiner besserer Einsicht heraus handelt und den Bürgern etwas aufzwingt (er schafft »meritorische Güter«, sagte man früher), was sie so nicht unmittelbar haben wollen, was aber doch, nach der Einschätzung einer demokratisch gewählten Staatsführung, ihrem Wohl dient, kann man als Ökonom nicht einfach sagen, das ist etwas dem Markt

Fremdes, das muss ich sozusagen abziehen bei der Berechnung des Wohlstandes. Die Anweisung des Staates etwa, dafür zu sorgen, dass Kinder eine Schule besuchen und nicht arbeiten dürfen, mag der Einzelne als Zwang empfinden, dennoch wird die weit überwiegende Mehrheit der Bürger das heutzutage als selbstverständlich betrachten und wissen, wie sehr das dazu beiträgt, dass auf lange Sicht die Gesellschaft materiell und immateriell reicher wird.

Wenn wir auf der Basis dieser Überlegungen die Vorsorge für den Umwelt- oder Klimaschutz in die Bedürfnisse und Präferenzen der Bürger und der Gesellschaft einreihen, erledigt sich eine ganze Klasse von Problemen, die von der herrschenden Ökonomie mit dem Umweltschutz verbunden wird; das gilt insbesondere für das Problem, das man üblicherweise mit der Formel »die Kosten des Umweltschutzes« umschreibt.

Kosten und Arbeitsplätze

Was sind die berühmten Kosten, die regelmäßig von der Wirtschaft angeführt werden, wenn es um Umweltschutz geht? Würde zum Beispiel Volkswagen genau wie alle anderen Hersteller zur Einhaltung der Abgasgrenzwerte eine Technologie einbauen, die teurer wäre als die derzeitige, wo wäre das Problem? Die zusätzlichen Kosten müssten von den Verbrauchern aufgebracht werden, falls dadurch das Fahrzeug insgesamt teurer würde, und die zusätzlichen Kosten bedeuteten zusätzliche Erträge für die Hersteller der Teile, die nun zusätzlich eingebaut würden. Die Verbraucher würden vielleicht insgesamt mehr für das Auto bezahlen und dafür, bei gegebenem Einkommen, woanders beim Konsum sparen. Die Automobilhersteller könnten aber auch auf den Einbau irgendwelcher Zierteile verzichten und damit die nun höheren Umweltkosten ausgleichen.

Gesamtwirtschaftlich gesehen, ist das Ergebnis immer gleich: Es entstehen zusätzliche Einkommen und Arbeitsplätze bei den Herstellern der Abgasvorrichtungen, und es wird weniger verdient (werden Arbeitsplätze abgebaut), wo die Kunden oder die Autohersteller die Einsparung vornehmen, also bei den Zierteilen zum Beispiel. Das ist kein Problem, sondern das sind ganz normale Impulse in Richtung Strukturwandel, wie sie jeden Tag millionenfach durch rein private Dispositionen gegeben werden. Die Politik muss sich darüber überhaupt keine Gedanken machen.

Wenn sich die Politik allerdings den einzelwirtschaftlichen Schuh eines einzelnen Automobilproduzenten oder auch der Branche insgesamt anzieht, dann gerät sie in die Bredouille. Sobald sie auf deren Argumente eingeht, sitzt sie in der Falle, weil sie zugeben muss, die Situation der Branche oder des Produzenten verschlechtert zu haben, denn durch die staatlichen Auflagen ist die Produktion teurer geworden. Man kann sich leicht vorstellen, dass bei einer solchen Sichtweise die Politik große Schwierigkeiten hat, den Produzenten, die mit Arbeitsplatzverlusten drohen, zu erklären, dass Umweltschutz wichtiger ist als einzelne Jobs. Da beginnt der Kuhhandel, auf den sich ein kompetenter Staat (also ein Staat, der ausschließlich in gesamtwirtschaftlichen Kategorien denkt) von vorneherein überhaupt nicht einlassen muss.

Man sieht hier überdies sofort, warum die ganze auf der

einzelwirtschaftlichen Ebene geführte Diskussion um den Konflikt zwischen Umweltschutz auf der einen Seite und Arbeitsplätzen oder Einkommen auf der anderen vollkommen an der Sache vorbeigeht. Im alltäglichen Strukturwandel, der uns von den privaten Produzenten aufgedrängt wird (über Werbung, unter anderem), fragen wir nie, ob die Ergebnisse auch für die Arbeitsplätze und das Einkommen positiv sind. Wenn ein neuer Tablet-Computer in großem Maße alte Desktops verdrängt, verschieben sich auch viele Arbeitsplätze und Einkommensmöglichkeiten. Niemand käme aber auf die Idee zu fragen, ob man diese Entwicklung nicht aufhalten oder wenigstens abschwächen sollte, damit nicht so viele einzelne Arbeitsplätze gefährdet werden. Nur wenn der Staat involviert ist, nimmt sich jeder einzelne Produzent (die großen zumal) heraus, genau diese Frage zu stellen.

Natürlich wäre auch diese Konfusion nicht möglich, würden die Volkswirte wirklich Volkwirtschaft betreiben und nicht verkleidete Betriebswirtschaft. Tatsächlich muss man hier ein besonders trauriges Kapitel ökonomischer Konfusion aufgreifen. Die herrschende Ökonomie begann nämlich schon in den siebziger Jahren damit (Flassbeck & Maier-Rigaud 1982), aus dem »magischen Viereck«, also den normalen makroökonomischen Zielen (Preisstabilität, außenwirtschaftliches Gleichgewicht, hoher Beschäftigungsstand, angemessenes Wachstum), ein Fünfeck zu formen, bei dem auch der Umweltschutz eine eigene Ecke erhielt.

Das war und ist grandioser Unsinn, weil der Wunsch der Menschen (oder die von ihnen verstandene Notwendigkeit einzugreifen, um die Umwelt zu schützen) nach sauberer Umwelt in die Reihe der (mikroökonomischen)

Präferenzen gehört, aber nichts damit zu tun hat, wie das System makroökonomisch gesteuert wird und welche Ergebnisse man mit der Makrosteuerung erzielt.

Die Einordnung des Umweltschutzes in die Reihe der Präferenzen zeigt zugleich, dass die Euphorie viele Anhänger der grünen Bewegung, die davon sprechen, der Umweltschutz bringe »zwei Dividenden«, nämlich die Verbesserung der Umwelt und mehr Arbeitsplätze oder mehr Einkommen, genauso abwegig ist wie der oben angesprochene Konflikt. Umweltschutz ist bei dieser Betrachtung ein ganz normales Gut, dessen Produktion allerdings in der Regel vom Staat angeschoben werden muss. Die Produktion von mehr Umweltschutz in diesem Sinne steht weder im Konflikt mit den Arbeitsplätzen insgesamt, noch kann man sich davon besonders viele Arbeitsplätze erwarten. Eine angemessene Wirtschaftspolitik nimmt das zur Kenntnis und betreibt ihre Aufgabe ganz unabhängig davon, wie viel (und auf welche Weise) Umweltschutz die anderen Bereiche der staatlichen Politik durchsetzen.

Der einzige Bereich, wo auch aufgeklärte Ökonomen oft glauben, eine Einschränkung von dieser Logik machen zu müssen, ist die Frage der internationalen Wettbewerbsfähigkeit. In der Tat, wenn ein Staat massive Umweltauflagen macht und sein Handelspartner nicht, dann entsteht bei sonst gleichen Bedingungen ein einmaliges Kostengefälle, das den Staat begünstigen kann, der in Sachen Umweltschutz nichts unternimmt.

Hier wirkt die Einreihung des Umweltschutzes in die normalen Präferenzen nicht mehr, weil es durchaus sein kann, dass die Wünsche der Menschen (oder die natürlichen Bedingungen) in dem anderen Land so sind, dass der Staat dort mit einer gewissen Berechtigung weniger Umweltschutz durchsetzt. Mit anderen Worten: Im Verhältnis dieser beiden Staaten kann man nicht einfach unterstellen, dass die Produktion für den Umweltschutz überall so nachgefragt wird wie Produktion für ein normales Gut, denn die Präferenzen für mehr Umweltschutz gibt es ja nur in einem Land. Folglich sind das Kosten- (auch hier, wenn sonst alles gleich ist) und das Preisniveau der normalen (und vermutlich auch der meisten handelbaren) Güter in dem Land mit hohen Auflagen höher.

Ein einmaliges Gefälle, wenn es denn wirklich quantitativ bedeutend wäre, kann der Staat jedoch durch viele verschiedene Maßnahmen ausgleichen. Er kann durchaus auf Güter, die mit geringeren Auflagen produziert worden sind, permanent einen Zoll erheben, der den Kostenvorteil wettmacht, er kann auch seinen eigenen Unternehmen einen Steuervorteil oder eine Subvention geben, die den Nachteil ausgleichen. Man muss aber generell bedenken, dass die absoluten Kostenniveaus in vielen Ländern ohnehin durch staatliche Eingriffe massiv verzerrt sind. Die Steuersätze sind selbst in der Europäischen Union extrem unterschiedlich, ohne dass man vermutet, dass das zu systematischen Verzerrungen des Wettbewerbs führt. Unterschiedlichen Niveaus der Steuerbelastung steht ja häufig auch ein unterschiedliches Niveau der Ausstattung mit Infrastruktur durch den Staat gegenüber, die den Unternehmen in dem Land mit höheren Steuern zugutekommt. Auch eine bessere Ausbildung der Arbeitskräfte gehört zu dieser Infrastruktur.

Steuerung über die Preise, wie denn auch sonst

Im Bereich begrenzter Rohstoffvorkommen ist es offensichtlich, dass die Umweltfrage eine Sache der Knappheit und damit der Preise ist. Hier geht es darum, auf der ganzen Welt die Menschen anzuhalten, mit diesen auf der Erde einmaligen Bodenschätzen sorgsam umzugehen. Preiseffekte schaffen zudem unmittelbar Anreize dafür, dass die Menschen ihre Intelligenz und ihre Kreativität dafür einsetzen, etwas zu schaffen, was hilft, weit über den heutigen Stand der Technik hinaus fossile Energieträger einzusparen.

Wenn es folglich gelänge, eine globale Preissteuerung durchzusetzen, die dafür sorgt, dass die Preise von Öl und Kohle im Vergleich stetig und auch im Verhältnis zu unseren Einkommen zunehmen, könnte man damit rechnen, dass wesentlich mehr Anstrengungen unternommen würden, diese Stoffe einzusparen und damit zu schonen, als es sich je aus den Vorgaben eines Staates (oder aller Staaten) ergeben könnte. Ein großes Potenzial an erneuerbarer Energie wird ja gerade deshalb nicht genutzt, weil die fossilen Brennstoffe auch vierzig Jahre nach der ersten Ölpreiskrise immer noch so günstig zu haben sind wie damals.

Das erste Argument, das dagegen ins Feld geführt wird, ist offensichtlich. »Das kostet ja was!«, werden viele sagen. Natürlich kostet das was! Wie sollte es solch riesige Investitionen umsonst geben? Ein gesamtwirtschaftliches Problem ist das jedoch nicht, weil davon ja wieder bestimmte Produzenten profitieren, während andere in Schwierigkeiten kommen. Der damit entstehende Strukturwandel ist gewollt, aber der kostet immer etwas in dem Sinne, dass die Kunden mit ihrem Geld nicht mehr das Gleiche kaufen wie vorher. Folglich verlieren, wie unten gezeigt, zwar viele Produzenten von alten Produkten, aber viele neue Anbieter gewinnen. Dass die großen Energiekonzerne das nicht gut finden, ist klar, aber warum sollten sich Politiker darum scheren?

Wer aus fossiler und atomarer Energie aussteigen will, muss also entweder die fossile und atomare Energie so stark verteuern, dass die erneuerbare Energie auf diese Weise wettbewerbsfähig wird (wiederum so, dass der relative Preis der fossilen Energie steigt), oder er muss die erneuerbare Energie direkt subventionieren. Man kann auch die sogenannten neuen marktwirtschaftlichen Instrumente einsetzen und denjenigen belasten, der die Schadstoffe ausstößt, indem man ihn zwingt, Zertifikate zu kaufen, die ihm die Erlaubnis geben, eine bestimmte Menge an Schadstoffen auszustoßen. Wird dann die Menge der Zertifikate konsequent und stetig verringert, so dass der Preis der Zertifikate dauernd steigt, verändern sich ebenfalls die relativen Preise zugunsten erneuerbarer Energien. Weil sich die Politik bisher weder global an die Energiepreise noch an die neuen marktwirtschaftlichen Instrumente herantraute, hat man in Deutschland in den letzten zehn Jahren den Weg der Subvention gewählt.

Die Bundesregierung hat die Attraktivität der fossilen Energie verringert (den relativen Preis fossiler Energie erhöht), indem sie den Aufbau erneuerbarer Energiequellen über garantierte Abnahmepreise subventioniert hat. Das kann man sehr gut rechtfertigen, denn ohne solche Subventionen gibt es die Energiewende nicht, weil ja nichts dafür spricht, dass der Markt von sich aus das Öl früh genug so teuer macht, dass die Wende rechtzeitig von allein käme. Solche Subventionen gibt es, nebenbei bemerkt, immer noch für die Atomwirtschaft, nämlich in Form der nicht durch den Strompreis abgedeckten Kosten für Endlagerstätten und die Schadensbeseitigung bei den Zwischenlagern (Stichwort Asse, Gorleben usw.). Die Finanzierung der Entschärfung dieser Zeitbomben kommt auf den Steuerzahler noch zu, denn die großen Konzerne haben sich bislang erfolgreich darum gedrückt.

Mit der starken Veränderung der relativen Preise hat Deutschland immerhin eine Energiewende hinbekommen. Schneller, als es sich jemand hätte vorstellen können, vollzog sich die Umstellung von fossiler Stromerzeugung auf Stromerzeugung durch erneuerbare Quellen. Dieses Beispiel demonstriert eines sehr deutlich: Um bei der Energiewende voranzukommen, hilft die Flexibilität der Unternehmen ganz ungeheuer, obwohl der Prozess mit Marktwirtschaft nichts zu tun hat. Weil der Staat all denen, die in erneuerbare Energien investieren konnten, einen bestimmten Abnahmepreis für Strom garantierte, also eine feste Einspeisevergütung versprach, ließen sich entsprechende Investitionen gut rechnen. Folglich begann fast jeder, der Geld zum Investieren hatte oder es sich leihen konnte, zu überlegen, ob er nicht irgendwo ein großes Dach habe, das er mit Sonnenkollektoren bedecken könnte, oder eine Wiese auf einem Hügel, auf die ein Windrad passt. So wurden im Handumdrehen Landwirte, Eigenheimbesitzer oder Restaurantbetreiber zu Stromproduzenten.

Damit zeigt sich, wie ungeheuer flexibel die Unternehmen sein können. Sie könnten auch solche globalen Herausforderungen wie den Klimawandel leicht bewältigen. Wir müssten nur beginnen zu begreifen, wie die Marktwirtschaft funktioniert, und wir dürften nicht vor der Lobbymacht einzelner großer »Player« einknicken und uns nicht von den ideologischen Barrieren (»der Staat darf auf keinen Fall langfristig in die Preisbildung eingreifen«) irremachen lassen.

Das deutsche Beispiel belegt die Wirkung eines Preises, der für ein zu förderndes Produkt für ausreichend lange Zeit ausreichend stabil ist. Gibt es zudem noch vernünftige Finanzierungsbedingungen, investieren selbst solche Menschen in die Umwelt und die Zukunft, die bisher keine Unternehmer waren und sich einen Teufel um die Umwelt und zukünftige Generationen geschert haben. Trotzdem geht das nicht ohne den Staat oder die Staaten. Wer bei Gütern von allgemeinem Interesse (öffentlichen Gütern) wie dem Klimawandel auf den Markt wartet, wartet bis zum Sankt-Nimmerleins-Tag.

»Aber der arme Stromkunde und insbesondere die Armen!«, stöhnten da in Deutschland ganz schnell einige, denen die Armen und die Einkommensverhältnisse der Menschen sonst vollkommen egal sind. In der Tat, man kann nicht bestreiten, dass solche marktwirtschaftlichen Instrumente diejenigen am unteren Ende der Einkommensskala wesentlich stärker belasten als die am oberen Ende. Das gilt vor allem dann, wenn man in Rechnung stellt, dass am oberen Ende weit mehr Energie verbraucht wird.

Hier muss man sich jedoch fragen, was man wirklich

will. Von vielen anderen Beispielen weiß man: Subjektförderung ist effektiver als Objektförderung. Das heißt, es ist in der Regel besser, die weniger begüterten Menschen direkt materiell zu fördern, als die Preisbildung, die man hier braucht, zu unterlassen. Tut die Politik das, muss das System nicht darauf verzichten, den Entdeckergeist vieler Menschen zu wecken, was nur mit einer Preissteuerung möglich ist. Es ist vollkommen richtig, darauf zu beharren, dass die Ärmeren im Verhältnis zu ihrem Einkommen nicht stärker belastet werden. Das gilt sowohl für ärmere Länder wie für ärmere Menschen. Folglich muss man sie finanziell so stellen, dass sie in der Lage sind, steigende Energiepreise zu bezahlen. Um es simpel auszudrücken: Jeder Hartz-IV-Empfänger soll selbst entscheiden können, ob er ein höheres Transfereinkommen für höhere Heizungskosten ausgeben oder sich lieber durch veränderte Verhaltensweisen am Energiesparen aktiv beteiligen will, um das zusätzliche Geld für andere Konsumgüter zu verwenden.

Man muss folglich Hartz IV kräftig aufstocken, die Steuern für Geringverdiener senken, flächendeckende und steigende Mindestlöhne einführen oder die Beiträge zur Sozialversicherung für Geringverdiener systematisch verbilligen, wenn man die energiepolitische Wende wirklich will. Wer das ablehnt, macht sich vollkommen unglaubwürdig. Selbst diejenigen, die glauben, dass man Anreize zur Arbeitsaufnahme durch Hartz IV – nämlich mittels eines gehörigen Abstands zu den Durchschnittseinkommen – braucht, um die Arbeitslosigkeit zu senken (oder andere abstruse Argumente aufführt, die wir hier nicht wiederholen wollen), müssen zugestehen, dass es nicht gerechtfertigt ist, wegen der Energiewende die Lebensverhältnisse der unteren Einkommensgruppen noch einmal zu verschlechtern. Die Politik muss freilich von vorneherein bereit sein, für einen Ausgleich der zusätzlichen Belastung bei den betroffenen Subjekten zu sorgen, um beide Klippen gleichzeitig zu umschiffen.

Globale Lösungen und der Markt

Allerdings gibt es bei Befürwortern wie Kritikern der deutschen Energiewende durchaus Skepsis, ob die vorhandenen Technologien zum Ausgleich starker Leistungsschwankungen bei den erneuerbaren Energieträgern schon bald zur Verfügung stehen. Auch die Bundesregierung, die aus Prinzip optimistisch sein muss, geht offenbar sehr vorsichtig mit diesem Thema um. Einige Befürworter der Energiewende sagen ganz offen, dass dann, wenn man auf Atomkraft verzichtet (was wir ohne jede Wertung sagen!), fossile Energie noch viele Jahre oder gar Jahrzehnte auch im Bereich der Kraftwerke zur Stromerzeugung gebraucht wird.

Das wirft dann allerdings ein globales Problem auf, das bisher in der Öffentlichkeit überhaupt nicht zur Sprache gekommen ist. Aus rein ökonomischen Gründen war immer klar, dass eine Energiewende in einem Land der Welt das globale Problem der Verbrennung fossiler Stoffe nicht lösen kann. In einem funktionierenden Markt führt der Minderverbrauch an einer Stelle zwingend zu einem Mehrverbrauch an einer anderen, weil der Markt bei einem geringeren Verbrauch eines Konsumenten die aus der Erde gewonnenen Energieträger Öl, Kohle und Gas mithilfe von Preissenkungen an die übrigen Konsumenten bringt.

Insofern, das müssen allerdings noch viele Einsparadvokaten lernen, gibt es keinen »Beitrag«, den ein Land (oder gar irgendeine kleinere Einheit wie ein Haushalt oder eine Privatperson) zur globalen Energiewende leisten kann, solange dieser Markt existiert. Dieser Markt wird jederzeit via verbilligter Preise von anderen Konsumenten geräumt, wie die Ökonomen das nennen, und wer das nicht will, muss nicht weniger tun, als ein globales Regime zur Kontrolle und Steuerung dieses Marktes schaffen – mit allen daraus folgenden Konsequenzen. Das hat bisher freilich niemand getan, auch nicht auf der großen Klimakonferenz 2015 in Paris, im Gegenteil: Man hat nicht einmal darüber geredet.

Vor diesem Hintergrund ist das Beste, was sich aus einer globalen Perspektive bisher zur deutschen Energiewende sagen lässt, dass es sehr wichtig sein kann, dass ein Land zeigt, dass eine solche Energiewende möglich ist – ein bedeutendes Argument, das nicht kleingeredet werden sollte. Dafür in einem reichen Land sehr viel Geld in die Hand zu nehmen, kann sich durchaus lohnen.

Wenn Deutschland seine Energiewende jedoch über viele Jahre oder Jahrzehnte nur dadurch absichern kann, dass es konventionelle Kraftwerke mit fossilen Brennstoffen vorhält, dann bricht leider auch dieses Argument in sich zusammen, und die Energiewende wird unfassbar teuer, weil man praktisch nichts dafür erhält. Denn wenn die gesamte Welt sich Deutschland zum Vorbild nähme und auf erneuerbare Energien setzte, gleichzeitig aber ebenfalls (wiederum, wenn Atomkraft ausscheidet) die fossile Energie als Auffanglösung bräuchte, benötigte man auch weiterhin einen funktionierenden Markt für entsprechende Energieträger.

Diesen Markt und die dazugehörige globale Infrastruktur kann die Welt aber nicht für acht Monate auf quasi null fahren und dann wegen der Dunkelflaute oder aus anderen Gründen einfach so wieder hochfahren. Diesen Markt, die Förderung von Öl, Kohle und Gas sowie die gewaltige Logistik, hat man oder man hat ihn nicht. Wenn man ihn aber hat, dann werden die geförderten Rohstoffe entweder sofort verbraucht oder die Welt braucht zwingend die oben erwähnte globale und staatliche Steuerung und Sicherung dieses Marktes (auf der Angebots- und auf der Nachfrageseite, was heißt, über Besteuerung der Nachfrage und über Rationierung des Angebots). Doch leider ist die internationale Politik bis heute nicht bereit, über diesen Punkt zu reden, geschweige denn ernsthaft zu verhandeln.

Ein globales Paradox

Auch hier gibt es folglich eine sehr interessante »fallacy of composition« (also eine Schlussfolgerung, die auf einen Teil des Systems zutreffen mag, die aber nicht für das ganze System gilt): Ein Land kann sich bei seiner Energiewende hin zu erneuerbaren Energieträgern durchaus darauf verlassen, dass immer genügend fossile Energie zur Verfügung steht, um Schwankungen bei der Produktion erneuerbarer Energien auszugleichen, die Welt insgesamt kann das allerdings nicht. Für die Welt bleiben dann beim heutigen Stand der Technik nur die Atomkraft (wiederum ohne Wertung) und die Hoffnung, dass noch weit vor dem natürlichen Ende des fossilen Zeitalters (also der Erschöpfung aller fossilen Ressourcen) eine ganz andere sichere Energiequelle zur Verfügung steht.

Doch machen wir uns nichts vor: Solange es eine solche Energiequelle nicht gibt, wird niemand auf dieser Welt (außer dem »globalen grünen Diktator«) verhindern, dass fossile Energieträger in großem Ausmaß verbrannt werden, ganz gleich, wie viele internationale Abkommen geschlossen werden, in denen sich (einige oder fast alle) Länder verpflichten, den CO_2-Ausstoß zu verringern. Gemessen an den Vorstellungen der Klimaforscher, die eine rasche absolute Verminderung der Emissionen erreichen wollen, ist die derzeit global betriebene Politik einfach nicht geeignet, jene Punkte anzugehen, auf die es ankommt, wenn man eine weitere globale Erwärmung verhindern will.

Das sind keine guten Aussichten für eine globale Klimastabilisierung. Aber es nützt nichts, sich mit Illusionen zu trösten, wenn es keine guten Argumente gibt. Die internationale Energieagentur (IEA) hat gerade berichtet, dass der globale Ausstoß von CO_2 in den vergangenen drei Jahren etwa konstant hoch geblieben, also nicht weiter gestiegen ist (Clark 2017). Ob das Anlass zum Optimismus ist, kann aktuell niemand eindeutig sagen, da auch die IEA in Rechnung stellt, dass in China, wo die Emissionen um ein Prozent sanken, viele neue Atomkraftwerke ans Netz gehen und dass dort auch verstärkt auf Wasserkraft gesetzt wird.

Man muss hierbei vor allem berücksichtigen, dass die globale wirtschaftliche (insbesondere die industrielle) Entwicklung recht schwach war. Die drei Prozent BIP-Wachstum, die global errechnet werden, muss man mit großer Vorsicht genießen, da sie die weltweite Industriedynamik nicht angemessen abbilden. Auch in Europa, wo es in den vergangenen Jahren eine geringe Verminderung des CO_2-Ausstoßes gab, gilt es, zur Kenntnis zu nehmen, dass die wirtschaftliche Entwicklung (auch hier vor allem in der Industrie) in den letzten fünf bis sechs Jahren extrem schwach ausfiel, was man, wie es aber häufig tatsächlich passiert, aus wirtschaftlichen und sozialen Gründen nicht so fortschreiben darf.

In jedem Fall ist eine drastische absolute Verminderung des CO_2-Ausstoßes aus der Verbrennung fossiler Rohstoffe (andere Quellen gibt es dann immer noch) bis 2050, wie das von vielen Klimaforschern für notwendig gehalten wird (man redet sogar von Null-Emissionen aus der Verbrennung), vollkommen ausgeschlossen. Dazu müsste, wie gesagt, sehr rasch eine globale Energiewende in Gang kommen, für die es derzeit aber fast keine Anzeichen gibt. Zudem müsste ein globales und radikales Management des Marktes für fossile Energie installiert werden – das sich derzeit niemand auch nur intellektuell vorzubereiten traut.

Preise und Mengen

Große Konfusion herrscht in der gesamten Energiedebatte weiterhin darüber, ob und inwieweit man »dem Markt« im Allgemeinen die Entdeckung der richtigen Preise für Energieträger überlassen kann. Das gilt nicht nur für die fossilen Energieträger, sondern auch für Strom. Manch einer meint, man könne es nun, nachdem der Staat einen Anschub für die vermehrte Nutzung erneuerbarer Energien gegeben habe, weitgehend dem Markt überlassen, den richtigen Strompreis zu finden.

Nichts ist weiter von der Realität entfernt als eine solche Vorstellung. Man sieht schon heute, dass ein »freier«

Strompreis vollkommen verwirrende und irrationale Signale gibt. Negative Preise an den Strombörsen, wie sie seit der Energiewende immer wieder vorgekommen sind, signalisieren den Anbietern herkömmlich hergestellten Stroms, dass ihr Produkt weniger als nichts wert ist, und fordern sie daher implizit auf, die Produktion sofort einzustellen. Das aber ist politisch gar nicht gewollt, weil die Volatilität der erneuerbaren Energieträger dann ja voll durchschlagen könnte. Wenn das jedoch nicht gewollt ist, kann man nicht auf die Signale des Strommarktes setzen, ja, man muss sie im Grunde verhindern.

Das zeigt ein einfaches und unbestreitbares Prinzip: Wer aus politischen oder anderen Gründen bestimmte Mengenziele hat, darf die Preise nicht dem Markt überlassen. Der Markt verteilt nur das, was gegenwärtig an Angebot vorhanden ist, sorgt aber nicht dafür, dass ein bestimmtes Produkt in einer bestimmten Menge auch in Zukunft produziert wird. Die besten Beispiele dafür sind die gesamtwirtschaftliche Entwicklung und der Zins, wie wir das oben schon erläutert haben. Weil alle westlichen Gesellschaften nicht nur darauf aus sind, das einmal vorhandene Güterangebot zu verteilen, sondern wirtschaftliche Entwicklung zu fördern, wird einer der wichtigsten Preise in der Marktwirtschaft, der Zins, fast vollständig vom Staat (bzw. der von ihm beauftragten Notenbank) gesteuert.

Wer in Sachen Energieversorgung und Klimawandel bestimmte Mengenziele verfolgt, darf sich nicht vor dem Eingriff in die Märkte scheuen, sondern muss aktiv intervenieren und die Preise möglichst stetig so steuern, wie es den politischen Vorstellungen entspricht. Auch das müssten informierte und effizient funktionierende Staaten ihren Bürgern sagen, um klar zu zeigen, dass sie es mit den erklärten Zielen ernst meinen.

Im Lichte all dessen ist das, was der US-amerikanische Präsident Donald Trump jetzt tut, nämlich aus dem Pariser Abkommen auszusteigen, weniger dramatisch, als es vielen scheint. Schöne Absichtserklärungen im Rest der Welt sind auch keine Politik zur Verhinderung des Klimawandels. Insofern kann man sich hier die moralische Überheblichkeit sparen.

Viele kritisch denkende Menschen sind unzufrieden mit der politischen Umsetzung dessen, was sie als notwendig ansehen, um die Welt zu retten. Für die einen liegt da der Wunsch nahe, die schwerfällige und unberechenbare Staatsform der Demokratie durch eine gut gemeinte globale Ökodiktatur zu ersetzen, in der ein wohlwollender Diktator das tut, was für die Menschheit insgesamt angemessen erscheint. Andere betrachten Dezentralisierung, den Abschied vom Staat und seinen so unzureichend lenkenden Eingriffen, als den einzigen Weg, um die Menschheit mit ihrer Umwelt zu versöhnen.

Beide Ideen sind extrem gefährlich. Um die gesamtwirtschaftliche Steuerungsaufgabe zu lösen, die von den wirtschaftspolitischen bis hin zu den umweltpolitischen Zielen reicht, braucht man einen extrem kompetenten Staat, aber es spricht alles dagegen, dass eine Diktatur genau diese Effizienz liefern könnte – von allen anderen Sorgen, die man damit verbinden müsste, einmal abgesehen. Auch dezentrale, weitgehend ohne einen Staat funktionierende Einheiten sind eine Illusion. Das Umweltproblem kann nur global und auf der Ebene der Politik gelöst werden, der Beitrag, den dezentrale Einheiten dazu erbringen können, ist verschwindend gering. Der Einzelne mag sich damit trösten und sein Gewissen beruhigen, wenn er umweltbewusst lebt. Zu glauben, allein das Vorbild einiger weniger reiche aus, um die Masse zu einer Änderung ihrer Lebensweise zu bewegen, ist realitätsfremd.

Literaturverzeichnis

Ackermann, Josef (2011), »Verunsicherung der bürgerlichen Mitte«, in: *Handelsblatt* (8. September), online verfügbar unter: {http://www.handelsblatt.com/unternehmen/banken-versicherungen/rede-von-ackermann-zur-zukunft-europas/4588000-2.html} (Stand Februar 2018).

Ameco (2017a), »Domestic demand excluding changes in inventory at constant prices«, online verfügbar unter: {http://ec.europa.eu/economy_finance/ameco/user/serie/SelectSerie.cfm} (Stand Februar 2018).

Ameco (2017b), »Gross fixed capital formation at current prices: total economy«, online verfügbar unter: {http://ec.europa.eu/economy_finance/ameco/user/serie/SelectSerie.cfm} (Stand Februar 2018).

Armbruster, Alexander (2017), »Raubt Foxconn Wohlstand und Geld der Amerikaner?«, in: *Frankfurter Allgemeine Zeitung* (3. Januar), online verfügbar unter: {http://www.faz.net/aktuell/wirtschaft/wirtschaftspolitik/trump-und-china-raubt-foxconn-wohlstand-und-geld-der-amerikaner-14602661.html} (Stand Februar 2018).

Austin, John (2001 [1832]), *The Province of Jurisprudence Determined*, Cambridge: Cambridge University Press.

Bicchetti, David & Maystre, Nicolas (2012), »The synchronized and long-lasting structural change on commodity markets: Evidence from high frequency data«, online verfügbar unter: {http://unctad.org/en/PublicationsLibrary/osgdp2012d2_en.pdf} (Stand Februar 2018).

Binswanger, Hans Christoph, Huber, Joseph & Mastronardi, Philippe (2014), *Die Vollgeld-Reform. Wie Staatsschulden abgebaut und Finanzkrisen verhindert werden können*, Solothurn: Zeitpunkt.

Bofinger, Peter, Schnabel, Isabel, Feld, Lars P., Schmidt, Christoph M. & Wieland, Volker (2015), *Sondergutachten: Konsequenzen aus der Griechenland-Krise für einen stabileren Euro-Raum*, online verfügbar unter: {https://www.sachverstaendigenrat-wirtschaft.de/fileadmin/dateiablage/download/sondergutachten/sg2015.pdf} (Stand Februar).

Bofinger, Peter, Schnabel, Isabel, Feld, Lars P., Schmidt, Christoph M. & Wieland, Volker (2016), *Zeit für Reformen. Jahresgutachten 2016/17*, online verfügbar unter: {https://www.sachverstaendigenrat-wirtschaft.de/fileadmin/dateiablage/gutachten/jg201617/ges_jg16_17.pdf} (Stand Februar 2018).

Böhm-Bawerk, Eugen von (1914), »Macht oder ökonomisches Gesetz?«, in: *Zeitschrift für Volkswirtschaft, Sozialpolitik und Verwaltung* 23, S. 205-271.

Bratu, Christine (2014), *Die Grenzen staatlicher Legitimität*, Münster: Mentis.

Brodbeck, Karl-Heinz (2009), »Scheitern – eine Kritik an der traditionellen Ökonomie«, online verfügbar unter: {http://www.khbrodbeck.homepage.t-online.de/scheitern.pdf} (Stand Februar 2018).

Buchanan, James & Wagner, Richard E. (1977), »Democracy in deficit: The political legacy of Lord Keynes«, online verfügbar unter: {http://www.econlib.org/library/Buchanan/buchCv8c5.html#anchor_n61} (Stand Februar 2018).

Bundesministerium für Finanzen (2015), »An morgen denken. Gemeinsam handeln. Die deutsche G7-Präsidentschaft auf der Ebene der Finanzminister und Notenbankgouverneure«, online verfügbar unter: {http://www.bundesfinanzministerium.de/Content/DE/Downloads/Broschueren_Bestellservice/2015-05-22-g7-gemeinsam-handeln.pdf?__blob=publicationFile&v=3} (Stand Februar 2018).

Bündnis 90/Die Grünen Baden-Württemberg & CDU Baden-Württemberg (2016), *Baden-Württemberg gestalten: Verlässlich. Nachhaltig. Innovativ, Koalitionsvertrag 2016-2021*, online verfügbar unter: {http://www.baden-wuerttemberg.de/fileadmin/redaktion/dateien/PDF/160509_Koalitionsvertrag_B-W_2016-2021_final.PDF} (Februar 2018).

Clark, Pilita (2017), »A sharp drop in US-emissions keeps global levels flat«, in: *Financial Times* (17. März), online verfügbar unter: {https://www.ft.com/content/540ebb0c-0a60-11e7-ac5a-903b21361b43} (Stand Februar 2018).

Davidson, Paul (2011 [1994]), *Post Keynesian Macroeconomic Theory: A Foundation for Successful Economic Policies for the Twenty-First Century*, Aldershot: Edward Elgar.

Deutsche Bundesbank (2016), *Monatsbericht: Juli 2016, 68. Jahr-*

gang, Nr. 7. Abgerufen am 16. Februar 2017 von Deutsche Bundesbank: https://www.bundesbank.de/Redaktion/DE/Downloads/Veroeffentlichungen/Monatsberichte/2016/2016_07_monatsbericht.pdf?__blob=publicationFile

Deutsche Bundesbank (2017a), »Monatsbericht März 2017«, online verfügbar unter: {https://www.bundesbank.de/Redaktion/DE/Downloads/Veroeffentlichungen/Monatsberichte/2017/2017_03_monatsbericht.pdf?__blob=publicationFile} (Stand Februar 2018).

Deutsche Bundesbank (2017b), »Monatsbericht April 2017«, online verfügbar unter: {https://www.bundesbank.de/Redaktion/DE/Downloads/Veroeffentlichungen/Monatsberichte/2017/2017_04_monatsbericht.pdf?__blob=publicationFile} (Stand Februar 2018).

Deutsche Bundesbank (2017c), »Ergebnisse der gesamtwirtschaftlichen Finanzierungsrechnung für Deutschland – 2011 bis 2016. Statistische Sonderveröffentlichung 4« (Mai 2017), online verfügbar unter: {https://www.bundesbank.de/Redaktion/DE/Downloads/Veroeffentlichungen/Statistische_Sonderveroeffentlichungen/Statso_4/statso_4_ergebnisse_der_gesamtwirtschaftlichen_finanzierungsrechnung_2011_2016.pdf?__blob=publicationFile} (Stand Februar 2018).

Draghi, Mario (2012), »Speech by Mario Draghi, President of the European Central Bank at the Global Investment Conference in London« (26. Juli), online verfügbar unter: {https://www.ecb.europa.eu/press/key/date/2012/html/sp120726.en.html} (Stand Februar 2018).

Ehnts, Dirk (2016), »Die deutsche Lohnpolitik und die Alleinschuld« (29. Mai), online verfügbar unter: {https://makroskop.eu/2016/05/deutsche-lohnpolitik-und-die-alleinschuld-eine-keynesianische-perspektive/} (Stand Februar 2018).

Eichengreen, Barry (2017), »Is Germany unbalanced or unhinged?« (15. Mai), online verfügbar unter: {https://www.socialeurope.eu/germany-unbalanced-unhinged} (Stand Februar 2018).

Engartner, Tim (2016), *Staat im Ausverkauf. Privatisierung in Deutschland*, Frankfurt am Main: Campus.

Europäische Zentralbank (2005), »Monthly bulletin May 2005«, online verfügbar unter: {https://www.ecb.europa.eu/pub/pdf/mobu/mb200505en.pdf} (Stand Februar 2018).

Europäische Zentralbank (2011), »Die Geldpolitik der EZB 2011«, online verfügbar unter: {https://www.ecb.europa.eu/pub/pdf/other/monetarypolicy2011de.pdf?0651d17c4b69dd55f5d21d93aa600694 abgerufen} (Stand Februar 2018).

Feldenkirchen, Markus (2016), »Kretschmann plädiert für Schwarz-Grün im Bund«, in: *Spiegel online* (26. August), online verfügbar unter: {http://www.spiegel.de/politik/deutschland/winfried-kretschmann-fuer-schwarz-gruen-geheimtreffen-im-kanzleramt-a-1109581.html} (Stand Februar 2018).

Financial Conduct Authority (2014), »Commodity markets update« (Februar), online verfügbar unter: {https://www.fca.org.uk/publication/newsletters/commodity-market-update-1402.pdf} (Stand Februar 2018).

Flassbeck, Heiner (1982), »Was ist Angebotspolitik?«, in: *Konjunkturpolitik* 28/2-3, S. 75-138.

Flassbeck, Heiner (1988), *Preise, Zins und Wechselkurs. Zur Theorie der offenen Volkswirtschaft bei flexiblen Wechselkursen*, Tübingen: Mohr.

Flassbeck, Heiner (2000), »Lohnzurückhaltung für mehr Beschäftigung? Über eine zentrale Inkonsistenz im jüngsten SVR-Gutachten«, in: *Wirtschaftsdienst 80/2*, S. 84-93, online verfügbar unter: {http://www.flassbeck.de/pdf/2000/Lohnzurc.pdf}(Februar 2018).

Flassbeck, Heiner (2013a), »Kleine Steuern und große Lügen« (10. Juli), online verfügbar unter: {https://makroskop.eu/2013/07/kleine-steuern-und-grose-lugen/} (Stand Februar 2018).

Flassbeck, Heiner (2013b), »Vom Merkantilismus zum Merkelantismus« (16. Juli), online verfügbar unter: {https://makroskop.eu/2013/07/abo-artikel-vom-merkantilismus-zum-merkelantismus/} (Stand Februar 2018).

Flassbeck, Heiner (2013c), »Sollen die Steuern für Reiche erhöht werden?« (8. Oktober), online verfügbar unter: {https://makroskop.eu/2013/10/sollen-die-steuern-fuer-reiche-erhoeht-werden/} (Stand Februar 2018).

Flassbeck, Heiner (2014), »Der ganz normale Wahnsinn an einem ganz normalen Tag in einer ganz normalen Zeitung« (4. November), online verfügbar unter: {https://makroskop.eu/2014/11/der-ganz-normale-wahnsinn-an-einem-ganz-normalen-tag-in-einer-ganz-normalen-zeitung/} (Stand Februar 2018).

Flassbeck, Heiner (2016a), »*Löhne und Preise in Deutschland*«

(29. April), online verfügbar unter: {https://makroskop.eu/2016/04/loehne-und-preise-in-deutschland-oder-warum-europa-der-deflation-auch-in-zwanzig-jahren-nicht-entkommen-kann-teil-3/} (Stand Februar 2018).

Flassbeck, Heiner (2016b), »Milch, Schweine und die Marktwirtschaft« (27. Mai), online verfügbar unter: {https://makroskop.eu/2016/05/milch-schweine-und-die-marktwirtschaft/} (Stand Februar 2018).

Flassbeck, Heiner & Bibow, Jörg (2018), *Das Euro-Desaster. Wie deutsche Wirtschaftspolitik die Eurozone in den Abgrund treibt*, Frankfurt am Main: Westend.

Flassbeck, Heiner, Horn, Gustav A. & Zwiener, Rudolf (1989), *Die Bedeutung von starken, außenwirtschaftlich bedingten Angebots- und Nachfrageveränderungen für die gesamtwirtschaftliche Entwicklung*, Berlin: Gutachten im Auftrag des Bundesministers für Wirtschaft.

Flassbeck, Heiner & Maier-Rigaud, Gerhard (1982), *Umwelt und Wirtschaft. Zur Diskriminierung des Umweltschutzes in der ökonomischen Analyse*, Tübingen: Mohr Siebeck.

Flassbeck, Heiner & Spiecker, Friederike (2013), »Investitionen in Sachanlagen – die ungenannte Achillesferse der deutschen Wirtschaft« (26. Juli), online verfügbar unter: {https://makroskop.eu/2013/07/abo-artikel-investitionen-in-sachanlagen-die-ungenannte-achillesferse-der-deutschen-wirtschaft/} (Februar 2018).

Flassbeck, Heiner & Spiecker, Friederike (2016), *Das Ende der Massenarbeitslosigkeit*, Frankfurt am Main: Westend.

Fratzscher, Marcel (2016), »Die Illusion vom deutschen Wirtschaftsboom«, in: *Spiegel online* (6. Januar), online verfügbar unter: {http://www.spiegel.de/wirtschaft/soziales/wirtschaft-in-deutschland-die-illusion-vom-wirtschaftsboom-a-1068970.html} (Stand Februar 2018).

Fricke, T. (9. Dezember 2016), »Das Märchen von Linksgrün«, in: *Spiegel online* (9. Dezember), online verfügbar unter: {http://www.spiegel.de/wirtschaft/soziales/cdu-csu-das-maerchen-von-linksgruen-a-1125059.html} (Stand Februar 2018).

Friedman, Milton (1970), »The social responsibility of business is to increase profits«, in: *The New York Times Magazine* (13. September).

Fuest, Clemens (2017), »Wie steht es um die Ungleichheit?«, in: *Frankfurter Allgemeine Zeitung* (4. Juni), online verfügbar unter:

{http://www.faz.net/aktuell/wirtschaft/arm-und-reich/arm-und-reich-wie-steht-es-um-die-ungleichheit-15042843.html} (Stand Februar 2018).

Fullwiler, Scott T. (2011), »Treasury debt operations. An analysis integrating social fabric matrix and social accounting matrix methodologies« (30. April), online verfügbar unter: {http://papers.ssrn.com/sol3/papers.cf.?abstract_id=1874795} (Stand Februar 2018).

Grimm, Dieter (2016), *Europa ja – aber welches?*, München: Beck.

Haffner, Sebastian (1987), *Von Bismarck zu Hitler. Ein Rückblick*, München: Kindler.

Hartmann, Michael (2002), *Der Mythos von den Leistungseliten*. Frankfurt am Main: Campus.

Hayek, Friedrich A. (1988), *The Fatal Conceit. The Errors of Socialism*, Chicago: University of Chicago Press.

Heide, Dana (2016), »Gabriels Berater mahnen zur Umsetzung von Basel III«, in: *Handelsblatt* (21. Dezember), online verfügbar unter: {http://www.handelsblatt.com/politik/deutschland/finanz stabilitaetsregeln-gabriels-berater-mahnen-zur-umsetzung-von-basel-iii/19162706.html} (Stand Februar 2018).

Heidenreich, Bernd (Hg.) (2002), *Politische Theorien des 19. Jahrhunderts*, Berlin/Boston: De Gruyter.

Heine, Frederic & Sablowski, Thomas (2015), »Zerfällt die Europäische Währungsunion? Handels- und Kapitalverflechtungen, Krisenursachen und Entwicklungsperspektiven der Eurozone«, in: *Prokla* 181, S. 563-591.

Heinemann, Frank J. (2002), »Michael Hartmann: Der Mythos von den Leistungseliten«, in: Deutschlandfunk (21. Oktober), online verfügbar unter: {http://www.deutschlandfunk.de/michael-hart mann-der-mythos-von-den-leistungseliten.730.de.html?dram:article_id=101903} (Stand Februar 2018).

Mattert, Jana, Valentukeviciute, Laura & Waßmuth, Carl (2017), *Gemeinwohl als Zukunftsaufgabe. Öffentliche Infrastrukturen zwischen Daseinsvorsorge und Finanzmärkten* (= Heinrich Böll Stiftung, *Schriften zu Wirtschaft und Soziales* 20), online verfügbar unter: {https://www.boell.de/sites/default/files/gemeinwohl_als_zukunftsaufgabe_-_oeffentliche_infrastrukturen_zwi schen_daseinsvorsorge_und_finanzmaerkten.pdf?dimension1=ds_g20_de} (Stand Februar 2018).

Heller, Hermann (1934), *Staatslehre*, in der Bearbeitung von Gerhart Niemeyer, Leiden: Sijthoff.

Herzog, Lisa (2014), *Freiheit gehört nicht nur den Reichen: Plädoyer für einen zeitgemäßen Liberalismus*, München: Beck.

Höpner, Martin (2017), »Plädoyer für eine aufgeklärte Souveränität« (12. Januar), online verfügbar unter: {https://makroskop.eu/2017/01/plaedoyer-fuer-eine-aufgeklaerte-souveraenitaet/} (Stand Februar 2018).

Huber, Joseph (kein Datum), »Gegenkritik an Flassbeck-Economics«, online verfügbar unter: {https://www.vollgeld.de/gegen kritik-an-flassbeck-economics/} (Stand Februar 2018).

International Monetary Fund (IMF) (2017), »Current account balance, percent of GDP«, online verfügbar unter: {http://www.imf.org/external/datamapper/BCA_NGDPD@WEO/OE MDC/ADVEC/WEOWORLD/CHN} (Stand Februar 2018).

Irwin, Neil & Paley, Amit R. (2008), »Greenspan says he was wrong on regulation«, in: *Washington Post* (24. Oktober), online verfügbar unter: {http://www.washingtonpost.com/wp-dyn/content/article/2008/10/23/AR2008102300193.html} (Stand Februar 2018).

Janssen, Albert (2014), *Die gefährdete Staatlichkeit der Bundesrepublik Deutschland. Beiträge zur Bewahrung ihrer verfassungsrechtlichen Organisationsstruktur*, Göttingen: Vandenhoeck & Ruprecht.

Kaufmann, Stephan (2016), »Autoritätsverlust der Ökonomen«, in: *Frankfurter Rundschau* (7. Dezember), online verfügbar unter: {http://www.fr.de/wirtschaft/wirtschaftsexperten-autoritaets verlust-der-oekonomen-a-729769} (Stand Februar 2018).

Knapp, Georg Friedrich (1905), Staatliche Theorie des Geldes, Leipzig: Duncker & Humblot.

Krugman, Paul (2013a), »The Japan story«, in: *New York Times* (5. Februar), online verfügbar unter: {https://krugman.blogs.nyti mes.com/2013/02/05/the-japan-story/#more-33700} (Stand Februar 2018).

Krugman, Paul (2013b), »This age of bubbles«, in: *New York Times* (22. August), online verfügbar unter: {http://www.nytimes.com/2013/08/23/opinion/krugman-this-age-of-bubbles.html} (Stand Februar 2018).

Krull, Daniel (2016), »Freihandel: So schüren Gegner Ängste«, in: *Plusminus* (ausgestrahlt am 14. Dezember).

Lerner, Abba P. (1943), »Functional finance and the federal debt«, in: *Social Research* 10/1, S. 38-51.

Lerner, Abba P. (1951), *Economics of Employment*, New York: McGraw-Hill.

Liikanen, Erkki (2012), »Final report: High-level expert group on reforming the structure of the EU banking sector«, online verfügbar unter: {http://ec.europa.eu/internal_market/bank/docs/high-level_expert_group/report_en.pdf} (Stand Februar 2018).

Mandeville, Bernard (1714), *The Fable of the Bees or Private Vices, Publick Benefits*, Oxford: Clarendon Press, online verfügbar unter: {http://oll.libertyfund.org/titles/mandeville-the-fable-of-the-bees-or-private-vices-publick-benefits-vol-1#chapter_66840} (Stand Februar 2018).

Mayer, Thomas (2013), »Das Spar-Paradox«, in: *Frankfurter Allgemeine Zeitung* (4. Mai), online verfügbar unter: {http://www.faz.net/aktuell/wirtschaft/mayers-weltwirtschaft/mayers-weltwirtschaft-das-spar-paradox-12172266.html} (Stand Februar 2018).

Menger, Carl (1892/1970 [1892]), »Geld«, in: *Gesammelte Werke* IV, S. 1-116, Tübingen: Mohr (Paul Siebeck).

Michéa, Jean-Claude (2014), *Das Reich des kleineren Übels. Über die liberale Gesellschaft*, Berlin: Matthes & Seitz.

Mises, Ludwig von (1940), *Nationalökonomie. Theorie des Handelns und Wirtschaftens*, Genf: Editions Union Genf.

Moser, Simon (2016), »Warum Arbeitnehmer früher ein größeres Stück vom Kuchen bekamen«, in: *Der Standard* (13. Oktober), online verfügbar unter: {http://derstandard.at/2000045793241/Warum-Arbeitnehmer-frueher-ein-groesseres-Stueck-vom-Kuchen-bekamen} (Stand Februar 2018).

Müller, Jan-Werner (2016), *Was ist Populismus? Ein Essay*, Berlin: Suhrkamp.

Müller, Sebastian (2017), »Kaufprämie für E-Autos floppt« (6. Januar), online verfügbar unter: {https://makroskop.eu/2017/01/kaufpraemie-fuer-e-autos-floppt/} (Stand Februar 2018).

Müller, Sebastian & Flassbeck, Heiner (2017), »Deutschland droht ein Währungskrieg« (18. Januar), online verfügbar unter: {Makroskop: https://makroskop.eu/2017/01/deutschland-droht-ein-waehrungskrieg/} (Stand Februar 2018).

Nida-Rümelin, Julian (2016), »Ungleich ist nicht immer ungerecht«, in: *Frankfurter Allgemeine Zeitung* (28. Dezember), online verfügbar unter: {http://www.faz.net/aktuell/politik/die-gegen wart/soziale-gerechtigkeit-ungleich-ist-nicht-immer-unge recht-14581266.html?printPagedArticle=true} (Stand Februar 2018).

Nienhaus, Lisa & Tönnesmann, Jens (2016), »Aufstand gegen den Freihandel«, in: *Die Zeit* (9. Dezember), online verfügbar unter: {http://www.zeit.de/2016/50/globalisierung-freihan del-verlierer-gewinner-gegner/komplettansicht} (Stand Februar 2018).

Nozick, Robert (1974), *Anarchy, State and Utopia*, Oxford: Basil Blackwell.

Offe, Claus (1987), »Die Staatstheorie auf der Suche nach ihrem Gegenstand«, in: *Jahrbuch zur Staats- und Verwaltungswissenschaft*, herausgegeben von Thomas Ellwein et al., Baden-Baden: Nomos, S. 309-320.

Pfannkuche, Walter (2016), »Prinzipien einer gerechten Einkommensverteilung« (22. Juli), online verfügbar unter: {https://ma kroskop.eu/2016/07/prinzipien-einer-gerechten-einkommens verteilung-1/} (Stand Februar 2019).

Phoenix (2017), »Im Dialog: Michael Hirz im Gespräch mit Richard David Precht« (19. Mai), online verfügbar unter: {https://www. youtube.com/watch?v=wjPJIwI-M2g&sns=em} (Stand Februar 2018).

Plickert, Philip (2015), »Nehmen Roboter den Menschen die Arbeit weg?«, in: *Frankfurter Allgemeine Zeitung* (28. Dezember), online verfügbar unter: {http://www.faz.net/aktuell/wirtschaft/au tomatisierung-nehmen-roboter-den-menschen-die-arbeit-weg-13986337.html} (Stand Februar 2018).

Politi, James (2014), »US jobs: Slim pickings«, in: *Financial Times* (20. Juli), online verfügbar unter: {https://www.ft.com/con tent/3676ad9e-0de1-11e4-b149-00144feabdc0} (Stand Februar 2018).

Polster, Werner (2014), *Die Krise der europäischen Währungsunion. Eine ordnungspolitische Analyse*, Marburg: Metropolis.

Rawls, John (2017 [1971]), *Eine Theorie der Gerechtigkeit*, Berlin: Suhrkamp.

Reuters (2015), »Investieren unsere Konzerne nun endlich?«, in: *Frankfurter Allgemeine Zeitung* (28. Dezember), online verfügbar unter: {http://www.faz.net/aktuell/wirtschaft/konjunktur/

ifo-umfrage-investieren-unsere-konzerne-nun-endlich-13987299.html} (Stand Februar 2018).

Reuters (2016), »Top-Manager in Alarmstimmung«, in: *Handelsblatt* (9. Dezember), online verfügbar unter: {http://www.handelsblatt.com/politik/international/cryan-ma-weber-gegen-globalisierungskritik-top-manager-in-alarmstimmung/14956506.html} (Stand Februar 2018).

Sachs, Jeffrey D. (2017), »Will economic illiteracy trigger a trade war?« (20. April), online verfügbar unter: {http://csd.columbia.edu/2017/04/20/will-economic-illiteracy-trigger-a-trade-war/} (Stand Februar 2018).

Schieritz, Mark (2016), »Plötzlich gerecht«, in: *Die Zeit* (15. Dezember), online verfügbar unter: {http://www.zeit.de/2016/50/globalisierung-g-20-usa-grossbritannien-unternehmenssteuern} (Stand Februar 2018).

Schumpeter, Joseph (2006 [1912]), *Theorie der wirtschaftlichen Entwicklung*, herausgegeben von Jochen Röpke und Olaf Stiller, Berlin: Duncker & Humblot.

Seidl, Conrad (2016), »Industrie lehnt SP-Pläne für Maschinensteuer ab«, in: *Der Standard* (3. Januar), online verfügbar unter: {http://derstandard.at/2000028414544/Industrie-lehnt-SP-Plaene-fuer-Maschinensteuer-ab} (Stand Februar 2018).

Shiller, Robert J. (2017), »Die heutige Stagnation verstehen lernen« (23. Mai), online verfügbar unter: {https://www.project-syndicate.org/commentary/secular-stagnation-future-of-work-fears-by-robert-j-shiller-2017-05/german?barrier=accessreg} (Stand Februar 2018).

Sinn, Hans-Werner (2003), *Ist Deutschland noch zu retten?*, München: Econ.

Sinn, Hans-Werner (2014), »Sie sind wie Spürhunde«, in: *Süddeutsche Zeitung* (1. November), online verfügbar unter: {http://www.sueddeutsche.de/wirtschaft/kritik-an-oekonomen-der-grosse-irrtum-1.2198333} (Stand Februar 2018).

Sinn, Hans-Werner (2015), *Der Euro: Von der Friedensidee zum Zankapfel*, München: Hanser.

Smith, Adam (1979 [1776]), *An Inquiry into the Nature and Causes of the Wealth of Nations*, Oxford: A.S. Skinner.

Spiecker, Friederike (2014), »Bontrup-Erwiderung, die dritte: Kann Arbeitszeitverkürzung die Knappheit des Produktionsfaktors

Arbeit erhöhen?« (8. Oktober), online verfügbar unter: {https://makroskop.eu/2014/10/bontrup-erwiderung-die-dritte-kann-arbeitszeitverkuerzung-die-knappheit-des-produktionsfaktors-arbeit-erhoehen/} (Stand Februar 2018).

Steinhardt, Paul (2015), *Was ist eigentlich eine Marktwirtschaft?*, Marburg: Metropolis.

Steinhardt, Paul (2016), »Was ist eigentlich Geld?« (9. September), online verfügbar unter: {https://makroskop.eu/2016/09/ist-eigentlich-geld-1/} (Stand Februar 2018).

Stiglitz, Joseph E. (2014), »The myth of America's Golden Age«, in: *Politico* (Juli/August), online verfügbar unter: {http://www.politico.com/magazine/story/2014/06/the-myth-of-americas-golden-age-108013} (Stand Februar 2018).

Stützel, Wolfgang (2011), *Volkswirtschaftliche Saldenmechanik. Ein Beitrag zur Geldtheorie*, Tübingen: Mohr Siebeck.

Suchanek, Andreas (2012), »Die Goldene Regel als Grundlage von Wirtschafts- und Unternehmensethik«, in: *Politik unterrichten* 1, S. 48-51, online verfügbar unter: {http://3071.nibis.de/inhalte/PU/1_2012/Suchanek.pdf} (Stand Februar 2018).

Thielemann, Ulrich (2010), *Wettbewerb als Gerechtigkeitskonzept. Kritik des Neoliberalismus*, Marburg: Metropolis.

Thielemann, Ulrich (2016), »Geld aus dem Nichts – oder das Geld der Vermögenden?« (16. Juli), online verfügbar unter: {http://www.mem-wirtschaftsethik.de/blog/blog-einzelseite/article/geld-aus-dem/} (Stand Februar 2018).

UNCTAD (2009), *Trade and Development Report 2009*, online verfügbar unter: {http://unctad.org/en/Docs/tdr2009_en.pdf} (Stand Februar 2018).

Petersdorff, Winand von & Plickert, Philip (31. Januar 2017), »Die Taktiererei mit den Handelsbilanzen«, in: *Frankfurter Allgemeine Zeitung* (31. Januar), online verfügbar unter: {http://www.faz.net/aktuell/wirtschaft/wirtschaftspolitik/export-und-import-die-taktiererei-mit-den-handelsbilanzen-14790481.html} (Stand Februar 2018).

Wagenknecht, Sahra (2011), *Freiheit statt Kapitalismus*, Frankfurt am Main: Eichborn.

Wagenknecht, Sahra (2016), *Reichtum ohne Gier. Wie wir uns vor dem Kapitalismus retten*, Frankfurt am Main: Campus.

Wahl, Peter (2016), »Zwischen Eurofetischismus und Nationalismus« (28. Oktober), online verfügbar unter: {https://makroskop.eu/2016/10/zwischen-eurofetischismus-und-nationalismus/} (Stand Februar 2018).

Weidmann, Jens (2012), »Begrüßungsrede anlässlich des 18. Kolloquiums des Instituts für bankhistorische Forschung (IBF) Papiergeld – Staatsfinanzierung – Inflation. Traf Goethe ein Kernproblem der Geldpolitik?« (18. September), online verfügbar unter: {https://www.bundesbank.de/Redaktion/DE/Reden/2012/2012_09_18_weidmann_begruessungsrede.html} (Stand Februar 2018).

Wetzel, Daniel (2017), »Bundesregierung gibt Alleingänge im Klimaschutz auf«, in: *Die Welt* (11. März), online verfügbar unter: {https://www.welt.de/wirtschaft/article162762773/Bundesregierung-gibt-Alleingaenge-im-Klimaschutz-auf.html} (Stand Februar 2018).

Wicksell, Knut (1958), *Selected Papers on Economic Theory*, Boston: Harvard University Press.

Wolf, M. (2017), »Dealing with America's trade follies«, in: *Financial Times* (18. April), online verfügbar unter: {https://www.ft.com/content/fca7e9a4-2366-11e7-a34a-538b4cb30025} (Stand Februar 2018).

Wray, L. Randall (2012), *Modern Money Theory. A Primer on Macroeconomics for Sovereign Monetary Systems*, London: Palgrave Macmillan.

ZEIT ONLINE, bb. (5. Oktober 2016). *Mindestlohn zeigt kaum Wirkung*. Abgerufen am 23. Oktober 2017 von Die Zeit Online: http://www.zeit.de/wirtschaft/2016-10/mindestlohn-wirkung-statistisches-bundesamt

Jan-Werner Müller
Was ist Populismus?
Ein Essay
160 Seiten
€ 15,00 [D] / € 15,50 [A]
ISBN 978-3-518-07522-7
Auch als eBook erhältlich

Wer wird heute nicht alles als Populist bezeichnet: Gegner der Eurorettung, Figuren wie Donald Trump, Marine Le Pen und Politiker des Mainstream, die meinen, dem Volk aufs Maul schauen zu müssen. Vielleicht ist ein Populist aber auch einfach nur ein populärer Konkurrent, dessen Programm man nicht mag, wie Ralf Dahrendorf einmal anmerkte? Lässt sich das Phänomen schärfer umreißen und seine Ursachen erklären? Worin besteht der Unterschied zwischen Rechts- und Linkspopulismus? Jan-Werner Müller nimmt aktuelle Entwicklungen zum Ausgangspunkt, um eine Theorie des Populismus zu skizzieren und Populismus letztlich klar von der Demokratie abzugrenzen. Seine Thesen helfen zudem, neue Strategien in der Auseinandersetzung mit Populisten zu entwickeln.

»Jan-Werner Müllers kluges, klar geschriebenes Buch ist eine hervorragende Diskussionsgrundlage und ein Gewinn für alle, die nach wie vor an den Wert der Demokratie glauben möchten.« *Jenny Friedrich-Freksa, Philosophie Magazin*